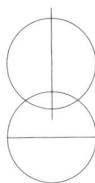

新中日文化交流史大系

编委会

国家出版基金项目
NATIONAL PUBLICATION FOUNDATION

陈翀 著

两宋时期汉籍东传日本论述稿

浙江人民出版社

总　序

中日文化交流的历史悠久而灿烂，历代名人辈出且留存史料丰赡，在中日两国学术界备受关注，多年来，该领域积淀了无数的学术研究成果。

日本学者辻善之助《增订海外交通史话》、藤田元春《上代日中交通史研究》、木宫泰彦《日中文化交流史》均出版于半个世纪前，这三部著作堪称中日文化交流史领域的先驱作品，至今仍有其重要意义。其中《日中文化交流史》经胡锡年翻译成中文后，更是对从事该领域研究的中国学者产生了莫大的影响。森克己围绕"宋日贸易"所著的《日宋贸易之研究》《续日宋贸易之研究》《续续日宋贸易之研究》《日宋文化交流之诸问题》四部扛鼎之作，搜集网罗该领域的基本史料，夯实了该领域的研究基础。田中健夫的《对外关系与文化交流》《中世对外关系史》等书聚焦元明时期，他继承了森克己的学术理念，着眼于东亚地区，促成了该领域的新发展。

此外，实藤惠秀研究清末时期的中国留学生（《中国人留学日本史》），大庭修研究江户时代中国书籍的流通（《江户时代中国典籍流播日本之研究》），池田温围绕法制研究中日交流史（《东亚文化交流史》），小曽户洋、真柳诚研究中日医学交流史（《汉方的历史》），等等。学者们均在各自的研究领域颇有建树，取得了不俗的成绩。近年来，这一领域的学术新人亦层出不穷，如森公章、山内晋次、田中史生、榎本涉、河野贵美子、河内春人等活跃在国际学术舞台，成果频

1

出，备受瞩目。

回看中国，除了民国时期王辑五所著《中国日本交通史》，我国学者对这一领域的真正研究，始于1972年中日两国邦交正常化之后。

史学领域，汪向荣的《古代的中国与日本》与王晓秋的《近代中日文化交流史》发掘新资料、提出新见解，代表20世纪该领域的顶尖水平；杨栋梁主编六卷本《近代以来日本的中国观》，称得上是"从周边看中国"的佳作。

文学方面，20世纪末严绍璗的《中日古代文学关系史稿》与王晓平的《近代中日文学交流史稿》珠联璧合，以其宏大的视角与浑厚的国学底蕴，全面梳理中日文学交流千年史脉，至今仍被视作经典。

考古学分野，王维坤的《中日文化交流的考古学研究》以出土文物为据，实证中日文化交流史事；尤其是王仲殊，围绕"三角缘神兽镜"提出"东渡吴人制镜说"（《王仲殊文集》第二卷），在日本学界引起甚大反响。

思想史层面，王家骅的《儒家思想与日本文化》关注儒家思想在日本的变容，内容极富创见；刘岳兵的《明治儒学与近代日本》探究"西化"氛围中传统儒学的命运，提出富有挑战性的命题。

此外，来自中国台湾地区、香港地区、澳门地区的学者也是一股不可忽略的研究力量，如研究明代中日关系史的郑樑生，研究东亚教育圈的高明士，研究中日书籍翻译史的谭汝谦等人，都有丰硕的研究成果问世。

综上所述，在中日文化交流史领域，日本学者比中国学者早一步着手研究，凭借对基础史料的收集、整理、解读，在学界独领风骚多年。但近20年来，中国学者潜心研究，积极吸收国内外优秀研究成果，终于取得了飞跃性进步，研究水平达到国际水平，甚至在一些特定的"点"和"线"上有领先之势。

形成上述局面的原因主要有两点：首先，中国学者的汉语功底扎实，不仅能解读日本的汉语史料，还能从中国的历史文献与新出土文物资料中发掘新史料；其次，自1972年中日两国邦交正常化以来，留学日本后归国的中国学者大多数不仅有阅读日语文献资料的能力，还具备撰写外语论文及学术著作的水平。

这些年来，在从事中日文化交流史研究的中国学者中，有不少人因为其杰出的学术成果在国际学术界受到高度评价，甚至获得重量级学术奖项。如：王仲殊因对"三角缘神兽镜"的突破性研究，获得"福冈亚洲文化奖"；严安生因对日本留学精神史的精深研究，获得"大佛次郎奖"；严绍璗因在中日文学交流史领域的巨大贡献，获得"山片蟠桃文化奖"；王晓平因从事汉诗与和歌的比较研究，获得"NARA万叶世界奖"；王勇因提出"书籍之路"理论，获得"国际交流基金奖"；等等。

中日文化交流史为中日两国共有的研究主题，从事该领域研究的学者同人们交流互动亦非常频繁。20多年前，由浙江人民出版社推出的"中日文化交流史大系"正是其成果之一。

30年前的春日，我邀请中日比较文学界的国际知名学者中西进先生到杭州大学（现浙江大学）作专题讲座。讲座结束后，时任杭州大学校长沈善洪先生让我陪同中西进先生一同考察江南园林史迹。1991年5月18日，在无锡的一家酒店中，我与中西进先生共同商定了"中日文化交流史大系"的选题计划。该计划得到了许多同人的帮助，进展顺利。该丛书日文版定名为"日中文化交流史丛书"，自1995年7月起依次出版，共十卷；中文版定名为"中日文化交流史大系"，由浙江人民出版社于1996年11月一次性出版十卷。

此后20多年间，随着考古文物资料的出土及文献资料的不断发现，中日学术界的理念及研究方法也有新的发展，中日两国的人文学术交流更是不断深入。基于此，作为中日文化交流史的研究学者，我认为召集中日两国的学者重新审视两国之间文化交流历史的机缘已然成熟，也正是出版"新中日文化交流史大系"的最佳时机。

20多年前出版的"中日文化交流史大系"以专题史的形式，把全套书分为历史卷、法制卷、思想卷、宗教卷、民俗卷、艺术卷、科技卷、典籍卷、人物卷、文学卷等十卷，而每卷又都是由多人共同执笔的通史体裁著作。"新中日文化交流史大系"（第一辑）共有九卷，邀请了研究中日文化交流领域备受关注的学者，让其用通俗易懂的语言为读者讲述其最新的研究成果，力求做到"有趣有用"。

本丛书于2016年入选国家"'十三五'国家重点出版物出版规划"，2020年入选国家出版基金资助项目。此外，本丛书还得到2017年度国家社科基金重大项目"中日合作版'中日文化交流史丛书'"（首席专家：葛继勇）与浙江大学"双一流"项目"经典文化传承与引领——《东亚汉典》编纂与研究"（主持人：王勇）的支持。在此特别向支持本丛书的各单位和个人表示谢意。

悠久且灿烂的中日文化交流史，是世界文化交流互鉴历史中的瑰宝。希望本丛书能够为新型中日关系的构筑以及两国民众的相互理解略尽绵薄之力。是为序。

浙江大学日本文化研究所

王　勇

2021年10月1日

目 录

1

2

3

导　论

王朝公权之威严象征

——略谈日本中世汉籍的一个重要特性

　　如果从清末罗振玉、杨守敬等人到日本访书算起，中国学者对日本汉籍的关注已经有超过百年的历史了。在这一领域的研究中，特别是最近十几年，可以说中国学界已经取得了与日本学界相比也毫不逊色的成绩。如严绍璗主编的《日藏汉籍善本书录》，就被日本著名汉学家神鹰德治赞誉为"二十世纪之日本国见在书目录"。[1]而张伯伟主编的《域外汉籍研究集刊》，亦为我们提供了许多东亚汉籍研究的精彩范例。[2]这些研究成果，也在同一时间引起了日本学界极大的关注。

　　然而，反观近百年之中国学界的日本汉籍研究，大都还是抱着一种"礼失而求诸野"的观点，多停留在搜寻珍本佚书的阶段，而日本学界则更多的是停留在对某一种书籍的个案以及受容（接纳）史的研究上，

1　严绍璗：《日藏汉籍善本书录》（全三册），中华书局2007年版。有关日本学界对此书的评价，可参见神鹰德治：《平成の日本国见在書目録—厳紹璗編著〈日藏漢籍善本書録〉（上・中・下）—》，《东方》第392期，东方书店2008年版，第20—23页。不过，此书也存在着不少问题，使用时要倍加小心。

2　张伯伟：《域外汉籍研究集刊》，2005年开始由中华书局出版发行。有关该书在日本学界的反响，可参考静永健：《東アジア漢籍交流シンポジウムin京都予稿集—〈域外漢籍〉の研究価値を考える—》，九州大学文学部中国文学室编，2009年版，第1—8页。

同样鲜有对日本汉籍流变史及独特性的探讨。[1]换句话说，虽然研究方法不尽相同，但日中学界在这一领域的基础研究中存在着同一种缺憾，即还未能有效地结合日本古文书、古日记等第一手史料，建构出一条比较明晰的日本汉籍传承史。[2]另外，由于缺乏必要的史学背景知识，这就导致许多学者在研究日本汉籍时，常常被一些似是而非的观念所困扰。笔者将这些考述误区大致归为以下三个方面：

（1）误认为古代日本主要是通过购买书籍这一手段去完成对唐宋学术思想之受容。

（2）过度强调日本遣唐使的主要目的是求购汉籍。虽然我们无法否定遣唐使在汉文化东渐中产生的巨大作用，但其入贡的主要目的无疑还是出于政治上的需要——维系日本与大唐政治上的联系，巩固其在东亚海域中的生存空间。换句话说，平安朝廷绝不会单为求购书籍而倾国家之财力、冒失去文化精英的危险去渡海入唐。要之，导入大陆先进文化无疑是遣唐使的重要目的之一，然汉学东渐这一行为本身，主要还是由长期在大陆生活、学习的留学生及留学僧来逐渐完成。遣唐使节团本身虽偶有买书之行为，但我们

1　本文所使用"汉籍"，以张伯伟在《域外汉籍研究答客问》中所提出的定义为准，《南京大学学报》2006年第一期；"日本汉籍史"，以太田晶二郎在《日本漢籍史の研究》一文中所提出的概念为准，《太田晶二郎著作集》第一册，吉川弘文馆1990年版，第1—4页。

2　对于日本汉籍研究中同时代之古文书、古日记中的重要性，太田晶二郎反复强调过，参见《太田晶二郎著作集》第一册。另外，王小盾在《域外汉籍研究中的古文书和古记录》一文中也指出，日本古文书对中国文学研究之本身亦具有极为重要的价值，其文末云："这些记录及其内容，事实上尚在中国学者现有视野之外，属于一个未知世界。毫无疑问，我们应该接近这个世界，进入这个世界。而接近和进入这个未知世界的途径，我想就是古文书。"张伯伟编：《域外汉籍研究集刊》第六辑，中华书局2010年版，第57—88页。

不能将其作为遣唐使的最主要目的，在这个问题上绝不能以末代本。

（3）江户时代以前，日本主流的文化圈子极为狭窄，基本集中在一小部分宫廷贵族、博士家以及寺庙僧侣之间。且在学术传承上坚持一种师徒相传的封闭模式——儒学"纪传道"与和歌"古今传授"。也就是说，汉籍本身已被视为一种王朝公家权力的威严象征。因此，这些书籍是否存在着大范围的流传，这也是一个值得讨论的问题。

下文拟就以上三方面来做一些具体的考证，抛砖引玉，求得海内外学界同仁的叱正。

首先让我们来看看，在唐宋时期中日海域贸易之中，书籍是否曾被当作商品予以买卖，答案无疑是否定的。虽然我们可以从江户唐船贸易文书中确认曾有大批书籍被当作商品带到长崎，但我们并不能以此推断日唐、日宋贸易中同样存在着类似规模的书籍贸易。恰恰相反，通过对平安镰仓时期各类古文书、古日记等一手史料的调查，基本可以断定明清以前的中日贸易之中不曾有过形成规模的、持续的书籍交易行为。

当然，我们并不否认有一些书籍曾被唐宋商人带到日本，但这些书籍大多属于商人随身阅读之私物，或是用来贿赂平安权贵们的礼品，而非商品，这一点必须得到澄清。比如，学者经常提到日本史书之《文德天皇实录》中有关唐人货物中载有《元白诗笔》的记载，推其为日唐书籍贸易的典型。但细考其原文，则知这种说法只是一个误解：

　　岳守者，丛四位下，三成之长子也。天性宽和，士无贤不肖，倾心引接。少游大学，涉猎史传，颇习草隶。天长元年，侍于东宫，应对左右，举止闲雅，太子甚器重之。三年，拜内舍人。七年，丧父，孝思过礼，几于毁灭。太子践祚，拜右近卫将监，俄迁为内藏助。承和元年，授丛五位下。三年，兼为赞岐介，迁为左马头，赞岐介如故。五年，为左少弁。辞以停耳不能听受。出为大宰少贰，因检校大唐人货物。适得《元白诗笔》，奏上，帝甚耽悦，授丛五位上。十二年，授正五位下。十三年，授丛四位下，特拜右近卫中将，兼为美作守。嘉祥元年，出为近江守，人民老少，俱皆仰慕。归罢之后，无复荣望，论者高之。卒时年四十四。[1]

以往学者多引"出为大宰少贰，因检校大唐人货物。适得《元白诗笔》，奏上，帝甚耽悦，授丛五位上"一文来证唐人别集被买入平安朝廷。然考"因"在日本古汉文中训为"よりて"，即"因此"之意，"适"则训为"たまたま"，为"偶尔"或"恰巧"之意。这句话可翻译为："左迁为太宰少贰，因此主要负责检查确认大唐商人货物。一个偶然的机会得到了一部《元白诗笔》，献给皇上，皇上大悦，提拔其为丛五位上。"文中既云偶尔，则知藤原岳守（808—851）得到《元白诗笔》并非正常的商业行为。将其作为日唐贸易中书籍交易的典型而大加诠释，显然是一个未对原始文献进行仔细推敲而产生的误解。

其实，如果熟悉平安律令的话，就不难知道身为太宰少贰的藤原岳守是绝不可能以个人名义将唐人货物献给天皇的。因为平安律令有明文规定，无论何人均不得以私人身份染指唐人货物。[2]换句话说，在与唐

1　参见《文德天皇实录》卷三"仁寿元年（851）九月二十六日条"，《新訂増補國史大系》第三卷，吉川弘文館1934年版，第31页。另外，本书所引用的日本古籍之标点多有校改，以下不再一一说明。

2　《養老律令·関市令》规定："凡官司未交易之前不得私共諸藩交易。"参照《令集解》卷九，《新訂増補國史大系》第二十二卷，吉川弘文館1939年版，第299页。又，有关大宰府唐人贸易之详情，可参照森克己：《新訂日宋貿易の研究》第一編第四章《大宰府貿易の展開》，国书刊行会1975年版，第61—82页。

人交易之中，天皇本来就享有绝对的挑选权。即便《元白诗笔》是一件货物，也轮不到身为太宰少贰的藤原岳守奉进邀赏。从文意来推测，极有可能是藤原岳守上船点检商人私有物品之时，[1]碰巧看到其中有一部《元白诗笔》。藤原岳守以文学见长，当然知道这部诗集的价值，因此将其截留下来献给朝廷，由此得到了天皇的破格提拔。

不只是日唐贸易，就连日朝贸易，也不曾有过书籍被当作商品的行为，至少从现存多份《买新罗物解》（与朝鲜贸易的购物清单）可以证明这一点。东野治之曾根据日本国宝《鸟毛立女屏风下贴文书》整理出八十七种日朝贸易的商品。[2]此后，皆川完一根据现存的《买新罗物解》又补充了三十五种，均未见列有书籍一栏。[3]现将皆川完一补充之后的日朝贸易主要商品分类及清单转引如下，以供大家参考：

〔香料〕沉香 薰陆 薰陆香 和香 香油 丁子 丁香 丁子香 青木香 白檀 龙脑香 鸡舌香 薰衣香 裛衣香 安息香 零陵香 郁金香 甘松香

〔药物〕桂心 麝香 牛黄 大黄 犀角 甘草 石脑 宗纵容 可梨勒 果拨 蜜汁 蜜 羊膏 人心

〔颜料〕金青 朱砂 同黄 烟子 烟紫 胡粉 曽青

〔染料〕茱芳 紫 苏方木

---

1 《養老律令·関市令》规定："凡藩客初入関日，所有一物以上，关司共当客官人具录申所司。"参照《令集解》卷九，《新訂增補國史大系》第二十二卷，第298页。

2 参见东野治之：《正倉院文書と木簡の研究》第三部收《鳥毛立女屏風下貼文書の研究—買新羅物解の基础的考察—》，塙书房1977年版，第298—347页。

3 参见皆川完一：《買新羅物解拾遺》，《正倉院文書研究2》，吉川弘文館1994年版，第146—152页。又，有关正倉院文书中有关日朝、日唐贸易的研究，还可以参照丸山裕美子：《正倉院文書の世界—よみがえる天平の時代—》，中央公论社2010年版。

〔金属〕金　铁青

〔器物・调度〕镜　八卦背镜　方镜　花镜　香炉　风炉　水
　　　　瓶　饭碗　迊罗鋺　鋺　小鋺　白铜五重碗　大盘
　　　　小盘　盘　匙　箸　白铜酒壶　黄钵　多罗良　口脂
　　　　壶　丁梳　水精念珠　诵数　绯氈屏风

〔其他〕青胎　漆于　牙量　□卓　□脂　□布　□骨　□消

　　其实，此后的日宋贸易文书中同样没有记载买卖书籍的文献。在此
可举平安著名文人三善为康著的《朝野群载》卷第二十所记《大宋国商
客事》为证，现节录其文如下[1]：

宋人　李充在判

府使　府宰直为末　通事巨势友高　文殿宗形成弘　厅头大中
　　朝臣佐良　贯首高桥致定府老纪朝知贯

公凭

提举两浙路市舶司

　　据泉州客人李充状。今将自己船一只，请集水手。欲往
　　日本国博买回赁，经赴明州。市舶务抽解。乞出公验前
　　去者。

二人船货

　　自己船一只　纲首李充　梢工林养　杂事庄权

部领兵弟

第一甲　梁富　蔡依　唐祐　陈富　林和　郡胜　阮祐　炀

1　参见《朝野群载》卷二十《異国》，《新訂增補國史大系》第二十九卷上，吉川弘文
　　馆1964年版，第450—454页。

元	陈丛	注珠	顾再	王进	郭宜	阮昌	林
旺	黄生	強寄	关丛	吴满	陈佑	潘祚	毛
京	阮聪						

第二甲	尤直	吴添	陈贵	李成	翁成	陈珠	陈德	陈
	新	蔡原	陈志	顾章	张太	吴太	何来	朱
	有	陈先	林弟	李添	杨小	彭事	陈钦	张
	五	小陈珠	陈海	小林弟				

第三甲	唐才	林太	阳光	陈养	陈荣	林足	林进	张
	泰	萨有	张式	林泰	小陈贵	王有	林念	生
	荣	王德	唐与	王春				

物货

象眼四十疋 生绢十疋 白绫二十疋 瓷碗二百床
瓷碟一百床

一防船家事 锣一面 鼓一面 旗五口

一石刻本州物力户 郑裕 郑敦仁 陈佑 三人委保

一本州令 给杖一条 印一颗

一今捻坐 敕条下项

与唐船一样，宋船进入博多湾太宰府之前，还需在志贺岛经过一道严格的检查。以府宰、通事为首的太宰府官员先上船核定文书，将船上人员以及重要物品列入清单上奏朝廷。只有经过这道手续之后，商船才能进入博多进行第二道检查，将货物交给太宰府进行价格协商。三善为康将此则文书选入《朝野群载》，当是认其为最能代表日宋贸易通商之实情的文例。目录中不见载有书籍，也就可以推知日宋贸易之中确实不曾有过书籍贸易一项。从以上古文书可以看出，无论是奈良时代的日朝贸易，还是平安时代的日唐、日宋贸易，都是以金属、香料、丝绸和瓷器等商品为主。

另外，文中所记"石刻本州物力户"，当是指前列第一甲、第二甲、第三甲之本船船员名单。在这里值得引起我们注意的是，这份名单并非写在纸上，而是被刻在石碑上。究其原因，或可考虑为纸写文书极易为海风海水所毁，因此才有意将船员名单刻于舶载碇石之上。日本方面对舶载人员的核实极为严格，这也反映在名单上凡有同名同姓者，均在年纪小的名字前加一"小"字字予以区别的这一细节上。其实，唐宋商人不愿贩运书籍与纸类书籍本非适合海运之物亦不无关联。尤其在宋代，宋王朝本来就实行禁书出境的文化政策，而刻本本身又极为昂贵，一旦受潮进水，便立即失去商品价值。由此可知，书籍被排除在日唐、日宋交易的名单之外，跟其所处时代的东亚海域贸易之特性是不无关联的。

其次，遣唐使入唐的主要目的是不是购买书籍呢？又是否能购买到如此数量巨大的书籍呢？

要回答这个问题也不难，只要翻一翻圆仁的《入唐求法巡礼行记》就非常清楚了。首先，日本不属于大唐册封体系中的正式藩国，因此其遣唐使节在大唐的活动受到了严格的限制，没有随行主管官员的许可一般不允许自由贸易，更不用说私自传抄书籍。如开成三年（838）八月三日条云："为画造妙见菩萨、四王像，令画师向寺里。而有所由制，不许外国人滥入寺家。三纲等不令画造像。"[1]笔者曾翻检过整部《入唐求法巡礼行记》，只在开成三年十一月二日条寻得过一处"买得《维摩关中疏》四卷，价四百五十文"的购书记录，这还与当时佛教东渐思想之流行，政府对经疏类东传日本限制比较宽松之政策不无关联。从圆仁

1　石田幹之助：《東寺觀智院藏本影印本》，《東洋文庫論叢》第七附篇，东洋文库1926年版，下同。

的日记可以看出，大唐王朝在安史之乱以后，已经逐步开始严格限制护镇国家之密教大法类的佛像、佛画以及文集向国外的传播了。

那么，诸如《日本国见在书目录》所记载的大批汉籍，又是从何而来的呢？从现有史料来看，基本上可以推测其相当一大部分当是中唐以前传入。玄宗时期对平安王朝文化的发展至关重要。开元天宝时期的大唐国力最盛也最开放，对外国人在唐的活动限制较少。但当时在市面上流通的书籍毕竟有限，在书籍流通还是以手抄为主的时代，很难想象长安已经形成了大规模的书籍买卖市场。因此，即使是这一时期，日本遣唐使节也绝不可能单靠购买就能得到如此广泛而丰富的书籍。从现存史料来看，日本传入的汉籍多为留学生以及留学僧经官方允许后雇人抄写或拜师友所赐，并非遣唐使节短时间于市面所购之商品。

首先，《旧唐书·倭国传》中"所得锡赍，尽市文籍，返海而归"之记载，乃是专指日本灵龟年间（715—717）所派出的第八次遣唐使节，[1] 从后来的圆仁日记可以看出，这则记载并不能代表所有遣唐使均有过同样的行动。[2] 这次遣唐使包括了阿倍仲麻吕、吉备真备、玄昉等人，从日本史书所记吉备真备所献物品之目录来看，这次的遣唐使虽有"尽市文籍"之举，但得到的书籍毕竟还是非常有限，且集中在音韵、律令、日历、音乐、兵书等一些比较实用的书籍上。《续日本纪》卷十二天平七年（735）四月辛亥条中，对吉备真备留学归国时所献物品有详录，其文如下：

> 入唐留学生从八位下下道朝臣真备献《唐礼》一百三十卷、

1　《旧唐书》卷一九九上《倭国传》，中华书局1975年版，第5341页。

2　有关不同阶段之遣唐使文化输入的不同形态的相关考证，可参照森公章：《遣唐使と古代日本の対外政策》第五章《遣唐使と唐文化の移入》，吉川弘文馆2008年版，第85—116页。

《太衍历经》一卷、《太衍历立成》十二卷、测影铁尺一枚、铜律管一部、《铁如方响写律管声》十二条、《乐书要录》十卷、弦缠漆角弓一张、马上饮水漆角弓一张、露面漆四节角弓一张、射甲箭二十只、平射箭十只。[1]

又如，《日本纪略》延历十九年（800）十月庚辰条云：

> 外从五位下伊与部家守卒。宝龟六年兼补遣唐，习《五经大义》并《切韵》文字体。归来之日，仁直讲，寻转助教。大臣奏，令讲《左氏》《公羊》《谷梁》三传之义云云。[2]

另外，我们还可以通过正仓院写经处的抄书目录来了解这一时期日本的藏书概貌。天平二年（730）七月四日撰写的《写书杂用账》记有如下书目：班固《白虎通》一帙十五卷、《楚辞》及屈原《离骚》三帙（帙别十六卷。按：每帙十六卷之意）、扬雄《方言》五卷、《论语》二十卷、《三礼仪宗》三帙（帙别十卷）、《新仪》一帙十卷、《汉书》、《晋书》。[3]天平二十年（748）六月十日撰写的《写章疏目录》则记录了大批内外典籍，其中属于外典的诗文别集有《太宗文皇帝集》四十卷、

1 《新訂增補國史大系》第二卷，吉川弘文館1966年版，第137页。
2 《新訂增補國史大系》第十卷，吉川弘文館1966年版。此类例子甚多，在此可再举一例予以证明。宫内厅书陵部藏《琵琶谱》卷末跋语云："大唐开成三年戊辰八月七日壬辰，日本国使作牒状，附勾当官银青光禄大夫检校太子詹事王友真，奉扬州观察府请琵琶博士。同年九月七日壬戌，依牒状，送博士州衙前第一部廉承武，则扬州开元寺北水馆而传习弄调子。同月二十九日，学业既了。于是博士承武送谱，仍记耳。开成三年九月二十九日，判官藤原贞敏记。"
3 《大日本古記録·編年文書》第一卷，东京帝国大学史料编纂所1901年版，第393—394页。

《许敬宗文集》十卷、《庾信集》二十卷；总集有《群英集》二十一卷、《帝德录》一卷、《帝德颂》一卷；史书有《帝历并史记目录》一卷、《职官要录》三十卷；法家与兵家书籍有《证论》六卷、《明皇论》一卷、《安国兵法》一卷、《军论斗中记》一卷、《黄帝太一天目经》一卷；杂书有五行家《九宫》二卷以及礼服图书之《古今冠冕图》一卷；天文书与医书有《天文要集》十卷、《天文要集岁星占》一卷、《彗字占》一卷、《天官目录中外官薄分》一卷、《石氏星官薄赞》一卷、《传赞星经》一卷、《薄赞》一卷、《新修本草》二帙二十卷、《治癞疽方》三卷、《石论》三卷、《黄帝针经》三卷等等。[1]从以上书目我们可以再次确认，平安前期所需要的汉籍大都是一些律法、兵法、五行、天文、医学等实用典籍。[2]而之后的日本遣唐使及遣唐僧的书籍收集也同样延续了这一特征，小长谷惠吉对历代入唐僧所传回日本的汉籍类目录曾有过整理，亦是第一手史料之实证，现转录于下，以供参考：[3]

①传教大师最澄越州录：《诸贤问答》一卷、《翰林院等集》一卷、《杂文五首》一卷、《韦之晋传》一卷、《传大师还诗十二首》一卷、《浮沤篇》一卷、《佛道二宗论》一卷

②日本国承和五年入唐求法目录：《集新内齐文》五卷、《难道俗德文》三卷、《开元诗格》一卷、《只对传》一卷、骆宾王撰《判一百条》一卷、《祝元膺诗集》一卷

1　《大日本古記録·編年文書》第三卷，东京帝国大学史料编纂所1901年版，第84—90页。

2　静永健曾指出：海外诸国对大陆王朝之实用书籍的需求与学习，乃是东亚汉文化圈之汉籍传播的重要特征。详考可参见静永健《汉籍初传日本与"马"之渊源关系考》，《浙江大学学报（人文社会科学版）》2010年第5期，第36—43页。

3　参见小长谷惠吉：《日本国见在书目録解说稿》第十一《不收书目》，小宫山书店1956年版，第49—55页。

③慈觉大师园仁在唐送进录外书：《沙门清江新诗》一卷、白居易《任氏怨歌行》一卷、《寒气》一帖、《揽乐天书》一帖、《叹德文》一帖、《汉语长言》一卷、《波斯国人形》一卷

④入唐新求圣教目录：《蛇势论》一卷、《国忌表叹文》一卷、《副安集》一卷、《如五百字千字文》一卷、《皇帝拜南郊仪注》一卷、《丹凤楼赋》一卷、《诗赋格》一卷、《京兆府百姉素索上表论释教利害》一卷、东山泰法师作《建帝幢论》一卷、《王建集》一卷、《庄翱集》一卷、《李张集》一卷、《杜员外集》一卷、《台山集》一卷、《白家诗集》一卷、《悉昙章》一卷、《梵语杂名》一卷

⑤惠运禅师将来教法目录：《还原集》三卷、《云居集》二卷、《悉昙章图》一卷、《悉昙记》一卷、《悉昙梵字》一卷

⑥惠运律师书目录：《真一注义》一卷、《老子首殷内解道经》一卷、《麋甬方》一卷、《五脏六腑图》一卷、《合影图》一卷、《婆罗门自按摩法》一卷、《诸梵字》十二卷

⑦开元寺求得经疏等目录：参廖《相送诗》一卷

⑧福州温州台州求得律论疏记外书等目录：《上仙诗七十首》一卷、《景丹英鸾东庐山胜事》联句成四十一卷、《建阳山水歌》一卷、《千太洞大名记》一卷、《梅略方》十四卷二帖、《七曜历》一卷、《三元九宫》一卷、《诸杂要药方》一卷、《融心论》一卷、西明寺玄畅记《帝王年代录》一卷、《吕才合字书》一卷

⑨智证大师圆珍请来目录：唐智升撰《续古今佛道论衡》一卷

⑩新书写请来法门等目录：《梵汉两字》一卷、《梵汉对语对注集》一卷、《都利聿斯经》五卷、《七曜禳灾诀》一卷、《七曜廿八星宿历》一卷、《七曜历日》一卷、《六王名王例立成歌》二卷、《明镜连殊（珠）》十卷、《秘录药方》六卷两策子、《削繁加要书仪》一卷、《西川印子唐韵》五卷、《日印字玉篇》三十卷

另一方面，还要指出的是，平安王朝对唐风的学习是有所选择的。有时候甚至不惜违抗唐皇旨意，对自己不需要的中土文明予以坚决抵制。由遣唐大使藤原清河、副使吉备真备率领的第十二次遣唐使节团对道教的态度就是极好的一例。《唐大和上东征传》云：

> 天宝十二载岁次癸巳，十月十日壬午，日本国使大使特进藤原朝臣清河、副使银青光禄大夫光禄卿大伴宿弥胡麻吕、副使银青光禄大夫秘书监吉备朝臣真备、卫尉卿安朝臣朝衡等来至延光寺，白大和上云："弟子等早知大和上五回渡海向日本国。将欲传教，故今亲奉颜色，顶礼欢喜。弟子等先录大和上尊名并持律弟子五僧，已奏闻主上，向日本传戒。主上要令将道士去，日本君王先不崇道士法，便奏留春桃原等四人令住学道士法。为此，大和上名亦奏退，愿大和上自作方便。弟子等自在载国信物船四舶，行装具足，去亦无难。"[1]

藤原清河遣唐使节一行，本来已经得到玄宗恩准带鉴真回国传教。但因拒绝玄宗派出的道士同行，导致鉴真亦被清退出归国名单。大家都知道，奉请鉴真入日本传授佛法是当时平安宫廷上下的一个悲愿。藤原清河为何会作出以牺牲偕鉴真归国的千载良机来拒绝道士进入日本的决定，现在日本史学界还没有一个明确的说法。[2]但笔者认为，日本天皇制度之核心思想是奉天皇一人独为佛神合体神之"现人神"，而道教则是倡导凡人经过修炼皆可成神仙，与天皇制度之核心思想正相抵触。道

1　汪向荣校注：《唐大和上东征传》，中华书局2000年版，第83页。文中标点与个别文字有所校改。

2　如森公章的《遣唐使と古代日本の对外政策》第五章《遣唐使と唐文化の移入》中指出："现在还无从得知日本拒绝传入道教的具体原因。"

教的传入无疑将直接危害到天皇制度的存系，或许这就是藤原清河坚拒道士入东瀛传教、道教一直不传日本的根本原因。[1]

另外，从以上文献还可以看出，承担这一时期汉籍大批东渐的主要人物是诸如吉备真备、伊与部家守、藤原贞敏等长期生活在大唐的留学生和留学僧们。根据唐律规定，凡在唐生活八年以上，只要愿意均可编入唐籍，不用再受到外国人身份的限制。正是这批长期生活在大唐的留学生和留学僧们对所见书籍之孜孜不倦的传抄，花费了百余年光阴聚土成山，才使得日本平安中后期的公私书库能够藏有如此丰富而种类繁多的书籍。这其中一个重要人物就是阿倍仲麻吕。

阿倍仲麻吕于日本灵龟二年（716），随多治比县守率领的第八次遣唐使节团到长安留学。之后通过唐期科考，于开元十三年（日本神龟二年·725）担任洛阳的司经局校书，开元十六年（日本神龟五年·728）年任左拾遗，开元十九年（日本天平三年·731）任左补阙，天宝十一年（日本天平圣宝四年·752）升任秘书监，成为宫中图书馆主管。当时，随遣唐使带入日本的大批汉文书籍，诸如被敕命不准传出国外的《文馆词林》类的珍贵书籍极有可能就是经其手抄出，[2]当然，这还是目前笔者的一个推测，有待今后作进一步补证。

平安中期以后，开始陆续出现了各类藏书机构。除皇家文库之图书

---

1 这种对汉籍的选择还反映在江户时期之前禁读《孟子》的现象之上，因为《孟子》提倡"易姓革命"，与天皇制度之"万世一统"之思想有所抵触。详考可参照太田晶二郎：《漢籍の「施行」》，《太田晶二郎著作集》第一册，吉川弘文馆1990年版，第275—286页。

2 唐高宗显庆三年（658）成书之后一直深藏中秘，不许传至国外。日本现存弘仁写本卷152、156、157、158、160、346、347、348、414、452、453、455、457、459、507、613、662、664、665、666、667、668、669、670、691、695、699、卷帙未详残卷3页断简。详考可参照《影弘仁本文馆词林》（后附阿部隆一《文馆词林考》），古典研究会1969年版。另外，有关阿倍仲麻吕的研究，可参照杉木直治郎：《阿倍仲麻吕傳研究（手沢本補訂）》，勉诚出版2006年版。

寮以外，还有官家文库之太政官文厅、外记文厅、中务省文库；宫中御文库之藏人所、冷然院、嵯峨院、大学寮文库以及各国府学文库、大学别曹之弘文院、文章院、劝学院、奖学院、学馆院、综艺种智院、淳和院等。此外，比较有名的寺庙文库还有国分寺经藏、东大寺经藏等。[1]在这里需要特别提到的是空海的综艺种智院，这是一所为平民子弟设置的教授佛学与经史的学校。呆宝《东宝记》卷六载《永入东寺水陆田等事》之承和十二年（845）民部省官符中云："先师故大僧都空海大法师，私建一簧，名曰综艺院，将以设经史而备教业，配田园而冲支用。"[2]对于学校所习内容，空海撰《综艺种智院式并序》中有记，原文如下：

> 右九经九史，三玄三史，七略七代、若文若笔等书中，若音若训、或句读或道义，一部一帙，堪发瞳朦者，住若道人，意乐外典者，茂士孝廉，随宜传授。若有青衿黄口，志学文书，绛帐先生，心住慈悲，思存忠孝，不论贵贱，不看贫富，随宜提撕。[3]

此文中"若文若笔等书"一语，当是指空海留下的《文镜秘府论》及《文笔肝心抄》二书。[4]过去在对这两部书的研究中，还没有学者注意

---

1 有关日本古代文库的研究，可参考小野则秋：《日本文库史研究》，临川书店1944年版。

2 东宝记刊行会：《国宝東宝記原本影印》，东京美术1982年版。

3 《性灵集》卷十，《日本古典文学大系》(71)，岩波书店1965年版，第420—423页。

4 有关空海《文镜秘府论》之相关考证，可参考拙论《〈文镜秘府论〉古钞六卷本补证——以日本中世佛教文献为线索》，《国际汉学研究通讯》2014年3月第8期，第104—110页；《空海〈文笔肝心钞〉之编纂意图及佚文考》，张伟伯编：《域外汉籍研究集刊》第十辑，中华书局2014年版，第39—56页；《空海撰三卷本〈文镜秘府论〉之选编经纬及原本形态考》，张伟伯编：《域外汉籍研究集刊》第十一辑，中华书局2015年版，第3—17页。

到综艺种智院的存在。其实，从这篇序言来看，这两部书极有可能是空海针对院中学生所编撰的诗学教科书。

上文也谈到，且不说唐代书籍市场是否已经发达到可以充实日本的各类文库的贸易规模，即使存在，短期入唐的遣唐使也无法在一年半载之内购买到如此数量之巨的书籍。如本文所考，这些书籍大部分是长期生活在唐土的日本留学生和留学僧聚少成多的结果。在此还可补充一例：中唐时期，与圆仁一起入唐的留学僧圆载曾在唐生活长达三十六年，于日本元庆元年（877）方才归国。陆龟蒙《闻圆载上人挟儒书泊释典归日本国更作一绝以送》咏此事云："九流三藏一时倾，万轴光凌渤澥声。从此遗编东去后，却应荒外有诸生。"[1]可知，圆载在唐三十六年间抄写收集了"万轴"儒书释典。可惜的是，这些书籍都在快到日本时遭遇台风与圆载一起沉入了大海，消失于清波碧浪之中了。

那么，已经传入日本的书籍是否有被大量传抄、流行于世呢？先让我们来看看《类聚三代格》卷十九中记载的神龟五年九月六日所颁布有关图书寮的禁令：

> 禁制事
> 敕，于图书寮所藏佛像及内外典籍、书法屏风、幛子并杂图绘等类，一物已上，自今以后，不得辄借。亲王以下及庶人，若不奏闻私借者，本司科违敕罪。[2]

这则禁令明确规定，要借阅图书寮的书籍需要得到天皇本人的同意，即使是亲王也不例外，违者无论官职大小（包括有机会接触到图书

---

1 《全唐诗》卷六二九，中华书局1960年版，第7216页。
2 《新訂增補國史大系》第二十五卷，吉川弘文馆1965年版，第589页。

的"庶人"之抄书专职人员），一概处以"违敕罪"。另外，平安律法还规定不允许私自抄写宫中图书，即使得到天皇允许下赐书籍，有关卷帙的抄写均需经由图书寮写经处之手。

日本之所以对汉籍传抄会有如此严格的规定，是因为历经千辛万苦才侥幸传入平安的大部分汉文典籍被赋予了一种公信权威。以天皇为首的王朝政权对书籍实行了严格的占有制，绝不允许下级官厅或王公贵族私自传播，更不用说贩卖了。即使是当时被誉为平安王朝对外窗口的太宰府厅亦不例外，在《续日本纪》神护景云三年（769）十月甲辰条中有如下记载：

> 大宰府言，此府人物殷繁，天下之一都会也。子弟之徒，学者稍众，而府库但蓄五经，未有三史正本。涉猎之人，其道不广。伏乞列代诸史，各给一本，传习管内，以兴学业。诏赐《史记》《汉书》《后汉书》《三国志》《晋书》各一部。[1]

太宰府掌控着日唐贸易，其官厅学校竟然连《史记》《汉书》之类的普通史书都没有库藏。从这则记载，一可看出日唐贸易中确实没有存在过书籍买卖；二可看出平安中央政权对书籍管理以及学术传播之严格，就连太宰府之政厅希望教授三史书籍，还需要得到天皇的特别恩准，且最终还只准各传一部。

再来看看平安的最高学术机构大学寮，《延喜式》卷二十《大学寮》记云："凡寮家杂书，不得辄借与他人，但听学生于寮中读阅之。"[2]由此可知，大学寮所藏图书亦是不出门外，只准在寮内阅读，更不用说

---

1 《新订增补国史大系》第二卷，吉川弘文馆1965年版，第371页。
2 《新订增补国史大系》第二十六卷，吉川弘文馆1965年版，第525页。

私自转抄了。图书寮及大学寮对所藏图书规定之严格，以至于属于大学寮外围组织的各贵族家私塾的别曹都无法抄写到足够的藏书。要知道，被允许建立别曹的均为平安王朝中等级最高的贵族。即使如此，其藏书规模却远远无法与大学寮本曹之东西二曹菅原、大江二博士家相比。如《日本后纪》卷八延历十八年（799）二月条《和气清麻吕卒传》中记清麻吕之长子广世经天皇允许建立弘文院时仅"藏内外经书数千卷"[1]。弘文院已经是别曹中规模较大的学校了，但其库存竟只有数千卷，不用说与本曹藏书相比，就是与藏有"千种""数万卷"的大江家私人文库相比亦相差甚远。[2]

更有趣的是，嵯峨天皇的皇后橘嘉智子与其弟氏公为橘氏一族所创建的学馆院，还曾因为藏书不够，以致自家子弟不愿入学。连这些位于平安权力最中心的贵族们，在创办家学时都无法获得足够的汉籍，可见汉籍在平安传播范围之狭窄，其被赋予的公信威权之大。从现存抄卷诸如《文选》《新乐府》等卷末之跋语来看，平安时期的最高贵族藤原式家也有过很长一段转抄已经开始没落的菅原家以及大江家书籍的时期。藤原式家将两家学问汇总于一体，最终建立起了自己的学问体系，成为日本古代学术思想的主流一族。

藤原赖长的日记《宇槐记抄》仁平三年（1153）四月十五日条中记载了大江匡房的一句豪言，正是汉籍在当时具有无上之公信权威的最好佐证：

---

1 《新訂增補國史大系》第三卷，吉川弘文馆1934年版，第19页。

2 《百鍊抄》卷七亦云："江家千种文仓为灰烬，数万卷书一时灭。"《新訂增補國史大系》第十一卷，吉川弘文馆1929年版，第70页。按：原文"江"字误为"法"、"种"字误为"草"，语意不通，今据小野则秋引文改，参见《日本文库史研究》上卷，临川书店1980年版，第334页。

归土御门，未知皇后宫烧亡，移御一条大路北边故通基朝臣家。余依疾不参向。后闻，今日炎上卿家，书籍悉为灰烬，天之丧文，呜呼哀哉。禅阁（按：指藤原赖长之父藤原忠实）仰曰，昔匡房卿住二条高仓宅，建仓，其内安置书籍，余问曰："不怖火灾乎？"匡房答曰："日域不亡，此书不亡。若遇日域可亡之运，此书自亡。何怖火灾乎。"今闻此，国亡在近欤，可怖可怖！[1]

大江匡房竟然将江家的藏书等同于整个日本王权命运，豪言只有天要亡国之时，江家文库藏书才会烧为灰烬。可惜的是，仁平三年四月的一把大火烧了半个京都，江家文库亦在其中，并未受到天神庇护。

江家文库虽然并未如大江匡房所言与日本王权共存亡，但据藤原赖长的记载可知时人确实将其视为平安皇权政治开始倾毁的不祥征兆之一。藤原赖长提到较皇后寝宫之烧毁，江家文库的烧失更震撼了整个平安朝野，以至于他感觉到了亡国之恐惧。此后，平信范在《兵范记》仁平三年四月十五日条中记到："樋口町尻江家不能开阖，万卷群书，片时为灰了。是朝之遗恨，人人之愁闷也。"[2]由于烧失了书库，大江一家迅速失去了学术公权，从此便走向了衰落。到大江维光（1110—1175）之子大江广元一辈，竟被排挤出了京都宫廷，不得不投奔到了新兴的镰仓武家幕府一侧。[3]

从上文考证可以看出，在日本的平安镰仓时期，可以说谁拥有了大批汉籍，谁就拥有国家文化思想的主导以及解释权，在这一时期，书籍不仅仅是某一种学问的载体，更是一种公信威权的象征。笔者认为，只有清楚地把握住这一点，我们才能真正地认识到中日汉籍交流史之流变

---

1 《台记别记 宇槐记抄》，《增补史料大成》，临川书店1965年版，第211页。

2 参见《史料大成》15《兵範记（一）》，内外书籍株式会社1934年版，第187页。

3 有关大江广元之出身有多种说法，本文从《尊卑分脉》所记。

乃至整个东亚文化交流史的本质，更好地认清汉籍在整个东亚文化圈中的地位及其所发挥的作用。而要把握这种汉籍在日本古代社会的独特传播形态，就离不开对这些记录汉籍阅读受容形态之第一手文献资料的整理。也正因如此，笔者不揣鄙陋，在阅读正仓院文书、天皇宸记、平安时期公家日记这三大史料群时有意将其牵涉到汉籍的书录做了一些竭尽所能的摘抄，将其录于书中，以供海内外有志于域外汉籍，特别是日本古代汉籍研究的同仁参考。这些史料长编虽不尽完善，其至在抄录之时也许有些文字误漏，但至少可以为我们勾勒出一条日本古代接受汉籍的比较贴近史实的变迁脉络，还原出一个平安贵族在努力抄书、藏书的基础上，却又对准许研读的汉籍进行严格限制的独特文化背景，可以让我们避免不作区别地将中国版本研究、藏书史研究的某些概念生搬硬套到日本古代汉籍受容史的研究上去。

另外，除了公家书目及公家日记之外，我们还可以根据当时的律令文书、佛教典籍以及类书辞典之引书、引文对这一时期的汉籍受容状况做一个补充。如根据奥村郁三所编的《令集解所引汉籍备考》可知，今存平安时代前期惟宗直本所编《养老令》之注释书《令集解》引用了如下汉籍书目（不包括佛教典籍）[1]：

> 经部：《周易》、《河图》、《洛书》、《尚书》（《书经》《尚书述义》《尚书大传》）、《诗经》（《毛诗》《韩诗》）、《三礼》（《周礼》《仪礼》《礼记》《礼记义疏》《大戴礼记》《三礼义宗》）、《乐记》、《春秋》（《春秋左氏传》《春秋公羊传》）、《论语》（《论语义疏》）、《孟子》、《孝经》（《古文孝经》《今文孝经》《孝经述

---

1 奥村郁三：《令集解所引漢籍備考》，《関西大学東西学術研究所研究丛刊》（十四），関西大学出版部2000年版。

义》《孝经援神契》）、《五经通义》、《白虎通》、《三字石经》、《尔雅》（《小尔雅》）、《方言》、《释名》、《广雅》、《说文》、《仓颉篇》、《埤仓》、《字林》、《文字集略》、《玉篇》、《字书》、《声类》、《切韵》。

史部：《史记》、《汉书》（《汉书音义》）、《后汉书》、《续汉书》、《三国志·吴书》、《晋书》、《宋书》、《南齐书》、《隋书》、《逸周书》、《国语》、《山海经》、《穆天子传》、《世本》、《楚汉春秋》、《帝王世历》、《徐广晋纪》、《楚国先贤传》、《孝子传》（《刘向孝子图》《王绍之孝子传》）、《列女传》、《汉官典职仪》、《大唐六典》、《唐礼》、《唐律》、《杜预律序》、《永徽式》、《开元式》、《唐格》（《垂拱格》《开元格》《道僧格》《格后勅》）、《唐令》（《永徽令》《开元令》《唐令私记》《唐令释》）、《唐答》、《法例》、《判集》、《独断》。

子部：《孔子家语》、《曾子》、《盐铁论》、《新序》、《太公六韬》、《黄石公三略》、《管子》、《申子》、《商君书》、《韩非子》、《崔实政论》、《范子计然》、《异物志》、《黄帝素问》、《黄帝内经明堂》、《脉经》、《甲乙子卷》、《黄帝针经》、《本草新注》（《新修本草》）、《葛氏方》、《集验方》、《黄帝流注脉经》、《赤乌神针经》、《耆婆脉诀》、《小品方》、《偃侧图》、《华佗》、《周髀》、《九章算经》、《孙子算经》、《记遗》、《海岛算经》、《五曹算经》、《夏侯阳算经》、《张丘建算经》、《五经算术》、《缀术》、《三等数》、《三开》、《六章》、《九司》、《吕氏春秋》、《淮南子》、《刘劭人物志》、《邹子》、《刘子新论》、《风俗通义》、《东方朔书》、《老子》、《文子》、《庄子》。

集部：《楚辞》《杜预奏事》《文选》《徐广杂说》《笔赋序》。

惟宗直本是平安元庆（877—885）宽平（889—898）时人，著名的明法博士，后于《二中历》中被列选为平安时期十大法律家之一，其参照的汉籍是当时大学寮明法道所藏书籍，其中书录亦有不少未见于《日本国见在书目录》。可见，主要反映了大学寮文章博士所藏汉籍的《日本国见在书目录》，还并非当时日本所藏的全部汉籍目录。因此，对于这些平安时期文人所编的法令典、辞典、疏注所引汉籍的全面梳理及对其引文的研究，无疑也是今后值得我们注意的一个重要研究领域。此外，由于本书篇幅有限，不能详谈日本汉籍另外的一个重要特征，即虽然图书寮、博士家文库以及后来的金泽文库藏有大批汉籍，但实际上被用来教学及阅读的只是其中很少的一部分，这从本书末所附正仓院文书、天皇宸记、平安时期公家日记三大史料群所见汉籍书录亦可得到佐证。这一现象，其实是与日本江户时期之前的书籍审阅制度——"施行（师行）"制度有着密切的关联。在德川家康废除施行（师行）制度之前，没有经过博士家加点注释（即所谓的"师说"）并上报以天皇为中心的朝廷之恩准的汉籍（即所谓的"证本"），一般是不允许公开传播并用来作为奏状策判等公文书之引文典据。这一制度，被作为江户时期以前维持天皇制度以及幕府制度之最重要的文化政策。这一制度的沿袭，不仅限制了中国王朝文明在日本的普及，还直接限制了江户以前日本印刷术的发展。对此，笔者今后还将做进一步的考证。[1]

1 有关这一问题，太田晶二郎在《漢籍の「施行」》一文中略有考证，参见《太田晶二郎著作集》第一册，吉川弘文馆1990年版，第275—286页。

第一章
《文选》与《白氏文集》
——对东亚古代汉籍流变史的一个考察

对东亚汉学史研究稍有涉猎的学者都知道,《文选》与《白氏文集》是促使古代东亚汉文化圈形成、各国文化水准提高的两部最为重要的文学典籍。特别是日本的平安时期,在国家最高学术机构的大学寮之中,这两部书籍甚至先后被赋予了与儒家经典同等的地位。比如《文选》,《延喜式》卷二十"大学寮"条规定:"凡应讲说者,《礼记》《左传》各限七百七十日;《周礼》《仪礼》《毛诗》《律》各四百八十日;《周易》三百一十日;《尚书》《论语》《令》各二百日;《孝经》六十日;《三史》(按:指《史记》《汉书》《后汉书》)、《文选》各准大经。"[1]而七十卷足本《白氏文集》,在被入唐僧人慧萼抄写带入平安朝之后,很快便成为当时大学寮进士科考以及官僚考核的必读书目,超越了儒家先典的至尊地位,成为平安王朝文学璀璨花开之最重要的催化剂。[2]

然而,笔者在细考日本中世以前的文献史料时,发现当时的文人贵

1　参见《新訂增補國史大系》普及本《延喜式》中篇卷二十"大学寮"条,吉川弘文馆1984年版,第523页。

2　于此可参照静永健:《漢籍往来—白楽天の詩歌と日本—》(勉诚出版2010年版)及静永健与笔者共著《汉籍东渐及日藏古文献论考稿》(中华书局2011年版)两书中的相关考证。

族对这两部经典的接受与学习的态度并非始终不变，在不同的时期还是有一定的变化：总的来说，随着时间的推移，《白氏文集》的地位也逐渐提高。虽然《文选》的经典地位没有被撼动，但慢慢地演化成一部大型"字（辞）书"，削弱了其对诗文创作之范本的实际指导意义。可以说，这是一个过去中日古典学界基本上没有注意到的新现象。

基于此，笔者想结合日本现藏的一些《文选》及《白氏文集》的相关史料以及保留了隋唐旧貌的旧钞文本，试图对以上所述现象产生的前因后果与时代背景做一些探讨。同时，也对现今文学史上的一些观点进行讨论，以求抛砖引玉。

一

经典的形成：日本古代学术史上《文选》及李善注的尊崇地位

先让我们来简单地回顾一下日本奈良时期（七至八世纪）至平安初期（九至十世纪）的《文选》受容史。

现今可以确认的最早有关日本古代文人学习《文选》的确凿证据，当数圣德太子（574—622）所撰写的《十七条宪法》。这部宪法的全文被收入在日本古代正史之《日本书纪》之中，据其记载，《十七条宪法》颁布于日本第三十三代天皇之推古天皇十二年（隋仁寿十年·604）。其中，与《文选》有关的条文为第五条，原文如下：

> 绝饕弃欲，明辨诉讼。其百姓之讼，一日千事，一日尚尔，况乎累岁。顷治讼者，得利为常，见贿听谳。便有财之讼，如石投水；乏者之诉，似水投石。是以贫民，则不知所由，臣道亦于焉阙。

上述文中之"如石投水""似水投石"两句，显然是沿用了《文选》所收李康《运命论》中的语词。《运命论》之相关章节如下：

> 张良受黄石之符，诵《三略》之说，以游于群雄。其言也，如以水投石，莫之受也。及其遭汉祖，其言也，如以石投水，莫之逆也。[1]

不可否认，今存圣德太子的文章以及各种事迹，有很大一部分或是出自后人的附会。不过，无论此文真正的作者是谁，考虑到《日本书纪》成书于日本养老五年（唐开元七年·720），我们至少可以基本断定，时至八世纪初期，日本的一部分核心贵族文人们已经开始学习《文选》，并在某种程度上达到了可以灵活运用其中文辞的水准。显然，一个阶层对《文选》的认可与袭用，不可能在短时间内就可以达成。要之，我们又可以据此推测出，在之前的很长一段时间里，日本就已开始接受并学习《文选》。

另外，我们还可以根据一些更为具体的考古资料，来还原当时贵族文人学习《文选》的一些片段。譬如，以保存圣武天皇（701—756）及光明皇后（701—760）之遗物为主的正仓院古文书中，就留下了不少关于抄写萧统三十卷《文选》以及李善注六十卷《文选》的公家记录。[2]此外，从同一时期的奈良平城京古址之中，考古学家还发现了不少

1　此处引文据胡克家刻：《文选》，中华书局1977年版。

2　相关考证可参照拙文《〈文选集注〉之编撰者及其成书年代考》，张伯伟编：《域外汉籍研究集刊》第六辑，中华书局2010年版，第501—514页。后收入静永健、陈翀：《汉籍东渐及日藏古文献论考稿》，中华书局2011年版，第73—86页。

抄写有《文选》章句词语的木简。[1]这一时期，正值唐玄宗之开元盛世，也就是说，比唐代文人开始重视《文选》晚不了多少时间，受隋唐文选学滥觞之影响，奈良朝的贵族文人就已经开始了对《文选》知识的吸收。而且，从考古发掘所发现的木简涂鸦来看，当时对《文选》的学习已经扩展到了中下层贵族。

不过，与盛唐时期《文选》逐渐成为当时科举考试的重要参考书不同，这一时期的日本贵族阶层，对《文选》所收文章的理解与融会，应该说还是很有限的。这是因为《文选》所选录的一部分文章，特别是大赋，其所含之大量的知识以及繁杂华丽的修辞，对于此一时期的日本人的文化水准来说，还是难度过高、不易融会贯通的。这就导致了当时很多日本贵族文人对《文选》的学习是片断的、有选择性的。如从上面谈到的正仓院写经处抄写《文选》的记录中，我们可以看出，当时的文人对三十卷本《文选》之第一卷，也就是班孟坚之《两都赋》与张平子《二京赋》这两篇汉代大赋略而不读，后二十卷亦没有被纳入大学寮的进士考试范围。[2]另一方面，根据平城京发掘出来的《文选》木简所录文字之随意性，我们亦不难判断，其人将文选词章抄写于木简之上的最主要目的还是练习书法，而不是追求对所录篇章文字结构本身的理解。

笔者曾经通过对《集注文选》卷头所受之李善《上文选注表》的复原，发现即使是在奈良朝之后的汉文化水平有了显著提高的平安时期，

1　相关考证可参照东野治之：《平城宫出土木简所见の文選李善注》，万叶学会：《萬葉》第76集，1971年6月，第68—70页，后收入《正倉院文書と木簡の研究》，塙书房1977年版，第149—153页。

2　《令義解》卷四《考課令·考貢人》云："凡进士，试时务策二条（谓时务者，治国之要务也，假如'既庶又富，其术如何'之类也）；帖所读，《文选》上帙七帖（谓帖者，安〔按〕也。言于字上安〔按〕物，谍读令过也）。"参见《新訂增補國史大系》第二十三卷，吉川弘文馆1939年版，第166页。又按，平安大学寮所用《文选》为白文本，分上、中、下三帙。此处上帙是指前十卷。

大学寮对《文选》的利用，主要还是集中在通过对其之学习，以求掌握汉文之最基本的听说读写能力以及一些基础典故知识。[1]由此可知，《文选》虽然已经成为此时期文人的必读之书，但《文选》所选文章之修辞本身很少被平安的贵族文人所理解并活用。在此还可以举出一个有力的证据，即平安中期著名文人藤原公任所撰《和汉朗咏集》中对《文选》之选文数量。《和汉朗咏集》成书于日本宽仁二年（北宋天禧二年·1018）左右，是时人学习创作和歌时最为重要的参考书。然而，此书却只从《文选》中选出了如下三例文字[2]：

（1）沈词怫悦，若游鱼衔钩出重渊之深；浮藻联翩，若翰鸟缨缴坠曾云之峻。

（2）泰山不让土壤，故能成其高；河海不厌细流，故能成其深。

（3）玩其磧砾而不窥玉渊者，曷知骊龙之所蟠；习其弊邑而不视上邦者，未知英雄之所宿。

（1）选自陆机《文赋》，（2）选自李斯《上书秦始皇》，（3）选自左思《三都赋·吴都赋》。考虑到《文选》在平安大学寮之"大经"的地位，"三"这一数字不能不说是少得有些出人意表。可以看出，藤原公任在编撰《和汉朗咏集》之时，已经没有将《文选》列为主要参考书籍了。同时也可看出，《文选》对日本中世文人之和歌创作基本上没有产生过太大的直接影响！

由以上考证可以看出，与唐宋以后"《文选》烂，秀才半"之《文选》对文人写作及科举考试所产生的重要作用相比，日本中世以前的贵

1　相关考证参见《汉籍东渐及日藏古文献论考稿》所收拙文《九条本所见集注本李善〈上文选注表〉之原貌》，中华书局2011年版，第236—247页。

2　参见《日本古典文學大系》第七十三卷中所收本，岩波书店1965年版。

族文人阶层对《文选》的接受与利用却呈现出了一种悖反倾向。《文选》之"大经"地位，在历代天皇政权均得到了认可甚至是更加巩固，然而，除却一部分正式的诏奏类的公文书之外，《文选》所收录之文章却日渐失去对平安文坛写作的指南作用。为何在当时的日本，会出现如此与中国《文选》受容极不对称的悖反倾向呢？其实，这与笔者之下要谈到的大学寮中的另一部重要经典——唐代著名文人白居易之《白氏文集》不无关联。

二

经典的交替：从《文选》到《白氏文集》

有关《白氏文集》在东亚汉文化圈形成之际所发挥的重大作用，笔者在以前的一系列著作之中已经有了非常详细的考证，在此就不再赘言。在这里着重来谈谈作为诗文汇总大集的《文选》与《白氏文集》之间的继承关系。

日本以外的学者很少有人知道，在日本的古典文献之中，"文集"是一个专用的书志名词，是专指白居易自编七十卷本之《白氏文集》。对此，江户时期的著名学者松下见林（1637—1703，号西峰散人）在其著作《异称日本传》中曾有过详细的考证，其文如下：

> 今按《江谈抄》曰：嵯峨太上天皇得白居易《文集》珍之。又越后守平贞显金泽文库所藏《文集卷第三十三》后书曰："会昌四年五月二日夜奉为日本国僧惠萼上人写此本。"西峰谓：乐天所谓日本传写者（按，指白氏长庆集后序），正谓是耶。惠萼本，题曰"文集 太原白居易"。乃此本流布于世，故我朝古之人引《白氏长庆

集），唯称《文集》。《源氏物语》《江吏部集》等俱曰《文集》是
也。其后，中国印本《文集》渡于我朝，题曰《白氏文集》。尔来亦金
谓《白氏文集》。《咏歌大概》曰《白氏文集》是也。各知其有由矣。[1]

如松下见林所考，纵观整个平安文学史，无论是大学寮主流之菅
原、大江两家的汉诗文（如菅原道真就曾被渤海使节誉为日本的白居
易），还是贵族文人们的和歌狂言，甚至是平安女作家们所创作的物语
（如《源氏物语》）与日记（如《枕草子》），这一时期的文学无论汉和
雅俗，无不有《白氏文集》之投影。

或有学者说，《白氏文集》之所以能够超越《文选》成为平安贵族
女流们学习汉文化的第一指南书，不外乎是源于日本古代文人对唐风之
顶礼膜拜。这当然是一个不可否认的重要理由。然而，日本文人之所以
选择《白氏文集》而非其他诸如元稹、韩愈、刘禹锡等人的文集，其实
还有更深一层次的理由，即时人认为新传入的《白氏文集》已经继承了
《文选》之基本功能。换句话说，当时的日本贵族文人将《白氏文集》
作为一部更为实用的流行版《文选》。

之所以得出如此结论，是笔者通过对日本现存的《文选》古记录以
及金泽本《白氏文集》的研究发现，《白氏文集》与《文选》在编撰体
例上有着明显的继承关系。这一问题，当然并非一两篇小论文就可以论
证清楚，更何况其中还牵涉到不少当今文学史上的错误观点。以下就将
考证的焦点集中在两部文集之文体分类的比较上，由此勾勒出《白氏文
集》在文体分类上对《文选》的继承关系。

首先，让我们来看看隋唐以后《文选》之文体分类。当今学界对
《文选》初编时之文体分类问题主要存有三种观点。元以后的学者多用

1　参见《新註皇學叢書》第十一卷，广文库刊行会1927年版，第251—252页。

袁褧覆宋本以及胡克家刻本，因此一般认为其文体当分为三十七类。《四部丛刊》影宋六臣本、足利学校藏南宋明州六家本、南宋尤袤刻本亦均如此，可知这一文体分类的形态至少在南宋时就已经被大致确定下来了。其具体分类目如下：

赋、诗、骚、七、诏、册、令、教、策文、表、上书、启、弹事、笺、奏记、书、檄、对问、设论、辞、序、颂、赞、符命、史论、史述赞、论、连珠、箴、铭、诔、哀、碑文、墓志、行状、吊文、祭文。

接下来，让我们再来看看源于前后续集系统本之那波道圆刊《白氏文集》（现在一般认为此本乃朝鲜本《白氏文集》的复刻本，乃现今唯一保存了白居易自编本体例之原貌的全本）的文体分类，其具体卷题以及卷书如下：

前集：讽谕（1—4，卷1—4）、闲适（1—4，卷5—8）、感伤（1—4，卷9—12）、律诗（1—8，卷13—20）、诗赋（卷21）、铭赞箴谣偈（卷22）、哀祭文（卷23）、碑碣（卷24）、墓志铭（卷25）、记序（卷26）、书（卷27）、书序（卷28）、书颂议论状（卷29）、试策问制诰（卷30）、中书制诰（1—5，卷31—35）、翰林制诰（1—4，卷36—40）、奏状（1—4，卷41—44）、策林（1—4，卷45—48），甲乙判（1—2，卷49—50）。

后集：杂体格诗歌行（卷51）、格诗杂体（卷52）、律诗（1—6，卷53—58）、碑志序记表（卷59）、碑记序解祭文（卷60）、铭志序赞祭（卷61）、律诗（卷62）、格诗杂体（卷63）、律诗（卷64—68）、半格诗（卷69）、碑记铭吟偈（卷70）。

白居易的文集第一次结集于长庆四年（824），乃元稹编撰，五十卷，题为《白氏长庆集》。大和九年（835），白居易在《白氏长庆集》的基础上递补了十卷后集（卷51—60），并将集名外题改为《白氏文集》。最终于会昌二年（842）将后集再递补至卷七十（卷61—70），也就是我们今天所看到的《白氏文集》之祖本。

从以上两份编目可以看出，《白氏文集》与《文选》之文体分类确实是有很多的相承之处。然而，这不是本文论述之重点。其实，以上两份卷目均是经宋人之手改过的目录，如果将宋前三十卷本《文选》的古目与白居易自编《白氏文集》时的原目进行对比的话，两者之间的继承关系则更加一目了然了。

首先，萧统所编的三十卷本《文选》古目录并没有散佚，而是被保存在了日本古辞书《二中历》的《经史历·文选篇目》一节之中。现将其相关部分转录于下表[1]：

上帙十卷　赋自第一讫第十之中　诗始第十之终

中帙十卷　诗自第十一讫第十六之初　离骚在第十六之中　歌自第十六之终讫第十七之中终　诏策令教第十八　表第十九　上书启弹事笺奏记第廿

下帙十卷　书自廿一讫廿一（按：旁注"二亻"）之初　移文檄难第廿二之中终　对问设论辞序第廿三　颂赞符命第廿四　史论述赞第廿五　论自第廿六讫廿八初　箴铭第廿（按：此处原文脱"八"字）之中　诔自第廿八之终讫第廿九之初　哀文第廿九之中　碑自第廿九之终讫第三十之初　墓志吊祭文第三十之中终

1　此处所用《二中历》之底本为1937年东京前田育德财团出版的尊经阁丛刊丁丑岁配影印本。原卷为镰仓末期写本，现藏尊经阁。又，有关此书目之考证，可参照拙文《萧统〈文选〉文体分类及其文体观考论——以"离骚"与"歌"为中心》，《中华文史论丛》2011年第1期（总101期），上海古籍出版社，第301—330页。收为本书第六章。

不难看出，这份古目显示出萧统所编三十卷本《文选》与现行版本之最大不同之处，乃是对《楚辞》类作品的处理。现行《文选》诸本均将《楚辞》作品归为"骚"体，再将"七"独立为一个大文体。然而，这份古目却显示出萧统原编本乃是将"离骚"设为一个大文体，只收《离骚》一篇，而将此外的《楚辞》作品包括"七"类作品一起划分为现存诸本没有的"歌"体之中。

那么，白居易自编本《白氏文集》之本来面目又是如何呢？现今已经成为文学史常识的白居易"讽谕·闲适·感伤·律诗"之四分类法，其实亦是出于宋人之改编。在保留了白居易自编本之原貌的金泽本《白氏文集》（其底本大部分为慧萼抄南禅院七十卷本）之中，"讽谕·闲适·感伤"之三大类并没有被列为大文体，乃是用来标明诗歌之性质与内容。说得更明白一点，其功能当与《文选》中"行旅""游览"之类的细目相似。根据现存金泽本《白氏文集》之卷头的书写格式（参见图1-1），我们可以推测出《白氏文集》之前二十卷之诗歌部分的文体分类本应如下[1]：

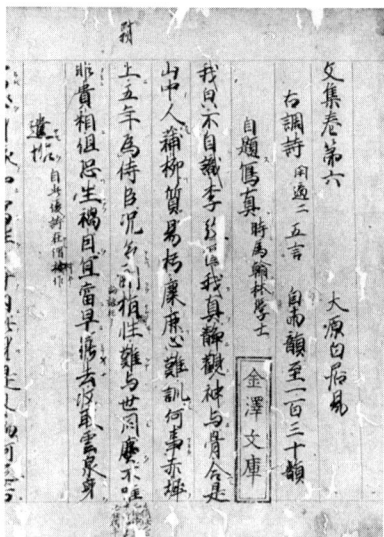

图1-1　《白氏文集》书影

卷一　古调诗　讽谕一

1　参见川濑一马监修：《金沢文库本白氏文集》（共四册），勉诚社1983年版。本文所附金泽本《白氏文集》图片，除非别有注出之外，均引自此书，以下不再一一标注。

由上可知，白居易首先将今体诗之律诗独立为一大类，再将属于"歌"范畴的古调诗、新乐府、歌行曲引等各分为类。对于这三类文体，元稹在《乐府古体序》中将其归类为了"歌诗"，其文如下：

《诗》讫于周，《离骚》讫于楚。是后，诗之流为二十四名：赋、颂、铭、赞、文、诔、箴、诗、行、咏、吟、题、怨、叹、章、篇、操、引、谣、讴、歌、曲、词、调，皆诗人六义之余，而作者之旨。由操以下八名，皆起于郊祭、军宾、吉凶、苦乐之际。在音声者，因声以度词，审调以节唱，句度短长之数，声韵平上之差，莫不由之准度。而又别其在琴瑟者为操、引，采民氓者为讴、谣，备曲度者，总得谓之歌、曲、词、调，斯皆由乐以定词，非选调以配乐也。由诗而下九名，皆属事而作，虽题号不同，而悉谓之可诗也。后之审乐者，往往采取其词，度为歌曲，盖选词以配乐，非由乐以定词也。（中略）因为粗明古今歌诗之同异之音焉。[1]

如果我们再联系到其白居易《与元九书》之"歌诗合为事而作"等言论，就不难发现，无论是白居易还是元稹，在他们的诗歌创作之中，是有着明确的"歌诗（古体诗）""律诗（今体诗）"之分。

那么，白居易又为何要将与"律诗"相对应的"歌诗"细分为古调诗、新乐府、歌行曲引等文体呢？这当是为了让时人或后人更好地理解这些歌诗的音乐属性。根据元稹的解释可以知道，这些文体都已经有了固定曲调的曲词。参照《乐府诗集》等古籍的解释可进一步了解到，古调诗大致属于清平调，多用来配作古琴类乐器的曲词；新乐府则为汉魏古乐府调；而最后的歌、行、曲、引则为流行之琵琶或琴瑟曲词。白居易不将这些歌诗笼统归类为"歌"体，正是因为他本人在音乐上有着独步天下之造诣，担心"后之文人，达乐者少，不复如是配别。但遇兴纪题，往往兼以句读短长为歌、诗之异"（元稹《乐府古题序》）。不过，到了晚年编撰十卷《后集》之时，白居易又改成将其可入乐之诗列入"格诗"，不可入乐之诗列为"律诗"。这就更接近《文选》"歌""诗"两体的分类方式了！

而且，白居易本人对《文选》的评价也是极高的，从他的诗文可以看出，他爱读的是六十卷本李善注《文选》。他在《偶以拙诗数首寄呈裴少尹侍郎，蒙以盛制四篇，一时酬和，重投长句，美而谢之》一诗中，更是将李善注《文选》与《毛诗》相提并论，其诗云：

投君之文甚荒芜，数篇价直一束刍。报我之章何璀璨，累累四贯骊龙珠。《毛诗》三百篇后得，《文选》六十卷中无。一麋丽龟绝

1　参见冀勤点校：《元稹集》卷二十三，中华书局1982年版，第254—255页。

报赛，五鹿连拄难支梧。高兴独因秋日尽，清吟多与好风俱。银钩金错两殊重，宜上屏风张座隅。[1]

由此我们可以看出，李善注《文选》在白居易心中的地位是非常之高的，这也与当时的时代风潮是一致的。白居易在诗中将自己与裴潾的唱和诗比为超越《文选》名篇之佳作，由此又可以看出，白居易对自己的诗文具有极高的自负之心。或许正是拥有了这种文学上的高度自负之心，白居易才敢在继承《文选》之文学思想的基础上进行大胆革新，并将自己的诗文演变为中唐流行的文学样式。这或是平安中后期文人将《白氏文集》列在《文选》之前的一个重要的原因吧！

除上所述之外，还应该引起我们注意的是，白居易对《文选》文体分类以及文章格式的继承并非一成不变，而是根据当时的实际需要有所变革的。也正因如此，对于倾向唐风的平安文人来说，基本覆盖了《文选》之主要文体的《白氏文集》，无疑更具有实际的典范价值。平安才女清少纳言（966—1025）在其日记《枕草子》中提到："文者，《文集》、《文选》新赋、《史记·五帝本纪》"[2]将博士家必须精读之《文选》缩小到"新赋"，也就是汉代大赋之后的魏晋南北朝小赋[3]，《史记》范围则缩小到了《五帝本纪》[4]，反映出当时文人对《白氏文集》之尊重，凸显出了《白氏文集》在第一线创作中的实用价值。

1　参见顾学颉点校：《白居易集》卷三十，中华书局1979年版，第690页。
2　参见池田龟鉴校订：《枕草子》第211段，岩波书店1962年版。原文如下："文は文集、文选、新赋、史记五帝本纪、愿文、表、博士の申文。"此处文选与新赋之间不应该加入标点。
3　有关于魏晋南北朝赋之研究，可参考程章灿：《魏晋南北朝赋史》，江苏古籍出版社2001年版。
4　究其原因，乃是《白氏文集》未收平安文人所需学习的魏晋新赋体（只收了部分科举考试所用的"律赋"）以及史书"本纪体"。

另一方面，由于失去了实际创作之指导意义，《文选》诗文逐渐被古典化，退居于《白氏文集》之下，演变成为一部用来笺注其他诗文集用的大型工具书。这就导致了另一种奇妙的现象出现，即平安的贵族文人们与其说是通过学习《文选》来吸收其所收文章的写作章法，还不如说更注重《文选》的唐人旧注。从现有资料来看，平安大学寮的博士们一直没有放弃对《文选》旧注的整理。他们努力收集宋前所有对《文选》的旧注并将其汇聚一体，以便其他诗文集做注解时参考。博士寮所编之《文选》注本中，堪称集大成者当数九世纪初期大学寮头大江匡衡为一条天皇所编的《文选集注》。过去很多学者对其中为何收入如此大量繁杂甚至相互穿凿的音注深感不解。其实，平安的贵族们并不是仅将其作为一部阅读《文选》的底本，而是在更多场合将其作为一部绝好的词典。正是这部《文选集注》，成为平安后期到镰仓室町时期文人编撰佛经音义、注解诗文别集之最重要的参考书。更有趣的是，笔者还发现，镰仓文人在解读《白氏文集》之时，参阅了不少《文选集注》中的唐人旧注。这部书写于日本建长二年（1250）的《文集钞》之中，就写入了包括陆善经在内的很多文选旧注（参见图1-2）。通过这种注释方式，镰仓文人将《文选》与《白氏文集》最终汇合成为一体，从而更方便自己对这两部巨著的学习与模仿。

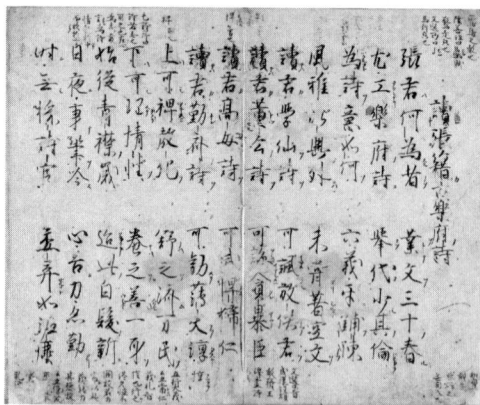

图1-2　日本国立国会图书馆藏建长二年（1250）阿忍写的《白氏文集抄》

另外，通过对《文选》和《白氏文集》流传史的考察，笔者还注意到中日两国对于古典汉籍的受容存在许多不同甚至悖反之处。随着时代思潮的流变，日本的每一时代都会选出一部新的汉诗文集充作此时期的文学典范。譬如从奈良时代的《文选》，平安时代的《白氏文集》，五山时代的《苏东坡集》，江户时代的《唐诗选》。而且，与本文所分析的《文选》与《白氏文集》之互动关系一样，日本古代文人在接受一部新的文学典范之时，往往将原有的古典忠实地保存下来，并将其原有的旧注汇总，整理成一部类似百科全书的"大型辞典"，用作注解此后的诗文集子的出典依据。五山时代的僧侣文人在注解宋人别集以及佛教经典之时，便大量采用了《文选》与《白氏文集》的音训，这种例子，可以说是不胜枚举。

而中国的古代社会，特别是在文人社会发达的两宋时期，更注重古典的威严维系，强调文化的道统。对于已经不太适合当时社会的古代典籍，他们便大胆地采取一种调整重编的方法，以求继续发挥古典的社会影响力。我们甚至可以认为，中国古代文人往往是打着一个"复古"的旗号来"革新"，所谓的"一代有一代之文学"，其实不只是单指某一个时代之新兴文学，也包含了古代经典在不同时代之本文及诠释的变迁。而《文选》和《白氏文集》就是两个绝佳的范例。隋唐之后，宋明文人将《文选》所收之文体增调到了三十八类，将已经完全被"词""曲"体所取代的"歌"类废除，另立"骚"与"七"类，以便《文选》能够继续保持科举考试参考用书的重要功能。而《白氏文集》也同样遭到了宋人的大幅度的调整，他们先是将"讽谕·闲适·感伤"之三类调整为大文体，将已经失去音乐功能的"古调诗"改为细目。接着又为了出版以及阅读的方便，将白居易自编本之前后集形式改为了先诗后笔的格式。这种大胆的篡改，对于东亚其他区域的文人来说，几乎是不敢，也无法办到的。

最后，笔者在考察东亚汉籍史时，发现很多学者往往存在将注意力过于集中在议论各国汉籍史料价值高低的倾向。其实，归根结底，书籍形态及其内容之"变"与"不变",都是出于时代的需要,有时代的必然性。我们应该庆幸,正是因为古代之东亚汉文化圈中的各个地域所保存的汉籍之形态各异,才为我们提供了一个考证不同时代汉籍变化的可能性。笔者想在此呼吁,希望今后有更多的学者打破国籍以及学科之狭隘意识,正视域外汉籍史料的重要价值,将各国的汉籍文献汇集在同一个平台上研究。这样的话,对曾经绚丽多姿的东亚古代文化历史,无疑会让我们看得更清楚些,更理性些!

第二章
日藏旧钞本鉴定方法略说
——以《文选》与《白氏文集》为例

　　毋庸置疑，在东亚文献版本学的研究之中，古籍刊本的研究已经形成了一个非常严密的学术体系，成为东亚各国古典学科中一个重要组成部分。而与此形成对照的是，古钞本的研究却只能算得上是一个方兴未艾的领域。这主要是因为两宋之后，刊本的权威性越来越得到普及与巩固，写钞本（不包括两宋之后的书法类作品）则逐渐退出了书籍流通的公众舞台。这就直接导致除了日本之外的东亚诸国，保存至今的中古中世时期的钞本文献本身就极为特殊与罕见。或也正是因为钞卷数量本身之珍稀与保存区域之限定（这里指敦煌文献），也就自然而然地限制了这一学术体系的建构与发展。[1]

　　而在另一方面，即使是保存了大批可与敦煌文书相媲美之古钞本群的日本，其实对这一领域之研究也还是远不及刊本研究之精深。首先，从研究者的数量来看，除了太田次男、神鹰德治、静永健等几位著名的古钞汉籍研究学者之外，很少有书志学者选择古钞本作为自己毕生的研究对象，大多只是在研究版本之余，对古钞本稍作涉猎，点到为止。而

---

[1]　日本以外的学术界有关古钞本的研究主要集中在敦煌文献，对于这一领域之学术体系的建构，可参考张涌泉：《敦煌写本文献学》，甘肃教育出版社2013年版。

主要以古钞本为研究对象的日本国语学及训点学界，如小林芳规、中田祝夫、筑岛裕等前辈学者则又主要是将研究的重心放在了钞本行间所标注的各种古日语声点音读及训读等的整理上；对于卷轴本身的鉴定及其本文的文献价值并无多大关心，相关论考也一般只局限于少量书志情报的介绍，很少会去做一些原创性的考证。而且，大多数的学者还是套用一种古美术品鉴定的方法去研究古钞本。这种以名人手迹以及年代久远来判断钞本价值的功利行为，使得大批古钞本的文献价值没有得到充分的认可与研究。

如上所述，种种原因导致了古钞本研究远远落后于刊本。这还可以反映到今日，古钞本研究中甚至还没有制定出一套较为严格的术语体系。如为学界常用的《日本古典籍书志学辞典》，将古钞本等同于"旧钞本"，将其泛泛解释为"钞本，也就是日语中所谓的写本，指手写而成的书卷。如果其书写年代得到判明的话，一般会将此钞本用抄写时代命名为'○○钞本'，如果其抄写时代没有得到判明，其抄写年代又比较久远的话，一般可以称之为'旧钞本'"。很显然，这是一个非常不精确的定义，甚至连最关键的唐钞本（隋唐写本）与日本本土古钞本之间的界定都没有予以言明。这种概念的混合，使得日本国外的许多学者在阅读日本书志学论文时，往往会产生种种错觉与混乱，误认为日语论文中所提到的"旧钞本"就是"唐钞本"，甚至在引文或者书籍编撰时直接将"旧钞"一词翻译为"唐钞"。如现在常被《文选》研究学者所用的《集注文选》，此书在罗振玉委托内藤湖南影印出版时被定性为旧钞本（图2-1），但其后常常被中国学者误译为唐钞本。上海古籍出版社在重编此书时将其更名为《唐钞文选集注汇存》，这就进一步加深扩大了对此钞卷属性的误解，导致了不少本来完全可以避免的学术误会。

图2-1 九州大学文学部图书馆藏京都大学影印旧钞本《文选集注》书影，此书在京大影印时就被定性为旧钞本，但而后常被中国学者误认为唐钞本。上海古籍出版社在重新编刊此本时更名为《唐钞文选集注汇存》

　　基于此，神鹰德治曾在为《旧钞本的世界》一书所撰写的序文中提出，学界今后至少应该对日藏古钞本明确分出"唐钞本"与"旧钞本"两大类型。神鹰德治所提出的"旧钞本"概念如下："旧钞本，是指由日本文人僧侣手写而成的古本。书写时期大致为日本的奈良时期（八世纪）至室町时期（十六世纪），其文本之底本大多为宋前遣隋唐使以及入唐僧等携带归来的隋唐写本。"也就是说，所谓旧钞本，乃是日本本土文人据隋唐写本（包括隋唐人写本及入隋唐之日人写本）所传写而成的转钞本。这些卷轴，虽然并非隋唐写本，有些传抄时期甚至晚至十六世纪，但由于其在转抄时大都比较忠实地保存了隋唐写本文本之旧貌，具有非常高的文献价值。笔者认为，神鹰德治所提出的这个定义是相对科学的，具有很高的学术价值。这个定义的提出，一是澄清了隋唐钞本与日本本土旧钞本这两种性质不同的古写本之间的区别；二是精辟地指出了两者间薪火相传的血缘关系，抛弃了过去单以时代之远近来判断文献价值的错误成见，肯定了旧钞本的重要文献价值。本文所提及的旧钞本，就是沿承了神鹰德治的定义。[1]

另外，日本还存在着一些比较特别的旧钞残卷，如"手鉴"与"古笔切"。所谓"手鉴"与"古笔切"，就是一种将名人书信或手卷分割成断片重新装裱而成的卷轴或册页。这些残叶当初本来是用来当作书法学习的范本或者古本鉴定的参考工具。由于其大部分被相传为古代名人真迹，因此现在亦被看作重要的古美术品，在古文物市场中常常被高价买卖（图2-2）。有关"手鉴"与"古笔切"的研究，日本从江户时期就已经有了一套比较成熟的方法体系，由于篇幅有限，本文就不准备对此再作阐述了。以下拟以《文选》与《白氏文集》古钞卷为主，结合日本古代书写历史的一些常识，来谈谈古钞本乃至古钞卷研究中需要注意的一些问题。

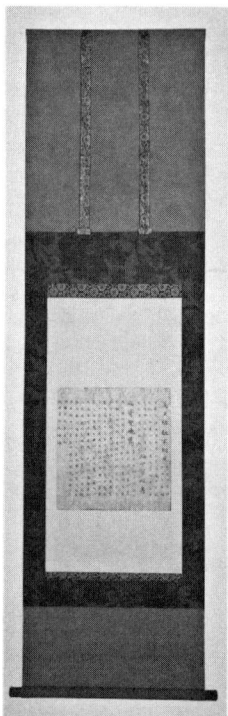

图2-2　石井光雄旧藏文选集注断简"万里结发云云"。昭和十三年被认定为重要美术品。本纸长28厘米，宽26.7厘米。卷轴总长154.5厘米，宽42.6厘米。传橘逸势笔，平安中期写本。拍卖时定价1200万日元，今存东京莲念寺

1　当然，具体到现存日藏古钞本之细分类，笔者认为还可以将其再细分到唐钞本、榻摹本、旧钞本、覆钞本、选钞本、集注本、校定本、校注本、增补本、伪作本之十类。于此可参见拙稿《日藏古钞本汉籍文献学之构筑与伪本举例》，第303届中国文艺座谈会"中日周秦汉唐文学学术的再出发"国际学术研讨会暨第八届周秦汉唐读书会（2019年3月9日—10日，于日本九州大学）颁布资料。

一

日本古代笔墨纸砚生产简史

要掌握一套有效的日本旧钞本鉴定方法，首先有必要对日本古代的笔墨纸砚的生产历史及其装帧套式作一个大致的了解。

日本的古代制纸业非常发达，很早就形成了自己的一套独特的制纸方法，具有很高的水准。[1]众所周知，中国在宋代以前主要使用的是麻纸，宋代以后则转用相对廉价、适于大量印刷的竹纸。明清时期，除了竹纸之外，还比较流行以桑楮为主的白棉纸。中国以外的东亚诸国，古朝鲜刊本的纸张主要为上好的楮纸；古越南刊本的纸张与中国相似，只是纸质较为粗糙，呈偏乳黄色。

然而，直到江户初期还是以写本为书籍主要传播形态的日本，纸张主要还是为了适应毛笔书写而设计的。奈良时代主要使用黄麻纸，而这种麻纸卷轴年代久了，天头地脚一般会干燥开裂，呈现出一种毛边锯齿状（图2-3）。这也是我们判断麻纸钞本是否经过后人改装的一个重要标准。因为如果是重裱本的话，一般会将已缺损的天头地脚切去，以求卷轴的美观。另外，由于奈良以后的文人很少使用麻纸，因此我们基本上还可以将日人所书写的麻纸卷轴归为奈良写卷。不过，也有一部分特制的楮纸与黄麻纸极为相似，用目测很难判别。有一批过去一直被认为是用麻纸写成的奈良写经，直到最近，经过纤维鉴定才发现其使用的原来是楮纸，其断代需要推后。因此，在鉴别纸张种类之时，我们最好带上便携的小型电子显微镜，首先对纸张纤维进行一个粗略的确认，不要

1　有关和纸的研究，可参考以下几种文献：竹田悦堂：《和紙要録》，文海堂1966年版；寿岳文章监修：《和紙希覯文献集》，光彩社1975年版；春名好重：《和紙百談》，淡交社1977年版；前川新一：《圖録 和紙の文化史年表》，思文阁出版1988年版；宍仓佐敏：《古典籍古文書料紙事典》，八木书店2011年版。

过于相信自己的目测与感觉。

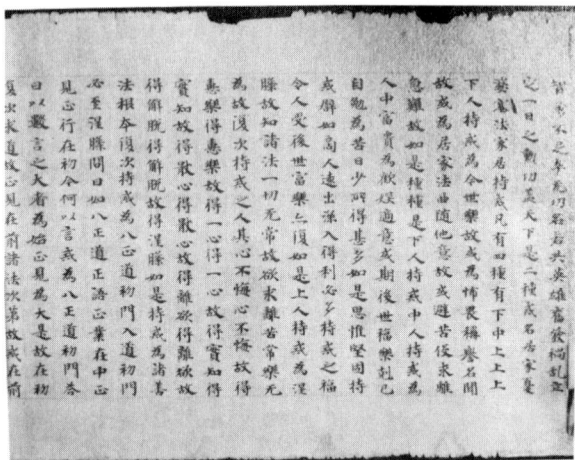

图2-3　日本斯道文库藏奈良写本《大智度论》，本文书于黄麻纸之上，天头地脚均呈毛边锯齿状，在一定程度上保存了卷轴的原始形态及递变过程

进入平安时代以后，为了满足日渐增长的国家用纸之需要，平城天皇（774—824，在位806—809）在京都设立了专门造纸的纸屋院。除纸屋院之外，美浓、伊势、三河等许多地区也相继开设了造纸作坊。据日本学者统计，当时设有官立造纸作坊的地区竟不下于四十所。由此可见平安造纸业之繁盛。这一时期的日本文人所爱用的纸张，主要有斐纸、楮纸、檀纸、熟纸、三桠纸、雁楮混合纸等，但不再使用麻纸。因此，如果见到使用麻纸且抄写于这一时期的卷轴，我们基本上可以判定其为从中国带来的唐钞本。

奈良平安时期的纸张品种繁多，还出现了各种用金、银、云母等印有花纹模样的装饰纸、色彩绚丽的彩笺等特殊纸张（图2-4）。不过，这一时期纸张的主要原料还是雁皮与楮。由于楮可以人工栽培，而雁皮只有野生，因此以雁皮为主要原料的斐纸又较为昂贵。斐纸光泽透明，不易渗墨，又适合两面书写，尤受中世贵族文人喜爱。其中，为了配合当时流行的蝴蝶装（帖装），镰仓末期又发明了一种高档的斐纸，被时人称为"鸟子（鸡卵）纸"。这种纸张的颜色与鸡蛋壳的颜色极为接近，比一般的斐纸更厚，不容易撕破，既适宜帖装又可线装成册。不过，斐纸也有一些缺点，就是纸面上碎细的纹路杂多，只宜书写小字，不宜用来书写大字或进行书法创作。因此，平安书家们的书法卷轴，使用的大都还是楮纸或雁楮混合纸。要之，纸型的鉴定是我们判断古钞卷形态的最为可靠的指标之一，如金泽文库旧藏《文选集注》，根据宍仓佐敏的鉴定，其使用的就是典型的平安镰仓时期的日本古楮纸[1]，这也就完全排除了其为唐钞本的可能性了。

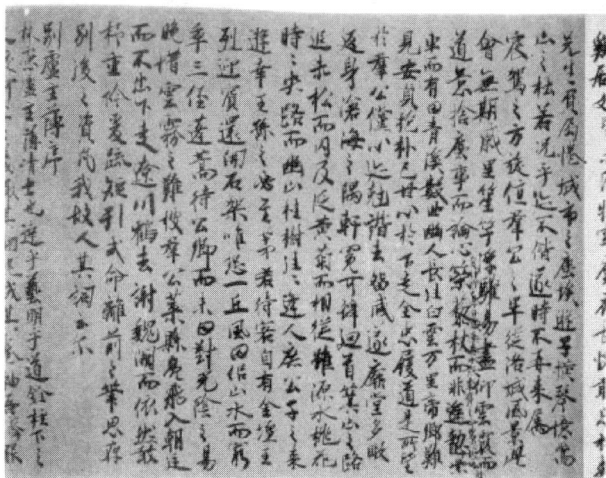

图2-4 日本正仓院藏庆云四年（707）写本王勃《诗序》，卷轴由白、茶、黄、褐、赤、绿、青、灰等三十张麻纸彩笺装裱而成

另外，日本古代文人所使用的毛笔也与其他国家地区稍有不同。早期中国的毛笔大多为兔毛笔，此后多为羊毛、鼠毛等笔。但日本由于缺

---

1 参见宍仓佐敏：《古典籍古文書料紙事典》，八木书店2011年版，图版第36页。

少中国制笔所常用的兔、狸、羊、鼠等须毛原材料，因此除了少数的宫中贵族、书法名家以外，这类毛笔在日本古代并不常用。日本造笔的主要原料为鹿毛，再视笔之用途混杂以其他动物的须毛。因为鹿的体积比较大，产毛多，平安中后期（文化美术史一般称之为藤原时代，即遣唐使废除之后由藤原家掌权时期）在奈良春日野又放养了大批野鹿，禁止屠杀，从而保证了造笔原料的来源。

除了原料之外，日本古代的制笔方法也比较特别。从正仓院现存的古代毛笔来看，当时一般是用和纸先将芯毛卷成一束，再在此上铺上须毛用和纸卷成圆锥状。如此反复数次，卷成笔头，最后将其装入竹管，配上笔套。这种笔一般被称作为"雀头笔"或"椎实笔"（图2-5），[1]其笔锋细尖坚韧，最适合书写经卷小字。日本古钞本之所以字体刚健有力，笔画细致清晰，墨色均匀分明，与文人经师写卷时所用的这种笔不无关联。其所呈现的锋锐笔势，是后人很难模仿出来的。

图2-5　日本正仓院中仓所藏三种奈良古笔

另外，据《日本书纪》所记，日本独立生产纸墨始于日本推古天皇十八年（隋大业六年·610），此前的纸墨主要从朝鲜半岛输入。此后，《大宝令》规定中务省图书寮设造墨手四名，《延喜式》规定每年图书寮

1　这种制笔方法，应该是继承了六朝时期的中国及朝鲜半岛的制笔古法，于此可参见蔡邕及傅玄的《笔赋》。另外，这种笔还极有可能就是白居易所谈到的鸡距笔，于此可参见顾学颉校点：《白居易集》卷三十八收《鸡距笔赋》，中华书局1979年版，第872—873页。

造墨四百铤，不足部分由大宰府等地的造墨作坊贡入。平安时期的墨均为官给，制造材料为松烟和胶，墨铤大致成船状，因此当时又有以墨几船的计量法。据《正仓院文书》记载，写经处每次书写之后所残留的墨头必须交还，绝不允许私自带出寮外。由此可见，日本奈良平安时期的墨是极为贵重的。由于生产数量少，品质得到了充分的保障，书写凝固之后不易为水滴渗透。也正因如此，奈良平安旧钞本虽历经时代风雨，至今大多能够保持墨色乌黑、厚重圆润、雅香扑鼻。

平安前期的古墨到中世以后就极为罕见，即使是藤原时代以后的藤代墨、武佐墨，到江户时代也已经被视为绝世珍品，价值连城。以营利为目的的作伪者，是不大可能用这种珍贵的古墨来制造伪卷。因此，对墨色、墨香的判断，也是我们在鉴定日本旧钞本时的一个非常重要的指标。

二
日本旧钞本之制作方法及装帧形态

接下来让我们来看看日本旧钞本之具体制作方法与主要装帧形态。

从钞本形态来看，现存日本的旧钞本，大致可以分为有界和无界两种，即施有乌丝栏（大多用来抄写汉籍）与没有乌丝栏（大多用来抄写和歌类的假名作品）。但两者于制作书写之时均有严格的规定。没有乌丝栏的钞本，或是先将纸张折叠出均一的押界，以保持书写匀称（参见后附图2–10）。或是使用一种被称为"丝挂"辅助的道具覆盖于各纸之上进行书写，以保持装裱之后各纸间天地以及行间距的一致（图2–6）。而画有乌丝栏的钞本，则一般是先在一模纸上画上乌丝栏，然后将其放在所要书写的纸叠上，用细针穿透各栏线的接头之处，于下面所要书写的各纸之上留下表示栏线的"指示穴"（图2–7）。这样的话，各纸在画上乌丝栏时天地栏线就不会出现偏差，行间距也基本会保持一致。要之，如果是同时抄写的纸张，其装裱成卷轴之后一般不会出现接缝处天地栏线大幅度不一致的现象。这也是我们判断古钞本是否经过后世补页改装的一个重要指标。

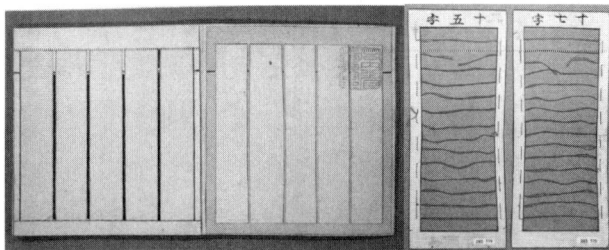

图2-6　日本书陵部藏旧鹰司家本《次第折帖并纸界》

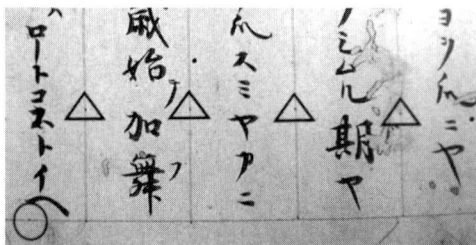

图2-7　日本书陵部藏室町前期写本《教训抄》，三角形中的针眼为横界指示穴，圆形中的针眼为界线指示穴

比如，现藏于大东急纪念文库的旧金泽文库本《白氏文集》卷十二，过去一直被认为是属于慧萼七十卷南禅院系统本忠实的传钞本。但是，如细审其卷头，则知此卷原应收有八十五首诗（图2-8-1），但是现存之卷十二只抄录了与宋本无异的二十九首作品。也就是说，据此可以判断出，此卷轴在用南禅院本为底本抄写装帧完毕之后又被改装过。再审视原卷，就不难发现从抄录"真娘墓/长恨歌传"（图2-8-2，"虎丘寺"三字右侧留有被裁断的痕迹）到"遂令天下父母心，不"之五纸有些蹊跷，纸张颜色稍异，显非第一次抄写时的原卷页。而"遂令天下

父母心，不"一纸与后一纸"重生男重生女"粘接处乌丝栏底线差距甚大（图2-8-3），前纸基本可推定为后人重裱入的别纸。根据本卷两纸粘接各处所写入的训注，又可确定这五纸当是日本嘉祯二年（南宋端平三年·1236）以"唐摺本"重校之时所剪贴补入的。这样一来就可推知，此处原来五纸当抄有白居易《长恨歌序》以及其他五十六首诗歌。

 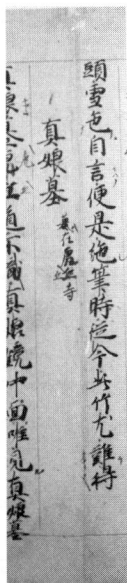 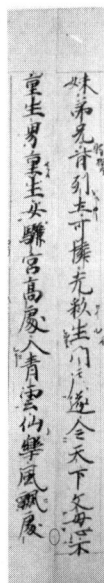

图2-8-1　　　图2-8-2　　图2-8-3

嘉祯二年重校之时，为与"唐摺本"所抄作品保持一致，将原来五纸剪去，再将新写入的陈鸿《长恨歌传》之五纸贴入，改制成了现存之文本。据此，我们又可以推断出，慧萼传抄的南禅院七十卷本卷十二，当时应该是没有书入陈鸿《长恨歌传》的。[1]

　　另外，在许多公私图书机构还藏有不少双勾填墨本，这些本子主要是一些日本古代书法名家如小野道风、尊圆亲王等手迹的模造本，内容大多为比较风行的唐人诗卷。这些卷轴，很大一部分是室町时期以后文人用来学习名人书法的描红本。因此，大部分双勾填墨本一眼就能辨识出来。但也有一部分属于专业作伪者所为，此类卷子则大多为揭模本，其所使用的双勾墨线极细，墨色极淡，几乎很难用肉眼辨认出来，文字

1　对于此卷的具体考证，可参考拙稿《新校〈白居易传〉及〈白氏文集〉逸文汇考》，《文学遗产》2010年第6期，第9—19页。

填写的笔势也比较精巧。不过，双勾填墨本的总的特征是墨迹比较轻飘，力度不够。即便给予了厚重的装裱，还是会给人一种墨字浮飘于纸面的感觉。如果有这种感觉的话，最好用显微镜对卷轴上所书写的文字进行通检。细心的话，就一定能够找出被掩盖于文字之下的双勾淡墨底线。

此外，笔者还在日本皇家藏书之禁里本中看到过一种非常特殊的旧钞本。其卷轴半是真迹，半是双勾填墨。这种旧钞本与一般伪作性质又有所不同，乃是天皇家藏书之正副系统本中的一种特殊形态。天皇家宫中的重要藏书，一般都会准备两到三套副本分藏于诸亲王家，以备万一宫中失火图书烧失。但一般来说，副本系统大多为模造本。这种半是真迹半是双勾填墨之特殊形态的卷子本，或是因为原卷特别贵重，才会出现这种分割原卷而将其制作成多个卷轴的现象。换句话说，万一其中某一个卷轴烧失，也不至于原卷之真迹全部玉碎。如现藏于国立历史民俗博物馆的《长恨歌》钞本（原有栖川宫亲王家藏禁里本，图2-9-1、图2-9-2），仔细判读的话，便可以看出是一个属于这种形态的本子。其中间部分之《长恨歌序》为尊圆亲王亲笔，序前《长恨歌传》与序后的《长恨歌》则为精巧的双勾填墨。从这个卷轴的形态可以看出，过去被日本学界误

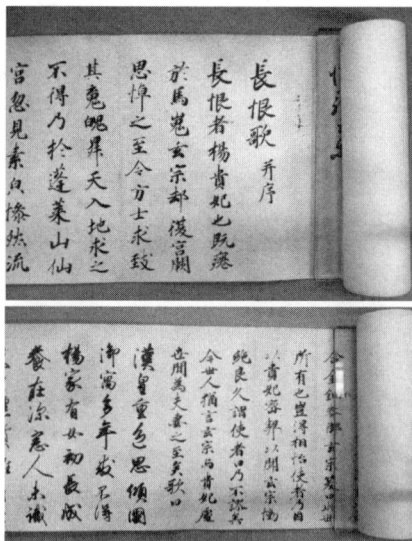

图2-9-1　2-9-2　日本国立历史民俗博物馆藏旧有栖宫家禁里本尊圆亲王亲笔《长恨歌并序》，其后《长恨歌》为尊圆亲王笔迹双勾填墨本

认为伪作的《长恨歌序》，在天皇家的学术传承之中其实一直被认定为是白居易本人作品，而且此卷作为秘藏本在皇家藏书群之中也具有相当高的权威。

从装帧方式来看，现存日本所藏旧钞本大都为卷轴装，这是因为卷轴装在日本古代属于最高形态的书籍装帧方式。卷轴的制作方式与中国大致相同，但要注意的是，镰仓以前日本宫廷以及大学寮的卷轴装帧方式并非遵循唐制，而是一直沿袭了隋制，轴头分红琉璃（玛瑙）、绀琉璃（玛瑙）轴、漆之三品（图2-10）。另外，日本的旧钞本大多还配有木箱，以利于保存。当然，现在我们所看到的木箱不一定均为原物，大部分是后人为了保护卷轴所配制的（图2-11）。但是，木箱表面的墨书或者其盖内所贴附的文书，是我们鉴定古钞本之作者及判明此卷之传承经纬的重要文献。如现存于东山御文库别馆的九条本《文选》，其木箱内就附有一张贴纸，书有"古　文选　二十四卷　右东寺胜觉院权僧正　故摄政殿进上之　庆安三年九月十四日"。从内容可以看出，这张

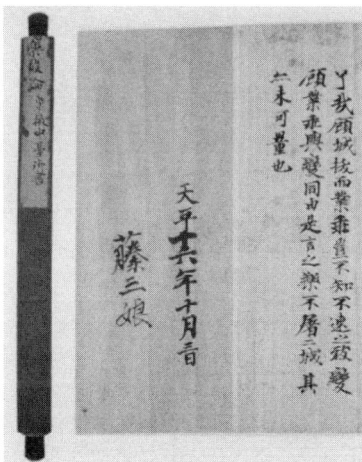

图2-10　日本正仓院藏光明皇后亲笔御写《乐毅论》，押界纸，轴首为红玛瑙

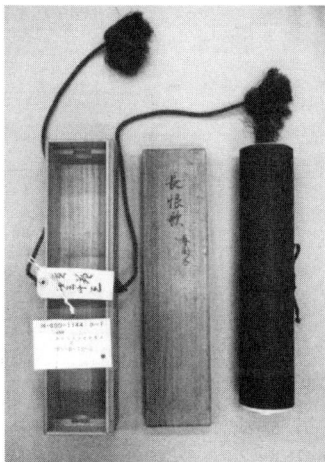

图2-11　日本国立历史民俗博物馆藏尊圆亲王笔《长恨歌》

纸是日本庆安三年（清顺治七年·1650），九条本《文选》被献入宫中之际所留下的鉴定书。由此可以看出，当时的宫内厅图书寮的学者确实是将这些卷子归类为古本之萧统编三十卷系统本。

三

旧钞本之本文鉴读方法述略

接下来，让我们来看看如何来鉴定旧钞本的本文。前文已经谈到过旧钞本之补页补纸的问题，这里再来谈谈鉴定本文文字改动、识读旧钞本之奥书（卷末识语）中要注意的一些问题。

首先，由于旧钞本均是手写文字，因此为了书写方便，常会使用一些省笔字。不知道这一现象的学者，往往在校勘时将其误认为错字，或将其当作无法辨认的误字，不解其意。现将笔者所掌握的部分省笔符号列于表2-1，以供大家参考。

表2-1 省笔字对照表

省笔字	正体字	省笔字	正体字
六	音 録	彳	從
乙	訓	禾	和
吾	語	谷	俗
扌	摺	牜	物
丶	也	宂	疏
乂	反	竹	篇
ナ	有	つ	羅
フ	不	巽	選
丁	頂	竹	竺

其次，虽然在过去的旧钞本研究中没有提到过，但我们认为，可根据卷中是否施有栏外行间注将其再分为两大类型：无训注本与有训注本。无训注本当属定本系统，即藏书机构中用来转抄的底本，因此其卷内不施训注，如我们所熟悉的《文选集注》就是这类本子。这类本子为了保持抄写美观，在校勘时发现抄写错误一般也不会予以涂抹，而是在错抄的文字之旁注上一个小圆点或点上两小点，学界一般称之为"见消点"，即提示阅读者注意这些字在卷中属于误字，无须阅读（图2-12）。

有训注本则大多是古代文人用来讲学或者自己学习所用，日本旧钞本中的大部分卷子，如旧金泽文库本《白氏文集》、九条本《文选》都属于这类本子。我们在利用这类本子时，对其本文文字的鉴定尤其要小心，其书写时不一定保留原本的字

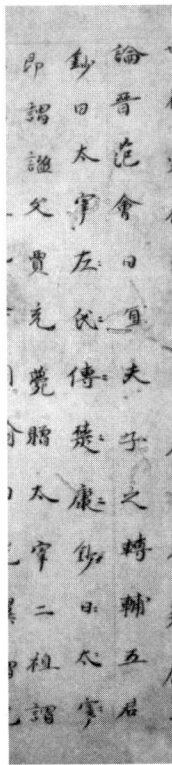

图2-12　京大本《文选集注》卷四十八第九页中间一行文字右侧注有见消点

样，有时候会因个人书写习惯而改用当时通用的字体（现在我们大都将其视为俗体字）。根据正仓院文书记载，奈良时期日本文人所参考的字样书主要是《文字辨嫌》。此后的平安时期主要使用《九经字样》或《颜氏字样》等，镰仓时期以后则基本使用《龙龛手镜》。而江户时期常用的字样则可参照德川光圀编刻的《草露贯珠》。常见有学者根据某钞卷的俗体字去推测其为六朝写本系统或唐写本系统，其实这种根据单一钞卷的推测往往有欠精确的。在研究字体、字样时应该考虑到这一时段文人整体的书写习惯与书法规范。如近有学者以日藏史记某残卷的字样

为重要证据去判断此残卷为六朝系统钞本，却忽略了此后诸如旧钞本《白氏文集》甚至更晚时期的日僧所撰写的佛典疏论写卷中都曾频繁使用过这些字体。其结论是否可靠，也就不得而知了。换句话说，我们确实可以根据某些特殊的书写字样或俗体字形去铨定这一钞本大致的抄写时期，却很难就据此上溯去判断这一文本系统祖本的形成时期。就比如我们现在的简体字中，采用了某些六朝隋唐时代的草写体，但显然没有人会据此判断我们现在阅读的文本就是六朝隋唐的文本。

另外，我们还有必要认识到训注本往往是一个"生命体"，这是因为这类本子的本文大多不会是一次成型，之后的卷轴利用者往往还会根据自己学习或讲学的需要，对本文文字以及卷轴形态进行反复的调整与删改。比如，金泽文库本《白氏文集》就是其中的一个典型。前面已经谈到，金泽文库本《白氏文集》在抄写之后还历经过三次校改，特别是第二次校对时根据"唐摺本"对原文字作了部分改动。其文字改动所使

图2-13 日本国立历史民俗博物馆藏金泽文库本《白氏文集》卷十四，由于胡粉的脱落，可以清楚地看出卷中的"到"字原为"引"字。"到"字之"至"字部分，是根据与宋刊本（摺本）校对时所发现的文字异同之"到"字所改。由此可知"引"字才是原底本之慧萼南禅院七十卷系统本的本文

用的方法有二：一是用胡粉（白粉，类似于现在的涂改液）直接覆盖原文字，再在上面改写新的文字。采取这种方法大都是因为原文字明显的误抄。二是先将校出的文字异同用小字注写在原文旁。经过再次校对之后认定为需要对原文字进行调整的部分，则用胡粉将原文字以及小字注全部覆盖上，再将小字注写入行间正文（图2-13）。

最后，再让我们来谈谈旧钞本卷末识语的问题。日本学界一般称之为"奥书"。因为这种奥书不同于一般的书画题跋，所以本文还是使用"奥书"这一名称。

奥书是我们鉴定旧钞本抄写时期、所用底本及流传经纬之最为重要的依据。奥书又分本奥书与书写奥书两种，本奥书一般是在奥书本文文头右旁书有一小字"本"，表示此奥书均是从原本转抄的。录有本奥书的卷轴肯定是重抄本。我们可以根据本奥书的内容来确定其文本的底本来源与传承经纬。

书写奥书则为书写于卷轴上的原有奥书，其内容多为何时何人为何书写（图2-14）。但由于这种奥书大都属于抄写者的私人行为，因此其行文极为简略，很容易引起误解。在鉴定这类书写奥书时，一是要特别注意其笔迹是否和钞本原文一致，二是需要对其文意反复斟酌。比如，现藏于早稻田大学图书馆的日本永享元年（明宣德四年·1429）写本《长恨歌并序》就是一个对奥书鉴定失误的典型例子。过去之所以将其定为永享元年写本，

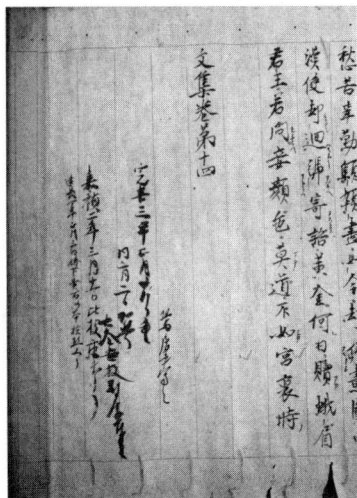

图2-14 日本国立历史民俗博物馆藏金泽文库本《白氏文集》卷十四卷末奥书

这是因为其卷末写有一行："永享九年仲冬下旬之涯。诶或人令书写毕，则点之。点本颇证本也，尤秘藏。桑门隐士行誉。"然而，此奥书之后其实还书有两条异笔识语，前一条文为："于时文明第二历仲夏天。卿公依勤学萤电之志，草于三井玉泉坊。虽为秘藏本，奉付属表（裱）之。释弘誉 春秋二十九。"后一条文字笔迹与前一条又不同，文为："文明十九年二十五。性秀于朝卫中置旨有函之也（以下文字无法判读）。"综合以上三条奥书，就可知道这个卷轴非永享元年写本，当是源义朝之子义园（1155—1181）的亲笔钞本。义园年少之时便出家圆城寺（即三井寺），法名卿公圆成，曾任后白河天皇之皇子圆惠法亲王的坊官。永享九年，行誉命人根据义园本另外制作了一个副本，又怕后人不知道此本之贵重，因此在卷末补上料纸写下了"点本颇证本也，尤秘藏"之奥书，文中"点本"乃是指此原本，并非重新制作的副本。再从第二条以及第三条奥书来看，日本文明二年（1470），弘誉大概是接到了将此卷奉入宫中的命令，因此又在行誉奥书之后补上了说明此卷书写者以及地点的第二条奥书。而第三条奥书文末最后一段文字虽因纸张虫蛀破损已无法判读，但根据前面残存的一段还是可以知道，这个卷轴被奉入宫中之后，日本文明十九年（1487）二十五日，一位叫性秀的人奉旨将其收入木盒之中。由此一来，就可将这个钞本的年代推近约三百五十年，定为平安末期旧钞本。且其极有可能就是源家卿公圆成之学习所用的亲笔钞本，传承明白有绪，其钞本之可信程度，也就不容置疑了。[1]

此外，还要强调的一点是，如神鹰德治所述，日藏旧钞本之贵重不只限于其文物价值，更在于其文献价值。由于这些旧钞本均传承有绪，

1　对于此卷的具体考证，可参考拙稿《〈长恨歌并序〉之歌辞结构及传本考》，张伯伟编：《域外汉籍研究集刊》第十一辑，中华书局2015年版，第239—253页。

传写时保留了隋唐钞本的基本原形。因此，即使是晚至江户时期的双勾填墨本，其本文也具有非常高的研究价值。另外，还要引起我们注意的是，并非现在保存于日本各大图书机构或博物馆的古钞卷均为不二真品。如有些古钞卷在明治时期曾被随意鉴定，甚至还有人拿着伪钞卷以假充真牟取暴利。笔者曾撰文谈到过，在日本江户末期明治初期，出现了以京都学者西村兼文为首的一批古典书籍作伪高手，其手段之精，技术之高，令人叹为观止。比如，这些人制作的唐天祐二年（905）刊陶渊明《归去来辞》古印残页、日本延喜十三年（后梁乾化三年·913）刊记的《文选》古印残叶及各类古文书古典籍，竟然能够轻易骗倒黎庶昌、重野安绎、神田香岩等一代名家，[1]至今为某些收藏机构介绍为珍品。而后，书志鬼才岛田翰为了证明自己的学识高，又杜撰出一批子虚乌有的宋本与旧钞本，这些乌有的本子依旧被许多学者奉为珍宝。因此，我们在鉴定旧钞本时，除了从卷轴形态以及书写风格入手，最好还应仔细解读奥书以及确认本文具体内容，同时广泛查阅相关时期的古文书记录或公家日记，尽可能参照相同时期的卷轴或者同一系统的别本。只有如此，才能尽量减少失误，提高自己的旧钞本鉴别能力，正确判断钞卷的抄写年代与形态类别，以免受到伪作本的欺骗与干扰。

1　于此可参见拙稿《辨伪存真:〈文笔眼心抄〉古抄卷献疑》，张伯伟编:《域外汉籍研究集刊》第八期，中华书局2012年版，第155—167页。另外，本文图片来源如下（未注明出处者为笔者摄影）:图2-2，《思文阁古书资料目录第二百二号 善本特辑第十九辑》，思文阁2007年版;图2-3，庆应义塾大学附属研究所斯道文库:《圖説書誌学 古典籍を学ぶ》，勉诚出版2010年版;图2-4、图2-5、图2-10，奈良博物館:《平成七年正倉院展目録》，1995年;图2-6、图2-7，栉笥节男:《宮内庁書陵部 書庫渉獵:書写と装訂》，株式会社おうふう2006年版。

第三章
从钞本到刊本

——试论旧钞本及东传宋刊本《白氏文集》校语研究之典范意义

诗人文集由卷轴钞本转换到册子印本，现在学界一般将其视为北宋乃至南宋时期之事。然而，根据笔者对撰写于平安中后期之《二中历·经史历》所收大学寮藏唐摺本（刻本）目录的考证（参照图3-1），这一时期恐怕要上推至唐末五代时期。[1]

众所周知，随着书籍钞刊形式的转换，书籍装帧形态也发生了巨大的变化——册子装（帖装或线装）代替了需要装裱的卷轴装。因此，如果有材料证明册子装何时大致取替了卷轴装，就可以为我们论证钞刊转换的具体时期提供一个有力的佐证。而作于五代南唐时期的《琉璃堂人物图》（现存美国大都会艺术博物馆）就是我们澄清这一问题之不可多得的第一手资料。以下就《琉璃堂人物图》的绘画内容及其所绘书籍形态做一个考

图3-1 《经史历》书目尾标"已上唐摺本注之"

---

1 于此可参照本书第五章及第七章中的相关论述。

证，为笔者所提出的唐末五代钞刊转型说提供一个图像上的有力例证。

《琉璃堂人物图》被宋徽宗题为周文矩所作，考《宣和画谱》卷七有《周文矩传》，其文云："周文矩，金陵勾容人也，事伪主李煜为翰林待诏，善画，行笔瘦硬战掣，有煜书法。工道释人物，车服楼观，山林泉石，不堕吴、曹之习，而成一家之学。"[1]由此可知，此图乃大致绘成于南唐李煜之时。对于这幅图的内容，徐邦达推测："总之，《琉璃堂人物图》应是五代南唐画院待诏周文矩所创稿，其中画的是唐开元时江宁县丞、名诗人王昌龄和他的朋友在县衙后厅琉璃堂下宴集的故事，但也有可能所画的是晚唐咸通时后任县丞许裳和他的诗友张乔等人。一时不易推断。"[2]而查屏球则根据新发现的《刘复墓志》指出："《琉璃堂人物图》由南唐画家周文矩所作，画的是王昌龄在江宁任所与诗人聚会的情景，画藏美国大都会博物馆，明清以来有多人著录、题记，其真实性不当怀疑。周文矩是南唐画院的宫廷画师，作画多迎合李煜好风雅的需求，也以此事作为金陵文化盛事，其构思方法可能就是据上述《琉璃唐墨客图》，再对韩氏的《文苑图》加以补充与改变。此事又在张乔吟诗后的80年左右，周氏之画固化了此后关于这一传说的内容。"[3]

由上述考证可知，《琉璃堂人物图》无论其所绘的是盛唐时期王昌龄雅会诗友一事，还是晚唐咸通时县丞许裳会诗友张乔一事，图卷本身非后人伪作，其原作者为南唐画院待诏周文矩亦当无误。如此一来，我们就基本可以断定，此图之时代下限为南唐时期，至少也反映了李煜时代宫廷文化的一个切面。

---

1 毛晋刊：《津逮秘书》第96册所收《宣和画谱》卷七。

2 徐邦达：《琉璃堂人物图与文苑图的关系》，《美术研究》1979年第2期，第71—74页。

3 查屏球：《盛唐英灵交往之遗踪——由〈刘复墓志〉看以王昌龄为中心的天宝丹阳诗人群》，《浙江大学学报（人文社会科学版）》2016年第46卷第5期，第71—82页。

图 3-2　周文矩《琉璃堂人物图》

在这里值得我们注意的是，其画中对书籍形态的两处表现。一处是放在桌子上扁平盒子里的书籍，一处是红衣人手上所执的书籍，而其旁边一人手捧扁平空盒，显然原来是用来装此手中书籍的，另外，桌子上还摆了一个大盒子，当时用来装这一套书的盒子。通过这幅图我们可以清楚地看出，画中所描绘的书和盒都非传统的卷轴，而是册子本和用来装册子本的扁平书盒。徐邦达论文曾通过画中文人服饰的考证指出："周文矩是五代时人，此图虽系画的是盛唐或晚唐的诗人故事，但在服装方面，因失考失据，以致画出了五代二脚上翘的幞头。"要之，由于尔时文人已经不再穿戴唐代文人之软脚幞头，才会按照当时文人一般的穿戴方式将幞头画成二脚上翘。以此类推，当时的书籍形态，至少在南唐宫廷中册子装已经成为一种普通而流行的装帧形式，周文矩才会将画中书籍全部绘制为册子装。由此可以看出，无论周文矩所想表现的是王昌龄故事还是许裳逸事，至少其在构图时已经完全没有唐人书籍乃卷轴装这一概念了。而此图如果真是为李煜宫中所绘的话，那么，至少当时观赏此图的高官文人们对这一构图抑或是见怪不怪，坦然接受的。这又或可让我们做进一步的推论：书籍册子装和二脚上翘幞头一样，当已成为当时文人身边的一个普遍现象。也就是说，至少在南唐宫廷的一般书籍装帧（不含画卷或法书）形式上，卷轴已经成为一个被遗忘的历史，以致周文矩在绘图时已经完全没有了唐人的书籍乃卷轴装的这一概念。

一

钞刊转换时期之文集编纂所呈现的诸问题：以《白氏文集》为例

如上所考，今存《琉璃堂人物图》中表现出南唐时期书籍的一般装帧形式已经转化为册子装这一事实，恰恰与我们发现的《二中历·经史历》所记五代宋初摺本之大量存在形成互证，而其图所绘制的书籍形态与书盒，亦与平安中期文献诸如藤原道长《御堂关白记》中所记相符（入蒔绘筥）。[1]要之，随着五代时期的钞刊转换，书籍之装帧形态也迅速地由卷轴转换为册子，这一新书籍形态甚至影响到了印刷文化未显的平安宫廷。澄清这一点，有助于我们今后在研究文集钞刊转换时可能出现种种问题之时间的定谳。接下来就让我们具体以《白氏文集》为例，来探讨一下其在唐末五代宋初时期的传播及现存诸本的形态价值，指明《白氏文集》极有可能是能够回溯钞刊形态的一个重要文本，也是我们能够清楚地用来分析文集钞刊转换时期所出现种种问题的一个较为可靠且可行的范例。

首先，让我们来简单地总结一下白居易对自己文集的编撰过程及其东传历史。[2]大和九年（835），白居易在元稹为其编撰的五十卷《白氏长庆集》的基础上，加上新编的后集十卷汇编成六十卷本的《白氏文

1　如平安宫廷才女清少纳言将其日记命名为《枕草子》（大致成书于1001年）一样，十世纪末之日本平安时代，"草子"（册子）这一书籍形态甚至已经普及到了宫廷女性之间了。

2　对于此拙著《白居易の文学と白氏文集の成立》（勉诚出版2011年版）下篇诸章有详细考证。凡拙著中已经涉及的文献论证，以下不再一一作注。

集》（共2964首），并将其作为"转法轮"奉纳入了庐山东林寺；开成元年（836），白居易将后集补充五卷，将新编的六十五卷本追奉给洛阳圣善寺（共3255首）；开成四年（839），白居易又将后集补充二卷，将六十七卷本追奉给苏州南禅院（共3487首）。会昌二年（842），白居易编成了最后部分的六十八、六十九、七十卷，终于完成了将文集递增为七十卷（目录及元稹序别录一卷，共七帙七十一卷[1]）的心愿[2]，并将增补部分重新奉入了东林寺、圣善寺和南禅院。而东林寺本、南禅院本及白居易家藏本，均在会昌废佛之中毁于一旦。东林寺本则被藏至庐山一石窟中导致残缺，直到五代十国时经齐己、匡白等人修订之后才重现天日，成为五代北宋传承白集之祖本，而且最迟至十世纪末即被刻木印行，并由天台僧人托宋商赠送给藤原道长并呈送给了日本天皇。[3]

一方面，南禅院本之祖本虽然被毁，但其传本由慧萼传入了日本，并成为平安时期《白氏文集》传播的不二定本，今存镰仓时期图书寮头

---

1 精确地说应该是七十一卷，本文之外，另有一卷别录目录及元稹序。白居易《圣善寺白氏文集记》（绍兴本卷七十）云："其集七表，六十五卷，凡三千二百五十五首"，自注"元相公先作集序，并目录一卷在外"。

2 白居易在作于大和九年间至开成元年时的《文集柜》诗（金泽本、那波本卷六十三，宋本卷三十）中则表明其最终计划将大集编至七十卷，其诗云："破柏作书柜，柜牢柏复坚。收贮谁家集，题云白乐天。我生业文字，自幼及老年。前后七十卷，小大三千篇。诚知终散失，未忍遽弃捐。自开自锁闭，置在书帷前。身是邓伯道，世无王仲宣。只应分付女，留与外孙传。"又，有关白居易对七十岁之特殊心结，可参考静永健：《白居易「讽谕诗」の研究》第一章《白居易と杜甫〈人生七十古来稀〉句》，勉诚出版2000年版，第29～50页。又，至于七十五卷之说，乃源自宋人所撰伪文《白氏集后序》。今存白居易传记资料均遭到后人所谓的校订，于此可参见拙稿《论中国古典文献中的层累改校——以两唐书白居易传及李商隐撰〈墓碑铭〉为例》，文收《〈文选〉底本及其周边文学之基础文献研究》，广岛大学大学院文学研究科论集第73号特辑号，2013年12月，第26～34页。

3 参见藤原道长：《御堂关白记》宽弘三年（1006）十月二十日条、同八月二十九日条；又宽弘七年（1010）八月二十九日条、同十一月二十八日条；长和二年（1013）九月十四日条等。

丰原奉重所钞本即属于这一系统的直接传抄本。另外，虽然原本已经不存，但同属于慧萼系统本的性全抄本（藤原家本之传抄本）之跋语（日本称之为"奥书"）及文字校异则被江户初期尊为"黑衣宰相"的学僧天海转录在了那波本《白氏文集》（今存尊经阁文库，一般称之为天海本）之中。另外，由于金泽文库本保存不全，过去有很多学者根据《苏州南禅院白氏文集记》认为慧萼钞南禅院本止于六十七卷，这一看法现在可以断定是错误的：一是我们根据匡白《江州德化王东林寺白氏文集记》的记述可知寺院三本最后均被增补到了七十卷本；二是今存金泽本存有卷六十八，而且我们还可以根据天海本转录的性全跋语知道其所据慧萼钞本至少也包括了卷六十八、六十九。[1]天海本卷六十八跋语"本云，天永元年二月上旬以式部大辅敦光朝臣之本照。息乡贡士邦光写点了。刑部少辅一"；卷六十九为"贞应二年初春上旬重抄第六七帙，桂冠悬车之告老。判天承元年七月之比式部大辅敦光本，息男邦光点了抄了云云。正中乙丑九月廿二日笔下消肝，点中落泪了。性全"。更为重要的是，跋语中还提到了对第六、七帙的重钞，而白居易自编《白氏文集》正是十卷一帙、共七帙全七十卷。由这则跋语亦基本可以断定，藤原家所据的慧萼钞南禅院系统本无疑就是白居易自编大集最终形态本之一帙十卷的七帙七十卷本。[2]

北宋初期带至日本之刊本《白氏文集》现已不存。然而幸运的是，其与南禅院本卷次结构及详细的文字异同被丰原奉重转注到了金泽本卷

1　有关天海本之考证，可参考拙稿《慧萼钞南禅院本〈白氏文集〉卷十三复原稿》，不过，当时由于未对天海本全本进行考案，蒙文艳容指出，其中对藤原宗重的考证有误，当订正为平安时期之右大臣藤原宗忠四男藤原宗重（1091—1131），藤原宗重于天永初年（1110）被任命为刑部少辅，与卷六十八末跋语署名相符。

2　详考可参照拙稿《慧萼钞南禅院本白氏文集の卷数とその正统性について—日本传来汉籍旧钞本による原典籍の复原に关する一考察—》，福岛金治：《生活と文化の历史学9·学艺と文艺》，竹林舍2016年版，第182—204页。

63

第三章　从钞本到刊本

面上。而且，对于这一出自东林寺石洞祖本之五代末宋初刊本（唐摺本），奉重在金泽本卷二十二还作了如此评价：

> 宽喜三年（1231）三月二十日书写了。右卫门少尉丰原奉重。
>
> 贞永二年（1233）五月五日朱点了。嘉祯二年（1236）三月十七日以唐本比校了，但唐本之文字所所摺乱销幽也，字体仿佛之所，老眼难见解出掌者，石室多相殆者也。
>
> 建长四年（1252）正月十二日传下贵所之御本移点了。

嘉祯二年跋语中所谓的“唐本”“摺乱”，当是指印本印刷脱落处甚多，而造成这一原因，则是因为“石室多相殆者”，即其祖本之东林寺藏石洞本被发现之时残缺甚多，以致刊刻时仍留有诸多空白或混乱之处。不过即使如此，奉重还是很重视这部深藏大内的唐摺本，他使用这部唐摺本与原抄慧萼本做了一个非常详细的比校，并将校语其书入了本文行间或栏眉、栏下，甚至有些文字还用胡粉涂抹在钞卷本文上转用校后的摺本文字取而代之。[1]

正是出于奉重的这种对唐摺本的严肃认真的比校，使得我们在今存金泽本上得以找到一个实为罕见的现象：唐钞本与宋初刊本之形态被保留在了同一个钞卷之上。更为幸运的是，现在金泽本虽已不全，但与其同属慧萼钞南禅院系统的性全钞藤原家本的文字异同及对钞本原貌的描述，又被天海详细地过录到了属于继承了前集后集北宋系统本之那波本

---

1 这种现象为太田次男最早发现，太田次男指出许多被胡粉涂盖了的文字才是慧萼原钞本的原文字，因此采取了一种特殊的摄影方法对金泽文库本卷三十三作了细致的研究，详见可参照《旧钞本を中心とする白氏文集本文の研究》上第二章《卷三十三を中心として》（第303—432页）、下第六章《（附载）金沢文库の特殊撮影について》（第543—546页），勉诚出版1997年版。

上。要之，无论是金泽本还是天海校那波本，其本文与书入校语，其实就是唐钞系统本与宋初刻系统本的一个直接的衔接，这也就为我们揣摩钞刊转换时期文集形态所出现的种种问题，提供了一个甚至可以说是唯一一个详尽而可信的范例。

再补充一句，根据日本古文献的记录，我们还可知五代末宋初出版的这部《白氏文集》在本文文字上其实除了部分脱落改窜之外，还没有出现像南宋绍兴本一样的大幅度的变动。这也可以通过对之后传来的景祐四年（1037）刊本（原刊本已不存，今存其镰仓时期选钞本之摹钞本《管见钞》，现藏日本国立公文书馆）的文字对校得到证明。[1]只是刊本在编帙上可能是因为装帧形式由卷轴更换到了册子，而将白居易自编一帙十卷合七帙之形制改成了一帙七卷合十帙。分帙的不同，也是我们判断后来的日本古文献所提及的《白氏文集》究竟是属于慧萼钞系统本还是属于宋初东林寺刊本系统的一个重要指标。另外，根据对上述诸本的综合考察，也可推知，除了诸如卷十二等部分卷帙严重脱漏之外，宋初刻系统本与唐钞系统本的距离并不是很大。然而，到了北宋末南宋初，文人在校刊前集后集本《白氏文集》时，不但将其调整为前诗后文本，还在卷头标目及本文文字上做了许多重大的修改，这就导致《白氏文集》无论是在卷帙构成上还是在诗歌文本上，都出现了质和量的变动。[2]这也

1　有关《管见钞》的最新考证，可参照福岛金治《鎌倉中期の京・鎌倉における漢籍受容者群―〈管見鈔〉と〈鳩嶺集〉のあいだ―》（《国立歴史民俗博物館研究報告》第175集，第91—109頁，2013年）及拙稿《〈管見抄白氏文集〉の發現經緯とその奥書に関する考釈―宗尊親王と石清水八幡宮田中坊との関わり―》（《中国中世文学研究》第68号，第27—41頁，2016年）。

2　对于南宋绍兴本对《白氏文集》卷首标目的改窜及其所造成的影响，可参考本书第一章及杜晓勤《〈白氏文集〉前集的编纂体裁と詩体分類について―日本現存の旧鈔本を中心に―》（《白居易研究年報》第十四号，勉诚出版2013年版，第238—279頁）与《〈白氏文集〉"古体"与"古调诗"之关系》（《陕西师范大学学报（哲学社会科学版）》2013年7月第42卷第4期，第64—71页）中的相关考证。

提示了我们，根据南宋刊本直接去推测不存世的唐钞本文集的形制，或许还是比较困难的，可回溯性应该说还是相对低了很多。

二
钞刊转换时期出现的作品计数问题

在上文也提到，通过对金泽本及天海本之本文与书入校注的对照研究，除了能辨别出慧萼钞本之本文与宋初刊本的文字异同之外，还可以帮助我们发现一些由于钞刊转换而衍生的问题。其中一个重要问题就是卷头白居易自标作品篇数与实际所收作品不一致的现象。此处兹针对其中一个现象——钞本与刊本所录作品本身一致，然而作品计数不尽相同——作一些考证。此现象乍看匪夷所思，然而牵涉研究古典诗文的一个重要问题，即如何来看待钞本时期的组诗的计数问题。

首先让我们来看看卷十五，此卷金泽本今已不存，南宋绍兴本卷头标云："律诗 五言 七言 自两韵至一百韵 凡一百首"，然南宋本与那波本均只实收九十九首。对于此，谢思炜在《白居易诗集校注》中指出："绍兴本、那波本等实得九十九首，残宋本《松树》后有《城西别元九》一首，合一百首。"[1]其实，此卷金泽本虽不存，然慧萼钞南禅院本之原形态可以从天海本得以管窥。如图3-3-3（图片乃笔者据原本所录之摹写本）所示，天海亦根据性全钞本于《松树》诗后栏眉钞入了《城西别元九》一诗，这与谢思炜根据残宋本所校相同。然而，这还不是慧萼钞南禅院本之原貌，其实天海本《梦旧》诗题（图3-3-1）下有校语云："此题并诗古本无之"，由知白居易自编文集时卷十五并未收入

1　谢思炜：《白居易诗集校注》第三册，中华书局2006年版，第1151页。

此诗。而在《醉后题李马二妓》诗题（图3-3-2）上栏眉又有校语云："此诗二首，江本无之。"由此可知，《醉后题李马二妓》诗当时乃是两首七绝作品。而"江本无之"，则是指大江家所编纂的《白氏文集》注释本里未收此诗，现按校语所示将旧钞本《醉后题李马二妓》诗之原型复原于下：

 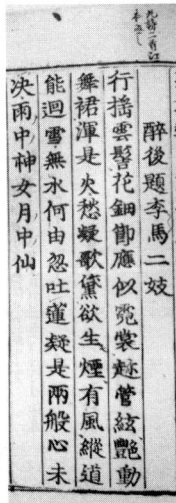 

图3-3-1　　　图3-3-2　　　图3-3-3
天海本卷十五

醉后题李马二妓（二首）

　　行摇云髻花钿节，应似霓裳趁管弦。艳动舞裙浑是火，愁凝歌黛欲生烟。

　　有风纵道能迴雪，无水何由忽吐莲。疑是两般心未决，雨中神女月中仙。

　　综上所述可知，慧萼钞南禅院本原无《梦旧》诗，有《城西别元九》诗，分《醉后题李马二妓》为两首，恰好一百首，与卷头所标数目亦正好相符。

　　《醉后题李马二妓》是后出刊本误将两首并为一首作品的一个例子。更有趣的是，《白氏文集》诸本中还存在着与此恰好相反的例子，即原是一首而刊本将其分拆成两首作品。于此让我们来看看卷六十二（南宋本卷二十九），此卷金泽本与南宋本卷头均标四十七首。对于本卷所收诗，谢思炜指出："本卷实为五十首，其中《秋凉闲卧》《酬思黯相公见过弊居戏赠》二首应移入卷三十。"[1]谢思炜所云极是，金泽本此卷不录这二首，而录于下卷六十三（绍兴本卷三十）。然即使如此，该卷仍有四十八首，比卷头所标之"四十七首"还是多出了一首。

重新细考金泽本（图3-4-1），其卷头标"格诗　歌行　杂体"，"格"旁注"律　摺本"。谢思炜所云"绍兴本、那波本、残宋本、马本作'律诗'，据金泽本改"为是，而且根据金泽本校语可知，宋初刊本此卷头标目便已将"格诗"调整为"律诗"了，由知后来诸刊本均不过只是沿袭其误而已。又，金泽本本卷其实原漏标了题名与首数，后于"太子宾客分司东都白居易"下校"本此十一字无之"，又以墨笔书入"凡四十七首　或本"，是知古本卷头亦标此卷为"四十七首"，与绍兴本同。然考绍兴本除误收《秋凉闲卧》《酬思黯相公见过弊居戏赠》两首之外，其他作品与金泽本同，看似实收四十八首，仍与卷头"四十七首"不符。

对于这多出来的一首诗，金泽本卷中校语亦有提示。要之，刊本所收《懒放二首呈刘梦得吴方之》旧钞本原为一首，这就与卷头所标之"四十七首"完全符合了。如图3-4-2所示，金泽本"懒放二首呈刘梦得吴方之"诗题，"懒放"两字中间标"—"注，表明此原本为固定词语，"放"字下标朱点，"呈"字右肩标

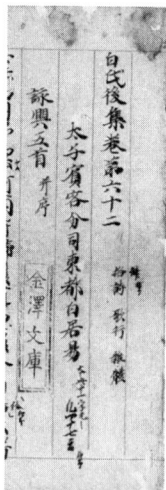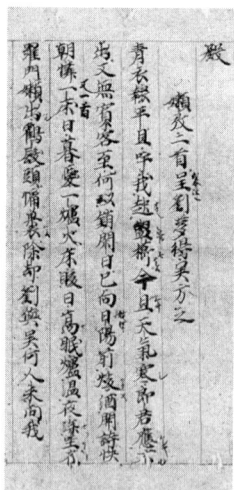

图3-4-1　　　　图3-4-2

金泽本卷六十二

1　谢思炜：《白居易诗集校注》第六册，中华书局2006年版，第2248页。

朱点，旁注"或本注之"，意指两朱点之间慧萼钞本原为空格，"二首"两字乃是校勘时据"或本（唐摺本）"补入。而与此相对应的是，"朝怜一床日"右旁行间用浓墨书标注"又一首"，标识"或本"乃是分此诗为两首。这种据摺本加入原本没有文字的现象，在卷十二《琵琶引》之中亦可找到类似例证（"杜鹃啼血猿哀鸣"之"杜鹃啼血"四字为宋初刊本所加，原文六百一十二字，无此四字）。[1]现按金泽本将此诗原型复原于下：

懒放　呈刘梦得吴方之

青衣报平旦，呼我起盥栉。今旦天气寒，郎君应不出。又无宾客至，何以销闲日。已向日阳前，煖酒开诗帙。朝怜一床日，暮爱一炉火。床暖日高眠，炉温夜深坐。雀罗门懒出，鹤发头慵裹。除却刘与吴，何人来问我。

其实，这种现象在其他卷中亦多有存在，未为先人所注意。如卷八、卷二十二、卷四十一等，都存在着作品篇数误算之问题，于此下表均有考述，可以参考。

钞本与刊本《白氏文集》诸卷所收篇目数对校考正表
①本表乃今存《白氏文集》慧萼钞南禅院系统本与南宋绍兴刊本之卷目所原标作品数之对照表。旧钞本卷头与绍兴本之出入，在谢思炜《白居易诗集校注》及《白居易文集校注》两书中已有考证。今将谢思炜部分考证选录于后，再附上笔者通过对原卷考察所获得的一些鄙见。 ②慧萼钞南禅院系统本以金泽文库原藏镰仓时期丰原奉重钞本为主要底本，奉重钞本不存者主要参考尊经阁那波本天海过录性全钞慧萼本之校语，同时比校北宋景祐四年刊本之节钞本及镰仓时期东大寺宗性《要文抄白氏文集》。

---

1 拙稿《中唐における白居易〈琵琶引〉享受の原風景―その原本形態及び歌唱形式について―》，《白居易研究年报》第十四号，勉诚出版2012年版，第71—96页。

钞本与刊本《白氏文集》诸卷所收篇目数对校考正表

③白居易《东林寺白氏文集记》记六十卷本作品总数为2964首，今本（以金泽本卷头所标首数为基准，缺卷者则暂以绍兴本所录作品数计入）共2960首，大致相符，是知原前六十卷之中除卷十二之外，绍兴本亦大致保存了白居易自编本原貌，亦反推知卷十二原确实收有八十五首作品，非今之二十九首。六十五卷本作品总数白居易《圣善寺白氏文集记》记为3255首，是知后五卷增补了291首作品。然现金泽本存卷六十二（47首）、卷六十三（47首）、卷六十五（100首），共194首，绍兴本卷七十（相当于金泽本卷六十一）录18首，卷三十一（相当于金泽本卷六十四）录100首，共118首，刊钞本共计312首，实多白居易自编本21首。六十七卷本白居易《苏州南禅院白氏文集记》记为3478首，知两卷共再增补223首，今绍兴本卷三十三（相当于金泽本卷六十六）录100首，卷三十四（相当于金泽本卷六十七）录75首，共175首，实少白居易自编本48首，是知绍兴本卷三十一（多为抄补部分）以后诸卷已经和白居易自编本有比较大的距离了。

慧萼钞南禅院系统本		南宋绍兴刊本		谢思炜【谢】校语·笔者【陈】按语
卷数	作品数	卷数	作品数	
《白氏文集·前集》		《白氏长庆集》		
卷一（古调诗讽谕一）		卷一	六十五首	【谢】此卷实有六十四首。【陈】诸本不误，《浔阳三题并序》，其诗序亦当计一首，恰六十五首。
卷二（古调诗讽谕二）		卷二	五十八首	
卷三（古调诗讽谕三）	二十首	卷三	二十首	
卷四（古调诗讽谕四）	三十首	卷四	三十首	
卷五（古调诗闲适一）		卷五	五十三首	
卷六（古调诗闲适二）	四十八首	卷六	四十八首	【陈】金泽本此卷头下标："古调诗闲适二　五言　自两韵至一百三十韵"，钞脱首数，然实收四十八首，与绍兴本同。
卷七（古调诗闲适三）		卷七	五十八首	

慧萼钞南禅院系统本		南宋绍兴刊本		谢思炜【谢】校语·笔者【陈】按语
卷八（古调诗闲适四）	五十四首	卷八	五十七首	【谢】金泽本作："古调诗 闲适三 凡五十四首"。 【陈】金泽本以《三年为刺史二首》为一篇，《池畔二首》为一篇，又此卷乃古调诗，不当有绝句，或可推知《琴》《鹤》二诗与《三年为刺史二首》《池畔二首》一样当数作一篇，实为五十四首。宋本分而计之，改五十七首。
卷九（古调诗感伤一）	五十五首	卷九	五十五首	
卷十（古调诗感伤二）		卷十	七十八首	
卷十一（古体诗感伤三）		卷十一	五十三首	
卷十二（歌行曲引感伤四）	八十五首	卷十二	二十九首	【陈】金泽本此卷头下标："歌行曲引 感伤四 杂言 凡八十五首"，"凡八十五首"右旁校"二十九 摺本"。现存金泽本此卷实收二十九首，篇目次序与绍兴本同。盖是今存金泽本乃据摺本进行了割补重钞，割去原钞于《真娘墓》至《长恨歌》之前的五十六首诗，据摺本补入原未收的《长恨歌传》。又，有关此卷之详考可参照拙文《日藏旧钞本〈长恨歌序〉真伪考——兼论〈长恨歌〉主题及其文本传变》（《域外汉籍研究集刊》第七辑）。

慧萼钞南禅院系统本		南宋绍兴刊本		谢思炜【谢】校语·笔者【陈】按语
卷十三（律诗一）	一百零一首	卷十三	九十九首	【陈】天海校本据慧萼钞系统本于《客中守岁在柳家庄》诗栏眉钞入《歙州山行怀故山》诗："悔别故山远，愁行归路迟。云峰杂满眼，不当隐沦时。"要文钞本卷亦录此诗，今诸刊本均逸。又，天海校本于卷末《题施山人野居》诗后据慧萼钞系统本补入《听琵琶劝殷协律》诗："何堪朔塞胡开曲，又是秋天雨夜闻。青塚葬时沙莽莽，乌孙愁处雪纷纷。知君怕病推辞酒，故遗琵琶劝谏君。"管见钞本亦录此诗，今诸刊本均逸。由知此卷慧萼钞本原收诗"一百一"首。又，有关此卷之详考可参照拙文《慧萼钞南禅院本〈白氏文集〉卷十三复原稿》（《域外汉籍研究集刊》第九辑）。
卷十四（律诗二）	一百首	卷十四	一百首	
卷十五（律诗三）		卷十五	一百首	【谢】绍兴本、那波本等实得九十九首，残宋本《松树》后有《城西别元九》一首，合一百首。 【陈】谢校是，此卷当从残宋本补入《城西别元九》诗，天海校本亦据慧萼钞系统本补入《松树》诗后栏眉。然此仍非慧萼钞系统本之原貌。按，天海校本《梦旧》诗题下注"此题并诗古本无之"，可知慧萼钞系统本此卷原未收《梦旧》诗，又于《醉后题李马二妓》栏眉注"此诗二首"，盖知此诗本两首七言绝句，今诸刊本误合为一首。去《梦旧》诗，加《城西别元九》，分《醉后题李马二妓》为两首，恰合一百首。
卷十六（律诗四）		卷十六	一百首	
卷十七（律诗五）	一百首	卷十七	一百首	

慧萼钞南禅院系统本		南宋绍兴刊本		谢思炜【谢】校语·笔者【陈】按语
卷十八（律诗六）		卷十八	一百首	【谢】本卷白居易诗共九十九首，另有白行简《望郡南山》一首。◎《望郡南山》【谢】那波本、马本、《唐音统籤》作"望郡南山寄行简"，误为居易诗。卢校："《望郡南山》下空八格，题'行简'二字。此行简诗也。俗本仍作'寄行简'，大误。六朝阴、何及唐人韦苏州、刘随州等集，凡他人元倡，皆置在前，和章则置在后，俱与本集平写，不低一格。至明代以来，刻《唐四杰集》《杜少陵集》，不分元倡和章，尽置本人诗后，又低一字以别之。近来名公刻集，亦依此例，遂不知古法矣。" 【陈】谢校引卢校将此诗断为白行简所作还有商榷之余地。考卢校所据乃汪立名本，绍兴本《望郡南山》下只空二格接"行简"，或是绍兴本底本此处脱"寄"字，题意不通。天海校本此处无校语，可知天海所见慧萼钞系统本此处与那波本、马本同作《望郡南山寄行简》，非以此诗署为白行简作也。又，此诗在宋人文献中已误为白行简诗，并对此诗题多有校改。此诗是否为白行简作还牵涉到元和十四年白行简是否从白居易同赴忠州。此处姑且存疑，待他日作撰文以详考。
卷十九（律诗七）		卷十九	一百首	
卷二十（律诗八）	一百首	卷二十	一百首	【谢】绍兴本等实有九十七首。据阳明文库校本，旧钞本《醉题候仙亭》后有《闲座》《不睡》（见本书卷二十九）二首，《西湖晚归回望孤山寺赠诸客》后有《陈家紫藤下赠周判官》一首。
卷二十一（诗赋）	十五首	卷三十八	一十五首	

慧萼钞南禅院系统本		南宋绍兴刊本		谢思炜【谢】校语·笔者【陈】按语
卷二十二 (铭赞箴谣偈)	十二首	卷三十九	二十一首	【谢】金泽本作"二十二首"。 【陈】谢校有误，金泽本作"一十二首"(原下墨书"一"字，上涂胡粉重墨书"一"字，今胡粉脱落，因似"二"字)，旁校"十二首　一本"。盖是以《三谣铭并序》为一首，《八渐偈并序》为一首，合十二首。绍兴本以《三谣铭并序》为三首，《八渐偈并序》为八首，因改篇目为二十一首。
卷二十三 (哀祭文)		卷四十	十四首	
卷二十四 (碑碣)	六首	卷四十一	六首	
卷二十五 (墓志铭)		卷四十二	七首	
卷二十六 (记序)		卷四十三	十二首	
卷二十七 (书)		卷四十四	三首	
卷二十八 (书序)	五首	卷四十五	十五首	【谢】金泽本、马本作"五首"。十五首者并十篇序存目而言。
卷二十九 (书颂议论状)		卷四十六	七首	
卷三十(试策问制诰)		卷四十七	十六首	

慧萼钞南禅院系统本		南宋绍兴刊本		谢思炜【谢】校语·笔者【陈】按语
卷三十一 (中书制诰一)	二十七道	卷四十八	二十七道	【谢】金泽本作"二十八道"。◎《张彻宋申锡并可监察御史制》【谢】金泽本此篇后有《郭丰贬康州端溪尉制》、《第十二妹等四人各封长公主制》、《王建除秘书郎制》三篇，然前后有裁截接连痕迹。该卷卷体此三篇则在《李实授咸阳令制》后，亦有裁接痕迹。 【陈】金泽本本文作"凡二十七道"，"七"字旁注"八イ"。如谢思炜所言，此卷由于后经改装，卷头目录与本文排序不一致。实收三十篇，盖是据摺本补入《郭丰贬康州端溪尉制》《第十二妹等四人各封长公主制》《王建除秘书郎制》三篇，卷头目录列《李实授咸阳令制》后，本文插入《张彻宋申锡并可监察御史制》后，除去此三篇还收二十七篇，于此今后亦将另作文以专考。
卷三十二 (中书制诰二)		卷四十九	三十道	
卷三十三 (中书制诰三)	二十八道	卷五十	二十八道	【谢】金泽本作"卅道"。本卷实有二十八篇，金泽本所校本多《卢元辅可吏部郎中制》一篇。 【陈】谢校不确。金泽本本文标"凡二十八道"，于"二十"旁注"卅イ"，卷头目录所标作品及本文序列与绍兴本同，收二十八篇，与标目数字相符，目录及本文均无谢校所云《卢元辅可吏部郎中制》，金泽本后据摺本将此篇补抄于纸背。
卷三十四 (中书制诰四)		卷五十一	五十道	
卷三十五 (中书制诰五)		卷五十二	五十道	
卷三十六 (中书制诰六)		卷五十三	四十八道	

慧萼钞南禅院系统本		南宋绍兴刊本		谢思炜【谢】校语·笔者【陈】按语
卷三十七（翰林制诰一）		卷五十四	三十四道	【谢】残宋本卷五十五
卷三十八（翰林制诰二）	三十三（四十三）道	卷五十五	四十三首	【谢】残宋本卷五十六。绍兴本等作"凡四十三道"，据金泽改。"首"那波本、金泽本作"道"。 【陈】金泽本卷头标目下注"翰林 制诰二 拟制卅三道"，实收四十三篇，盖是将"卌"误抄为"卅"。又，绍兴本本卷头篇目漏刻《除李建吏部员外郎制》及《除某节度使留后起复制》，篇目后收本文不漏。
卷三十九（翰林制诰三）	五十五首	卷五十六	五十五道	【谢】残宋本卷五十七
卷四十（翰林制诰四）		卷五十七	六十八首	【谢】残宋本卷五十八
卷四十一（奏状一）	十二首	卷五十八	十首	【谢】金泽本作"一十首"。朱《笺》改"十三首"，谓与实数合。按，本卷《论太原事状》三件合一，《奏请加德音中节目状》二件计一，故卷目仅标十首。 【陈】谢校不确，此卷金泽本作"一十二首"，《论太原事状》题下注"三件"，《奏请加德音中节目状》题下无注，盖是以《论太原事状》为三件，《奏请加德音中节目状》为一件也，正合十二首。
卷四十二（奏状二）		卷五十九	二十四首	
卷四十三（奏状三）		卷六十	七首	
卷四十四（奏状四）		卷六十一	十七首	
卷四十五（策林一）		卷六十二	二十二道	
卷四十六（策林二）		卷六十三	十七首	

慧萼钞南禅院系统本		南宋绍兴刊本		谢思炜【谢】校语·笔者【陈】按语
卷四十七 （策林三）	十九道	卷六十四	十九道	
卷四十八 （策林四）		卷六十五	二十一道	
卷四十九 （判）	五十道	卷六十六	五十道	【谢】本卷实为五十一篇。◎《得景夜越关为吏所执辞云有追捕》，【谢】金泽本无此判。◎《得乙在田妻饷不至路逢父告饥以饷馈之乙怒遂出妻妻不状》【谢】金泽本此判在本卷《得甲年七十余有一子请不从政所由云人户减耗徭役繁多不可执礼而废事》后。 【陈】此卷当从金泽本，原收五十道，《得乙在田妻饷不至路逢父告饥以饷馈之乙怒遂出妻妻不状》列于《得甲年七十余有一子请不从政所由云人户减耗徭役繁多不可执礼而废事》后，不收《得景夜越关为吏所执辞云有追捕》。恰五十道，与标目数字相符。
卷五十（判）		卷六十七	五十道	
《白氏后集》				
卷五十一 （后序/格诗歌行杂体）		卷二十一	五十七首	【谢】绍兴本等本卷实为五十六首。
卷五十二 （格诗杂体）	六十一首	卷二十二	六十首	【谢】金泽本作"凡六十一首"，此下署"刑部侍郎白居易"。其中，◎《早冬游王屋自灵都抵阳台上方望天坛偶吟成章寄温谷周尊师中书李相公》【谢】那波本此诗后有《济源上枉舒员外两篇因题六韵》一首。◎《吴宫辞》【谢】此诗那波本卷五二、卷五四重出，金泽本在卷五四。 【陈】金泽本标"凡六十一首"，卷末《济源上枉舒员外两篇因题六韵》栏眉注"摺本无之"，后用别纸他笔补入《吴宫辞》，栏眉注"摺本在之，证本在五十一卷"。因知《吴宫辞》原不在此卷内。原卷实收六十首，盖是《和微之二十二首并序》之序文亦算一首，正合六十一首。

慧萼钞南禅院系统本		南宋绍兴刊本		谢思炜【谢】校语·笔者【陈】按语
卷五十三（律诗）		卷二十三	一百首	
卷五十四（律诗）	一百首	卷二十四	一百首	
卷五十五（律诗）		卷二十五	一百首	
卷五十六（律诗）		卷二十六	一百首	
卷五十七（律诗）		卷二十七	九十首	
卷五十八（律诗）		卷二十八	一百首	
卷五十九（碑志序记表赞论衡书）	十三首	卷六十八	十三首	
卷六十（碑序解祭文记）		卷六十九	十二首	
卷六十一（铭志赞序祭文记辞传）		卷七十	十八首	
卷六十二（律诗）	四十七首	卷二十九	四十七首	【谢】本卷实为五十首，其中《秋凉闲卧》《酬思黯相公见过弊居戏赠》二首应移入卷三十。 【陈】金泽本卷头标"格诗　歌行杂体"，"格"旁注"律　摺本"。又，金泽本本卷原未标明首数，后于"太子宾客分司东都白居易"下校"本此十一字无之"，又以墨笔书入"凡四十七首　或本"。谢校所云"《秋凉闲卧》《酬思黯相公见过弊居戏赠》二首应移入卷三十"，是。然按绍兴本所收数仍有四十八首，多出一首。盖是金泽本《懒放二首呈刘梦得吴放之》之"二首"二字乃重校时据"或本注之"所书入，原本"懒放"下空二格再书题注"呈刘梦得吴放之"，因知此诗本为一首，恰四十七首。

慧萼钞南禅院系统本		南宋绍兴刊本		谢思炜【谢】校语·笔者【陈】按语
卷六十三 （律诗）	四十七首	卷三十	四十七首	【谢】绍兴本等本卷实为四十五首，当从那波本、金泽本移入《秋凉闲卧》《酬思黯相公见过弊居戏赠》二首。
卷六十四 （律诗）		卷三十一	一百首	【谢】绍兴本此卷《负春》以上、《杨柳枝词八首》之三以下为抄补。
卷六十五 （律诗）	一百首	卷三十二	八十二首	【谢】绍兴本此卷为抄补。金泽本作"一百首"。按，金泽本《冬初酒熟二首》后有诗九首，《路逢青州王大夫赴镇立马赠别》后有诗十首，绍兴本等缺失。又金泽本原无《咏老赠梦得》一首。◎《冬初酒熟二首》【谢】此诗后金泽本有《听芦管吹竹枝》等诗九首。◎《路逢青州王大夫赴镇立马赠别》【谢】金泽本此首后有《和杨同州寒食乾坑会后闻杨工部欲到知予与工部有敷水之期荣喜虽多欢宴且阻辱示长句因而答之》等十首诗。◎《咏老赠梦得》【谢】金泽本原无此诗，后据摺本补抄。据东博本、蓬左文库校本、天海校本，此诗原在卷六十六《送李滁州》后。 【陈】金泽本此卷卷头下标"律诗一百首"，左旁校"凡八十二首 摺本"。金泽本去后据摺本补抄《咏老赠梦得》诗恰一百首。
卷六十六 （律诗）		卷三十三	一百首	【谢】绍兴本此卷为抄补。
卷六十七 （律诗）		卷三十四	七十五首	
卷六十八 （律诗）	一百首	卷三十五	一百首	【谢】绍兴本此卷《答闲上人来问因何风疾》以后为抄补。
卷六十九 （半格诗 律诗附）		卷三十六	九十五首	【谢】绍兴本此卷卷首至《香山居上写真诗》为抄补。 【陈】天海本此卷末转抄有性全钞慧萼系统藤原家本识语，白居易卷六十八、卷六十九、卷七十乃同时编成附于六十七卷本后。由知慧萼钞南禅院本亦从六十七卷本后增为七十卷本。

慧萼钞南禅院系统本		南宋绍兴刊本		谢思炜【谢】校语·笔者【陈】按语
卷七十 （碑记铭吟偈）	九首	卷七十一	一百首	
		卷三十七	一百首	【谢】那波本为卷七十一。本卷实有诗五十六首。

　　最后再附赘一句，本文之所以有意提出作品首数误计之问题，是想说明，刊本之中有关系列作品之首数的标注，可能并未如实反映出之前钞本时代该作品的本来面貌，诸如《文选》所收《古诗十九首》，钞本时代极有可能仅题《古诗》，而其所收作品也极有可能是二十首而非宋刻以后所成型的十九首，这就与《玉台新咏》所录作品形成一致；又如李白《清平调三首》，其传世伊始及唐钞本时代就极有可能是一曲之三叠，宋刻将其分拆成为七绝三首，这又牵涉到中唐以前歌诗到中唐以后诗歌之转型问题。这种现象，或也算得上是属于胡适过去曾讲过的"要在不疑之处有疑"之"学问"。对于这一问题，笔者今后拟将结合古钞形态的特征，站在钞刊转换的视角上，去做进一步的开拓与探索。

第四章
《文选集注》李善表卷之复原及作者问题再考
——以旧钞本《文选表注》为中心

清末，发现于日本称名寺的旧钞本《文选集注》残卷，现已成为学界研究隋唐文选学乃至东亚文选学最为珍贵的《文选》底本。然而，此书虽为海内外学界瞩目百余年，但关于其成书时间及编者一直没有得出明确的结论。

2009 年，笔者在梳理日本古文献汉籍资料的时候，在平安时代的公家日记之中发现了一些有关《文选集注》的记载。在这些记载的基础上，结合同时期的一些诗文书信记录，首次明确提出了"《文选集注》原书名为《集注文选》，乃一条天皇时期大学寮头大江匡衡奉御命所编纂，原书共有一百二十二卷"的新观点。

2010 年，笔者又对日本所存旧钞白文本九条本《文选》书首李善《上文选注表》之行间、栏外、纸背所录注文进行了整理。李善《上文选注表》，据九条本卷一末识语之本奥书"本云，弘安八年（1258）六月廿五日，以菅江两家证本校合书写了"，可推断出其李善表注，均录自平安时期大学寮菅原、大江两家写本。众所周知，李善《上文选注表》在中国古来无注，因此这些注文不可能会是中国文人所作。而九条本所录李善表注，纸背部分于注文之前又均标明有"集云"之导语，结合九条本全书之抄写体例，可断定这些注文录自《文选集注》。于是，

81

笔者对现已散佚的《文选集注》李善表注进行了尝试性的部分复原。[1]

此外，日本学者山崎诚还曾指出，九条本李善表注与日本国立国会图书馆本《御注文选表解》所收注语多有重合之处。[2]这就通过文本的对校，证实了九条本李善表注确实包含了菅原家旧注。最近，南京大学卞东波博士对这一问题又进行了更为深入细致的研究，指出："《集注》与'御注'多有重合之处，如果是《集注》利用了'御注'，且'御注'确为菅原道真所作，那么《集注》的编者问题就迎刃而解了，可以确定为日本学者。因为若《集注》为唐人所撰，不可能会抄到日本人的著作，同时也可以确定《集注》可能成书于十世纪之后。但也有一种可能，就是'御注'是整合了'菅注'与《集注》而成的。在文献无征情况下，目前只能阙疑。不过，'御注'成书于平安时代应该是没有疑问的。"[3]

如上所述，卞东波博士的考证之所以还会留下一些阙疑，大致可考虑为如下两大原因：一是责在笔者。这是因为笔者在制作复原卷时，所据的是九州大学所藏九条本的照片本。照片本只有明信片大小，行间注字小如蚁虫，难以辨读，以此不免有错落之处；二是后文还要详细谈到，卞东波博士所使用的乃是后出的《御注文选表解》，这与其底本之《文选表注》又产生了一定的距离。这就导致下文的比校结果出现了一些偏差，从而影响到了结论。

笔者有幸到广岛大学文学研究科供职，查阅到了文字更为清晰的广

---

1 笔者有关这一问题的系列研究，后均收《汉籍东渐及日藏古文献论考稿》，可一并参照。

2 参见山崎诚：《式家文选学一斑——文选集注の利用》，初出《国文学研究资料馆纪要》第15号，1989年；后载氏：《中世学问史の基底と展开》，和泉书院1993年版，第411—444页。

3 参见卞东波：《"〈文选〉东传学"之一斑——菅原和长〈御注文选表解〉探析》，《中山大学学报（社会科学版）》2012年第4期，第43—55页。

岛大学所藏本，并得以利用电脑放大技术，对复原卷稿中部分文字进行对校调整。在反复研读的基础上，终于使得复原卷基本趋于精确。同时，笔者又在庆应义塾大学图书馆发现了《御注文选表解》之底本《文选表注》。为求证九条本李善表注、《文选表注》、《御注文选表解》三者之间的关系，找到了可靠的文本依据。

基于此，本文拟就《文选集注》李善表注之复原及作者问题，再谈一些浅见，抛砖引玉，以求得海内外学者的指正。

一

现存《御注文选表解》诸钞本之关系及其底本考

《御注文选表解》现存两种钞本，一为日本国立国会图书馆藏本，一为京都建仁寺两足院藏本。由两本卷末识语可知，此书原为菅原和长（1460—1529）于日本大永年间（1521—1527）为其子长淳讲授《文选》时的讲义，最后定稿于大永六年三月（1526）、即和长六十七岁时。按，菅原和长，又名东城坊和长，属于菅原家东城坊家主流。东城坊家被列入日本明治十一年（1878）出版的《华族类别录》第三十九类，属于菅原氏五条家分枝。五条长经次子茂长时改姓东城坊，成为东城坊家始祖。[1]此后，东城坊家就一直位尊菅原家诸流派之砥柱，世世代代担任天皇侍读，其中多人甚至位达三公。如菅原和长，便在识语中就自豪地称自己为"五更老儒前亚槐"。

现存旧钞之两本《御注文选表解》及其重要价值，卞东波博士已经

---

1 有关《华族类别录》的相关考证，可参照酒井信彦《〈華族類別録〉について》，《東京大学史料編纂所報》第15号，1980年，第46—55页。

有了详细的考察，在此稍作一些补证。考两足院本虽脱落了卷头部分，且有部分错简，但根据其卷末识语及花押可知，此本当为菅原和长自笔本。而国立国会图书馆本花押之下，细看可发现用朱笔标注有"和长"二字（当是因为其所抄花押形状不是很准确，所以需要标明名字，以免后人误认），这就表明其非和长自笔本。且此卷末有"文选表解御注一册为庸卿御自笔无疑者也式部大辅为定识"之识语。"式部大辅为定"当是五条为定（1804—1862）。为定本是壬生家尹（1776—1834）之子，后被带入五条家成为文章博士五条为贵（1791—1808）养子，继承五条家的学统。考五条为定担任式部大辅期间为1833年至1836年，这条识语定当写于这一期间。至于"庸卿"，卞东波博士已经指出其为五条为庸（1619—1677）。五条家与东城坊家本是同流，由此可见，这本《御注文选表解》，确是菅原家代代薪火相传之珍品。

前文已提到，《御注文选表解》原是和长为讲授《文选》而撰写的一本讲义，其使用的底本为《御注文选表》。和长在识语"《御注文选表》为讲诵遂钞之讫，大永四年四月下旬终其功矣"中首先提到，他为了讲授《文选》而于日本大永四年抄写了一本《御注文选表》。接着，又在识语写道："同五月十一日乙亥，始讲谈。同十二日丙子、同十四日戊寅，以上三个日讲毕。依长淳发起也。依秘本无外人，此一钞外见停止也。五更老儒前亚槐菅原朝臣和长。"谈到《上文选注表》授课持续了三天，对象则只限其子长淳一人，并反复敦诫此本不可外传。

和长所提到的《御注文选表》又是一个什么样的本子呢？《北野文丛》卷八《遗文部三》收有一卷题为《御注文选表》的李善表注，文字与《表解》所录"御注"基本相同。不过，细读此卷末小字识语，中有"右圣庙神注文选表，就亚相和长卿所撰《御注表解》所以抄出毕，《御注表解》者，于杂文部中收之，须并见"一段文字。由是可知，此卷乃是日本安政年间（1855—1860），久松宗渊（1786—1859）在编纂

《北野文丛》时据和长《表解》抄出，并非和长所提到的《御注文选表》原本。

那么，《御注文选表》是否另有单卷存世呢？抑或还是已经完全被《表解》所吸收代替了呢？非常幸运的是，笔者发现日本庆应义塾大学图书馆藏有一卷题为《文选表注》（下简称庆应本）的旧钞本，通过考证，基本上可以断定这个卷子就是《表解》之底本《御注文选表》。按，庆应本现被馆方鉴定为江户前期钞本。卷头稍有漫脱，原卷内题不存。后补绀地唐文草文样绢表纸，卷子装一轴，纸宽34.2厘米，行间字高29.8厘米，抄写人失考。[1]卷末有识语本奥书和奥书各一则，本奥书云（"｜"处为原文换行处，下同）：

> 本云｜此本累代相传之处，先年烧失之时，忽化灰尘，｜未致
> 书写。今借柱下之本，即驰灯前之笔｜而已。｜迎阳轩秀长书之。｜

奥书云：

> 右文选表注者，云　圣庙之御注，云考祖之｜正迹，依世人不
> 辄持，于秘钞无汇类也。

本奥书署名"迎阳轩秀长"。考"迎阳轩秀长"，乃和长之四代祖菅原秀长，"迎阳轩"是其晚年爱用书斋之雅号。菅原秀长，又称东城坊秀长，生于1338年，卒于1411年，曾担任过后圆融天皇（1359—1393）侍读，是日本南北朝室町时代最为著名的学者，其著作等身，现

1　有关此卷的具体介绍可参照佐藤道生、堀川贵司：《慶応義塾図書館藏日本漢学関係書籍解題》及佐藤道生：《慶応義塾図書館の藏書》，庆应义塾大学出版会株式会社2009年版，第65—67页。

犹存《迎阳记》（秀长的日记，一名《菅宰相秀长记》）、《本朝女后名字抄》、《御让位记》等多种。对于此卷底本之抄写经纬，秀长本奥书于此讲得很明白：其家藏书处遭火灾，烧毁了其家累世珍藏的《御注文选表》，后借宫内图书寮本抄录续藏。另则奥书无署名，然其云"右《文选表注》者，云圣庙之御注，云考祖之正迹"，即是说其家所藏《文选表注》，抄于"圣庙之御注"，乃其父之祖父手抄。此处称秀长为"考祖"，则此人当属秀长重孙辈，由知为菅原益长（1497—1475）之子菅原长清。[1]要之，这个本子当是长清据秀长钞本之重钞本，继承了宫内图书寮藏本的谱系，具有极高的文献价值。现被认定为江户前期钞本，恐失当。

上文谈到菅原和长《御注文选表解》的底本《御注文选表》的问题，由庆应本的两则奥书可得其端倪。而上文又考出了庆应本为长清钞本，和长为长清之子。由此可知，菅原和长所撰《御注文选表解》的底本《御注文选表》，应当就是其父所抄的庆应本。

二

《文选集注》卷头所收李善注表之再复原

从庆应本识语来看，这个卷子传承有绪。但要引起我们注意的是，除了卷头漫脱的一小部分文字之外，秀长在抄写时极有可能省略了一部分自己认为没有必要抄录的注语。这可以卷中屡次出现的"犹字"之略写语为证。检庆应本注含有"犹字"者凡五处，原文如下：

---

1 东城坊家主流之直系家系谱大致如下：茂长→长尚、长纲；长纲→秀长→长远；长远→元长、益长；益长→长清→和长；和长→长标（出家）、资胤（平松资冬子）、长淳、和子、禅耀。

①缛景纬以照临：照临，犹字。

②爰逮有梁：犹字，无异改也。

③搴中叶之词林：词林，犹字也，无异改。

④载移凉燠：犹字。言经日月也。

⑤轻用上闻：犹字。

"犹字"，即"用此字之本意"。这些地方本来都是有注解字词的释文，可能是秀长认为其太烦琐，所解之字又比较常用易懂，便使用了这一"犹字"将原有释文省略掉了。秀长的这五条"犹字"注，此后又被和长忠实地继承到了《表解》"御注"中，并被当成"御注"原文予以解释，成为我们澄清这两个本子传承关系最为重要的依据。如"爰逮有梁"句，《表解》云：

御注：犹字，无异改云。
愚解：無異改卜八此一句無異事，只梁世卜云義也。（下略）

由此也可确认，和长所撰《表解》所用之底本，就是秀长从图书寮所传写的《御注文选表》略写本。

还要引起我们注意的是，除了使用"犹字"，此后和长在撰写《御注文选表解》时，又将其认为不必要诠释的"御注"，予以了部分省略。让我们先来对比一下以下几段注语（下划线部分为被省略的文句）：

①窃以：
〔庆应本〕自谦之辞也。以，思也。
〔表解〕御注：自谦之辞也。
②故羲绳之前飞：

〔庆应本〕羲者，伏羲氏之三皇号也。绳者，结绳也。言上古之时，无是文字，唯结绳以为事，事大以大绳，事小以小绳，<u>至于伏羲之时，无此文字，唯结绳以为政。然羲绳者，结绳之政及伏羲之时</u>，故云羲绳耳。

〔表解〕御注：羲者，伏羲氏之三皇号也。绳者，结绳也。言上古之时，无是文字，唯结绳以为事，事大以大绳，事小以小绳，故云羲绳耳。

③舞咏方滋：〔庆应本〕<u>咏，悲思以出之声之辞也</u>。方，犹方今之方。滋者，繁也。

〔表解〕御注：方，犹方今之方。滋者，繁也。

类似例子虽不是很多，但毕竟还有一些，此处就不再一一枚举。要之，现存之《表解》御注与由《表解》抄出的《北野文丛》本《御注文选表》，虽然大致保存了秀长钞本《注文选表》之原貌，但还是不能完全用之来代替秀长钞本。而秀长钞本，同样也删落了部分原文。在与他本文字校合之时，这个问题需要引起我们的重视。

那么，被秀长省略掉了的注文，是否还能找回来呢？在解决这个问题之前，先让我们来看看以下的以九条本《上文选注表》所录之注复原《集注》本表注（改订稿）与庆应本之本文对照表（按：表中标有框线处文字为九条本独有之文字，波浪线处为两者共同之处，双下划线部分为菅原和长所简略部分，粗黑下划线处为两者有文字异同之处）。

《文选》本文	九条本注复原《集注》本改订稿	庆应本《御注文选表》
上文选注表	〔菅注〕上，犹登也。言于天子之书也，表也。〔集云〕文选之说在六种也，分为（按，以下原卷烂脱，不可辨读）。文在五义，选在三义，作者（按，以下原卷烂脱，不可辨读）。	文选之说在六，一说撰集之人名也。二说撰集之时代也。三说撰集之人数。四说撰集篇之数也。五说配类五经也。六说所以题名也。撰集之人名者，梁昭明太子所撰之书也。撰集之时代者，八代之文章也，从周至梁八代，言周秦汉魏晋宋齐梁也。撰集之人数者，一百三十人也。撰集之篇数者，所撰篇数者七百三十八首也。配类五经者，言文选之中各类五经。诗赋骚人赞颂符名者，出于毛诗；启表弹诏策教令者，出于尚书；书移檄难者，出于春秋；设论辞序史论连珠者，出于易；箴铭诔碑行志哀策吊文祭文者，出于礼记。所名题者，名曰文选，文在五义、选在三义。五义者，一曰天文，日月星辰也；二曰人文，典籍诗传也；三曰物象文，五色也；四曰音声文，宫商角徵羽也；五曰文字文，六本体也。选在三义者，一曰数之极也，言十万曰亿，十亿曰兆，兆经垓秭。选如次言，文选者，群藻之极，故云选也；二曰贤千人曰选也，言文选贤于群书；三曰弃恶入善之书名也。或曰：十稀曰选，十选曰萆，十萆曰极。然则从选有余数，何以选为选之极也。答曰，萆极二数，以当圣贤。圣者，五经也；贤者，诸子也。昭明太子序曰：若夫姬公之籍，孔父之书，与日月俱悬，鬼神争奥，孝敬之准式，人伦之师友也。岂可重以芟黄，加以剪截。老庄之作，管孟之流，盖以立意为宗，不以能文为本。今之所撰，又亦略诸，故知萆极二数，以当圣贤，是者博士杂意也。五经诗书之属，所谓姬公之籍、孔父之书也。诸子庄老之属，所谓老庄之作，管孟之流也。
臣善言，	〔菅注〕（臣）李善。	臣李善，唐时人也。
窃以		自谦之辞也。以，思也。

第四章　《文选集注》李善表卷之复原及作者问题再考

《文选》本文	九条本注复原《集注》本改订稿	庆应本《御注文选表》
道光九野，缛景纬以照临。	〔营注〕（道）天文之道也。（九野）九天。（景）日月也。（纬）星辰也。	将言天文也。道者，天文之道也。日月星辰之属，谓之光，光明也。九野，九天，言东方苍天，东北变天，北方玄天，西北方幽天，西方旻天，西南方朱天，南方炎天，东南阳天，中央钧天，是为野。缛，斑也。景，日月也。纬者，星辰廿八宿，是天文也。五星者，东方岁星，在地青龙，南方荧惑，在地朱雀，中央填星，在地沟阵，西方太白，在地白虎，北方星辰，在地玄武。廿八宿，东角三星，亢四星，房四星，心三星，尾九星，牵牛六星，织女四星，虚二星，危三星，营室二星，辟二星，西方奎十星，北方井八星，鬼四星，柳八星，张六星，翼三（旁注二一本）十二星，轸四星。照临，犹字。言此句者为下之垂象之发语。
德载八埏，丽山川以错峙。	〔营注〕（德）地理之德。（八埏）八方，四方四维也。（埏）际也。（错）杂也。（峙）立也。	将言地理也。德者，地理之德，山川草木之属也。载，乘也。八埏者，八方，四方四维也。埏，际也，谓八方之际也。丽，著也。山川，则地理也。错，杂也。峙，立也。谓此句者，为下之含章之发语者也。
垂象之文斯著，	〔营注〕（著）丁虑反，明也。（垂象之文）天文日月星辰也。（象）形也。	著，明也。垂象之文者，天文日月星辰也。言仰见日月之垂光，以象为法则，故曰垂象文斯著也。象，形也，则所谓道光九野是也。
含章之义聿宣。	〔营注〕（聿）则也。（宣）舒也。	宣，舒也。聿，则也。含章之义者，易之语矣，未能知也。然于阴阳者，阴位也。于君臣者，臣位也。于天地者，地之义也。则所谓德载八埏也。
叶人灵以取则，	〔营注〕（叶）合也。（人灵）犹人也。（则）法也。	则，法也。叶，合也。人灵，犹人也。言天地之生，莫贵于人，故云人灵也。此言人合天地，以为三才，于是取天地之法，以作歌咏，故云尔也。
基化成而自远。	〔营注〕（基）本也。（自）从也。	基，本也。自，从也。言天地初别，化成万物，故云尔也。此言文之起从来远矣，文谓歌咏者也。

《文选》本文	九条本注复原《集注》本改订稿	庆应本《御注文选表》
故羲绳之前飞，葛天之浩唱。	〔菅注〕（羲）伏羲氏三皇号也。〔集云〕上古之时，无是文字，唯结绳以为事。事大以大绳，事小以小绳。至于伏羲之时，始画八卦以代结绳之政。然羲绳者，结绳之政及伏羲之时，故云羲绳也。〔菅注〕（葛天）葛天氏，伏羲之以前王者号也。（浩）大也。（唱）歌也。〔集云〕葛天之浩唱者，三人持牛尾投足以歌。	羲者，伏羲氏之三皇号也。绳者，结绳也。言上古之时，无是文字，唯结绳以为事，事大以大绳，事小以小绳。至于伏羲之时，无此文字，唯结绳以为政。然羲绳者，结绳之政及伏羲之时，故云羲绳耳。葛天者，葛天氏，伏羲之前王者号也。浩，大也。唱，歌也。葛天之浩唱者，三人持牛尾投足以八曲。一曰载人，二曰玄鸟，三曰育（旁注“青软，本”）草木，四曰旧五谷，五曰敬天帝，六曰徹帝功，七曰依地德，八曰总禽兽之极也。言文之从来远矣。故伏羲结绳之前，飞葛天之浩唱。以此下序文章之起也。
娲簧之后，掞丛云之奥词。	〔菅注〕（娲）女娲，伏羲之后王者号也。（簧）笙舌，女娲之所作也。（掞）布也，畅也。（丛云）舜乐名。（奥）深也。（词）歌辞也。	娲，女娲，伏羲之后王者号也。簧，笙舌，女娲之所作也。掞，述也。丛云，舜乐也。奥，深。词，歌辞也。
步骤分途，	〔菅注〕（途）道也。〔集云〕步者，三皇之时。言三皇之时，无为小事，故云步。步，徐行也。骤者，五帝之时也。稍急繁事，故为骤。骤疾于布也。言三皇五帝，各异时代，故云分途也。	途，道也。步，三皇之时也。言三皇之时，无为小事，故云步。步，徐行也。骤者，五帝之时也。稍急繁事，故为骤。骤疾于布。言三皇五帝，各异时代，故云分途也。三皇者，太昊、炎帝、黄帝也。亦云天皇、人皇、地皇也。五帝者，少昊、颛顼、高辛、尧、舜也。

《文选》本文	九条本注复原《集注》本改订稿	庆应本《御注文选表》
星躔殊建。	〔菅注〕（星）星辰也，日月之行道也。〔集云〕正月建寅，二月建卯者，北斗所建也。	建，月建也。所谓正月建寅，二月建卯，是者北斗之所建也。星，星辰日月之行道也。殊，异也。言夏殷周，各异其正，故云殊建。夏正今之，周殷正此。言时代虽移，而文章者弥繁也。
球钟愈畅，	〔菅注〕（球）磬也。（愈）弥也。（畅）叙也。	钟，今天之金也。球，今之磬，以玉饰之，皆乐器也。愈，弥也。畅，叙也。
舞咏方滋。	〔菅注〕（方）方今之方也。（滋）繁也。	咏，悲思以出之声之辞也。方，犹方今之方。滋者，繁也。
楚国辞人，御兰芬于绝代。	〔菅注〕（楚国词人）屈原、宋玉之徒也。（御）治也。（兰芬）香草，以譬于文章也。（绝代）绝远之世也。	楚国词人者，屈原、宋玉之徒也。御，治也。兰芬，皆香草，以譬于文章也。文章诸人所馨，故以此比于香草。绝代，谓绝远之世也。
汉朝才子，综鞶帨于遥年。	〔菅注〕（汉朝才子）司马相如、扬雄之徒也。（综）治也。（鞶）带端也。（帨）巾也，以比文章也。（遥年）遥远之年也。	汉朝才子者，司马相如、扬雄之徒也。综，治也。鞶帨，帨，巾也，鞶，带端也。皆以比文章。言鞶帨者，人之所玩，文章亦人之所好，故以为譬也。遥年，谓遥远之年也。
虚玄流正始之音，	〔菅注〕（虚玄）老庄之法也。（正始）魏康帝之年号也。其时好老庄之法以作文章也。	虚玄者，老庄之流也。正始者，魏康之年号也。言魏康帝之时，好老庄之法以作文章，故云尔。
气质驰建安之体。	〔菅注〕（气）意气也。（质）质略也。（建安）汉献帝之年号也。其时好意气质略，以作文章也。	气，意气也。质，质略也。谓文章之气质也。建安者，汉献帝之年号也。言汉献帝之时，好意气质略，以作文章，故云尔也。

《文选》本文	九条本注复原《集注》本改订稿	庆应本《御注文选表》
长离北上，腾雅咏于圭阴。	〔菅注〕（长离）魏文帝始为太子之位名也。（北上）诗名也。〔集云〕魏文帝作北上诗也。〔菅注〕（雅咏）斥（按，乃"所指"意）北上诗。〔集云〕圭阴者，言圭以木作之，长八尺，树于地，以量日影也。	长离，魏文帝始为太子之位名也。北上，诗名。魏文帝自作北上诗也。腾，举也。雅咏斥于北上诗也。圭阴者，言圭以作长八尺，树于地，以量日影。其阴去地一寸者，去天十舍也，卅里为一舍也。阴，影也。此言魏文帝之北上诗成于寸阴者也。
化龙东骛，煽风流于江左。	〔菅注〕（化龙）斥于晋元帝也。〔集云〕西晋之末，童谣曰：五马渡江，一马化龙也。以后西晋既乱，于是琅琊王、西阳王、汝南王、南顿王、彭城王俱行江南。琅琊王自立为元帝，东晋元帝是也。〔菅注〕（煽）盛也。（风流）文章之风流也。（江左）斥东晋也。	化龙者，斥于晋元帝也。言西晋之末，童谣曰：五马渡江，一马化龙也。以后西晋既乱，琅琊王、西阳王、汝南王、南顿王、彭城王俱行江南。琅琊王自立以为元帝，东晋元帝是也。煽，盛也。风流，文章之风流也。江左，东晋也。言东晋元帝之时，盛其文章，故云尔。
爰逮有梁，	〔菅注〕（爰）于是也。（逮）及也。	犹字，无异改也。
宏材弥劭。	〔菅注〕（宏）大也。（弥）益也。（劭）明也。	宏材，行于文章也。宏，大也。弥，益也。劭，明也。
昭明太子，	〔菅注〕梁武帝之子，撰文选之人。	梁武帝之子，撰文选之人。
业膺守器，	〔菅注〕（业）太子之业。（膺）应也。守器者，天子巡狩之时者，太子必留，以守天子之宫，故云守器者。	业，太子之业也。膺，应也。守器者，言天子巡狩之时，若无从者，太子必留守于天子之宫，故云守器也。

《文选》本文	九条本注复原《集注》本改订稿	庆应本《御注文选表》
誉贞问寝。	〔菅注〕（贞）正也。〔集云〕言文王仕其父，一夜三起，以问其寝。	言文王仕其父，一夜三起，以问其寝也。亦云孝子朝夕问其亲也。此言昭明太子亦如之也。
居肃成而讲艺，	〔菅注〕（肃成）门也。（居）坐也。（讲）考也。（艺）诗书礼乐易春秋也。〔集云〕肃成者，魏文帝初为太子之时，集贤士之门也。	艺，云六艺，诗书礼乐易春秋也。讲，考也。居，坐也。肃成者，魏文帝初为太子之时，集贤士之门。太子亦如此也。
开博望以招贤。	〔菅注〕（博望）苑名。（贤）贤者也。〔集云〕博望者，汉武帝为戾太子开博望苑，以招集才子也。	贤，贤者也。博望者，言汉武帝为戾太子开博望苑，以招集才士也。然则博望，苑名也。此言昭明太子亦如此也。
搴中叶之词林，	〔菅注〕（搴）取也。（中叶）斥于周以来也。（叶）世也。	搴，取也。中叶，斥班固以来也。叶，世也。词林，犹字也，无异改。
酌前修之笔海。	〔菅注〕（前修）先代才士之所治也。（笔海）言刘向之子刘子骏，其才不可尽，故时人号曰笔海。	前修，修，治也，谓先代才士之所治者也。笔海者，刘向之子刘子骏，其才不可尽，故时人号曰笔海也。前汉时人也。
周巡縣峤，品盈尺之珍。	〔菅注〕（周巡）旋回也。（縣峤）山名。（盈尺之珍）撰其英也。〔集云〕周巡，旋回也。亦云周国之名也。縣峤，采玉之山也。	周巡，旋曲也。亦云周，周国也。縣峤者，采玉之山也。品者，谓品其极之者。言周巡于縣峤之山，以品盈尺之珍。以谕采集群藻，采撰其英也。

《文选》本文	九条本注复原《集注》本改订稿	庆应本《御注文选表》
楚望长澜，搜径寸之宝。	〔菅注〕（楚）高也。〔集云〕楚，高也。亦云楚国名也。长澜，斥汉水也。汉水者，采珠之地也。	楚，高也。亦云楚，楚国也。长澜，斥汉水。汉水采玉之地也。义者犹如上句也。
故撰斯一集，名曰文选。		撰，长也，述也。
后进英髦，咸资准的。	〔菅注〕（后进）后代之进人也。（英）英俊也。（髦）高也。（咸）皆也。（资）取也。（准）量也。（的）射之称也。	后进者，谓后代之进人也。英，英俊也。髦，毫也，言群毛之中长为髦也。咸，皆也。资，取也。准，量也。的，射也。言祥（按，右旁小字注“本不审”）也。言后代之进，英髦之人，皆以斯文选为准的也。
伏惟陛下，	〔菅注〕（陛下）当时之君也。不敢斥尊者，故云陛下。	当时之君，言不敢斥尊者，故云陛下也。
经纬成德，	〔菅注〕（经纬）经纬天地，谓之文也。	经纬，言经纬天地，谓之文。此谓以文法而成德者也。此以下称天子之德也。
文思垂风。	〔菅注〕（风）法也。（文思）尧之四德，聪明文思是也。	风，法也。文思是尧典孔安国注云：尧效上世之功，而以聪明文思之四德，安天下之当安者。此言以尧之四德，垂其风者也。
则大居尊，	〔菅注〕论语子曰：大哉，尧之为君者，魏魏乎，唯天为唯尧之则也。	论语子曰：大哉，尧之为君者，巍巍乎，唯天为太，唯尧之则也。言此则大以居尊位者也。
曜三辰之珠璧。	〔菅注〕（曜）照也。（三辰）日月星也。	曜，照也。三辰，日月星也。言太平之时，三辰之光，澄如珠璧，故云尔也。
希声应物，	〔菅注〕（希）听之不听曰希。	物，万物也。希者，听之不闻曰希。希声者，大义耳。言大德之声，应万物者也。
宣六代之云英。	〔菅注〕（云）云门，黄帝之乐也。（英）六英，帝喾之乐也。	六代者，黄帝、尧、舜、夏、禹、殷汤、周武也。云门，黄帝之乐也。六英，帝喾之乐也。

《文选》本文	九条本注复原《集注》本改订稿	庆应本《御注文选表》
孰可撮壤崇山，导涓宗海。	〔菅注〕（撮）取也。（壤）地也。（崇）高也。（导）引导也。（涓）小水也。（宗）大也。	孰，谁也。撮，取也。壤，地也。崇山者，高山也。导，引道也。涓，小水也。宗海，宗大海也。言为百川之宗，故云宗海也。言孰可撮壤以增于高山，导涓以益于宗海乎。以谕己之作之注，而何可加于天子高尊之德也。此自谦之辞也。
臣	〔菅注〕（臣）善自谓也。	臣，李善自谓之。
蓬衡蕞品，	〔菅注〕（蓬）蒿属也。（衡）门衡也。（品）等也。	品，等也。蓬衡，贱陋之称，谓以蓬而为衡门者也。蓬，蒿属也。衡，门衡也。蕞，貌少也。言李善自蓬衡蕞品之者也。此以下陈自谦之辞也。
樗散陋姿。	〔菅注〕（樗）似漆而恶木也。	樗，似漆而恶木也。言如樗散之陋姿者也。
汾河委英，凤非成诵。	〔菅注〕（汾河）水名。（委）弃也。（英）盛书之器，笥属也。（按：此处九条本作"函"，但二者所标之训读同，可知同为一字。）（凤）早也。〔集云〕言汉武帝行于河东之时，失三英之书，于是张安世皆诵之也。	汾河，水名，然斥地名也。委，弃也。英，缄书之器，笥属也。言汉武帝行于河东之时，失三英之书，于是张安世皆通之。然则汾河者，河东是也。张安世者，人名也。谓己不如张安世之聪也。
嵩山坠简，未议澄心。	〔菅注〕（嵩山）山名。（坠）落也。（简）书札也，贯者曰策，不贯曰简。〔集云〕言晋元帝之时，有一人得短籍于嵩山之下，皆古文科斗也，时人无于是，束皙唯独知之，曰：是者汉明帝陵中之书也。	嵩山，山名也。简，书札也，贯者曰简也。言晋元帝之时，有一人得短籍于嵩山之下者，皆古文科斗，时人无知于是，束皙唯独知之，曰：是汉明帝时书也。议，谋也。嵩山之坠简，未议以澄于己心也。是亦谦辞耳。束皙，人名也。

《文选》本文	九条本注复原《集注》本改订稿	庆应本《御注文选表》
握玩斯文，	〔菅注〕（握）取也。（玩）弄也。（文）文选也。	文选也。
载移凉燠。	〔菅注〕（载）则也。（移）迁也。（凉）寒也。（燠）熟也。	犹字。言经日月也。
有欣永日，实昧通津。	〔菅注〕（欣）喜也。（永）长也。（实）诚也。（昧）暗也。（通津）通智津也。	言虽有欣永日而诚昧通津知之。此自谦之辞也。
故勉十舍之劳，	〔菅注〕（勉）务也。〔集云〕十舍者，言以圭而量日影也。去地一寸者，去天十舍。卅里为一舍。然则十舍者三百里也。	勉，敬也。十舍者，言以圭而量日影也。量日影去地一寸者，天十舍，三十里为一舍。然则十舍三百里也。此言竞寸阴而不懈以学矣。
寄三余之暇。	〔菅注〕（寄）依也。（三余）三余者，言年余为冬，日余为夜，月余为雨日也。	寄，依也。三余者，言年余为冬，日余为夜，月余为雨也。此谓寄三余之暇以学也。
弋钓书部，	〔菅注〕（弋钓）寻思也。（书部）百氏之书也。	书部，百氏之书也。弋钓者，谓寻思也。
愿言注辑，	〔菅注〕（愿）思也。（注）释前言也。（辑）集也。	辑，集也。愿言者，集文选之注者也。
合成六十卷。	〔菅注〕（卷）屈也，收也。（六十卷）文选者，三十卷。然合注以为六十卷也。	卷，屈也，收也。

97

《文选》本文	九条本注复原《集注》本改订稿	庆应本《御注文选表》
杀青甫就，	〔营注〕（青）青竹也。（甫）则也。（就）成也。〔集云〕杀青，上古之时无纸，唯以竹书之。生竹色不得书之，唯熟火令黄，则得书之。故曰杀青。	就，成也。甫，则也。杀青者，青竹。上古之时无纸，唯以竹书之。竹色青不得书之，唯熟令黄，则得书之。故云杀青。言无纸者，后汉之时作之。然于是杀青，追无纸之时，以云而已，是文章之势。
轻用上闻。	〔营注〕（闻）谓白也。	犹字也。
亭箒自珍，缄石知谬。	〔营注〕（享）留也。（箒）治庭之器也。（珍）宝也。（按，九条本此处作“享箒”。庆应本作“亭箒”，旁小字注“享箒”）〔集云〕魏文帝曰：夫家藏贵箒而自以为直当千金。是自见之患也。〔营注〕（缄）囊也。（石）燕石。（谬）过也。〔集云〕石状似燕，若欲雨雪之时，先飞行之也。言宋有愚人，当得燕石，于是不知燕石，自以为异，以藏于柜中。时有一人教愚人曰：是者燕石，天欲雪雨，必先飞之。愚人益以为贵，亦缄以牛皮五重而藏之矣。	亭，留也。箒，治庭之器也。言魏文帝曰：夫家藏贵箒而自以为直当千金。是者自见之患也。缄，囊也。石燕，状似燕，若欲雨雷之时，先飞行之也。言宋有愚人，当得石燕，于是不知燕石，自以为异，以藏于柜中。时有一人教愚人曰：是燕石，夫欲雷雨，必先飞矣。愚人益以为贵，亦缄以牛皮五皮五色而藏之。此言斯虽愚自以为珍，犹缄石而知其谬乎。
敢有尘于广内，	（尘）不洁之貌也。（广内）斥于宫中也。	尘，不洁之貌。斥于宫中。言天子之宫中通曰广内也。

《文选》本文	九条本注复原《集注》本改订稿	庆应本《御注文选表》
庶无遗于小说。谨诣阙奉进。伏愿鸿慈，曲垂照览。谨言显庆三年九月十七日文林郎守太子右内率府录事参军事崇高贤馆直学士臣李善上表	〔菅注〕（庶）庶几也。（小说）里中有小说之书，千三百卷也。（诣）往也。（阙）天子之门，魏阙是也。（奉进）谓献也。（曲）纲目之籍也。（显庆）当时年号也。〔集曰〕太子，君行则守，有守则从之。从曰抚军，守曰监国。	

通过上表的比较，我们可以清楚地看出两本同出一源（通过对两本所施日语训读的校合，也可证明两本同源），可对证互补。[1]如庆应本被秀长省略掉的"犹字"处文字，九条本注多存其原文。又九条本表注末一大段注文，庆应本乃脱。两本对证互补，基本上可以还原出《集注》本原卷的面目。[2]

1　按，之所以会偶有些异同，主要是因为九条本注属于片断抄出，释词部分多抄在原文本字之侧，因此重新组合的顺序或与原注不一致。另外九条本也有误抄，如"后进英髦"之"髦"字注，九条本就将"毫也"误抄为"高也"。然错误并非很多，基本上可以通过校对予以纠正。

2　如上所考，庆应本与九条本李善表注形成了一个互补对证的关系。根据这两个本子，虽然不能说是百分之百，但基本上我们可以还原出其《集注》本原卷的大致内容。另外，九条本注与"御注"同出一源，即九条本注是从《御注文选表》之祖本抄出，在注文中也可找到比较确凿的内证。譬如，"亭箬自珍"句，九条本作"享箬自珍"，然其对"享"的解释，仍照抄了"御注"之"亭，留也"的释文。又，通过对九条本与庆应本所施日语训读的校合，也同样可较直接地证明两者乃同源于一个系统的底本。

九条本李善表注之原卷抄写于1258年，早秀长钞本两百余年。此外，佐藤、堀川两先生还曾注意到，成书于日本应保元年（1161）的《和汉朗咏集私注》中就已经引用过了《注文选表》[1]，这就又将此表卷的成立推前了近百年。如此一来，就基本上可排除卞东波博士所留下的"'御注'是整合了'菅注'与《集注》而成的"疑念。从九条本所转录的注释体例来看，这卷《御注文选表》原当是先录菅家旧注（《文选集注》成书之前李善表只有菅家注），后以"集云"二字引出新增加的注文。由此我们又可推定，这卷被菅原和长称为《御注文选表》的李善表注，就是属于《文选集注》中的一卷。再根据《云州往来》中的书简载《文选集注》原有一百二十二卷之记录，结合九条本纸背所录集注之前标出的"一卷"之标识，以及此后《御注文选表》以单行本行世的事实，我们又可推测出，《文选集注》在编纂之时应该是将《御注文选表》单列一卷，与《文选序》一卷、本文一百二十卷，正好配成了一百二十二卷。[2]而李善表注的独立成卷，也正符合日本古来学习《文选》先从李善表注开始的传统。[3]

1　参见前引《慶応義塾図書館藏日本漢学関係書籍解題》。

2　根据本文的考证，基本上可以断定《文选集注》之李善表注单列一卷，列于卷头。至于萧统的《文选序》是单列一卷，还是与目录并列为一卷，由于现阶段文献无征，只能存疑。

3　有关日本古代文人对李善表的学习传统的相关考证，可参照拙文《九条本所见集注本〈上文选注表〉之原貌》，收于《汉籍东渐及日藏古文献论考稿》，中华书局2011年版，第236—254页。

三

从复原的李善注表再看《文选集注》的编者问题

上文谈到，佐藤、堀川两先生曾指出《和汉朗咏集私注》引用过《注文选表》。但两先生并未注意到，《和汉朗咏集私注》卷四"文词"条下注，其实还包含了一大段秀长《注文选表》未抄出的集注佚文。其引文如下：

> 附遗文。文选序云：冬穴夏巢之时，茹毛饮血之世。世质民淳，斯文未作。逮乎伏羲氏之王天下也，始画八卦，造书契，以代结绳之政。文选注表曰：文有五义，一曰天文，天文者，日月星辰之言，<u>人视日月星辰而后知昼夜四方之趣，故曰天之文</u>。二曰人文，人文者典籍诗传也，<u>言人学典籍记传而后知君臣父子之道，故云人文也</u>。三曰物象文，物象文者，五色青黄赤白黑也，<u>言会集众彩以成锦绣，譬如集众字以成文章，故言物象</u>。四曰音声文，音声文者，五声宫商角徵羽也，言和合五声以音色，譬如采合四声以成文章，故云音色文。五曰文字文，文字文者，六本六体也。夫作字之法，在六本六体。六体六本者，一曰指事。指事者，指其事以可知，<u>犹上下是之也</u>。言上字者，点置于上，故云上也，下字者，点置于下，故云下也。二曰象形。象形者，谓象其形以可知，犹日月是也。日无盛衰而常圆，故书字其圆。月者有盛衰，以或阙，故书字其阙也。三曰形声。形声者，谓依形声以相成，犹江河是之也，<u>然未知理</u>。四曰会意。会意者，谓其意可知，犹武信是知也。<u>言止戈为武，人言为信也</u>。五曰转注。转注者，谓犹孝考是也，然未知其理。六体者，一曰古文。古文者，今之尚书古文也。二曰奇字。奇字者，今古文之中异奇之字也。三曰篆书。篆书者，亦印书

之属也。……五日虫书。虫书者，今之鸟书也。六日隶书。隶书者，今之文字。言秦时政事多而史不足记，于是笔绝于。诸隶以为政，云隶书氏之言。六种之书，皆黄帝之史仓颉视鸟迹以所作之字属也。言凡诸字多而不离于六本六体，故云文字也。[1]

按，《和汉朗咏集私注》成书于应保元年（1161），为其时负有盛名的学问僧释救（生卒年不详）所撰之《和汉朗咏集》的注解。[2]释救这段引文的发现，不但确认了至少在平安末期，即十二世纪中叶，《注文选表》卷就已成立，而且还再次印证了笔者的推测，即秀长在抄写《注文选表》时，省略了一些自己认为没有必要抄写的烦琐注语。此外，佐藤、堀川先生还在文中提到，《注文选表》中的注释方式与五臣注极为相近。[3]由此就又可推知，此卷之成立，当与五臣注传入日本不无关联。也就是说，由此可推测出此表中的"集注"之成立，当不会早于一条天皇朝。这也恰好与笔者得出《集注文选》乃大江匡衡于十一世纪初所编纂的推测吻合。

另外，通过与九条本注的对读，我们基本可以看出，菅家注大多止于释词，《注文选表》接近五臣注注释方式的注文，应该均属于大江家后补的"集注"部分。虽然秀长在抄录《注文选表》时省略了"集云"

---

1 参见山内润三等编：《和漢朗詠集私注》所收天文古钞本及室町古钞本，新典社1982年版，第32—35页、154—155页。

2 释救，又名大夫房觉明、信救得业，俗名藤原道广，曾于劝学院学习儒学，担任过藏人职务，属于藤原家中下流贵族，之后于比叡山出家。治承四年（1180）以仁王举兵反抗平家，释救出任源仲义的右笔，后入镰仓幕府。《沙石集》中有载录其因文才出众而引起众人嫉妒之相关轶事。有关信救的考证，可参考太田次男《釈信救とその著作について—附・新楽府略意二種の翻印》，初出《斯道文庫论集》第五号，1967年。后收入氏著《旧鈔本を中心とする白氏文集本文の研究（下）》，勉诚社1997年版，第3—124页。

3 参见前引《慶应義塾図書館蔵日本漢学関係書籍解題》。

二字，使我们现在不易对菅家旧注与新补集注予以彻底厘清。但总括注文以及结合九条本，我们还是可以基本总结出菅家旧注与大江"集注"于体例上具有一定的区分标准。也就是说，大江家在补注之时，如果是解字义，则会采用一种"〇者，～"的注释方式，与菅家注"〇，～"予以区别，如果是解释全文，则会采用一种"言～"的注释方式。当然，对于完全要将此卷复原成原貌还是有一定困难，也不是很重要。重要的是，这卷原收于《文选集注》之首的李善表注卷，被大致完好地保留下来了。而且，这些又都是日本平安时代大学寮博士的旧注。这就已经为我们鉴别《文选集注》的成书地点及年代，提供了无法撼动的证据了。

在此还可举出一个细微却十分可靠的证据，来证明《御注文选表》中的注语绝非中国文人所作。这个证据是一个字，即类似"斥"字的一个日本独有的汉字，此字在日本古典文献中训读为"さすところ"，即"所指"之意，是日本古代汉文的一个特殊用字。从九条本所引李善表注可以看出，此字既出现在了"菅注"之中，又出现在了"集注"之中。这个字的频繁使用，就说明无论是之前的菅家旧注，还是之后"集注"补注，都是由日本文人所撰写而成。因为中国文人是绝不会，也无从知道如何来使用这个字符的。

那么，这卷李善表注此后又为何会被命名为《御注文选表》呢？又为何会被后人敷衍为菅原道真所撰的呢？首先，现在可以确认最早引用此卷注文的《和汉朗咏集私注》中，并没有称其为"御注"，而是"文选表注"。其次，九条本中亦未有"御注"之称，而是将其称为"菅江两家证本"，指明其中既有菅原家旧注，又有大江家"集注"。

让我们再来看看庆应本秀长识语，秀长在抄写"柱下"本时，只提到了"此本累代相传"，既没有称其注为"御注"，也没有指出此注之作者为菅原道长。直到和长在撰写《表解》之时，才开始尊称其"御注文选表"。然而，其在最末一条识语中提到"称之全于御注，非称之神"。

也就是说，和长指出《注文选表》中只包括了一部分菅家旧注（和长认为其乃"天神"及菅原道真之注），因此不能全称之为"神注"，而只能将其全称为"御注"。

那么，何谓"全于御注"呢？对于此，和长在对《御注文选表解》书名解题中写道：

> 唐所言之御注者，天子之注也。孝经是也。唐太宗注也（按，太宗当作玄宗）。吾朝所言者，圣庙御注是也，于家者谓神注也。文选一部，注者至六臣也，序亦是同。至此表注解，唐人不用，故有御注也。[1]

和长首先举《御注孝经》为例，指出"御注"乃是天子注之专称。和长还谈到，由于李善表中国无注，因此才会有此"圣庙御注"。"圣庙"本指大学寮中的孔子庙，"御注"即是"天皇所注"，要之，这个词，乃大学寮博士以天皇之名义所撰写的"御注"之意。[2]不过，和长又特意加上一句"于家者谓神注也"，即指出其中确实包括了一部分"神注"，即菅原道真旧注。和长所云，与笔者之推测正相吻合，亦与九条本引注将"集注"与菅家注分开之体例一致。由此我们基本可以断定，《集注文选》卷头之李善表注卷，乃是大江匡衡奉一条天皇之命在菅原

---

1 现存两足院本，因为卷头脱落，尾题"御注表愚解终"，单据此我们无法判断其原题是否为《御注文选表解》。而国立国会图书馆本前题《御注文选表解》及解题之前半页（到"又此表不用"行），虽是后人异笔所补，然从其文脉可以判断，当是后人据和长语抄补，所据应该是和长原文。

2 日本正历四年（993）以后，菅原道真的名誉得到恢复，被尊为"天神"。因此，时人又习惯祭祀菅原道真的吉祥院天满宫称为吉祥院圣庙。和长之所以要不厌其烦地对"圣庙御注"这个词作如此详细的说明，盖是担心后人望文生义，将其全部误认为菅原道真注。

家本的基础上所编的"御注"。

如上所考，根据九条本与庆应本的对证，我们基本上可以肯定，庆应本保存了《集注文选》李善表注的大致面貌。那么，为何唯独这份李善表注，与《集注文选》本文部分旁征博引诸家的体例不同，无论是旧有的菅家注，还是新补的"集注"，基本上没有引证呢？既然包含了江家注，为何菅原秀长又要抄出《集注文选》李善表注卷再为其补注呢？

其实，这两个问题都与日本古代文人学习《文选》之传统有所关联。首先，有关李善表卷菅家注与集注注解体例的问题，笔者已经在《九条本所见集注本李善〈上文选注表〉之原貌》一文中有过非常详细的考证，可以另行参照。[1]在此我们尚需证实一个问题，就是找到九条本及庆应本李善表注与《集注文选》之内在联系。要之，大江匡衡在对菅家李善表注进行补注（即"集注"部分）之时，曾采用公孙罗《文选钞》旧注。

笔者在编纂《佛教文献所见〈文选〉关联资料汇编稿》时，曾从日本佛教典籍中找到了几则珍贵的公孙罗《文选钞》佚文。这几则《文选

1　现将其中相关论证部分简括如下：第一，对于平安大学寮的博士和学生来说，李善表还不仅仅是一篇序言，而是从第一阶段《文选》音读到第二阶段《文选》释义的一篇重要的过渡教材。要之，平安的博士们正是通过对这篇《表》的注释讲解，为学生们解释今后阅读《文选》本文及诸注的方法。第二，在李善表注的博士家注语之中，有一个显著的特征，即无论是菅家注还是大江家的集注，在解释语词之时并没有博引经典。即使是典故，也只是将释文限制在最低需要的程度。这并非菅原家学问有限，而是考虑到大量的典故引征会造成初学者之不必要的混乱，才避繁就简。此后，大江家注也同样沿袭了这种注释法，只说明典故之内容，而不出示典故之根据。第三，这卷注有菅江两家注的李善表注，正是大学寮从完成《文选》音读到进入《文选》本文讲释时的一份必读之入门教材。正因如此，博士们才需要将此李善表冠于卷头。这就是日藏各系统旧抄《文选》均将李善表附于卷头的根本原因（如九条本，上野本均为三十卷白文系统本，本无须附上李善注表），也是日本文人学习《文选》的一个固守的传统。参见静永健、陈翀：《汉籍东渐及日藏古文献论考稿》，中华书局2011年版，第236—254页。

钞》佚文，虽只是些吉光片羽，但为我们对《文选集注》李善表注卷进行更深入的研究带来了可能。现将这些公孙罗《文选钞》佚注转录于下，以供大家参考：

（一）《因明论疏命明灯钞》（大正藏第68册·三则）：

①前修者，陆士衡《文赋》曰：识前修之所济。公孙罗曰：前修，谓前代贤人所修之文也。

②陆士衡《文赋》曰：或藻思绮合。公孙罗曰：藻，水草有文者。思有二训，一思者，思念也。一思者，辞也。言示洋藻之深。或智思如藻，浮者曰藻，沉者曰萍。

③潘安仁《秋兴赋序》曰：摄官承乏。公孙罗曰：乏，无也，言承此无人之时。

（二）《中论疏记》（大正藏第65册·一则）：

①铭者，犹碑文之流。故《文选钞》云说，选集云篇数者，都合十八（按，当为"七百"之误）三十八首。其中赋五十六首，诗四百二十首，乃至铭五首、哀三百（按，此处"百"字当为衍字）首也。

《因明论疏命明灯钞》为平安僧侣善珠（723—797）所撰。善珠是秋筱寺开山之祖，又是日本法相六祖之一，乃奈良佛教史中最负有盛名的学问僧[1]。而《中论疏记》的撰者安澄（763—814），则是奈良末平安

---

1 《扶桑略记》延历十六年四月丙子条记其为入唐僧玄昉之子，今史学界虽对此说有所保留，但善珠继承了玄昉法相、因明两门学问是毋庸置疑的。玄昉（？—746）于717年以学问僧身份入唐，随智周学习法相，在唐长达二十余年。玄昉在唐时曾深得唐玄宗之赏识，敕领准三品紫袈裟。735年，玄昉随天平遣唐使携带多达五千卷的一切经回国。在与玄昉关系极为密切的善珠的著作之中，出现了公孙罗文选注。由此或可以推论，公孙罗的东渐当与玄昉入唐有所关联。当然这还只是现下的一个推论，有待今后做进一步的考证。

初大安寺三论宗的著名学问僧。以上四则引文的发现，基本落实公孙罗《文选钞》于九世纪之前就已经东渐日本的事实，并由此可以确认在大学寮李善注权威的确立之前，曾有过一定范围的传播。也就是说，此后，大江匡衡着重用公孙罗注来补充文选注，编纂《文选集注》，并非别出心裁，而是有一定历史根据的。

更值得我们注意的是，《中论疏记》中所引《文选钞》注，当是现已散佚了的公孙罗《文选》解题部分，其云"选集云篇数者，都合十八（按，当为'七百'之误）三十八首"，正与《文选表注》所录"集云"部分之"言所撰篇数者，七百三十八首也"一语吻合。而实际上，现存李善注本及五臣本所选录的作品为七百五十一篇（赋五十七〈包括赋序一篇〉，诗四百三十二篇，文二百六十二篇），与《中论疏记》所引《文选钞》之"赋五十六首，诗四百二十首，乃至铭五首、哀三首"存在着作品选录上的巨大区别。由此可知，大江匡衡在此处补注就是引用了《文选钞》。这一引文，可以说证实了九条本、庆应本《注文选表》之底本，就是《文选集注》中的一卷。同时也清楚地告诉了我们，公孙罗所用的《文选》底本，与李善注的底本是不同的。这极有可能是李善作注所使用的乃是长安宫中的善本。

接下来，让我们再来简单地讨论一下和长用《文选集注》李善表注卷撰写《表解》的动机。要解决这个问题，就需要我们先来简单地回顾一下日本近世以前的汉学流变史。平安时期的大学寮西曹菅原家的纪传道学问，到菅原道真时期已经达到了一个顶峰。然而，由于道真在政治上的失败，菅原家在大学寮文章院的地位此后也逐渐被东曹大江家取代。到了藤原道长时代，大江家更是人才辈出，在政治上又与摄关家保持紧密一致。因此，无论是儒家经典的诠释，还是《文选》《白氏文集》的解读，都变成了大江家的一统天下。然而，大江家学问本源自菅原家，因此，大江家纪传道学问并不是对菅原家学问的否认，而是在继承的基础上予以了发展。《文选集注》的编纂便是其中最好的一例。此后，平安末期，大江家由于书库的烧失，其在平安朝的学术地位走向末路，取而代之的是藤原家。而藤原家学问则是总管原家与大江家大成，对两家学问予以了更进一步融会贯通。此后，平安没落，大江家转为镰仓幕府重臣，从而导致学统的断绝。镰仓以后，包括五条、东城坊（菅原）、清原、中原等儒家的学问，都是以菅原、大江两家并重，同视之为古典。如静永健就曾从日本语史的角度对这一现象进行过如下之分析：

> 这些被后人称为"菅家点"或者"江家点"的古训点，虽然多是由菅原道真（845—903）或大江维时（888—963）等著名学者所固定下来的训读（可以说是当时平安大学寮中的主流训法），但对某一词语的训法，即使是在同一博士家也并非一成不变。随着解读者和时代的变化，对于某些汉诗文的解释也当然会产生一些调整。而对于后来的学者来说，所有保存下来的先人的解释都被视为了古典。[1]

要之，东城坊（菅原）和长在使用《注文选表》来为儿子长淳讲授文选入门学之时，并没有多大的门户之见，而只是因为这是一卷既保留了菅原家学统，又是时人进入文选学领域的一个必读卷轴。然而，与传统不同的是，菅原和长已经敏锐地感受到了学术传统的嬗变。因此，在这卷《文选表注》的基础上，他又进行了大胆的突破，及采取宋学来诠释李善《文选表》，引用了大量的宋人著作，使得这卷李善《文选表》，同时也成了为长淳奠定宋学基础的绝好教材。也正因此，他才反复叮嘱

1　参见静永健：《从古抄卷来看平安文人对汉籍的阅读方式》，收于《汉籍东渐及日藏古文献论考稿》，中华书局2011年版，第91—99页。

此卷讲义不可外泄。于此，前文所提到的卞东波博士论文中已经有了详细的考证，在此就不再赘言了。

其实，现存《文选集注》的残卷之中还保存着《文选集注》为大江家所编纂的证据，可以与本文论述形成互证。日本学者佐藤道生曾撰文批判拙说，其中一个重要的证据是认为大江匡衡完全没有必要经源乘方之手将《文选集注》献给藤原道长。[1]然而，如果对《权记》《御堂关白记》等平安公家日记做一个详细阅读的话，就知道佐藤道生所提出的疑问只不过是一个臆测而已。按，平安公卿儒家凡上书朝廷，一般需要经过专人誊写。如《权记》长德四年七月十五日条云："相招式部权大辅匡衡，示可作辞藏人头·左中辨状之由，入夜举烛之间，辞书持来，令若狭掾为衡书之，亦差人奉左府。"这则记录提到藤原道长命匡衡撰写《辨状》，匡衡将写好的底稿交给藤原行成，行成命手下的若狭掾为其誊写之后送给天皇和藤原道长。类似记录，单《权记》一书中就不胜枚举。要之，大到汉籍佛典，小到奏折文稿，都需经过专人抄写确认之后再予以递送，以避免因个人书写风格的差异而导致天皇无法对原文进行快速阅读与正确判断。佐藤道生失考，因此才有不理解为何不是大江匡衡亲自向道长奉上《文选集注》之怀疑。

正是这种平安朝廷的习惯，导致了以源乘方为主的书家在誊写《文选集注》时，为我们留下了一些可以揣摩《文选集注》编纂底稿之原型的蛛丝马迹。如卷四十八《陆士衡为顾彦先赠妇二首·其二》"翻飞游江汜"条下文选钞注后有这么一则按语：

> 钞曰，说文云，江东至会稽山阴为浙江。<u>案，江案，江，浙</u>

1　参见佐藤道生：《平安时代に於ける〈文選集注〉の受容》，佐藤道生编：《注釈書の古今东西》（非賣品），庆应义塾大学文学部2011年版，第101—120页。

江。发源东阳、新安之间，不与岷山江相涉。自钱唐入于海。史记秦始皇过舟阳至钱唐临浙江，是也。氾水决复入也。彦先家在吴，故顾翻飞于浙江氾也。

细读这则按语，就不难发现其行文风格以及对原文诠释等体例，均与上文所谈到的李善表之集注部分极其相似，绝非《文选钞》原文。细考此处"江案"二字旁亦未施有见消符号（见消し点），可知其亦非后人误抄之衍文。

"江案"，如果结合现有的考证，当可理解为大江匡衡所作按语之意。然此处为何会留下"江案"之二字呢？考其缘由，当是因为《文选集注》本为大江匡衡讲授《文选》之底稿，因此在附加按语之时当原均以"江案"二字标识。后因此书受到一条天皇重视，升格为"仰注"（受天皇之命所编纂）。那么，在誊写原稿之时就必须将"江案"二字删除。然抄手虽书法绝佳，但汉文水平并不高，此处文中多有"江"字，这就导致其对文脉把握不准，所以才不小心保留了原本应该删去的"江案"二字。

正是此处传抄时的无心之误，为我们留下了《文选集注》乃大江匡衡所编撰的一个白纸黑字的铁证。同时，也为我们考证《文选集注》从大江匡衡私注到"仰注"、再正式命名为"集注"之成书经纬，留下了一条追本溯源的重要线索。如果弄清楚了这一点，再反观上举和长在对《御注文选表解》书名解题中所云"唐所言之御注者，天子之注也。孝经是也""吾朝所言者，圣庙御注是也"等解释，就可清楚地看出，菅原家后人之所以要将这卷抄自于《文选集注》的李善表注尊为"御注"，就是因为此卷之注与《御注孝经》一样，都是以天子名义所编纂的，代表了王权威严的至尊之书！

第五章
三善为康撰《经史历》之文献价值叙略
——兼论唐末五代大规模刻书之可能性

中国印刷术究竟始于何时，学界至今尚有争论。但至少到晚唐五代，雕版印刷术的应用已不只局限于佛经、日历等一些民间需求量比较大的通俗书类，也逐渐普及到经史文集韵书的出版上，这是一个不争的事实。早在唐咸通六年（日本贞观七年·865），入唐僧宗叡从长期滞唐的日僧圆载处获得的杂书类中，就有"西川印子唐韵一部五卷、同印子玉篇一部三十卷"。可以看出，九世纪中后期，以四川为首的某些地区已经开始印刷一些需求量比较大的韵书了。这些书籍不但传入了长安，还立即引起了在京的国外文人僧侣的关注。圆载在托宗叡带回国的佛典之外，唯独添上这两本刻本韵书，很显然是特意为平安京的贵族们准备的一份厚礼。由知当时刻本乃贵重之物，亦知其流行伊始即引起了海外瞩目与竞相收藏。[1]

迨至五代，雕版印刷术又有了进一步的发展。可是，对这一时期的刻本出版情况的考证，自从二十世纪初王国维《五代北宋监本考》发表

1　《大正大藏经》第55册所收《新书写请来法门等目录》卷末跋语："右杂书等虽非法门世者所要也。大唐咸通六年从六月迄于十月，于长安城右街西明寺日本留学僧圆载法师院求写杂法门等目录具如右也。日本贞观七年十一月十二日却来。"另外，除了《玉海》与《唐韵》以外，这份书目还包括了三册摺本佛经。

以来，'就一直没有突破性的发展。虽然此后不乏各类中国印刷史或者目录学史的专著问世，但均仅将此一时期视为出版史上的过渡期，对其相关的论述也大多仍只局限于重复王国维所搜集的史料，可谓是巧妇难为无米之炊。

然而，笔者最近在日本文献中捡得一份标注为"唐摺本"的书目——《二中历·经史历》。在这份经史目录中记录了多达一百零三部（其中《老子》与《庄子》重出，或为不同版本）书籍的书目与卷次，且根据其注语可推测出这些书籍极有可能都是现在未知的唐末五代刻本。由于篇幅之局限，本文不能对这份资料进行全文考证。此处只拟结合平安中晚期学术史背景，将考证的重心集中在《经史历》所载"书史卷数"这一单项的内容上，一来确定"书史卷数"所标明的"唐摺本"所指的时代范围极有可能就是唐末五代时期；二是明确这份书目的文献价值，为今后对这份书目的进一步深入研究奠定一个基础。同时也试着对唐末五代时期是否存在着大规模刻书的可能性这一问题提出一些浅见，以期抛砖引玉，声应气求，还望海内外专家多加指正。

一

《经史历·书史卷数》所录"唐摺本"汉籍目录之整理

无论是中国还是日本的研究学者，很少有人会注意到《二中历》这部书的存在，因为这部书在日本国文学研究中也只是被分在了古辞书类，其内容几乎没有被详细地考证过。

此书之原卷现藏于日本尊经阁文库，为镰仓（1192—1333）末期

1　王国维：《五代北宋监本考》，《海宁王静安先生遗书》，商务印书馆1940年版。

写本，乃天下孤本，现行世诸本据考均为此本之转钞本。前田育德财团曾在1937年将其影印出版（玻璃板，尊经阁丛刊丁丑岁配本，非卖品）[1]，另外，近藤瓶城编《史籍集览·新加纂录类》第十九册亦收有其翻字本。日本学者金泽庄三郎曾在1952年《东方学》第三期发表过《二中历之研究》一文，对这本书的来龙去脉进行过比较简单的梳理。此后，川濑一马在其大著《古辞书之研究》中对其成书经纬与版本流传进行了更细致、更全面的考证，可惜的是对其所记内容却基本上没有予以关注。

据川濑一马所述，《二中历》是镰仓初期的文人根据平安中后期著名学者三善为康（1049—1139）撰《掌中历》及其养子三善行康所著《怀中历》二书合抄而成。《掌中历》和《怀中历》的单行本现俱已失传，所幸的是其重要章节都基本上被保留在了《二中历》之中。本文所提及的《二中历》卷十一《经史历》，就正是转抄自三善为康《掌中历》。[2]

三善为康的传记见藤宗友撰《本朝新修往生传》。[3]三善为康原出身于日本越中国射水郡射水一族。日本治历二年（宋治平三年·1067）上洛入三善为长门下学习算道。因聪慧过人而被三善为长收为养子。可是三善为康一直不甘囿于旁门算道，其后又兼修大学寮主流之纪传道，希望能通过儒学进入平安的学术政治中心。但因为其出身旁门，最终还是

---

1 此书之影印本其后又被收入尊经阁善本影印集成14—16卷中，八木书店1997—1998年版。本文所用之底本为架藏1937年尊经阁丛刊丁丑岁配本。

2 《经史历》与《倭书历》同被收入于卷十一。详细的考证可参照川濑一马：《增訂古辞書の研究》第一篇第三章第十四节《掌中历》，第202—209页；第十五节《怀中历》，第209—213页；以及同书第二篇第二章第一节《二中历》，第379—390页，雄松堂出版1986年版。

3 本文所用底本为《改訂史籍集覽·新加通記類》第十九册所收本，近藤活版所1901年版。

没有能够通过科考跻入大学寮主流。

三善为康直到堀河天皇时才被提拔为算博士兼诸陵头，随即成为堀河天皇的股肱之臣。日本永久四年（宋政和六年·1116），三善为康完成了其著名的《朝野群载》，从此奠定了他在平安学术史上的地位。三善为康晚年深信阿弥陀佛，还曾仿照大江匡房《拾遗往生传》撰写了一部《续拾遗往生传》。《掌中历》则是其于日本保安三年（宋宣和四年·1122）七十四岁时，模仿平安中期著名文人源为宪所著《口游》之体例，为当时贵族子弟学习所编撰的一部具有百科全书性质的教科书。由此，我们就可以断定《经史历》中所叙书籍目录，至少都是1122年以前保存于平安最高学术机关大学寮中的汉文典籍。

在《经史历》中，三善为康先叙录了大学寮中所传"十三经""三史""三国志""三辅""八代史"等书目口诀，再在各目下加以按语，对各个时期的书目调整进行阐述。紧接着在其后"书史卷数"一栏中，罗列了当时大学寮所藏的各种经史书目及其注本所用底本，并且在各书名下另加注对其卷数予以说明（参照下表，文中俗字均从原文，书名之后的小字为原文注语，〔〕内文字为原文旁注，"イ"字符号为"另本作"之意），现抄录如下。最后还对《孝经》《周易》《尚书》《毛诗》《周礼》《仪礼》《春秋左氏传》《春秋公羊传》《春秋谷梁传》《论语》《老子》《庄子》《孟子》《尔雅》《史记》《汉书》《后汉书》《文选》等一些重要经典集注本的篇目、内容以及所用的笺注底本作了详细的说明。

1《孝经》一卷十八章 2《论语》十卷廿篇 3《周易》十卷 4《尚书》十三卷五十八篇 5《毛诗》二十卷三百五篇6《礼记》二十卷卌九篇 7《春秋》三十卷左传 8《左氏传》十二卷 9《谷梁》十二卷 10《周礼》十二卷 11《仪礼》十七卷〔篇イ〕 12《尔雅》三卷十九篇 13《老子》二卷 14《庄子》二十卷 15《史记》八十卷 16《前汉书》百廿卷 17《后汉书》百廿卷 18《吴志》二十卷 19《蜀志》十五卷 20《魏志》三十卷 21《后魏志》百卅卷 22《晋书》百卅卷 23《宋书》百卷 24《周书》四十二卷 25《齐书》六十卷 26《北齐书》五十卷 27《梁书》五十五卷 28《陈书》卅六卷 29《隋书》八十五卷 30《北史》五十一卷 31《南史》八十卷 32《高祖实录》廿卷 33《太宗实录》四十卷 34《赵书》十卷 35《燕书》廿卷 36《老子》二卷 37《庄子》廿十卷〔卅三 卅二イ〕 38《列子》八卷 39《墨子》十五卷 40《孟子》十四卷 41《刘子》三卷 42《尸子》十二卷 43《文子》十二卷 44《荀卿子》十二卷 45《抱朴子》十卷 46《鬼谷子》三卷 47《鹖冠子》三卷 48《淮南子》廿卷 49《鲁连子》五卷 50《尹文子》二卷 51《孔子家语》十卷 52《颜氏家训》七卷 53《杨子法言》十卷 54《大玄经》十卷 55《大（太イ）白阴〔僊イ〕经》十卷 56《山海经》廿卷 57《神仙传》十卷 58《义士传》十五卷 59《文士传》五十卷 60《先贤传》五卷 61《高僧传》十四卷 62《列女传》十五卷 63《韩诗外传》十卷 64《晋阳春秋》五十四卷 65《吕氏春秋》廿六卷 66《吴越春秋》十卷 67《楚后春秋》九卷 68《齐人要术》十卷 69《内典博（傅イ）要》卅卷 70《法华连聚》卅卷 71《会稽典录》廿四卷 72《三辅决录》七卷 73《战国策》卅卷 74《三略》三卷 75《七略》七卷 76《世本》三卷 77《物理论》十六卷 78《博物志》十卷 79《古今注》一卷 80《说文》十五卷 81《字林》七卷 82《搜神记》卅卷 83《洞冥录》四卷 84《唐韵》五卷 85《玉篇》卅卷 86《文选》三十卷 87《翰苑》卅卷 88《初学记》卅卷 89《六帖》三十卷 90《白虎通》六卷 91《盐铁论》十卷 92《通历》十五卷 93《帝代历》五卷 94《类林》十卷 95《说苑》十卷 96《经典释文》三十〔イ无〕卷 97《笔语类对》十卷 98《文场秀句》一卷 99《文心雕龙》十卷 100《蒙求》 101《系蒙求》十卷 102《千字文》一卷 103《文馆词林》千卷

　已上唐摺本注之

在这里特别要引起我们注意的是三善为康在"书史卷数"一栏书目最后所附"已上唐摺本注之"一语。从《经史历》的体例来看，"已上唐摺本"可以理解为"书史卷数"所列书目皆为"唐摺本"，"注之"则是指当时流传于大学寮的各种经史注本均是以这些"唐摺本"为底本再加注而成的转钞本。在日本古汉文中，"摺本"就是"刻本"之意，也就是说，当时大学寮里已经藏有大批来自中国的刻本。这篇书目较晁公武《郡斋读书志》要早将近三十年，更是远早于成书南宋的尤袤《遂初堂书目》。是迄今发现的最早叙录公家所藏版本书目，而且考虑到其为教科书这一性质，基本上可以排除此中有杜撰的可能性。仅此一点，这份《经史历》的史料价值，就已经是无法估量了。

如果单从字面上来看，"唐摺本"可以直接解释为"唐末五代刻本"。也许有人会对这一解读产生怀疑，因为三善为康撰写《掌中历》时毕竟已经是北宋末期的宣和四年了。如果从其成立之年代来看，将这些书籍视为北宋刻本会不会更为合理一些呢？换而言之，注语中的"唐摺本"不应该被狭义地理解为"唐末五代的刻本"，而应该像"唐人""唐船"等用语一样，泛指中国大陆，即指宋宣和四年以前的刻本。

但是，笔者在对平安时期的史料所收录的汉文典籍相关资料调查中发现，在平安贵族们的记录中均将仅见的几部宋刻本统称为"摺本"，并无"唐摺本"之专称。[1]更为重要的是，从这些史料可以看出，两宋时期传入日本的书籍本身就极为罕见，几乎没有如此大批宋刻本传入日本且被公家机构所收藏的可能性。基于此，本文将在下章列举一些目前笔

---

1 平安贵族之中对汉籍的称呼与中土有所不同，存在着许多专用名词，所指十分明确。如称"文集"则是指慧萼传来的南禅院七十卷本《白氏文集》，称"白氏文集"则是专指北宋刻本《白氏文集》，称"白氏长庆集"则是指南宋刻本，称"唱和"则是专指元白唱和集或者刘白唱和集。松下见林《異称日本伝》中曾对此稍有考证："慧萼本题曰文集，白居易乃此本流布于世，故我朝古之人引白氏长庆集唯称文集，源氏物语、江吏部集等具曰文集是也。其后，中国印本文集渡于我朝，题曰白氏文集，尔来亦金称白氏文集，咏歌大概曰白氏文集是也，各知其有由矣。"另外，据笔者对东大史料编辑所编撰的《大日本史料》的综合调查结果显示，平安贵族一般称唐抄卷子本为"唐本"，如《小右记》宽弘八年八月十一日条："献僧（赠）物。野剑、御笴、一合唐本、一合日本本（小野）道风。（按：原文'野剑'至'道风'为双行注，括号内文字为旁注）。"亦由此可以推测出在古日本书籍用语中的"唐"多指"唐五代"。另外，中世以后的日本书籍中出现的"唐人""唐船"等词语乃泛指"商船""商人"，并非专指中国大陆，还包括了诸如荷兰、葡萄牙等外国的商人或商船。

者所收集到的平安中后期贵族文人与宋刻本的相关史料，同时也对两宋刻本东渐大貌作一些必要考证，以证明三善为康的按语中的"唐摺本"，极有可能就是我们所熟悉的"唐本（唐钞本）"一样，其"唐"字乃是特指北宋之前的唐五代时期。

二
略谈唐末五代时期大规模刻书之可能性

一般认为，两宋时期是中国印刷史上的第一个黄金时期。但北宋书籍的出版主要还是以政府机构为主导，私人刻书之商业出版行为还远未能形成气候。这些官刊本（北宋监本）一方面校勘严谨、刻印精美，另一方面由于印刷部数有限，价格极为昂贵。因此直至北宋中叶的真宗、神宗时期，即使是在北宋本土，除了一部分高级官僚以外，大部分文人之间的书籍传播主要还是以手抄为主。

而对于远隔重洋的日本来说，则更是难以买到北宋的官刻本。[1]综观这一时期的日本古文献，我们仅能从这一时期最为显赫的贵族的日记中找到一些零碎记录。究其原因，一是遣唐使废除之后，日本没有和新兴的大宋政权建立起国家间的外交关系，平安中后期的中日外交主要靠一些入宋僧来维持。更重要的是，当时维系日中贸易的宋商人，均不愿意

1　此处不包括由大宋皇帝先后两次赐给日本入宋僧的刻本《大藏经》。据《入宋求法巡礼行并瑞像造立记》记载，宋太宗曾于983年赐给入宋僧奝然开宝藏初印本一套。奝然于986年归日本将此套经安藏于京都法成寺。其后，据《参天台五台山记》记载，宋神宗亦曾赐入宋僧成寻大藏经四百十三卷。对于此事，严绍璗《日本藏汉籍珍本追踪记实——严绍璗海外访书志》中亦有简单的介绍，上海古籍出版社2005年版，第69—70页。

将书籍作为贸易商品。[1]后文还要谈到，这个时代流入日本的北宋刊本往往是宋商用来贿赂权贵的高级礼品，而不是用来交易的商品。

考平安史料即可知当时的平安显贵们，即使是一人之下、万人之上的藤原道长（966—1027）也很难得到价值不菲的宋刻本。翻检藤原道长的亲笔日记《御堂关白记》，可发现藤原道长仅曾两度得到从大陆传来的刻本。第一次是日本宽弘三年（北宋景德三年·1006），宋商人曾令文为了报答此前藤原道长对其多次违法行为的庇护之恩，[2]将摺本《白氏文集》以及摺本《五臣注文选》暗中带入日本。道长见此欣喜若狂，立即通过女儿中宫（皇后）彰子将其献给了一条天皇。一条天皇在乔迁新居时，还特地为这两本书的转移举行了隆重的乔迁仪式。对于此，道长在日记中写道：

> 宽弘七年十一月二十八日，卯，雨降，参内。行右大臣行幸。
> （中略）次御送物：摺本（五臣）注文选、同文集，入莳绘箱一
> 双，袋象眼包，五叶枝。事了御入。[3]

1　这也可能与两宋王朝之禁书出境之政策有一些关联。两宋禁书之相关考证可参考张秀民：《中国印刷史》（韩琦校订本）第一章所收《宋代（960—1279）雕版印刷的黄金时代·书禁与版权》，浙江古籍出版社2006年版，第136—143页。森克己：《日宋文化交流の諸問題》第八章第六节《宋朝の禁书方针と史書の流出》，刀江书院1950年版，第183—187页。另外，两宋时期书籍鲜传日本的详细考证，可参考本书导论及第八章中的相关论述。

2　曾令文在此之前曾多次依仗藤原道长的庇护与大宰府官员发生冲突，并且违反禁令私自进入平安京，甚至还无视年期擅自到日本行商，这些劣迹在藤原行成的日记《权记》以及藤原实资的日记《小右记》中均有记载。另外，有关日宋贸易的具体情况，可参考森克己：《日宋贸易の研究》，《森克己著作选集》第1—3卷，国书刊行会1975年版。

3　《御堂関白记》宽弘七年十一月二十八日条。本文所使用平安公家日记诸如《御堂関白记》《小右记》等底本均为东京大学史料编撰所大日本古记录所收本，并适当地参考了各种写本影印再重新加以标点。如无重要的文字异同，此下不再一一注明。

第二次则是日本长和二年（北宋大中祥符六年·1013）。这次则是入宋僧寂照（962—1034）的随从念救在归朝之际，受天台山住持常智之托带来了一部摺本《白氏文集》。常智之所以千里迢迢送来这部珍贵的摺本《白氏文集》，是希望当时正在重建的天台山大慈寺能够得到藤原道长的经济援助。长和四年（北宋大中祥符八年·1015）念救再次入宋之际，藤原道长照单命他送去了常智所索的钱财器物，还另外送给常智一件貂皮大衣，并特意在回信中注明这是作为摺本《白氏文集》的回礼，以示不胜感激之情。[1]

如果说权倾天下的藤原道长尚能如愿得到心仪已久的宋刻本《白氏文集》及《文选》，而另外一些皇家贵族们则是很难有目睹北宋刻本的机会。日本宽弘五年（北宋大中祥符元年·1008），当时的治部卿源俊贤（960—1027）在给寂照的信中写道："所咨唐历以后史籍，及其他内外经书为来者，因寄便风为望。商人重利，唯载轻货而来，上国之风，绝而无闻，学者之恨，在此一事！"[2]希望能够借助寂照的人缘关系

1　见《御堂関白記》长和四年十五日条。

2　寂照原名大江定基，亦曾出任帝师。1003年入宋，被宋真宗敕封为"圆通大师"。此信被收入了成寻《参天台五台山记》，又见《事实类苑》卷四十五引《杨文公谈苑》之《日本僧》条。正如源俊贤信中所言，其实无论是唐人还是宋人到日本来进行贸易时，都没有将书籍当作过商品。三善为康所辑《朝野群载》卷第二十《大宰府附异国大宋商客事》中曾录有宋商人主要商品目录："象眼肆十定、生绢拾定、白绫贰拾定、瓷碗贰佰床、瓷碟壹佰床。"其实，书籍本非适合海运之物，一旦进水，则立即失去商品价值。因此，即使是在没有禁书出国的日唐贸易中，书籍也几乎没有被用来当作商品买卖过。如《统日本记》神护景云三年（唐大历四年·769）十月甲辰条中有如下之记载："大宰府言，此府人物殷繁，天下之一都会也。子弟之徒，学者稍多，而府库但蓄五经，未有三史正本。涉猎之人，其道不广。伏乞列代诸史，各给一本，传习管内，以兴学。诏赐《史记》《汉书》《后汉书》《三国志》《晋书》各一部。"连当时唯一管理与中国贸易的大宰府都得不到像《史记》《汉书》一类的普通史书，尚需从图书寮转抄。由此可推知，日唐贸易中书籍鲜有被交易之实情。

购入一批宋代书籍，但此事其后就没有了下文。"上国之风，绝而无闻"一语，正道出了北宋书籍罕入平安之实情。

另外，从较藤原道长、源俊贤稍后的平安后期大儒藤原赖长（1120—1156）的日记《台记》中也可看出，即使晚至南北宋之交，平安的贵族们仍鲜有熟览宋刻本的机会。藤原赖长在其日记中详细地记录了每天所阅汉籍的卷次内容，并在每年除夕将其一年所读的书目详记于日记正文之后。在《台记》中，藤原赖长曾提到自己在日本康治二年（南宋绍兴十三年·1143）从皇太后宫处借得大进泰兼进纳的摺本《礼记正义》一部七十卷，他欣喜若狂，写下"胜得万户侯"一语，并花费了很长的时间逐字逐句进行校读（卷三康治二年十一月三日—卷四天养元年十二月十日条）。同时，又从平信俊处借得一部摺本《周易正义》，在日记中写道："余心悦，甚于千金"（卷三康治二年十一月二十四日条）。宋商刘文忠知道藤原赖长酷爱宋本，为了行商方便，于日本仁平元年（南宋绍兴二十一年·1151）送给赖长《东坡先生指掌图》二帖、《五代史记》十帖、《唐书》九帖作为贿赂，为此赖长返送给了刘文忠沙金三十两，并开了一份书目请刘文忠回大陆购书。但此后《台记》中再也没有了有关刘文忠的记录，可知藤原赖长的购书计划最终也和源俊贤一样成了镜花水月。[1]

藤原明衡（989—1066）所编撰的《云州往来》中还收入了这么一则十分有趣的信件，信是某镇守都督写给宋商人郑十四的，其正文如下[2]：

> 所赠绫锦已动心机，就中能言鹦鹉可谓珍禽，丹穴之凤何以如之。仰旅舶之间，定乏资粮，乌米红稻，赠予客馆。至便捡领，莫

1　《台記》，《增補史料大成》第23—25卷，临川书店1965年版。

2　《雲州往来二種》所收宽文十九年刊本，勉诚社1981年版。

嫌轻微。良史所求书籍，篇目虽多，圣朝盛崇文章之道，家国绝经
典之文哉。不罗缕，可在后信。春暖，加摄理者。以状。

这位镇守都督写信给宋商人郑十四，一方面感谢其送来的绫锦与鹦
鹉，同时作为回礼送给郑十四旅途必需的上好的粮食。有趣的是，在此
后文中，他竟委婉地提出希望下次送礼不要再送这些华而不实的东西，
最好能够送来一些平安没有的"圣朝"书籍。

如上，翻检平安中后期的几位代表的公家日记以及相关史料典籍，
即可知宋刻本传入日本的记录之相关记载可以说是少之又少，屈指可
数。从上述材料可知，这些好不容易传入日本的宋刻本几乎都是商人僧
侣为了达到某种特殊目的而使用的一种贿赂手段，并不是公开的商品。
这些宋刻本一旦被传入了某位贵族的手中，立即就被变成了一种赏玩用
的"秘藏本"，只在小范围予以传播。如果大学寮藏有诸多的宋刻本的
话，权倾朝野的藤原赖长也就不会因为见到一部刻本《礼记正义》，就
发出"胜得万户侯"的感想，镇守都督也就不会发出"圣朝（大宋）盛
崇文章之道，家国（日本）绝经典之文哉"之悲叹了！

另外，在这里还要特别指出的是，当时的平安贵族并不是单对刻本这
一新的书籍形态感兴趣。正如上举源俊贤给寂照的信中所言一样，这些
平安的最高权贵们希望得到的是唐代以后编辑的新书籍，以便迅速掌握宋
王朝的最新学术动态。这从《台记》中所记的藤原赖长对宋刻本《礼记正
义》和《周易正义》校阅也可以看出这一点。川口久雄在其大著《平安朝
日本汉文学史之研究》中已经明确指出，藤原赖长对宋舶来品之钟爱乃是
缘于其对北宋新文化的心仪，希望借助北宋新儒学来重新构建日趋没落的
平安儒学。[1]其时由于没有直接的国交，北宋文化很难直接传入日本，譬如

1　川口久雄：《三訂 平安朝日本漢文学史の研究》下篇《王朝漢文学の斜陽》第二十
三章第四节《藤原賴長と経史の研究》，明治书院1975年版，第919—929页。

《台记》卷三康治二年三月四日条还记有这么一则逸事：

> 诣新院，御谈合。次敕日，熊野那智有一僧，自称宋朝人，生
> 年二十九，十一岁渡日本国。所习论语、孝经而已在宋国时习之，
> 唐声诵之。在宋国时在橘洲，敕令注进自在宋国时至今之事。余请
> 见之，上皇许之，书写退出，其文甚鄙陋云云。

这位十一岁来日本的僧人，仅因自称在宋时学习过《论语》《孝经》，
就倍受太上皇之宠爱。但据藤原赖长之"其文甚鄙陋"之语，可见其文化
素养其实很低。从这则日记亦可看出平安贵族对两宋文化之陌生与憧憬。

藤原赖长希望借助北宋儒学思想重建日趋没落的平安儒学，因此才
不惜余力地搜集来自中国的刻本经史书籍。[1]他在仔细地校点了这两部刻
本之后，在日记中写道："《周易正义》一部十四卷，今日见毕。本经
引合，不落一字。见毕正义，首附点本，与正义读说相违之所，用正
义。"（卷四康治三年六月二十二日条）。但其借助宋刻本来改正大学寮
传统儒学思想的尝试最终还是没有被平安贵族们所接受。平安中后期文
学思想基本上没有受到北宋思潮影响的这一史实，正是北宋书籍未有大
量传入日本的最好证明。[2]

众所周知，日本的许多藏书机构都收藏有不少的宋刻本，而这些书
又是何时传入日本的呢？其实，这在日本的古文献中也可以找到明确的
记载。日本学者结城陆郎在研究金泽文库教育史时，曾在建长寺第164

1　藤原赖长如此渴望得到宋代出版的最新书籍，或许与北宋疑经改经亦有关联。对于平
　安的贵族学者来说，了解"上国"对传统经典的改篡，无疑事关重要。有关宋代疑经
　改经的研究，可参考杨新勋《宋代疑经研究》中的综合研究，中华书局2007年版。
2　晚至镰仓的五山时期两宋学术思想才逐渐对日本产生影响。相关考证可参考足利衍
　述：《镰仓室町时代之儒教》，日本古典全集刊行会1932年版。

世玉隐英玛所编撰的《关东禅林诗文等抄录》中发现过这么一则记录："昔金泽大夫君，遣使于中国，航万里鲸波，运载群书，以为我本朝之宝。"根据结城的考证，金泽大夫君指的就是镰仓幕府的重臣，金泽文库的创建者北条实时（1224—1276）。北条实时在十三世纪中叶，也就是宋末元初时，不是依靠商人，而是专门派船到中国购入了整船的两宋刻本，北条一族灭亡之后，这些书籍被幕府所没收，随后成了日本各学术机构的主要藏书。[1]也正是因为这一大批书籍流入镰仓，宋代虽已灭亡，其儒学文学思想却在日本扎下了根枝，并得到传承。

另一方面，三善为康在《经史历》中所记的唐末五代刻本现今绝无踪影，也是事出有因的。这些书籍极有可能被毁于十二世纪中叶的一连串灾害之中。首先在日本仁平四年（南宋绍兴二十四年·1154），大学寮所在建筑物全部倒塌，之后就没有再予以重建，而是将其搬到了明经道院。随后，著名的日本安元三年（南宋淳熙四年·1177）大火将京都的主要政府机构以及权贵们的庭院烧为灰烬。大学寮在这场浩劫之中不但失去了其全部藏书与仅有的一点设施，也终结了其历史使命，从此永远地退出了历史的舞台。

从上述考证可以看出，《经史历》中所记录的大学寮中属于公开教科书性质的一百多部"唐揩本"，基本上没有是北宋时期所购入的宋刊

1　此处引文转引自结城陆郎：《金沢文库の教育史的研究》第一章第一节《文库本の统计的研究》，吉川弘文馆1962年版，第21页。以及同氏《金沢文库と足利学校》，镰仓印刷式会社1959年版。另据结城陆郎之统计，现今可以确认的金泽文库本中所藏北宋版汉籍刻本共有36部2995卷476册4叶，南宋版汉籍刻本共有9部82卷59册0.5叶，《金沢文库の教育史的研究》第一章第一节《文库本の统计的研究》，第23页。另外，有关北条派船至大陆买刻本经史佛典一事，泽庵宗彭《镰仓顺礼记》中亦有记载，其文云："昔船つかはして，一切经をも异国よりとりし渡し〔昔（武家）遣船渡海，至异国购入一切经〕。"续群类丛三十三下所收，续群书类丛完成会，1958年。由此可知，北条不但购了大批汉籍，还包括了卷帙浩繁的宋版一切经。相关考证可参考本书第八章。

本的可能性。而且，考虑到唐代中后期还没有出版如此数目的刻本的社会环境与技术能力，这些摺本大量传入日本只有一个时期比较有可能，即日本与五代南方诸国，尤其是吴越保持着良好关系的五代时期。日本一直将吴越称为"大唐吴越国"，与其建立了密切的外交关系，承认其传承了大唐王朝的正统地位，而且还互相交流所无的经史佛典。[1]现阶段虽然还没有证明日本通过吴越等南方诸国买入大量刻本书籍的直接史料，但从现存的一些零散记载来看，这一推测应该具有一定的合理性。[2]

三

《经史历·书史卷数》所录"唐摺本"汉籍之属性

我们在研究日本古钞本时，经常会使用藤原佐世于平安宽平年间（唐昭宗时期·889—897）所撰写的《日本国见在书目录》。这部书目是平安时期日本所藏唐钞本的一部总目，可以说基本上囊括了当时日本全

1　有关日本与吴越国交往的考证，可参考森克己：《続日宋貿易の研究》第十三章第二节，国书刊行会1975年版，第224—227页。

2　譬如《太宰府神社文书》中就留下了日本天德元年（957）入唐僧日延从吴越国带回"外书《春秋要览》《周易会释》各二十卷等"诸多书籍的记载。竹内理三编：《太宰府天满宫史料》卷四，1964年。

境所藏的汉文书籍。[1]但《经史历》中收有许多《日本国见在书目录》未载书目，由此亦可推知这些书籍都是宽平年间以后传入日本的，这与本文所将其注语中的"唐摺本"之"唐"定位为"唐末五代"时期也恰好基本吻合。

另外，如果我们将《经史历》与《日本国见在书目录》以及王国维考证出来的北宋监本目录做一个比较的话，则可进一步清楚地看出，《经史历》中不但包含了大批《日本国见在书目录》以及北宋监本目录中没有的书籍，即使是相同的书籍，其书名与卷数也存在着很多不同之处，不可能是同一系统的本子。而且，根据《经史历·书史卷数》后所附的注语来看，平安大学寮的博士们在用这些刻本为底本编纂集注本所参考的各类笺注底本，却基本上与《日本国见在书目录》所载的唐钞诸本是一致的。[2]现谨将三份书目的对照表附录于下面以供参考。

1　有关《日本国見在書目録》的成书年代及其作者的相关考证，可参考狩野直喜：《日本国見在書目録考》，《中国学文薮》所收，みすず書房1972年版。长泽规矩也、阿部隆一编：《日本書目大成》第一卷《解題·日本国見在書目録》，汲古書院1979年版。另外，本文所用底本为名著刊行会所影印的宫内厅书陵部所藏室生寺本，1996年版。同时参考了狩谷掖齐：《日本見在書目録證注稿》，《狩谷掖斋全集》第七卷，日本古典全集刊行仓1928年版；小长谷惠吉：《日本国見在書目録解説稿》，小宫山书店1956年版；矢岛玄亮：《日本国見在書目録—集証と研究—》，汲古書院1984年版。又，有关室生寺本的抄写时期，可参考拙稿《室生寺〈日本国見在書目録〉之抄写时期考》，《日本古钞本与五山版汉籍研究论丛》所收，北京大学出版社2015年版，第133—145页。

2　本栏圆括号中的注文为"书史卷数"后半部分对一些重要典籍的卷数章节内容所作叙录时附在书目下的注语，为了方便对照，此处转记于该书名之后。另外，本表在调查北宋监本书目时，还参考了《宋版书考录》书末所附《书名笔画索引》，北京图书馆出版社2003年版。

《日本国见在书目录》（唐钞本）	《经史历》（唐末五代刻本）	北宋监本
〇《孝经》一卷　唐玄宗皇帝注	(1)《孝经》一卷十八章（玄宗皇帝注，号御制，《元行冲疏》三卷，即用此序）	〇《孝经》一卷　御制序并注
〇《论语》十卷　郑玄注 〇《论语》十卷　何晏集解	(2)《论语》十卷二十篇	〇《论语》十卷　何晏集解
〇《周易》十卷　魏尚书郎王弼注六十四卦六卷，韩康伯注系辞以下三卷，王弼又撰易略例一卷	(3)《周易》十卷（王弼字辅嗣注。魏代人也。有三名，周礼大卜，一曰连山、二曰归藏、三曰周易）	〇《周易》九卷略例一卷王弼注
〇古文《尚书》十三卷 汉临淮太守孔安国注	(4)《尚书》十三卷（《尚书》篇名，孔安国传，汉代人也）	〇《尚书》十三卷孔氏传
〇《毛诗》二十卷 汉河间太傅毛苌传郑氏笺 〇《毛诗正义》四十卷 孔颖达撰 〇《毛诗述义》三十卷 刘炫撰	(5)《毛诗》二十卷三百五篇（《毛诗》篇名，三百十一篇。毛公注，郑玄笺，子贡序，正义四十卷孔颖达，述义三十卷刘炫）	〇《毛诗》二十卷郑氏笺
〇《礼记》二十卷 汉九江太守戴圣撰郑玄注 〇《礼记正义》七十卷孔颖达撰 〇《礼记子本义疏》百卷梁国子监助教皇侃撰	(6)《礼记》二十卷四十九篇（郑玄注，正义七十卷，疏百卷）	〇《礼记》二十卷郑氏注
〇《春秋左氏传集解》三十卷 晋杜预注	(7)《春秋》三十卷《左传》《左氏传》（晋人杜预注）	〇《春秋经传集解》三十卷杜氏
〇《春秋公羊集诂》十二卷 汉谏议大夫何休学	(8)《公羊》十二卷（何休注）	〇《春秋公羊经传解诂》十二卷何休学 ◆《春秋公羊传疏》三十卷
●《春秋谷梁传》十一卷 范宁集解	(9)《谷梁传》十二卷（范宁注，后汉人）	〇《春秋谷梁传》十二卷范宁集解
〇《周官礼》十二卷 郑玄注	(10)《周礼》十二卷（六宫，三百六十职，三郑，一杜注，周礼职名郑氏注）	〇《周礼》十二卷郑氏注
〇《仪礼》十七卷 郑玄注 〇《仪礼疏》五十卷 唐贾公彦撰	(11)《仪礼》十七卷（郑氏玄注，疏五十卷）	〇《仪礼》十七卷郑氏注

《日本国见在书目录》 (唐钞本)	《经史历》(唐末五代刻本)	北宋监本
○《尔雅》三卷 郭璞注	(12)《尔雅》三卷十九篇 (郭璞注)	○《尔雅》三卷郭璞注
●《老子》一卷 王弼注	(13)《老子》二卷（王辅嗣 注）	◆《道德经》二卷
●《庄子》二十三卷 郭象注	(14)《庄子》二十卷（二十 三卷 晋人郭象注） (15)《庄子》三十三卷	◆《南华真经》十卷
○《史记》八十卷 汉中书令 司马迁，宋南中郎外兵参军 裴骃集解。	(16)《史记》八十卷（本百 三十篇，复为八帙八十（一 作三）卷，太史公撰，裴骃 集解）	◆《史记》一百三十卷
●《汉书》百二十卷 唐秘书 监颜师古注 ○《汉书音义》 十二卷 隋国子监博士萧该 撰 ○《汉书古今集义》二十 卷 顾胤撰	(17)《前汉书》百二十卷 （十二帝纪八表十志七十列 传，分成百十五卷，颜师古 注）（○《汉书训纂》三十 卷 姚察撰 ○《旧仪》二十 卷 顾胤撰 ○音义 萧该）	○《汉书》一百二十卷
●《后汉书》九十二卷 宋太 子詹事范晔撰庶本 ○《后汉 书》百三十卷 范晔本，《唐 臣贤太子且礼》三十卷，梁 剡令刘昭泫补	(18)《后汉书》百二十卷 （《后汉书》一百卷 范晔 撰，皇太子臣贤注）	◆《后汉书》九十卷
○《三国志》六十五卷 晋太 子中庶子陈寿撰，宋中大夫 裴松之注	(19)《吴志》二十卷 (20)《蜀志》十五卷 (21)《魏志》三十卷	○《三国志》六十五卷
●《后魏书》百卷 隋著作郎 魏彦撰	(22)《后魏志》百三十卷	
○《晋书》百三十卷 唐太宗 文皇制	(23)《晋书》百三十卷	○《晋书》一百三十卷
○《宋书》百卷 梁尚书仆射 沈约撰	(24)《宋书》百卷	○《宋书》一百卷
●《周书》五十卷 唐秘书丞 令狐德棻等撰	(25)《周书》四十二卷	◆《后周书》五十卷
●《齐书》二十卷 沈约撰	(26)《齐书》六十卷	◆《南齐书》五十九卷
●《齐书》五十卷 唐中书令 李百药撰	(27)《北齐书》五十卷	○《北齐书》五十卷

《日本国见在书目录》（唐钞本）	《经史历》（唐末五代刻本）	北宋监本
	(28)《梁书》五十五卷	◆《梁书》五十六卷
○《陈书》三十六卷 唐姚思廉魏徵撰	(29)《陈书》三十六卷	○《陈书》三十六卷
○《隋书》八十五卷 颜师古撰	(30)《隋书》八十五卷	○《隋书》八十五卷
	(31)《北史》五十一卷	◆《北史》一百卷
	(32)《南史》八十卷	○《南史》八十卷
	(33)《高祖实录》二十卷	
	(34)《太宗实录》四十卷	
○《赵书》十卷 伪燕太傅田融撰	(35)《赵书》十卷	
	(36)《燕书》二十卷	
○《列子》八 郑之隐人列圄寇撰，东晋光禄勋张湛注	(37)《列子》八卷	◆《冲虚至德真经》八卷
	(38)《墨子》十五卷	
○《孟子》十四卷 齐卿孟轲撰，赵岐注	(39)《孟子》十四卷	◆《孟子》十四卷音义一卷
●《刘子》十 ●《刘子》五 ○《刘子》三	(40)《刘子》三卷	
	(41)《尸子》十二卷	
○《文子》十二	(42)《文子》十二卷	
●《孙卿子》十 楚兰陵令（荀淑传曰荀淑者荀卿十一代孙也。）荀况撰，号荀卿子，避宣帝讳改曰孙	(43)《荀卿子》十二卷	◆《荀子》十二卷
●《抱朴子·内篇》二十一卷 葛洪撰 ●《抱朴子·外篇》五十卷 葛洪撰	(44)《抱朴子》十卷	
○《鬼谷子》三卷 鬼谷子（周世隐于鬼谷），皇甫谧注	(45)《鬼谷子》三卷	
○《鹖冠子》三卷 楚之隐人	(46)《鹖冠子》三卷	
●《淮南子》三十一 汉淮南王刘安撰，高诱注○《淮南子》二十一 许慎注	(47)《淮南子》二十卷	
	(48)《鲁连子》五卷	
	(49)《尹文子》二卷	

《日本国见在书目录》（唐钞本）	《经史历》（唐末五代刻本）	北宋监本
● 《孔子家语》二十一卷 王肃解	(50)《孔子家语》十卷	
○ 《颜氏家训》七	(51)《颜氏家训》七卷	
● 《扬雄法言》十三卷 宋衷注	(52)《扬子法言》十卷	◆ 《扬子法言》十三卷音义一卷
● 《扬子大玄经》十三卷 同注	(53)《（扬子）大玄经》十卷	
	(54)《大白阴经》十卷	
● 《山海经》二十一卷 郭璞注见十八卷	(55)《山海经》二十卷	
● 《神仙传》二十卷 葛洪撰	(56)《神仙传》十卷	
	(57)《义士传》十五卷	
	(58)《文士传》五十卷	
	(59)《先贤传》五卷	
○ 《高僧传》十四卷 释僧佑撰	(60)《高僧传》十四卷	
○ 《列女传》十五卷 刘向撰，曹大家注	(61)《列女传》十五卷	
○ 《韩诗外传》十卷 韩婴撰	(62)《韩诗外传》十卷	○ 《韩诗外传》十卷 韩婴撰
● 《晋阳秋》三十卷 讫哀帝 孙盛撰 ◎ 《续晋阳秋》三十卷 宋永嘉太守檀道鸾撰	(63)《晋阳春秋》五十四卷	
○ 《吕氏春秋》二十六 吕不韦撰，高诱注	(64)《吕氏春秋》二十六卷	
● 《吴越春秋》七卷	(65)《吴越春秋》十卷	
	(66)《楚后春秋》九卷	
● 《齐民要术》十卷 丹阳贾飀思（按：思飀）撰	(67)《齐人要术》十卷	◆ 《齐民要术》十卷
○ 《内典博要》三十卷	(68)《内典博要》三十卷	
	(69)《法华连璧》三十卷	
	(70)《会稽典录》二十四卷	

《日本国见在书目录》（唐钞本）	《经史历》（唐末五代刻本）	北宋监本
○《三辅决录》七卷 汉太尉赵岐撰，挚虞注	(71)《三辅决录》七卷	
●《战国策》三十三卷 刘向撰，高诱注	(72)《战国策》七卷	
	(73)《三略》三卷	
	(74)《七略》七卷	
	(75)《世本》三卷	
	(76)《物理论》十六卷	
○《博物志》十 张华撰	(77)《博物志》十卷	
●《古今注》三 崔豹注	(78)《古今注》一卷	
●《说文解字》十六卷 许慎撰	(79)《说文》十五卷	○《说文解字》十五卷
●《字林》二卷 吕枕撰	(80)《字林》七卷	
○《搜神记》三十卷 干宝撰	(81)《搜神记》三十卷	
●《汉武洞冥记》四卷 郑子横撰	(82)《洞冥录》四卷	
●《唐韵正义》五卷	(83)《唐韵》五卷	
●《玉篇》三十一卷 陈左将军顾野王撰	(84)《玉篇》三十卷	○《大广益会玉篇》三十卷
○《文选》三十卷 昭明太子撰 ●《文选》六十卷 李善注	(85)《文选》三十卷	◆《文选》六十卷
○《翰苑》三十卷 张楚金撰	(86)《翰苑》三十卷	
○《初学记》三 徐坚撰	(87)《初学记》三十卷	○《初学记》三十卷
	(88)《六帖》三十卷	○《六帖》（按：卷帙不明）
●《白虎通》十五卷 班固等撰	(89)《白虎通》六卷	
○《盐铁论》十 汉卢江府丞桓宽撰	(90)《盐铁论》十卷	
●《通历》十卷 马总撰	(91)《通历》十五卷	
	(92)《帝代历》五卷	
●《类林》五	(93)《类林》十卷	
●《说苑》二十 刘向撰	(94)《说苑》十卷	

《日本国见在书目录》（唐钞本）	《经史历》（唐末五代刻本）	北宋监本
○《经典尺（释）文》三十卷 陆德明撰	(95)《经典释文》三十卷	○《经典释文》三十卷
	(96)《笔语类对》十卷	
○《文场秀句》一卷	(97)《文场秀句》一卷	
○《文心雕龙》十 刘勰	(98)《文心雕龙》十卷	
	(99)《蒙求》十卷	
	(100)《系蒙求》十卷	
○《千字文》一卷 周兴嗣次韵撰 ○《千字文》一卷 李暹注 ○《千字文》一卷 梁国子监祭酒萧子云撰	(101)《千字文》一卷	
○《文馆词林》千 ○《文馆词林》千《金轮万岁集》五十一，一卷目录	(102)《文馆词林》千卷	

由此可以看出，三善为康书目中的书籍卷数有很多都明显与《日本国见在书目录》中所记的唐钞本以及北宋监本不同。[1]可能是底本不同，也有可能是在刻印之时对其中卷数作了调整。如果进一步与中国方面的相关史料进行对证的话，我们还可以找出更多的证明这份书目所述图书当是唐末五代刻本的内证，现分条缕述于下。

（一）与现已知唐末五代刻本书目对证。如五代监本《九经》，即《易经》《书经》《诗经》《三礼》（《周礼》《仪礼》《礼记》）、《三传》（《左传》《公羊》《谷梁》）、《孝经》、《论语》、《尔雅》及显德印本《经典释文》；毋昭裔刻《白氏六帖》《文选》；《老子》《庄子》《颜氏家训》以及前文所提到的由宗叡带回国的《唐韵》与《玉篇》等。这些资料显示了三善为康的书目具有很高的真实性。

1　另外，据《百宋一廛书录》，《经史历》所著录的书录中《淮南子》《列子》《颜氏家训》《列女传》《战国策》等书籍亦有宋刊本存世。但无法判断其是否为北宋监本。本文所用《百宋一廛书录》为《宋版书考录》所收本。

（二）与宋人笔记中有关五代刻本的一些记载互证。如宋王明清《挥麈录》记毋昭裔刻"诸史"一说，过去一直认为不可全信。但在《经史历》中记录了八十卷本《史记》、一百二十卷本《前汉书》、一百二十卷本《后汉书》、二十卷本《吴志》、十五卷本《蜀志》、三十卷本《魏志》、一百三十卷本《后魏志》、一百三十卷本《晋书》、一百卷本《宋书》、四十卷本《周书》、六十卷本《齐书》、五十卷本《北齐书》、五十五卷本《梁书》、三十六卷本《陈书》、八十五卷本《隋书》、五十一卷本《北史》、八十卷本《南史》等大量的史书，可证明《挥麈录》所记并非诳言虚构。

（三）书目中含有许多北宋已经散佚了的书籍。如一百三十卷本《后魏志》在北宋初期就已经散佚。据《高丽史》卷十《宣宗记》八所载，宋太宗曾派使者到高丽寻访此书。因知此书应为唐末五代刻本。

（四）书名不一致以及与宋监本卷数不同。一是书名不一致，如宋监本题为《北齐书》《南齐书》，而《经史历》均载为《齐书》。宋监本题为《南华真经》，而《经史历》载为《庄子》。宋监本题为《说文解字》，而《经史历》载为《说文》。平安文人对书之名称非常重视，一般都会保留其传入时的原名，而不会妄改书名，如有异名，一般会用旁注标明。二是与宋监本卷数不同。如宋监本《北史》为一百卷，《经史历》录为五十一卷。又如宋监本《南齐书》为五十九卷，《经史历》录为《齐书》六十卷。宋监本《南华真经》为十卷，《经史历》录为《庄子》二十卷及三十三卷两种。此类例子甚多，具体可参照上表。

当然，对于本文的这一推论也不是没有存疑之处。其中最大的问题就是《经史历》所记千卷本《文馆词林》的刊刻（或是部分卷帙的刊刻）。按照现有的史料来看，这种大规模的刊刻，不仅是在唐末五代，即使在北宋都是难以置信的。其实，换一个角度来考虑的话，正可以看出《经史历》所载书目为唐末五代刻本而非北宋刻本的解释符合历史走向。因为如果这套书是在北宋刊刻的，就不可能在浩瀚的两宋文献中没有留下蛛丝马迹。但如果是在唐末五代的话，由于经历了改朝换代，没有留下记录反而是合乎情理的。

那么，五代时期又是否具有出版如此规模大型丛书的技术能力呢？从五代对各种佛教经典的出版情况来看这也是有可能的。此外，宋太祖开宝四年（971）差人到成都开雕《入藏经》更是最好的证明。这部被后人称为《开宝藏》的《佛藏》凡十三万版，五千四十八卷，所利用的完全就是后蜀所留下来的工人技术。由此可知只要有充足的财力，五代时期之南方诸地区要完成大规模的刻书工作是完全有可能的。[1]

另外，这部由许敬宗所主编的《文馆词林》，在成书之初就是为诸外国千方百计所想购入的一部重要大型类书。但时至北宋世上已很难见到全书，《通志》卷六十五及卷七十记其有一千卷，又叙曰："《文馆词林》弹事四卷，许敬宗集晋宋梁以来者，旧有千卷。《文馆词林》策二十卷，崔元昄注。"由知《经史历》中提到的以《文馆词林》为底本再加入笺注也并非诳人之语。[2]

由于文字篇幅所限，本文不能对《经史历》所载书目进行逐一详细

1　相关考证可参考张秀民：《中国印刷史》第一章之《五代（907—960）监本及蜀国、吴越的印刷》，上海人民出版社1989年版，第29—39页。同章《宋代（960—1279）雕版印刷的黄金时代·刻本内容·佛藏》，第110页。另外，五代时期的南方诸国均对文化事业予以了高度重视，譬如齐己就曾进行过一系列大规模的书籍编撰保存工作。详考可参考拙论《唐末五代における〈白氏文集〉の伝承―詩僧齐己の活动を中心に―》，《中国文学論集》第三十七号，九州大学中国文学会2008年版，第16—30页，后收拙著《白居易の文学と白氏文集の成立》，第199—220页。

2　有关《文馆词林》，日本还保存其弘仁写本中的一部分，其卷数如下：152、156、157、158、160、346、347、348、414、452、453、455、457、459、507、613、662、664、665、666、667、668、669、670、691、695、699、卷帙未详残卷3页断简。有关这些卷帙的详细考察，可参考《影弘仁本文馆词林》（后附阿部隆一《文馆词林考》），古典研究会1969年版。

考证，还有待今后作进一步的考证。但即使如此，通过上文简单的内外证明，也可以得出三善为康的这份《经史书目》极有可能就是一份保留在平安中后期大学寮的"唐摺本"——唐末五代刻本书目。虽然我们现在很难找到大批唐末五代刻本实物来证明本文的推论，但考虑到《经史历》为教科书这一特性，三善为康的"已上唐摺本注之"七字注语，极有可能就是一把重新评价五代出版事业，甚至五代的文化政策的重要的钥匙，希望今后能发现更多的新史料。

另外，如果熟悉平安学术史的话，就可知三善为康所言大学寮博士"已上唐摺本注之"的汉籍整理工作基本上开展于大力中兴儒学的藤原道长时代。当时，以大江匡衡、源为宪为首的学者们曾总汇宫中所藏各种笺注编撰了多部重要典籍的集注本。其时执掌大学寮的大江匡衡（953—1012）在其文集《江吏部集》中反复提到他曾奉一条天皇及藤原道长之御命校群书编集注，譬如《述怀古调诗一百韵》诗云[1]：

> 执卷授明主，从容冕旒褰。尚书十三卷，老子亦五千。文选六十卷，毛诗三百篇。加以孙罗注，加以郑子笺。搜史记滞疑，追谢司马迁。叩文集疑关，仰惭白乐天。

在这首诗中，大江匡衡具体谈到了他用公孙罗《文选音决》《文选钞》为主编纂了一部集注文选，这部集注文选就是现存《文选集注》残本之祖本。[2]另外，他还提到了自己首次用郑玄笺编撰了一部《毛诗集注》。大江匡衡的这些书籍大致编成于十一世纪初叶。从平安的这一整

1　九州大学附属图书馆所藏松平文库照片复制本。此书之活字本亦被收入塙保己一编《群书类丛》第九辑之中。

2　有关大江匡衡编撰《集注文选》一事，可参考拙稿《〈文选集注〉之编撰者及其成书年代考》，张伯伟编：《域外汉籍研究集刊》第六辑，中华书局2010年版，第501—514页。

理汉文经典的时期亦可推知，此时所采用的底本之"唐摺本"只有一个可能，即在此前的唐末五代时期由大陆传来的刻本。

如果本文考证没有太大的谬误的话，则可知唐末五代、特别是五代时期的印刷出版，远非只是我们现在所定位的过渡期，而或应该将其称为东亚印刷出版史上的第一个黄金期。而且，如果千卷《文馆词林》等大型书籍的雕刻（或部分卷帙的刻印）真有其事的话，其刻书出版之规模甚至还在一定程度上超过了北宋。两宋出版业的繁荣其实只是五代出版活动的继续和延伸。

另一方面，通过这份书目与其他平安文献资料的对照，我们还可以澄清许多学界的疑案以及错误的认识，兹举数例于下：

第一，我们可以根据《经史历》中对各种重要经典史籍的卷数以及具体的篇目内容的叙录，来还原这些书籍的五代刻本以及唐钞本的本来面目，解决一些文学史上的重要悬案。比如，《文选》的分类问题，这一问题一直是文选研究学界乃至整个古典文献界所关注的一个重要问题。现在一般认为，萧统在编撰《文选》时将其分为三十八目或者三十九类，但《经史历》明确告诉我们，至少到唐末五代，《文选》还只有三十三类。并且一直到日本镰仓时期，日本学者参考各种《文选》注本虽然也对《文选》的类目进行了一些相关调整，但在总数上还是保留了唐代《文选》三十三目的基本形态。[1]

第二，根据本文对《经史历》的考证，揭示了一个现今未为日中学界所知的史实，即平安中期以后宫中大学寮所藏的各种集注经史典籍，极有可能大都是平安的大学博士们用唐末五代刻本为底本，加入各种唐

1　三善为康在《书史卷数·文选篇目》提到，大学寮所用三十卷《文选》之底本为三十三类目，但与现存《文选》篇目体例都有较大出入，其后对历代文选篇目的变迁都有叙录。据此可以推测出，晚至镰仓时期的文人所见到的《文选》仍是保存着三十三类目的旧体例，只是在类目上有一些调整。详考可参见本书第六章。

钞本的笺注所编撰而成的集注本。这就要求我们对过去简单地（诸如笔法、俗字、避讳等）判定为唐钞本的各种日本古钞本的性质进行重考，不能盲目地相信前人。譬如，上文所提到的《集注文选》，就是大江匡衡汇集各种唐钞本的注语编撰而成的卷子本。另外，现藏于东洋文库被定为唐初钞本的《毛诗》卷十残卷（日本国宝），也极有可能就是大江匡衡用五代刻本《毛诗》为底本汇集郑玄笺所编撰而成的《毛诗诂训传》转抄残卷。不能单据其笔法就断定其为唐初钞本，还需要作进一步研究。[1]

第三，重新思考中日学术史的流变。这份书目的发现，可以纠正过去在东亚学界普遍存在的一个根深蒂固的错误观念，即日本一直延续着以阅读唐钞本系统为主的习惯，而中国到两宋以后基本上是以阅读刊本为主。其实在日本同样经历了一场书籍形态的大变革。通过本文的考证可知，早在平安中期，也就是北宋初期，日本平安大学寮的博士们就已经大量采用了唐末五代刻本对大学寮所藏各种书籍进行了再整编。只是由于书籍使用者人数相对有限，雕版印刷这一技术本身无须普及而已。

1　有关这一残卷，可以参考东洋文库2007年版《東洋文庫の名品》所载图版。书中对这一残卷的介绍如下："1（国宝）毛诗，卷第6残卷，郑氏笺，钞本，1卷1轴，唐初写，纸背，两部仪轨断简。（前略）本书记载了地方歌谣之国风中第十唐之《蟋蟀》到《鸨羽》的八篇。卷首题下注之郑氏笺，指的是后汉建武八年（32）郑玄所作注，一般称之为郑笺。其笔法精致，具有很高的书法价值，被判定为唐初书体。本文用朱笔所加入的乎古止点、反切，以及偶发之假名都是平安时代所加入的，纸背写有《两部仪轨断简》，卷末识语为'治安元年十二月五日''奉读'等等。为洛西常乐院之旧藏本（原文日语，笔者译）。"但根据大江匡衡《述怀古调诗一百韵》诗可知，日本平安时期作为教科书将郑玄笺纳入《毛诗》注释之中的始于大江匡衡，而此时的中国已经是北宋初年了。因此，这份残卷亦有可能是大江匡衡所撰集注本之转钞本。过去，单根据笔法来断定唐初钞本的判断显然是不可靠的，这是因为我们不能否定有后人有意模仿唐人书法之嫌。另外，文中所记的乎古止点、反切、假名，以及纸背"治安元年（1021）十二月五日"之记载，或都可以作为此卷为平安中晚期所转抄之内证。关于这一残卷的成立年代，今后还有待进一步考证。

毫无疑问，对于这个问题的更深一层次的研究，将直接影响到今后我们如何来重新构建交错连动的中日两国，乃至整个东亚地区文学史的基本思路。它提醒我们，已经到了整合东亚地区汉文献史料、构建东亚文献史学之大框架，突破一国一史观的束缚，以东亚学术史的观点对许多传统问题进行综合思考和重新判断的时候了。

总而言之，这份《经史历》的文献价值远远超过了一份普通的刻本书目，希望其今后能引起中日学界更大的关注。

第六章

萧统《文选》文体分类及其文体观考论
——以《二中历》所收古本《文选》目录为中心

　　当今学界对《文选》初编时文体分类问题主要存有三种观点，即有三十七类、三十八类和三十九类之说。自元以后，学者多用袁褧覆宋本以及胡克家刻本，因此一般认为其文体当分为三十七类。此外，四部丛刊影宋六臣本、足利学校藏南宋明州六家本、南宋尤袤刻本亦均如此。可知，这一文体分类的形态至少在南宋就已经大致被确定下来了，其具体分类大目如下：

　　　　赋、诗、骚、七、诏、册、令、教、策文、表、上书、启、弹事、笺、奏记、书、檄、对问、设论、辞、序、颂、赞、符命、史论、史述赞、论、连珠、箴、铭、诔、哀、碑文、墓志、行状、吊文、祭文。

　　但清代有学者对此分类法提出质疑，如陈景云主张将"移"独立为一大类。[1]后来，黄季刚也认为《移书让太常博士》题前应该以意补

1　参见胡克家《文选考异》之《目录校记》卷八"移书让太常博士"条引陈景云校语："陈云，题前脱'移'字，是也。"《文选》，中华书局1977年版，第952页下。

"移"字一行，[1]骆鸿凯在《文选学》中便明确地将"移"体标入"书"与"檄"两体之间，[2]并由此衍生出三十八类说。近年，游志诚又对以上两种分法提出质疑，认为"三十七类之说，这是没有版本与文体实证的错误说法"，又据陈八郎刻五臣注本在三十八类的基础上再将"难"体独立出来，提出《文选》本该为三十九类文体的观点。[3]尔后，傅刚又对此作了进一步考证，得到了不少学者的认同。[4]

其实，上述诸说虽然言之有据，但都忽略了一个事实，那就是现存宋明诸本之文本本身较萧统原编本已经产生了较大的差异，已非三十卷本之原貌了。近期，笔者在日本平安时期的古文献中翻阅到一份三十卷本《文选》古目录，题为《文选篇目》，抄录于古辞书《二中历》的《经史历》一节之中，记录的是平安最高学术机构大学寮所用三十卷白文古本《文选》的详细卷次。[5]如果结合《文选》在日本的传承史，就不难推定这份书目至少为唐前《文选》之旧貌，极有可能就是现在已经失传的萧统原编三十卷本的原貌。且颇为难得的是，这份篇目还对唐宋以后《文选》分类之变迁亦有递叙，勾画出了一条《文选》目录由唐渐宋的大致经纬，为我们分析两宋《文选》文本之变迁提供了一条非常重要

1　参见黄侃：《文选平点》之《目录校记》，上海古籍出版社1985年版，第46页。

2　参见骆鸿凯：《文选学》之《义例第二》，中华书局1989年版，第24页。

3　参见游志诚：《论文选之难体》，《第二届魏晋南北朝文学与思想研讨会论集》，文史哲出版社1993年版。

4　参见傅刚：《文选版本研究》下编《〈文选〉三十九类说考辩》，北京大学出版社2000年版，第268—275页。

5　平安大学寮所用《文选》底本一直继承了使用唐前传入的萧统编三十卷本的传统，讲学时则用注本。大学生在接受《文选》讲义时一般将所需记住的注语以及师说写入三十卷本之行间或写纸背，日本现存三十卷系统之九条本等残卷大都可归为此类。参见拙文《なぜ旧钞本文选に〈上文选注表〉が冠せられたのか—復原した〈集注文選〉序文の卷を手掛かりとして—》，九州中国学会编：《九州中国学會報》第48卷，2010年，第31—45页。

的线索。现将此篇目翻字转录于下表[1]：

1	《文选》篇目
2	赋诗离骚 歌诏令教 策表上书 启弹笺奏 书移檄难 对设辞序 颂赞符史 述论箴铭 诔哀碑志
3	上帙十卷 赋自第一讫第十之中诗始第十之终 中帙十卷 诗自第十一讫第十六之初　离骚在第十六之中　歌自第十六之终讫第十七之中终　诏策令教第十八表第十九　上书启弹事笺奏记第廿 下帙十卷 书自廿一讫廿一（按：旁注"二亻"）之初　移文檄难第廿二之中终　对问设论辞序第廿三　颂赞符命第廿四史　论述赞第廿五　论自第廿六讫廿八初　箴铭第廿（按：此处原文脱"八"字）之中　诔自第廿八之终讫第廿九之初　哀文第廿九之中　碑自第廿九之终讫第三十之初　墓志吊祭文第三十之中终
4	今案教次有秀才策文　箴初有连珠文　墓志次有行状文　又启在歌之终追可勘之
5	今私以本书检考时自周至梁八代撰集人一百三十人撰著篇数七百三十八首 赋五十六诗四百廿 骚一等 其体有三十三 赋 诗 骚 七 诏 策 令 教 表 书 启 弹 笺 奏(属表) 移 檄 难 设论 辞 序 颂 赞 符命 史论 连珠 箴 铭 诔 哀 碑 志 行 状 吊 祭

一

《经史历》所录古本《文选》目录考

《二中历》是镰仓某文人抄录平安末期文人三善为康、行康父子分别所著《掌中历》与《怀中历》而编成的一部辞书，也是平安末期乃至

---

1 按：表中文前数字为笔者翻字时所加，以便下文论述。此书之原卷现藏日本尊经阁文库，为镰仓（1192—1333）末期写本，现行世诸本据考均为此本之转钞本。前田育德财团曾在1937年将其影印出版（玻璃板，尊经阁丛刊丁丑岁配本，非卖品），此书之影印本其后又被收入尊经阁善本影印集成14—16卷，八木书店1997—1998年版。本文所用之底本为架藏1937年尊经阁丛刊丁丑岁配本。

室町时代文人修学时的一部非常重要的学习参考书，具有极高的史料价值。据川濑一马《古辞书之研究》一书的考证，《经史历》本来是《掌中历》中的一篇。《掌中历》则是三善为康于日本保安三年（宋宣和四年·1122）仿平安中期文人源为宪所编《口游》之体例，为平安大学寮中的贵族弟子所编的一部学习和汉政治制度以及文学史传的指南书。[1]根据《经史历》的总体例，可知其篇目之前先附总题（参见上表第一栏）；再用大学寮之定本前附目录编成口诀，以便于大学寮学生诵记，因此此处目录之排列顺序和原目录或稍有差异（参见上表第二栏）；其下标明此书之具体卷次，又将每卷分为卷初、卷中、卷终之三部分，详记各部分所抄录内容，以便查找，这一部分忠实地抄录了原书之具体编次与章节目录（参见上表第三栏）[2]；下便是记录三善为康自己所见异本（当是新传入的北宋刻本）之按语（参见上表第四栏）。最后一栏的"今私"一条文字则并非篇目之原文，而是镰仓某文人在编撰或转抄《二中历》时根据自己所用《文选》底本所加入的按语（参见上表第五栏）。也就是说，这份篇目至少反映了《文选》传入日本之初（三十卷古本）、平安中晚期（当两宋时期）、镰仓前期（当宋末元初时期）等三个不同时代版本变迁的大体面貌。

首先，可以看出在大学寮所用的三十卷古本之中，除了诗赋之外，

1　《经史历》被收入现存《二中历》之卷一一，同卷还收有《倭书历》。有关此书成书之经纬参见川濑一马：《増訂古辞書の研究》第一篇第三章第十四节《掌中历》，第202—209页；第十五节《怀中历》，第209—213页；以及同书第二篇第二章第一节《二中历》，第379—390页；雄松堂出版1986年版。有关这篇《经史历》所载书目之详细考证，可参考第五章中的相关考证。

2　诸如刊本中的卷上、卷中、卷下，古抄卷在一卷中也常被分为三部分以便利于开卷阅读。平安时期的这种将一完整的卷轴分为卷初、卷中、卷终的写法，一直延续到明治时期的写本之中。如福冈教育大学附属图书馆所藏明治三年钞本《佛山堂詩鈔初编》之最后一页还标有"佛山堂詩鈔卷之中终"。

其他的一些文体极有可能也被编入了次类。将上表第二栏的大目录与第三栏的小目录作一个比对，就可发现"志"包括了"墓志""吊文""祭文"三个次文体。这样一来，就不能排除萧统《文选序》中"凡次文之体，各以汇聚。诗赋体既不一，又以类分。类分之中，各以时代相次"一段乃是原有互文见义、总括全书之所有文体义例的可能性。对此，今后还有待于发现新的资料来作进一步的证实。[1]

其次，南宋本以下独立为大类的"七""策文（策秀才文）""册""连珠""行状"这五种文体，在三十卷古本中是不存在的。从第四栏三善为康按语可以明确看出，"策秀才文""连珠""行状"这三种文体是在其所见异本中才开始独立为大类，此异本将"策秀才文"列在"教"之后，"连珠"列在"箴"之前，"行状"列在"墓志"之后，这个安排与现存南宋诸刊本是一致的。但其将"启"调整到了"歌"之后，与现存诸本将"启"放在"上书"与"弹事"之间的体例又有所不同，可见宋宣和四年（1122）之前《文选》在上梓或传抄时其文体分类以及排次已经开始有所变化了。而且，从三善为康在按语文末最后一行小注下标上了"追可勘之"四字还可看出，这种分类尚未被三善为康所采用，因此他提醒见到此异本的人需要慎重。

于是，根据这份书目可知，萧统序中此文并非指"诗"以后的文体均属于"文"，而是指大文体之中也包括了一些次类。当然，笔者的这个观点还只是一个推测，因为不能完全排除第二栏之大目因需要便于诵

---

1 比如，李立信向"诠释、比较与建构：中国古代文学理论国际学术研讨会"所提交论文《再论〈昭明文选〉分三体七十六说》中指出，萧统序中此句应该理解为覆盖全文体例。其考云："这说明《昭明文选》原本的设计是先分体后分类，而历来的说法则只有提到三十九体或三十九类。也就是说，《昭明文选》原本是有体、类两个层次的，但宋以来将它混合为一，只有体，或只有类，而非像《昭明文选》原本的体、类并存。"李立信据此推断萧统原本"七"之前漏刻了与"赋""诗"并列的"文"体。

读而受到平安大学寮之博士家调整的可能性，待今后作进一步的证实。另外，如果这个问题得到落实的话，我们即可将其看作产生宋本文体分类混乱的重要原因之一。从时间来看，三善为康所见的这个异本当是北宋刻本。考刊本《文选》传入平安最早始于日本宽弘三年（宋景德三年·1006），宋商曾令文为贿赂藤原道长而献上的刊本《五臣注文选》，藤原道长立即将其献给了一条天皇。从《文选》刊刻史来看，曾令文所献的这部《五臣注文选》当是后蜀毋昭裔刊本（或是毋昭裔雕版之重印本）。藤原道长在亲笔日记《御堂关白记》中对此书多有记录，但未见其对此书之本文及目录有所叙录，或可推知此本之目录及文体分类与当时平安大学寮所用之三十卷本以及讲学所用的李善注本并无明显异同。否则，藤原道长以及正在编纂《集注文选》的大江匡衡必然对其有所叙录。[1]

那么，三善为康在按语中所记的又是哪一种本子呢？现知的北宋天圣四年（1026）平昌孟氏刊五臣注本、天圣七年国子监刊李善注本、元祐九年（1094）秀州州学刊六臣注本、政和元年（1111）广都裴氏刊六家注本、两浙刊五臣注本、明州州学刊六臣注本等北宋刻本的可能性应该都有。只是，平安史籍中全无此类宋刻本子传入的记录，可见其并非大学寮所用之定本，不外乎只是某一贵族家的秘藏本，没有得到大学寮学术上的承认。因此，三善为康认为其编次及文体分类还不足以替代平安旧三十卷古本，只是当作异本姑且录之。

从三善为康所叙录古本篇目的记载可以看出，"移""难"两体虽然在南宋以下诸本中没有被独立分类，但在三十卷本确实是被独立为两类大文体的。而在一定程度上保留了唐写本旧貌的《文选集注》残卷列有

---

1 有关《集注文选》为平安中期大学寮博士大江匡衡所编的详细考证，参见拙文《〈集注文選〉の成立過程について—平安の史料を手掛かりとして—》，九州大学中国文学会编：《中国文学論集》第38号，2009年，第49—61页。

"难"体，陈八郎本则保留"移""难"体，这也从实物上证明了这份书目的可信性。[1]其次，《文选篇目》所记古本对楚辞作品的归类与现存诸本有着根本上的不同。现存诸本都是将屈原的《离骚》《九歌》《九章》《卜居》《渔父》与宋玉的《九辩》《招魂》以及刘安的《招隐士》列入"骚"体，而将枚乘《七发》、曹植《七启》、张华《七命》列入"七"体，这在现时所见到的南宋以下诸本文献中均无不同。但在平安大学寮所用的三十卷古本中，"骚"体并不存在，而是以"离骚"为体，只收《离骚》单篇，其他作品则被总入到现存《文选》诸本所没有的"歌"体之中。书目中提到"歌"体共有三处，因此绝无一时笔误的可能。此外，梁初任昉所著《文章缘起》首列诗（细分为三、四、五、六、七、九言）、赋、歌、离骚这四大文体，顺序虽稍有不同，但与此处《文选篇目》所列古本的前四大类恰好一致。这些都可以表明，三善为康所叙

---

1 参见傅刚：《〈昭明文选〉研究》第二章第三节《〈文选〉的分类》，中国社会科学出版社 2000 年版，第 185—192 页。另外，从陈八郎本以外的诸本均不列"移""难"二体之事实来看，无论是尤刻本还是奎章阁本，均已是宋人调整之后的本子了。而陈八郎本则极有可能是一个从旧本过渡到南宋诸刻之祖本的一个中间本。对此，也有待发现新资料作进一步考察。而且，宋刻诸本《文选》之目录、文体分类以及作品排次上极有可能因出版地点的不同而存在着一些差异。譬如晁公武《郡斋读书志》卷二〇著录李善注《文选》云："右梁昭明太子萧统纂。前有序，述其所以作之意。盖选汉迄梁诸家所著赋、诗、骚、七、诏、册、令、教、策秀才文、表、上书、启、弹事、笺、记、书、移、檄、难、对问、议论、序、颂、赞、符命、史论、连珠、铭、箴、诔、哀辞、碑志、行状、吊、祭文，类之为三十卷。"据孙猛：《郡斋读书志校证》，上海古籍出版社 1990 年版，第 1054 页。王应麟《玉海》卷五四引《中兴书目》"文选"条则云："《文选》，昭明太子萧统集子夏、屈原、宋玉、李斯及汉迄梁文人才士所著赋、诗、骚、七、诏、册、令、教、表、书、启、牋、记、檄、难、问、议论、序、颂、赞、铭、诔、碑志、行状等为三十卷（与何逊、刘孝绰等选集），李善注析为六十卷。"江苏古籍出版社、上海书店 1987 年版，第 1017 页下。过去学者一般认为，这两份书目乃是撰书者所记不全，但实际上并不能排除其所见卷前目录本来就是这样的原因。

录的这份三十卷本古目极有可能保留了萧统原编旧貌。[1]也就是说，《文选》晚至隋唐时代，虽出现了不同的注本，且在本文文字以及作品的排次上也存在着许多异同，但其大致的文体框架还是没有多大的出入。[2]这还可以以三善为康在《经史历》之前曾注明当时平安大学寮所用的经典史籍均已曾参校过唐末五代摺本一事为证。[3]《文选》开始出现文本之大框架以及文体编目上的混乱，基本上可以断定为入宋以后的事了。

二
从《经史历》之记载来看钞刊《文选》文体分类之变迁

《文选》很早就传入了日本，据日本学者考证，圣德太子于推古天皇十二年（隋仁寿四年·604）作《十七条宪法》，已经引用了《文选》中的相关语句，由知萧统所编三十卷本至少在隋以前就传入了平安，并为当时的皇家贵族所习读引用。李善注传入之后，独掌《文选》纪传道的大学寮菅原家以古三十卷本为底本加授李善注，这种现象一直延续到十世纪初期。此后，菅原家逐渐走向衰落，大学寮大江家接掌讲授诠释《文选》大权。当时的大江家掌门人大江匡衡奉一条天皇之命，总汇唐代旧注，并加上自己所校的按语，写成了《集注文选》一书。《文选》注释之讲授也由李善一家扩展到公孙罗、陆善经、五臣等唐人旧注。但

1　关于《文选》之文体观主要来自《文章缘起》，傅刚有详细的论考，参见其《〈昭明文选〉研究》第二章第二节《〈文选序〉对文体的认识》，中国社会科学出版社2000年版，第181—185页。

2　从九条本卷一四校语可知，此卷乐府诗的排次五家本、音决本、摺本、或本均有出入。参见山崎诚：《中世学问史の基底と展開》第四章所收《式家文選学一斑—文選集注の利用—》，和泉书院1993年版，第411—444页。

3　参见本书第五章之相关考证。

要注意的是，此时大学寮的学生所用之底本依旧为三十卷白文本，因此，隋前所传入的三十卷系统本一直在平安大学寮薪火相传。[1]而此《文选篇目》所记三十卷本分上、中、下之三帙的记录，正与平安古文书中有关萧统编三十卷本的叙录一致，由此也可证明此篇目保留的确是隋前传入平安三十卷本的旧貌。[2]且《文选》在平安中期被列为"大经"，从而在律法上保证了其至高的经典地位，因此，平安博士家断不会擅自调整原文体例。又，从《掌中历》一书的传承史来看，此书一直倍受平安镰仓文人重视，从另一侧面反映出其在资料叙录上的可信性。其实，从《文选篇目》的抄卷的体例上也可看出这一点。如"书自廿一讫廿一之初"之"讫廿一"明显为误写，转抄者并没有直接改为"讫廿二"，而是在"一"之旁注"二イ"。"イ"为日本古抄卷中的一个校勘用的专用符号，相当于中国书志学中的"异本"之意。这个符号告诉我们，转抄者曾参校过别本，知道此处纯属误抄。但即便如此，转抄者也不是对原文予以直接校改，而是依惯例在行间注出文字异同以及文本依据。这便足以反映出转抄者态度之严谨，亦可看出这份抄卷屡经校勘，不可能出自某一文人的捏造。其次，从三善为康与转抄者另加"按语"对所见异本进行叙录，也可反推出篇目所记三十卷本的详细内容乃中世日本文人之基本常识，其本文不容私自改窜。

另外，值得注意的是，根据上表第5栏中所附镰仓中晚期无名氏的按语，可以看出此人还架藏了一部与三十卷古本、三善为康所记异本不

1　《日本国見在書目録》中亦明确载有"文选三十昭明太子撰"，由知萧统撰三十卷《文选》至少九世纪末在平安大学寮中仍有传承。宫内厅书陵部所藏室生寺本影印本，名著刊行会1996年版。

2　参见拙文《〈集注文選〉の成立過程について—平安の史料を手掛かりとして—》及《なぜ旧鈔本〈文選〉に〈上文選注表〉が冠せられたのか—復原した〈集注文選〉序文の卷を手掛かりとして—》中的相关考证。

同的文本。此本一是用"七"代替"歌"，将"离骚"改为"骚"；二是将"吊""祭"独立为大类，同时删去"对问"（但没有将"秀才策文（即策秀才文）"独立为一大类）；三是将"史论""史述论""论"三体归入"史论"。然而，从"赋五十六、诗四百廿、骚一等"的注语中可以看出，调整之后《文选》立目之中，文体之"离骚"虽然变成了"骚"，但还是继承了古本只收《离骚》一篇的安排。"歌"体虽然不再存在，原属此体的作品则全部被归入到新立的"七"体中。这个本子与萧统原编本和南宋本都有所不同，当是从萧统原编本过渡到现存南宋诸本一个重要的中间文本。由于镰仓幕府大力推崇宋学，曾在南宋末期派船到大陆购入大批宋书藏于金泽文库，[1]所以此本也极有可能是南宋末期所购入两宋本中的一种。由此我们可以确认，在宋刻本中，无论是李善注本还是五臣注本，六臣注本还是六家注本，曾出现过多种我们未知的文本，现存诸本可以说只是其中之一而已。

或有学者会问，如果这份书目所列文体分类保留的是隋前萧统原编三十卷旧貌的话，为何今存《集注文选》卷六三标有"骚一屈平离骚经一首"，卷六十六标有"骚四宋玉招魂一首刘安招隐士一首"，卷六八标有"七二曹子建七启八首"，卷七十一卷目以及卷中标有"策秀才文上王元长永明九年策秀才文"呢？这在上文也谈到过。据笔者所考，《集注文选》并非过去学界所认为的唐钞本，而是十二世纪初期大学寮博士大江匡衡奉一条天皇之命，以李善注六十卷本再总合唐代旧注所编撰而成的一个汇注本。而且，现存《集注文选》残帙，除卷七残页、卷八、卷九（均存东山文库）可以推定为源有宗写校本以外，其他残卷均为幕府时期的金泽文库旧藏镰仓转钞本。日本古钞本之中镰仓时期以后的转钞本，特别是加有训读的本子，时有根据新传入的宋刻本进行调整的现

1　参见本书第八章中的相关考证。

象，这已是日本旧钞本研究中的一个常识。[1]因此，无论从时间来看，还是从当时的学术大背景来看，这份古书目都要比后出的旧钞本更可信。

有关镰仓钞本《集注文选》曾根据宋刻本对体例进行过一些调整的问题，笔者拟作专文予以考证。在这里可以提供二则旁证，即同藏于金泽文库的镰仓时期旧钞本、与《文选》相提并论为平安大学寮之"大经"的《白氏文集》，亦存在着根据宋本对旧本作品进行调整的现象。静永健曾指出，其卷六十五所收《咏老赠梦得》诗，根据东京国立博物馆所藏旧钞本卷六十六可以确认，原本是收于卷六十六之末倒数第四首。静永健还在对金泽文库本的实物调查中发现，金泽本写入此诗的纸张与其他纸质相异，乃日本嘉祯二年（1236）第二次校勘时据"摺本"所补入。[2]另外，据笔者所考，其直接继承了慧萼抄南禅院七十卷本系统的卷一二也被镰仓文人根据宋刻《白氏文集》进行了篡改，删除了包括原附于《长恨歌》之前的序文以及其他五十六首感伤诗，再书入陈鸿的《长恨歌传》。[3]这两则例子都可以说明镰仓室町时期由于过分追求宋风，崇拜宋刻本之权威，以致出现了平安时期旧抄卷中所没有的以刊本乱钞本的现象。

而保留了三十卷系统大貌的九条本，则更不能以一个单一的、完整的本子看待。现存二十二卷虽属于三十卷无注系统本，但其各卷之所据底本不一，传抄时间（抄于1099—1343年）跨度又极大，有待于作进

---

1 如山崎诚《中世学问史の基底と展开》之《终章—邦儒の注释活动とその意义—》所归纳的四种日本古钞本基本形态之第二种即指出："古伝のテキスト本文を、宋版などの新来のテキストで校合・改变する（古传抄卷之底本根据新传来的宋刻底本进行校合、改编）。"和泉书院1993年版，第925—932页。

2 参见静永健：《东京国立博物馆藏古笔残卷〈白氏文集卷六十六〉の本文について》，《日本中国学会报》第55集，2003年，第226—239页。

3 参见拙文《新校〈白居易传〉及〈白氏文集〉佚文汇考——以日本中世古文献为中心》，《文学遗产》2010年第6期，第9—19页。

一步的论考。细考其所存残帙，虽然不多，但部分卷帙无论是在文体分类还是在本文上已经受到了宋刻本的一些影响。如抄写于1343年的卷十八，其文前所列目录中，"策秀才文"旁有小字注"文扌"，"扌"为"摺"本（刻本）之略写，将"策秀才文"列为"文"的恰好就是明州刊本《六臣注文选》。又，文前所列目录虽标明"七下张景阳七命八首"，但前卷十七"七发"之前没有书入"七上"，现有"七上"之文字乃后人用淡墨（或朱墨）书入的补注。这里就存在着两种可能性：一是书写之时遗落了"七上"小目；二是其所据宋本在调整文体分类之时，只对文前之大目录进行了调整，因此出现了卷内之小目没有得到完全调整的现象。再如卷一四卷中小题"古乐府"之"古"字左旁加以小圆点，下注"本无"，也就是说，平安古本中小题原为"乐府"，"古"字乃后人据宋刻本所加入的。凡此种种，都告诉我们，不能单据此本断定萧统编《文选》时就立有"七"体。

其实，镰仓以后旧钞本经常根据宋刊本对语句中的虚词作一些调整，这在九条本中不难找到明证。如据1299年之祖本转抄的卷三《吴都赋》之"累积而增益"句"而"字旁有小字注"本无扌 ナ"，"ナ"为"有"的略写符号，此行旁注意为"底本（古三十卷本）没有，摺本有"，也就是说，此处本文之中的"而"字，平安旧抄三十卷本原本是没有的，是后人据宋刻本补入的。过去我们常常不分时期地认为日本旧钞本均是一成不变地保留了唐钞本面貌，这其实是个严重的误解。平安时期由于追崇唐风，因此抄卷的确都比较忠实地再现了唐抄面貌，但镰仓以后的转钞本，由于学术思想的大幅度转型，许多转抄卷本文之文字虽然还是坚持了旧抄系统（因为本文的文字改变必然会对过去大学寮博士所加的训读有所否定，其对本文之调整多限于一些没有实际意义的虚字或原文难解之处）[1]，但在体例上往往迎合流行的宋刻进行调整。特别是考虑到我们现在所见的加点旧钞本大都属于当时授课用的教本这一事实，这种迎合宋风的改动是完全可以理解的，甚至可以说是必然的。

另外，山崎诚曾将《经史历》所录三十卷古本《文选》排目与九条本存卷以及杨氏观海堂本《文选》存卷排列成一览表。[2]由此可以清楚地看出，尤论是九条本，还是观海堂本，至少在文体分类以及卷帙构成上，都已部分失去了萧统原编《文选》的古貌。由此可以再次断定，宋刻《文选》无论在体例上还是编次上均存在着多种异本，已经产生了较大的混乱。而这一混乱现象，直到南宋才逐渐统一为现今所知的三十七体的文本之形态。

三
尊"骚"：萧统编纂《文选》的一大出发点

上文已经指出，平安大学寮所用的继承了唐前三十卷古本《文选》与南宋以后各本最大的不同之处就是对楚辞作品的处理，一是将《离骚经》单收于《离骚》之中；二是将其他作品归入"歌"类。现存北宋以下诸本（包括日本现藏的一些旧钞本），均在"赋""诗"之后设有"骚"与"七"二体。由于后者并没有出现过版本上的异同，因此大家

1　由于旧钞本的本文文字已经广泛地被平安古典文学所采用，如旧钞本《长恨歌》的文字被《源氏物语》所引用，因此，后世文人一般采取在旧钞本文文字旁标明与新传入刻本所校合的文字异同，而不会轻易改动原来文字。相关考证可参考静永健：《平安文人たちと〈白氏文集〉》，载《アジア遊学93漢籍と日本人》，勉诚出版2006年11月号，第57—67页。

2　参见山崎诚：《中世学問史の基底と展開》，和泉书院1993年版，第422—424页。

也就不怀疑，这种分法是否符合萧统当时的文体观念。其实，汉代以来那些推崇《离骚》的学者大都将《离骚》列于楚辞之外。如王充《论衡·变动》云："《离骚》《楚辞》凄怆，孰与一叹。"刘安《离骚传》云："《国风》好色而不淫，《小雅》怨诽而不乱，若《离骚》者，可谓兼之矣。"王逸《楚辞章句》将《离骚》列为"经"，《序》曰："夫《离骚》之文，依托'五经'以立义焉。"《离骚序》又曰："《离骚》之文，依《诗》取义。"[1]《离骚》获得了继承《诗经》传统的地位而远在屈原其他作品之上。

此外，汉以来学者通常不把《离骚》同《九歌》《九章》《卜居》《渔父》与宋玉《九辩》《招魂》以及刘安《招隐士》通称为"骚"。司马迁《史记·屈原贾生列传》云："太史公曰：余读《离骚》《天问》《招魂》《哀郢》，悲其志。"[2]均列单篇之名，并未采用"骚"的通称。东汉梁竦作《悼骚赋》，与班彪作《悼离骚》一样，其"骚"亦专指《离骚》。六朝时"风""骚"并称，如《宋书》卷六七《谢灵运传论》云："是以一世之士，各相慕习，原其飙流所始，莫不同祖《风》《骚》。"又钟嵘《诗品序》云："夫四言，文约意广，取效《风》《骚》，便可多得。"[3]他们说的"骚"，即使不能完全断定单指《离骚》，但肯定不可能包括宋玉、刘安的作品在内，因为这些作品从来没有取得能够与《诗经》相提并论的地位。因此，在当时应当不会出现以"骚"为体并收屈原、宋玉、刘安等人作品的现象。黄侃在《文心雕龙札记·骚第五》云："惟昭明选文，以《楚辞》所录为骚，斯为大失，后之览者，宜悉

1　本文所引《楚辞》关联的文献材料，除个别外，均据《楚辞评论集览》，湖北教育出版社2003年版，第13、2、23—24页。

2　《史记》卷八四，中华书局1959年版，第2503页。

3　《宋书》卷六七，中华书局1974年版，第1778页；《楚辞评论集览》，湖北教育出版社2003年版，第2页。

其违戾焉。(注)《楚辞》是赋,不可别名为骚。《离骚》二字,亦不可截去一字。纪评至谛。"¹亦指出梁陈之前并无将"骚"称《楚辞》之习惯。只是黄侃没见过这份古书目,不知《文选》将楚辞归入"骚"体乃宋人改窜,因此在点评之中将错误全部归罪于萧统。

以"骚"通称楚辞诸作品,当是基于《楚辞》属于"辞赋"的这种文体观,刘勰的《辩骚》反映的就是这一观念。在《文心雕龙》中,"七"也被刘勰立为"杂文"中一体。这大概就是后世调整《文选》文体分类的依据所在。但问题在于,萧统的文体观是否源于刘勰呢?这一点今人已经指出,《文选》之编撰实际上和刘勰没有太大的关系,其核心的文体观念乃源出任昉的《文章缘起》。²而任昉正是把《离骚》独立为一体的。后世对《文选》的文体分类的调整,其实是没有理解萧统编撰《文选》将"离骚""歌"独立为两体的真正意图。

汉以来,人们对屈原作品的评价有较大的分歧,比如扬雄、班固的态度就与刘安、王逸不同。批评者固然不认可《离骚》的经典地位,而尊崇者则主要是把它纳入《诗经》的传统中立言。我们现在是把《离骚》看作中国古典文学的一个重要源头,这在以属于中原文学范畴的《诗经》为正宗的时代,是很难被承认的观点。而且,统一的时代,在意识形态上也没有分出两个文化源头的必要。西晋的皇甫谧在《三都赋序》中仍然延续了汉代的观点,将《楚辞》视为《诗经》之支流。东晋之后,进入南北对峙的时代,在观念上就产生了南北文化之别。比如南

1　《文心雕龙札记》,吴方点校本,中国人民大学出版社2004年版,第21页。范文澜《文心雕龙注》卷一《辩骚》题注云:"《文选》亦于赋外别标骚目,其实骚非文体之名。"亦认为不宜以"骚"作一文体名。人民文学出版社1958年版,第48页。

2　如清水凯夫就从许多角度论证过《文选》与《文心雕龙》并无多大关联,见其著《新文选学》所收相关论考,东京研文社1999年版。傅刚在《〈昭明文选〉研究》一书《导言》中也明确提出:"《文选》与《文心雕龙》没有太大的关系,其文体观主要来自任昉《文章缘起》。"中国社会科学出版社2000年版,第14页。

下的北方世族看不起南方世族。在此时代背景之下，沈约、刘勰、钟嵘等人先后提出"风""骚"并列的观点，就不能不有深刻的历史意义。在我们看来，其中蕴涵着确立南北文学独立源头的动机。萧统对"赋""诗""离骚""歌"这四种文体的处理，更明白地显示出重建文学乃至文化发展谱系的意图。《诗经》作为"经"，自然不在萧统的编选范围内，所以我们不能说《离骚》的地位比《诗经》更重要，但就"文"的系统上看，《离骚》作为源头的独立地位已经十分明确地被确立起来了。萧统的这种文体观间接地反映出了南北分裂形势下南方朝廷的文化诉求，即不再单一尊奉发源于中原（西晋之后便一直被北方国家所占据）的《诗经》为唯一的文学源头，作为一个独立的南方朝廷在文化承续上有其独特的根源。也就是说，萧统在《文选》中所建构的文体系统，实质上是要为南方文学建立一个独自的源流，以此来强调南方文学的独立性和正统性。我们知道，萧梁朝廷已经彻底失去了东晋王朝那样的重新入主中原的野心，据户川贵行考证，元嘉二十七年（450）刘宋文帝北伐失败之后，在军事上彻底变成了劣势。以此为分水岭，南朝政权中的精英分子开始建构一个以江南为中心的天下观的新政治理念，这种尝试具体反映到开始于刘宋孝武帝的以建康为天下之中心的"明堂"礼制改革上，虽然以后的历代政权偶有光复中原之心愿，但其主要的国家运营理念则是继承了以江南为天下之中心的"明堂"制度。[1]毫无疑问，这种新"明堂"制度的建构，一方面需要整理出一套与占据中原的北方国家相抗衡的文化政治理论，奠定自己作为南方朝廷的正统地位；另一方面亟须彻底摆脱东晋"偏安（非正统）"的阴影，树立南方朝廷在文化上的自信。这样，屈原的《离骚》以及承续古代南方文学系统的

---

1 参见户川贵行：《東晋南朝における天下観について―王畿、神州の理解をめぐって―》，日本六朝学术学会编：《六朝学術学會報》第十集，2009年，第35—49页。

《楚辞》，便理所当然地成为南方朝廷的最佳文化选择。[1]

其实，萧统在《文选序》中对这种试图树立以屈原为南方文化源头的构想已经有过明确的阐述，其文云：

> 尝试论之曰：《诗序》云："诗有六义焉，一曰风，二曰赋，三曰比，四曰兴，五曰雅，六曰颂。"至于今之作者，异乎古昔，古诗之体，今则全取赋名。荀、宋表之于前，贾、马继之于末。自兹以降，源流实繁。述邑居，则有"凭虚""亡是"之作，戒畋游，则有《长杨》《羽猎》之制。若其纪一事，咏一物，风云草木之兴，鱼虫禽兽之流，推而广之，不可胜载矣。

萧统虽然首先陈述了《诗经》之不可替代的经典作用，但同时又指出"至于今之作者，异乎古昔"，可见其更想强调突出的乃是文学传统上已经发生了古今之变。对于这句话，五臣刘良注有过非常精确的阐释，其云："言今之述作者，诗赋殊体，不同古诗。随志立名者也。谓班固云'赋者，古诗之流'。"俞绍初又进一步指出："此言古之赋，为古诗六义之一，而今所作之赋，则自成一体，纯取赋之名而不用古诗之义，故古今之不同也。"[2]也就是说，萧统在这里明确指出汉赋并非源自《诗经》。那么，汉赋之源流又在哪里呢？萧统认为，屈原的《离骚》才是赋之真正的源头，因此，他在《文选序》中接着写道：

---

1 其实，在之前也存在着与此极为相似的文学思潮，这可以上溯到刘安为《离骚》作传，不能排除其没有彰显自己封地淮南之文学传统的意图。而作《楚辞章句》的王逸出身南郡宜城（今属湖北），官至豫州刺史、豫章太守，也具有浓厚的南方背景。

2 《六臣注文选》，《四部丛刊》缩印本第399册，第2页下；俞绍初：《昭明太子集校注》之《文选序》注⑩，中州古籍出版社2001年版，第168页。

又楚人屈原，含忠履洁。君匪从流，臣进逆耳。深思远虑，遂放湘南。耿介之意既伤，壹郁之怀靡愬。临渊有怀沙之志，吟泽有憔悴之容。骚人之文，自兹而作。

"骚人之文"，五臣张铣注云："原于是著《离骚》。离，别也；骚，愁也。"[1]也就是说，至少在唐人眼中，萧统的"骚人之文"，乃是专指《离骚》。萧统为我们展示了一条不同于班固等北方传统文人所构建出来的"《诗经》→汉赋"的文学传统，构建出了一个"《离骚》→汉赋"的新的文学谱系，不再将《诗经》视为有传承的古典，反将《离骚》摆到了一个至高无上的地位。

那么，不同于"赋"的"诗"之源头又在何处呢？对此，萧统接着写道：

诗者，盖志之所之也，情动于中而形于言。《关雎》《麟趾》，正始之道著；桑间、濮上，亡国之音表。故《风》《雅》之道，粲然可观。自炎汉中协，厥涂渐异。退傅有"在邹"之作，降将著"河梁"之篇，四言五言，区以别也。又少则三字，多则九言，各体互异，分镳并驱。[2]

这样，萧统再次沿承了其在上文构建"《离骚》→汉赋"之新文学谱系的理论方式，即首先强调《诗经》之至尊地位不可动摇，但接着又云"自炎汉中协，厥涂渐异"，指出汉中协以后的文学传统中，《诗经》传统同样已被断裂。对于这段话，五臣李周翰先注云："汉火德，故称

1　《六臣注文选》，《四部丛刊》缩印本第399册，第2页下。
2　以上所引《文选序》，见第1页下—2上。

炎。武帝居十二帝之中，故称中协。言文章渐殊于古。退傅，谓韦孟，傅楚元王孙，代作四言诗讽王，自此始也。降将，谓李陵降匈奴，苏武别河梁上，作五言诗自此始也。是区分也。"吕向后注云："文始：'三字，起夏侯湛。九言，出高贵乡公。'言此已上，各执一体，互有兴作，亦犹镳辔虽异，驰骛乃同。"[1]俞绍初对前一李周翰注补充云："任昉《文章源起》曰：'四言诗，前汉楚王傅韦孟谏楚夷王戊诗。五言诗，汉骑都尉李陵与苏武诗。'昭明与昉所言相合。"对后一吕向注补云："任昉《文章源起》曰：'三言诗，晋散骑常侍夏侯湛所作。''六言诗，汉大司农谷永作。''七言诗，汉武帝柏梁殿联句。''九言诗，魏高贵乡公所作。'其说四言、五言诗，已见上注，惟未言及八言诗。按昭明所言，乃是炎汉以降诸体之诗，与任昉立意相合。或以昭明所说三至九言诸体之诗，一一在《诗经》中找到相应句式证明之，则难免圆凿方枘，违其本意远也。"[2]通过俞绍初的补注我们可以进一步清楚地看出，萧统一是在《文选序》中明确提出了《诗经》传统的断裂，二是其直接继承了任昉的文学观念。换句话说，就是反映出了当时宫廷的主流思潮。

我们还必须注意到，萧统没有强调《离骚》为《诗经》之支流的传统观点，而是建立了一条新的文学发展谱系，即文由《离骚》始（这是一个萧统新构建出的文学观点），赋承《离骚》出（这是一个已有的传统的文学观点）。[3]在这篇序中，萧统在反复强调原有传统政治文化观念中"尊经"的观念的同时，也明确指出，被中原政权所奉为文化思想之

1　《六臣注文选》，《四部丛刊》缩印本第399册，第3页上。

2　俞绍初：《昭明太子集校注》之《文选序》注20与注21，中州古籍出版社2001年版，第171页。

3　程章灿：《魏晋南北朝赋史》第一章在考辨"赋"之渊源时指出："总之，赋体近师屈、荀，而究其渊源，则是楚地民间通俗文学和楚文化的氛围。"江苏古籍出版社1992年版，第10页。

源头的《诗经》等经典的传统，实际上在汉代就已经断裂了（《文选序》明言指出不收"经"，恐怕就有这些作品已经成为古典，失去了现实创作典范的意图）。此后的文化源流均是来自以《离骚》为代表的《楚辞》文化。这样的话，《离骚》就被置于一个独立而至尊的地位。《文选》先收"赋"，再收"诗"，其后立"离骚"收《离骚经》一篇来挑明"赋""诗"之源头，就和《文选序》的这段话基本对应了。用这种从政治意识和文化观念上的方法来解读萧统所重构的文学发展谱系，我们就可以清楚地看出，发源于南方的楚辞系统，不仅具有独立的发展源头，而且北方区域的文学（比如汉赋）也在其影响之下，成为其支流。那么，视南方文学（以《离骚》为代表）为北方文学（以《诗经》为代表）之支流的观点，也就被颠覆了。以此说来，南方朝廷在文化上就可以摆脱"附属"和"偏安"的心理阴影了。如上文所考，这种新文化系谱的构建，恰恰是与南朝政权所推行的以"建康"为天下之中心的新国家理念的改革之时代主潮完全吻合。[1]

1　对于南朝政府的这种政治动态，我们还可以从北方文人的一些批评言辞中找到反证。比如，颜之推的《颜氏家训》卷四《文学》中对屈原、宋玉人格上的批判。现在，还没有直接的证据可以证明颜之推曾经读过《文选》，但其在《文学》篇中对入选《文选》的文人君王的酷评，显然不是无的放矢。而且在篇头提出的"夫文章者，原出'五经'：诏命策檄，生于《书》者也；序述论议，生于《易》者也；歌咏赋颂，生于《诗》者也；祭祀哀诔，生于《礼》者也；书奏箴铭，生于《春秋》者也"一段，重申中原文学之正统权威，正是对萧统《文选序》观点之反驳。另外，我们还要注意到颜之推的这段话提到了"歌"体，可以看出"歌"体已确实是当时的一大文体。见王利器：《颜氏家训集解》卷四，上海古籍出版社1980年版，第221页。

"歌"体之再建：凸显南朝宫廷音乐的独自源流

笔者推测，萧统不将《离骚》列于篇首而将其放在"诗"体之后，还有一个重要的目的，就是要通过确立《离骚》承上启下的地位，构建出一个南朝宫廷音乐的独自源头，或许这就是他立"歌"体的动机所在。

任昉《文章缘起》也列有"歌"体，并说"荆卿作《易水歌》"。不过，这里"歌"体还是属于传统"楚歌"的范畴。[1]萧统则将《九歌》《九章》《卜居》《渔父》《九辩》《招魂》《招隐士》《七发》《七启》《七命》等作品都列入"歌"体之内。可以说，这是一种颠覆传统文体观的大胆革新。众所周知，六朝以前对于《楚辞》的传统认识大致可以归结为两大点，一是汉赋之源头，属于赋体；二是只可"诵"不可"歌"。[2]萧统则突破了这种传统认识，一方面将《离骚》以下的楚辞作品从"赋"类独立出来，另一方面又将其区别于作为"诗"之次类的"乐府"。其目的就是要建立一个独自的宫廷音乐的流派和传承，确立以《楚辞》为源头的南方音乐即"吴歌西曲"的正统性。还要强调的是，将《楚辞》作品与"歌"联系起来还并不只是萧统的一家之言，譬如刘勰在《文心雕龙·乐府》中说到"延年以曼声协律，朱马以骚体制歌"。[3]只是刘勰将这种用"骚体"所制成的"歌"归入"乐府"传统之

1　《史记·项羽本纪》"四面皆楚歌"句集解引应劭曰："楚歌者，谓《鸡鸣歌》也。汉已略得其地，故楚歌者多。鸡鸣时歌也。"正义引颜师古云："楚人之歌也，犹言'吴讴''越吟'。若鸡鸣为歌之名，于理则可不得。云'鸡鸣'，时也。高祖戚夫人楚舞自为楚歌，岂亦鸡鸣时乎？按：颜说是也。"第333—334页。标点有改动。

2　《汉书》卷六四下《王褒传》：宣帝"征能为《楚辞》九江被公，召见诵读"。中华书局1962年版，第2821页。《太平御览》卷八五九引《七略》曰："宣帝诏征被公，见诵《楚辞》。被公年衰，母老，每一诵，辄与粥。"中华书局1960年版，第3815页下。

3　范文澜：《文心雕龙注》，人民文学出版社1958年版，第101页。

中。而这个观点是希望从中原之文化系谱摆脱出来的萧统无法接受的，与处理"赋"与楚辞的关系一样，萧统不是把这一源自吴楚的音乐归入"乐府"，而是选择了将其独立为一个大体。[1]

至于萧统将"七"体并入"歌"体之内，可能是以经学中的"七音八风九歌"之说为依据。刘勰将"七"归入"杂文"，是独立的文体，这是近代学者坚持《文选》原有"七"体的最重要的理论根据。实际上，在这个问题上，古代学者并非没有分歧。《文章缘起》"七发，汉枚乘作"条下陈懋仁注云："七，对问之别，为楚骚、七谏之流。后遂以'七'为文之一体。勰曰：'七窍所发，发乎嗜欲。始邪末正，所以戒膏粱子也。'"方熊补注云："古人戒册用'九'与'七'。屈子《九章》《九歌》，《孟子》《庄子》七篇命名。按'七'者，文章之一体也。词虽八首，而问对凡七，故谓之'七'。则'七'者，问对之别名，而楚词七谏之流也。盖自枚乘而撰《七发》，而傅毅《七激》、张衡《七辨（辩）》、崔骃《七依》、崔瑗《七苏》、马融《七广》、曹植《七启》、王粲《七释》、张协《七命》、陆机《七徵》、桓麟《七说》、左思《七讽》，相继有作。"[2]他们虽然不反对视"七""九"为文章的一体，但总体上还是把它们看作是"戒册"一体，也就是说，并不主张将其独立为一体。而陈懋仁、方熊等人在不知道三十卷本《文选》原是将"楚辞"作品与"七"体作品归为一类的前提下提出这种观点，也说明了这种认识具有超越时空的合理性。其实，李善对这个问题也有所言及，只是在过去的研究中没有得到应有的重视而已。现存李善注本虽将"七"独立为一大文类，但在卷三十四《七发》文题之下，李善注云："七发者，说

1　不能忽视的是，《文章缘起》所列"歌"类的代表作是荆轲的《易水歌》，还没有直接与《楚辞》挂钩，但任昉将"歌"视为一个独立文体的做法无疑直接影响到了萧统。萧统归《楚辞》为"歌"的做法可以视为对任昉文体观的有批评的发展。

2　《文章缘起》，《文渊阁四库全书》第1478册，第228页上。

七事以起发太子也。犹楚词七谏之流。"明确指出了"七体"文章应被归入楚辞作品之类。也就是说，唐代李善注本当还是保留了萧统原编本之将《九歌》至《七命》同归为一大类的体裁，因此，李善才会在此注出"七"与楚辞作品之关系。

那么，前文提到过，我们认为萧统之所以要建构一个以《楚辞》为源头的"歌"体谱系，是想为作为南朝宫廷音乐的"清商新声"正本清源。[1]其实，单就音乐本身来说，早在三国时期吴楚地方音乐就已经取得了很高的成就。如左思在《吴都赋》中写道：

> 士遗倦，众怀欣。幸乎馆娃之宫，张女乐而娱群臣。罗金石与丝竹，若钧天之下陈。登东歌，操南音。胤阳阿，咏緧任。荆艳楚舞，吴愉越吟。翕习容裔，靡靡愔愔。若此者，与夫唱和之隆响，动钟鼓之铿耾。有殷坻颓于前，曲度难胜。皆与谣俗计协，律吕相应。其奏乐也，则木石润色；其吐哀也，则凄风暴兴。或超延露而驾辩，或逾绿水而采菱。军马弭髦而仰秣，渊鱼竦鳞而上升。酣湑半，八音并。欢情留，良辰征。鲁阳挥戈而高麾，回曜灵于太清。将转西日而再中，齐既往之精诚。

但是，当要用这些音乐来代替已经有题无调的汉魏乐府作为南朝国家庙堂之正声的时候，即使是宋齐时期的南朝内部也有人不断对其正统性质疑。即便如此，南朝的统治者们还是很清楚地认识到，如果要真正地建立起一个以江南为天下中心的新国家理念，其"明堂"之中绝对不可

---

1 王运熙指出：清乐可分为汉魏旧乐与六朝新声。汉魏旧乐主要为相和歌辞，而楚声又在相和歌中占有非常重要的地位；六朝新声主要指吴声歌曲、神弦歌、西曲、江南弄、上云乐、雅歌，而这些主要源自江南的民乐。参见其《乐府诗述论》中编《清乐考略》，上海古籍出版社2006年版，第195—224页。

缺少本土传统音乐的支持。正是在这个时代大背景之下，萧统编撰《文选》时，就不能不承担起为宫廷音乐找到正统源头的责任。虽然这个问题仍需作进一步的考证，但是至少我们不能否认一个史实，即在萧统之后，吴歌西曲便迅速地取得了其作为宫廷音乐的正统地位。陈释智匠《古今乐录》明确将吴歌西曲归为"歌"体便是一个有力的佐证，其文云：

　　吴声歌，旧器有篪、箜篌、琵琶，今有笙、筝。其曲有《命啸》《吴声》《游曲》《半折》《六变》《八解》。《命啸》十解，存者有《乌噪林》《浮云》《驱雁归湖》《马让》，余皆不传。吴声十曲：一曰《子夜》，二曰《上柱》，三曰《凤将雏》，四曰《上声》，五曰《欢闻》，六曰《欢闻变》，七曰《前溪》，八曰《阿子》，九曰《丁督护》，十曰《团扇郎》。并梁所用曲。《凤将雏》以上三曲，古有歌，自汉至梁不改，今不传。《上声》以下七曲，内人包明月制《舞前溪》一曲，余并王金珠所制也。《游曲》六曲：《子夜四时歌》《警歌》《变歌》，并十曲中间《游曲》也。《半折》《六变》《八解》，汉世已来有之。《八解》者，《古弹》《上柱古弹》《郑干》《新蔡》《大治》《小治》《当男》《盛当》，梁太清中，犹有得者，今不传。[1]

　　西曲歌，有《石城乐》《乌夜啼》《莫愁乐》《估客乐》《襄阳乐》《三洲》《襄阳踏铜蹄》《采桑渡》《江陵乐》《青阳渡》《青骢白马》《共戏乐》《安东平》《女儿子》《来罗》《那呵滩》《孟珠》《翳乐》《夜度娘》《长松标》《双行缠》《黄督》《黄缨》《平西乐》《攀杨枝》《寻阳乐》《白附鸠》《拔蒲》《寿阳乐》《作蚕丝》《杨叛儿》《西乌夜飞》《月节折杨柳歌》三十四曲。[2]

1　《乐府诗集》卷四四，中华书局1979年版，第640页。标点有改动。
2　《乐府诗集》卷四七，中华书局1979年版，第688—689页。按：其本文列有三十四种，条下有校语云："上列共三十三曲，漏《夜黄》一曲，见下列倚歌中。"

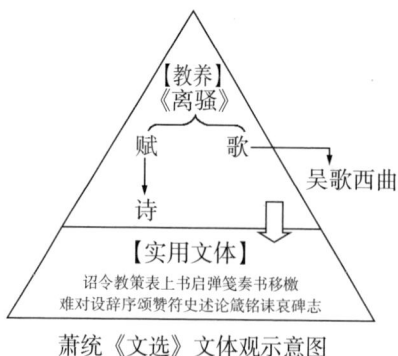
萧统《文选》文体观示意图

可以看出，这些歌曲名中基本上已经看不到汉魏乐府的曲名。与刘宋时期的鲍照等文人创作大量旧乐府题歌辞不同，流行于梁朝宫廷的音乐已经不受汉魏乐府的影响。这里固然有一个重要的历史原因，即汉乐府的音乐部分已经失传，所以萧统只能将"乐府"列为"诗"的次类。但是如果仅仅是因为这个原因，那么楚辞作品也不当列入"歌"体中，而应当单列为一类，就像后来调整过的《文选》文体分类那样。因此，我们只能这样认为，萧统把失去乐谱（如果本来是有乐谱的话）的楚辞作品列为"歌"一类，乃出于为承续南方音乐一派的吴歌西曲找到登入庙堂之名分的动机。萧统在《文选》中没有收一首吴歌西曲，恐怕也是要表明一个事实：它们是活着的能唱的"歌"，不属于"文"的范畴，而不像已成为诗的汉乐府，只能用来阅读了。[1]

萧统虽然没有以著述详细地表达他的文体观，但我们仍可以从《文选》的文体分类中比较清楚地分析出来。为丢失了中原文化传脉的南方文化重新找到根源和自尊，彰显南北对峙时代南方文人的基本文化倾向，作为太子的萧统，有理由成为这样的担当者。这也应该是他编纂《文选》，建立一个以《离骚》为源头的"赋""诗""歌"体的最主要的动机之一。

基于这样的观念，我们或许可以尝试着将《文选》所展现出的文体

---

1 梁元帝所著《纂要》中还对歌体有过详细的论述："齐歌曰讴，吴歌曰歈，楚歌曰艳，淫歌曰哇，振旅而歌曰凯歌，堂上奏乐而歌曰登歌，亦曰升歌。"转引自元左克明撰《古乐府》卷一《古歌谣辞》，《文渊阁四库全书》第1368册，第430页上。

观念理解为一个以《离骚》为顶端的金字塔形的体系。如上图示，萧统将属于"文"的"赋""歌"并列，按照"至于今之作者，异乎古昔，古诗之体，今则全取赋名"的观点将"诗"置于"赋"之后，再将"赋""歌"之源头的《离骚》置于两大文体之间。其后将属于"笔"的文体按在政治中的重要性和实用性进行了排列。如此看来，树立南方文学的独自传统，为当时的知识分子提供一个典范而易学的文章读本，或许可以说，这才是萧统以太子之尊领衔编撰《文选》的最大、最直接的动机。

如果再附言一句的话，我们还可以从这份古书目中推测出，无论是唐本中的李善注还是五臣注，均保持了独立的"歌"体以区别于传统的乐府歌辞。这从唐代文集中可以找到一些佐证，比如白居易自编的《白氏文集》就是将"新乐府"（卷一《讽谕一》、卷二《讽谕二》）与"歌行曲引"（卷一二《感伤四》）分而列之。此后，直到宋初《文苑英华》的编撰还保持了这种体例。对此，王运熙指出：

> 歌行之名，本自乐府诗而来。乐府诗有名为歌行的，如汉魏"相和歌"有《长歌行》《短歌行》《燕歌行》等；有名为歌的，如六朝"清商曲"有《子夜歌》《读曲歌》等，"梁鼓角横吹曲"有《隔谷歌》《捉搦歌》；有名为行的，如"相和歌"有《猛虎行》《从军行》《苦寒行》等。实际上，乐府中隔句用韵的七言诗，如《行路难》、梁代文人的《燕歌行》等，和唐人歌行在语言形式上是一致的，如上文所述，唐人歌行受到梁代乐府《燕歌行》的明显影响。但在唐人集子中，往往把乐府和歌行区别开来。如《白氏长庆集》，有"新乐府"，又有"歌行"。影宋本《李太白文集》，有"新乐府"，又有歌吟。这李白集本子虽出宋代，大约还是保存着唐人分类的面目。北宋初年所编《文苑英华》，乐府和歌行也分为两

类，各有二十卷。这样区分大约也是沿袭唐人的做法。

不过，王运熙接着又提道：

> 唐人有时候于乐府和歌行亦不甚区别，例如《李太白文集》歌吟类中列有《横江词》《江夏行》，而《乐府诗集》则把该两篇列入新乐府辞。又如《白氏长庆集》卷十二署作"歌行、曲引、杂言"，该卷中前面的《短歌行》《生离别》《浩歌行》等篇，均属乐府题，句式上则为七言、杂言。说明白氏此处没有把乐府、歌行二者区别。[1]

以《白氏长庆集》卷一二为例，指出唐人也有"乐府和歌行亦不甚区别"之例外。

不过，白居易对卷一二作品之排列并非如王运熙所指"没有把乐府、歌行二者区别"，王运熙的看法是建立在以刊本系统《白氏长庆集》为阅读底本的误解。其实，保留了慧萼转抄七十卷南禅院《白氏文集》本之旧貌的金泽文库旧钞本卷一二的卷头格式与现存诸刊本存在着较大的不同。[2] 因知此处原卷头第二行之小字注"杂言"，并非与"歌行曲引"相并列的文体，而是标明此卷作品的属性，告诉读者此卷作品均属"感伤诗"，其性质为"杂言歌"。白居易此自注正是为了强调这些作品与古乐府之区别，都是可以用来歌唱的，而不是将"乐府"与"歌

1　参见王运熙：《汉魏六朝唐代文学论丛(增补本)》下编《唐人的诗体分类》，复旦大学出版社2002年版，第402—403页。

2　参见《金沢文库本白氏文集(一)》，勉诚社1983年版。有关此卷作品排列之详考参见拙文《新校〈白居易传〉及〈白氏文集〉佚文汇考——以日本中世古文献为中心》，《文学遗产》2010年第6期，第9—19页。

行"混为一谈。'王运熙提到的唐人对"乐府"与"歌行"的分而列之，乃是唐代文人的一种惯例。而唐代文人的这种以是否可以入乐来区别"乐府"与"歌"的认知，无疑是宋前《文选》还列有"歌"体之大类的非常有力的佐证。

最后还要强调的是，本文据日本古辞书《二中历》之《经史历》所载《文选篇目》来推测萧统所编三十卷本《文选》原貌及其编撰意图，是建立在笔者对《经史历》以及镰仓钞本的系列研究上所得出的这份古书目极为可信结论的基础之上的。在目前还没有文献证明这份古书目为平安文人捏造之物的前提下，笔者提出从一个新的角度来重新审视研究《文选》原貌以及由此而体现的萧统编撰《文选》之意图与社会背景的观点。

另外，由于这份《文选篇目》的研究牵涉古代文体学、楚辞学、《文选》版本学、中国古代文学流变史等诸多领域，笔者学力未逮，思之未深，留下了很多现阶段没能解决的问题，诚待海内外学者教正。或可对这份书目之文献价值作出比较明确的界定，也许能对今后之《文选》研究提供一些有益的参考。

1　有关"杂言""齐言"之音乐功能及定义，可参照任半塘《唐声诗》中的相关考证，上海古籍出版社1982年版。另外，宋初《唐文粹》更是将"歌诗"一体纳入"序"中，干脆视之为"文"类，或与萧统《文选》将楚辞归入"歌"体之分法暗合，两者之间似不无继承关系。

第七章
再论唐末五代大规模刻书之可能性
——以《二中历》所存《文选篇目》为例

　　三善为康（1049—1139）的《经史历·书史卷数》撰成于保安三年（北宋宣和四年·1122），记载了其时大学寮所存之前博士编注的汉籍教科书百余种，其末"已上唐摺本注之"标识又涉及汉籍刻本问题，而大学寮藏书在日本安元三年（1177）京都大火中灰飞烟灭，不久之后，大学寮这一最高汉学术机构本身也被废弃，故《书史卷数》这份书目也就成为考察平安时代大学寮学术方面及汉籍刻本东渐日本之至为珍贵的文献。

　　笔者在研读这份书目时，尤留意"已上唐摺本注之"标识，考虑到北宋一代涉及政教的经史子书鲜入日本，而平安时代在一条天皇时大学寮，自大儒大江匡衡（952—1012）去世之后，就已开始呈现出一种"文道灭亡"的没落趋势。此后，到三善为康撰《经史历》时，大学寮一直处于通儒名师绝迹的停滞断层状态，因此推测《书史卷数》所载"唐摺本注之"之经史子典籍注释活动当发生在一条天皇末年即日本宽弘九年（北宋大中祥符五年·1012）之前。并由此意识到这份书目关涉中国唐末五代刻本信息，从这份书目见出中国唐末五代存在过较大规模刻书活动，若得以证成，便当重新考虑唐末五代时期在东亚印刷文化史上的定位，意义重大，于是撰成《三善为康撰〈经史历〉之文献价值叙略——兼论唐末五代大规模刻书之可能性》一文，发表一孔之见，以与学界交流讨论。此文在《域外汉籍研究集刊》第六辑刊出，后为《文学遗产》电子版（2010年第4期）转载，在中日学界引起了一定的反响。

近时，《域外汉籍研究集刊》第七辑上发表了吴琼《唐末五代刻书规模及东渐再考——也论〈经史历〉中"书史卷数"之书目性质》一文，对笔者之文于《书史卷数》的见解提出质疑和批评。笔者在这里对前文未详密处作些补论，以回应吴文的质疑。疑义相与析，乞方家更多指正。

一

平安时代大学寮汉学流变简史

吴文与拙文的根本分歧，在于对《书史卷数》所载大学寮藏"唐摺本注之"之百余种汉籍注本编成时间下限的判定。前文也提到，拙文以其编成时间下限判定在日本宽弘末年（1012），即北宋初期的大中祥符五年前后，故推其所云"唐摺本"指唐末五代刻本。吴文则以其编成时间下限判定在《书史卷数》撰成之年（1122），云："《经史历》中所载汉籍，完全可能是在北宋期间传入日本的，其东渐之时间下限，依然只能断定于1122年，而不能更早。三善为康并未提及一百多部书是同一时间段传至日本，因此，也不可能排除这些书有可能是在唐末至北宋间先后传入日本的。"

要承认的是，笔者在《域外汉籍研究集刊》第六辑所发表的论文，由于文章篇幅之限，行文不够详密，没有对为何将这份书目所录注本之编成时间下限界定于日本宽弘时期这一问题，结合平安汉文学术流变史进行详细的分析。因此，在此首先对这一问题略作补论。

比三善为康早一辈的大江匡房（1041—1111），曾在其著名的《诗境记》中对此前的平安汉学术作了如下之回顾：

> 我朝起于弘仁、承和，盛贞观、延喜，中兴于承平、天历，再昌于长保、宽弘，广谓则卅余人，略其英，莫不过六七许辈。[1]

由大江匡房这则简要概述得知，自嵯峨天皇初（810）至一条天皇宽弘末（1012）的两百余年是平安汉文学术的兴盛时期，其间贞观至延喜时期（859—922）、承平至天历时期（931—956）、长保至宽弘时期（999—1012）英才辈出，尤为兴盛。宽弘之后，平安汉文学术领域迅速走向衰落。他的观点，也为现今学者所撰的各种日本汉文学史所接受，成为平安时期文史研究的一个基本常识。比如，较有代表性的川口久雄《平安朝日本汉文学史之研究》，就将宽弘以后时期定性为"王朝汉文学的斜阳"，其中精辟地指出：

> 汉文日记虽然还存在，但其终究无法如我国本土之语言、和歌一样细致地表现出文人内心的丰富情感，这也可视为汉文解体的重要原因之一。汉文学已经失去了作为文化中核之应有的凝聚力，将其视为主流文学形式的意识正在迅速退潮。导致这种外在显著的变化，显然与唐帝国崩溃所带来的冲击是有着直接关系的。同时，也受到了晚唐诸如温庭筠、李商隐等人的文风——温李体之颓废文风的侵蚀。这就导致，一方面，菅三品以后，我国汉文学内部这种颓废的文风愈加风行。另一方面，宽弘时期文人学儒的相继去世导致

---

1 《朝野群载》卷三《文笔下》，《新订增补国史大系》第二十九卷上，吉川弘文馆1938年版，第64—65页。

学术出现了断层，从十一世纪后半到十二世纪初，王朝汉文学之崩溃解体的趋势更是愈加显著。宽弘九年，六十一岁的匡衡去世之时，五十六岁的大纳言小野宫实资在其日记中哀叹道："十七日，昨夕丹波守匡衡卒年，当时名儒，无人比肩，文道灭亡。"前文也提及到，匡衡去世之后，接替他的菅原宣义、藤原广毅远不及匡衡项背，以致于省试判定之际无人可以做出决断，宛如无才之老朽临墙空叹，徒费口水（《小右记》长和三年十月廿三日）。即使是匡衡之时，就已在长德二年的申文（《本朝文粹》卷六）发出过"三史文选，师说渐绝，词华翰藻，人以不重，道之陵迟，莫不由兹"之哀叹了。[1]

如川口久雄所述，日本宽弘年间以后，本来就很狭窄的平安汉学精英圈子，以大江匡衡的去世为界限，迅速走向了衰落与崩溃。可见，在这种"无才之老者临事墙面耳"的尴尬局面之下，[2]三善为康时代的大学寮，已经没有能力、也没有必要再去进行多达一百多部汉籍经典之大规模的校注活动了。

汉文学术思想乃至传统汉文化之影响力的显著衰落，从宽弘时期以后日本国史编撰事业之断绝也可以得到有力的印证。日本古代国史只编撰过六部（学界一般通称其为《六国史》），依次为：成书于720年，由舍人亲王编撰的记录从神代到持统天皇（697）的《日本书记》；成书

---

1 参见川口久雄：《平安朝日本漢文学史の研究》下编《王朝文学の夕陽》，明治书院1988年版，第770页。按，此处引文为笔者之意译文。

2 参见大日本古记录本《小右记》卷三长和三年十月二十三日条，岩波书店1969年版，第244页。又按，平安后期也出现了藤原明衡以及大江匡房等学者，但终究还是无法与宽弘期以前的汉文学术水平相比较。相关考证可参考川口久雄：《平安朝日本漢文学史の研究》下编《王朝文学の夕陽》，明治书院1988年版。

于797年，由菅野真道、藤原继绳等编撰的记录从文武天皇到桓武天皇（697—791）时期的《续日本记》；成书于840年，由藤原冬嗣、藤原续嗣等编撰的记录桓武天皇到淳和天皇（792—833）时期的《日本后记》；成书于869年，由藤原良房、春澄善绳等编撰的记录仁明天皇（833—850）一代的《续日本后记》；成书于879年，由藤原基经、菅原是善、岛田良臣等编撰的记录文德天皇（850—858）一代的《日本文德天皇实录》；成书于901年，由藤原时平、大藏善行、菅原道真等编撰的从清和天皇到光孝天皇（858—887）时期的《日本三代实录》。[1]根据《小右记》《权记》等记载，一条天皇时还曾召集过群臣商议编撰国史一事，只不过编撰国史一事最终还是被断绝于后。可见藤原道长、大江匡衡去世之后，已经无人能够承担这一大任。学术绝对威权之通儒的去世，汉学术思想的迅速衰退，种种原因，最终导致了平安朝廷对于象征着传统汉文化国家理念权威之官修国史活动的放弃。宽弘年间以后，平安朝野连国史都无人、无法修撰，更不用说去进行多达百余部之汉籍经史之大规模的笺注活动了。

要之，在分析这份目录时，不应该将其当成一个孤立的存在，还需要结合其所处的文化背景来予以综合的探讨。如此一来，就不难看出，笔者将其所录的诸注本之编成时间下限定位在宽弘时期前后，基本上符合日本汉文学术史的整体走向。[2]宽弘末年即北宋大中祥符五年，离五代结束已三十来年，其间北宋国子监曾刻"三史"，其中所刻范晔《后汉书》为九十卷本（未配司马彪《志》三十卷），而《书史卷数》所载为百二十卷本（即配有司马彪《志》三十卷），可见《书史卷数》与北宋

1　有关日本古代国史之编撰，可参见坂本太郎：《六國史》，吉川弘文馆1970年版。

2　大江匡衡本人也编撰了诸如《集注文选》《尚书》《老子》《毛诗》《白氏文集》等一大批注本，对于此，可参见拙文《三善为康撰〈经史历〉之文献价值叙略——兼论唐末五代大规模刻书之可能性》，本书第五章。

刻本无关。由此可以推定，《书史卷数》中的"唐摺本"就是指"唐末五代摺本"。对于此，我们还可以找到一些实物上的证明，比如，日本室町时期出版的覆五代刊本《尔雅》。[1]这个覆刻本，无疑就是五代刊本曾经流入日本的一个最好的物证。

由上所述平安时代大学寮汉学流变史见出，吴文以《书史卷数》的撰成时间为所载集注诸书的编成时间下限，未免太简单化了。吴文谓"《经史历》中所载汉籍，完全可能是在北宋期间传入日本的"，与史实相去太远，亦未免太想当然了。如《文选》是平安大学寮及皇室特别重视的一部汉籍，设有《文选》博士，尤重李善注，北宋国子监刻李善注《文选》于天圣九年（1031）印行（见韩国奎章阁影印朝鲜活字本六臣注《文选》附监刻李善本校、刻、进书文件），至"书史卷数"编成的1122年，而《书史卷数》所载则唯五代有刻本之五臣注三十卷本。这岂不是北宋刻本鲜入日本而《书史卷数》与北宋刻本无关的典型例证吗？

另外，这里还有必要对大学寮汉籍注释的形式做一些补充说明。平安大学寮之传统的授课方式，无论经史子集，均是以白文本为底本。这是因为平安大学寮考试一般采取一种"帖读"的方式，即考试时将经史本文遮盖数处，让学生将本文用汉语音读出。这种考试形式，一是旨在检验学生的汉语发音能力，二是检验学生对经史本文的熟悉程度。因此，大学寮在给取得"得业生"（每年从寮生中选出两名，作为参加秀才以及进士考试的预备生）资格之前的学生授课时，一般均采用白文本，而注本则是为大学寮博士授课时所准备的参考书，并不直接提供给学生。老师需将授课内容抄写入白文本，而学生则需将老师所教授的音注与释文再抄入自己所持的白文本之行间纸背。我们之所以到现在还可

---

1 详考可参见王国维：《覆五代刊本〈尔雅〉》中的相关叙述。《观堂集林》卷二十一，河北教育出版社2001年版，第511—512页。

以在日本各种藏书机构中看到诸如九条本《文选》、金泽本《白氏文集》等施有大量行间注（即"校合奥书"，包括日语训读、断句、文字异同、笺注等等）的旧钞本，正与日本古代文人的这种独特的学习方式有很大的关联。[1]如果熟悉了平安大学寮之学习方式与注本形态，就可看出，吴文所提出的"而中国典籍中，虽有单经本（即白文本）、经注本、单疏本、注疏本等多种文本形式，但单注本应消亡比较早。（中略）即《经史历》中的《左传》《公羊传》等本身就应为经注本，而无须再作集注"之观点，亦只是一个因不了解日本汉籍注疏形态而衍生的误解。

二

二手史料之陷阱及对原始文献的正确解读

吴文与拙文又一重要分歧是对"已上唐摺本注之"一语的解读。拙文解读为"从《经史历》的体例来看，'已上唐摺本'可以理解为《书史卷数》所列书目皆为'唐摺本'，'注之'则是指当时流传于大学寮的各种经史注本均是以这些'唐摺本'为底本再加注而成的转钞本"。吴文提出新解，云："'已上唐摺本注之'一句，或可换一种解读方式，即以'以上用唐摺本加以注释'来解读此句，或许更为合理。即《经史历》中一百多份书目并非以'唐摺本'为限，而是多为写本（可能也有少量刻本和日本写本）。"按：大江匡衡所编《文选集注》成书于日本宽

1 相关论述可参见《汉籍东渐及日藏古文献论考稿》所收静永健《从古抄卷来看平安文人对汉籍的阅读方式》，中华书局2011年版，第91—99页；以及同书所收拙稿《九条本所见集注本李善〈上文选注表〉之原貌》，中华书局2011年版，第236—237页。

弘年间，是大学寮教本，其书以唐抄李善注本为底本，汇聚公孙罗《抄》、《音决》、五臣注、陆善经注，其所用五臣注本当为刻本（由《日本国见在书目》无五臣本可知），此书甚为当时人推重，然《书史卷数》不录《集注》而载五代有刻本之三十卷之五臣本，可见《书史卷数》所列诸书，其底本为刻本者方采入，其底本非刻本者不录。若如吴文所云"并非以'唐摺本'为限，而是多为钞本"，则《文选集注》何以不录入而仅录有刻本之五臣三十卷本。对于这一问题，本文拟在下文再结合《书史卷数》卷末所附之《文选篇目》予以详细的考证。

那么，平安文人是否如吴文所指出的一样，存在着将宋刻本称为"唐摺本"的事例呢？对于此，吴文前后举出了三则文献予以证明。接下来，就让我们看看吴文所引的这三则史料。

首先，吴文根据王勇、大庭修主编《中日文化交流史大系·典籍卷》的记载，指出《小右记》长元二年四月四日条中有"藤原道长之子赖通就曾于日本长元二年（1029）前往大中臣辅亲的府邸，观看新渡之书籍，据说辅亲也曾将唐摺本《唐音玉篇》《白氏文集》等献给天皇"之记录。然考《小右记》此处之原文如下：

> 四日，壬辰，兵库头内住云，关白度祭主辅亲六条宅之后，一日设飨馔，献唐模（旁小字书入"本"）唐韵叶子、同玉篇叶子、新书文集叶子、宅券文、纳螺钿箱。[1]

原文并无吴文所云"新渡之书籍""唐摺本"之语。其"新书文

1 大日本古记录本《小右记》第八册卷八"长元二年四月四日"条，岩波书店1976年版，第138页。又按，唐咸通六年（日本贞观七年·865），入唐僧宗叡从长期滞唐的日僧圆载处获得的杂书类中，见有"西川印子唐韵一部五卷、同印子玉篇一部三十卷"。这里所指的应该就是这两部刻本的部分摹写页。

集"，是说新书写之《白氏文集》，平安古文献中的"文集"，均特指《白氏文集》。日记中"唐模"与"新书"对举，是说所献《唐韵》《玉篇》是唐五代模写之本（意谓古本、旧本），《白氏文集》是新抄写之本。"叶子"，则是指书籍之装帧形态之缀叶装，又称"册子""草子"，并非特指刻本，平安时期的册子即大多为写本，此处所云"新书文集叶子"即是一例。[1]吴文所引为他人译文，其译文显然以"唐模"解作"唐摺本"，"新书"解作"新渡之书籍"，殊谬。吴文此则引据，失之检核原书。

其次，吴文提到金泽文库本《齐民要术》中有如下之二则奥书[2]：

第一卷末："仁安元年十月六日，在东坂本的河原口坊用唐摺本写完了 一校完了 同七日再校完了。"

第十卷末："仁安元年九月晦于百齐寺以唐摺本书了。"

根据吴文的注释可知，其所引的这两则奥书亦未查阅原卷，而是转引自《齐民要术校释》一书。按：金泽文库本《齐民要术》本现藏蓬左文库，为旧抄卷子本，第三卷原缺。这个本子现已被日本政府指定为重要文化财，原卷确实很难看到。不过，日本方面早已在1948年就出版

---

1 详考可参照山本信吉：《古典籍が語る—書物の文化史—》第二章《古典籍が教える書誌学の話》，八木书店2004年版，第65—67页。又，平安古文献中的"文集"，均特指《白氏文集》，并非泛指文人别集。

2 "奥书"一词为日本古典书志学术语，中国学者或有人将其翻译成"题跋""跋语"。然此翻译并不能涵盖"奥书"之全部语义。因此，此处乃使用"奥书"一词。又，"奥书"具体又可分为以下之四大类：本奥书（从底本转抄过来的奥书）、书写奥书（抄写者自己所书写的奥书）、校合奥书（天地行间之音义注释、文字异同）、传受奥书（有关本书之学术传承谱系）。相关研究可参考《古典籍が語る—書物の文化史—》第二章《古典籍が教える書誌学の話》，八木书店2004年版，第99—159页。

了影印本。恰巧笔者手上即有一本，现据影印本，将其各卷末全部奥书翻字转录于下，以供大家参考（按："｜"为原文改行处，原双行小字注改单行注，以下引文格式同，行下线为笔者所加）。

①卷一：书写点校之子细记第十卷奥了｜本云｜宝治二年戊辰九月十七日康乐寺僧正让｜赐之｜典药权助和气种成在判｜仁安元年十月六日于东坂本河原口｜坊以唐摺本书写了｜一校了｜同七日又校了｜建治二年正月十五日以近卫羽林｜借赐之摺本校合了

②卷二：本云｜宝治二年戊辰九月十七日辛酉康乐寺僧正｜让赐之｜正五位下行典药权助和气朝臣在判｜仁安元年十月六日一校了｜同七日又校了

③卷四：书写点校之子细记第十卷奥毕｜本云｜宝治二年戊辰九月十七日辛酉康乐寺僧正｜让赐之｜典药权助和气在判｜仁安元年九月廿八日一校了｜同年十月七日又一校了｜建治二年后三月九日以近卫羽林｜借赐之摺本校合了

④卷五：宝治二年戊辰九月十七日康乐寺僧正｜所让赐也｜正五位下行典药权助和气朝臣在判｜仁安元年九月廿九日一校｜同年十月六日又校｜

⑤卷六：本云｜宝治二年戊辰九月十七日辛酉传得之｜典药权助和气在判｜仁安元年十月五日一校｜又校了

⑥卷七：本云｜宝治二年戊辰九月十七日辛酉传得之｜在判｜仁安元年十月二日一校了｜又校了

⑦卷八：本云｜宝治二年九月十七日传得之｜在判｜仁安元年十月三日一校｜同年十月六日又校了

⑧卷九：本云｜宝治二年戊辰九月十七日康乐寺僧正｜所让赐也｜正五位下行典药权助和气朝臣在判｜仁安元年九月廿八日牛

（按，此处当为"午"字之误）时书」十月五日一校了同七日又校了

⑨卷十：本云」宝治二年戊辰九月十七日辛酉自康乐寺」僧正之手传取之」典药权助和气在判」<u>仁安元年九月晦于百齐寺以唐本摺本书了」一校了</u>」仁安元年一校了同年十月七日又校了」此本一部十卷小川僧」正御房自京都令借」下本给之日笔写校」合了于时文永十二年三月十一日」越州刺史（花押）[1]

金泽本奥书中于卷一、卷四两次声明"书写点校之子〔仔〕细记第十卷奥了"，强调对于此本的书志情报当以第十卷奥书为详。依次为据，两文对照，就不难看出，卷一奥书中的"唐摺本"，乃是"唐（本）摺本"脱前"本"字，又其两处"借赐之摺本校合了"亦可见出。这从现存金泽本之本文形态也可得到证明。现存金泽本之底本，乃是镰仓时代的名医和气种成据唐本以及摺本两种本子为底本会抄而成的一个"校合本"。正因如此，其本文才会与宋刻本及唐钞本都存在着不同程度的文字异同。[2]过去的研究，因为不了解日本旧抄卷奥书的性质，不曾对以上奥书进行准确的解读，以至于一直没能对这个本子的性质给出正确的判断。

此外，吴文还举出了成书于《日本记略》所录宽弘七年十一月二十八日条称藤原道长献给一条天皇之《白氏文集》《文选》为"唐摺本"

1　《金沢文庫本·斉民要術（九卷）》，农林省农业综合研究所1948年版。后附西山武一解题之《斉民要術伝承考—金沢文庫本斉民要術影印の機会に—》《諸本異同対照表》《斉民要術刊本系統表》。

2　有关《齐民要术》诸本文字异同的考证，可参照西山武一、熊代幸雄译：《校訂訳注斉民要術》，亚洲经济出版会1969年版。

之记录，来证明当时有将宋刻本称为"唐摺本"的例证。[1]首先，现在被通称为《日本记略》的书籍，并不是一部正式的国史，而是平安末期某位文人阅读国史所录的一部读书笔记，不但编者不详，甚至在传播过程中连固定的书名都没有。因为是笔记，所以正文之疏漏特别多，日本史学界将其收入国史大系，乃是取重于其史料的补遗价值，而非其文本价值。正如吴文也提到，此文的记载乃转抄藤原道长《御堂关白记》。道长之原文为"摺本注文选、同文集"，未将这两套宋刻本称之为"唐摺本"。如此一来，《日本记略》为何将其记作"唐摺本"就存在着几个可能性，或是作者在转录《御堂关白记》时无意多衍一"唐"字，或是作者干脆就认为这两部书就是"唐末五代"的旧刻本，因此有意增一"唐"字。要之，由于《日本史略》之成书时间及其史料之特殊性质，我们很难就此去断定之前早已撰成的《书史卷数》中的"唐摺本"就是宋刻本之意。管见之内，平安中期以后的一级史料之公家日记中，均以"摺本"来称宋明刻本，并未曾使用过"唐摺本"一词，这当就是因为此时"唐摺本"已经罕有存世了。通过史料的梳理也可看出，"唐摺本"之"唐"字，最终还是应该界定为"唐五代"。[2]

1　吴文引自文献缩微复制中心所编《日本史料汇编》（四）《日本記略》卷十一、十二"一条院下"。按，此书现被收入新订增补国史大系第十、十一卷，此处所提及的宽弘七年十一月二十八日见于第十一卷中所录《日本記略後篇》卷十一，吉川弘文館1965年版，第222页。

2　笔者在整理《大日本古記録》所录汉籍关联史料之时，除了已经提到的了的《御堂関白記》中有关"摺本"的两条记录之外，还发现了以下之四条有关"摺本"的记载，现转录于下：（1）《小右記》永延元年（987）二月十一日条："相次担纳摺本一切经论之五百合匣"；（2）《後二条師通記》宽治六年（1092）九月八日条："琵琶谱十卷系蒙二帖（上下摺本）。"（3）《建内記》永享六年（1434）十月二十日条："安乐光院五部大乘经供养也（摺本）。"（4）《建内記》嘉吉三年（1443）六月十二日条："付彼卿进毛诗一部（草子本、摺本点本也）。"又按，《小右記》所记乃是奝然所获之宋刻大藏经。

其实，不但是平安时期的贵族文人，即使是镰仓时期以后的大多数文人，就是对于"唐本"与"摺本"这两个词语，也还是具有较为严谨的区别。除了上面所提到的公家日记，于此我们还可以来参照一下现存卷轴，如镰仓时期写本《古文尚书》卷十三中的部分奥书：

> 本奥云」仁平元年（1151）六月廿五日申剋以少纳言入道」<u>摺本</u>之释文见合了总州之御时以<u>古本</u>」并<u>唐本</u>释文所被付音义也然而依有不审事重所校合<u>古本</u>勘物虽」有委细事付今委之<u>摺本</u>合点」毕不裁<u>摺本</u>勘物付论[1]

这则奥书中提到了三种形态的本子："摺本"是指宋刻本，"唐本"是指唐写旧本，"古本"是指日本本土之旧钞本。由此可以再次确认，在江户时期之前称呼书籍形态的大部分场合，"唐摺本""摺本""唐本"均是有着特定含义的独立书志用语，不可轻易地将其混为一谈。

三
《书史目录》所录"唐摺本"汉籍属性再考：以《文选》为个案

此外，吴文还将质疑具体集中在拙稿对于《书史目录》所载具体书名以及卷数的分析之上。本节拟就此问题作一些具体的补证。

首先，有关千卷本《文馆词林》之刊刻，吴文引据林家骊论文提出："至于《经史历》中所云千卷《文馆词林》，在目前所见的中国文献

1　此处引文据东京大学东洋文化研究所藏胶卷照片，整理号码为3010030001。原卷藏日本三重县伊势市宇治馆町宗教法人神宫，共十三卷，为镰仓时期写本，卷末奥书为正和元年至正和三年清原长隆的传授奥书。

中同样找不到任何证据，可以表明该书在唐末五代时刊刻过。北宋时就已见不到对该书全本的著录，博学如杨忆甚至还将之当作了日本国典籍。"按：所谓的杨忆这则有关《文馆词林》的记载，本是成寻在宋之时阅读《杨文公谈苑》时转抄于《参天台五台山记》。现今之整理本《杨文公谈苑》均有见录，如上海古籍出版社《宋元笔记丛书》就收有李裕民的辑校本。现将李裕民辑校本所录文之相关部分转抄于下：

> 景德三年，予知银台通进司，有日本僧入贡。遂召问之。僧不通华言，善书札，命以牍对，云：住天台山延历寺，……书有《史记》《汉书》《文选》《五经》《论语》《孝经》《尔雅》《醉乡日月》《御览》《玉篇》《蒋魴歌》《老（子）》《列子》《神仙传》《朝野金载》《白集六帖》《初学记》。本国有《国史》《秘府略》《交观词林》《混元录》等书。[1]

不难看出，原文中所记之书名乃是《交观词林》，所谓的《文馆词林》，完全出自后人之臆改，并无任何文本上的依据。[2]李裕民在此条校语中已经明确指出"综合各说，似当作《文观词林》，与唐人所撰《文馆词林》为不同的两种书"。由于奝然并不能讲华语，所以与宋人之交流全凭笔谈。奝然既将此《交观词林》写入本国之书，白纸黑字，就不

1　参见李裕民辑校：《杨文公谈苑》，上海古籍出版社1993年版，第10—14页。

2　京都东福寺藏镰仓时期承久二年（1220）钞本《参天台五臺山記》为孤本，现存其他诸本均为后人据之抄出的校合本。根据平林文雄《参天台五臺山記校本並に研究》延久四年十二月二十九日条之第14则文字校刊可知，京都东福寺藏本此处作"交观词林"，后出重钞本之中，静嘉堂、尊经阁、筑波大学、松浦史料博物馆本作"大观"；早稻田大学、高野山、天理图书馆、大阪大学钞本作"文馆"；学习院本本文作"交馆"，旁小字注"大馆"，由此可知"文馆"乃后人重复转抄时所出现的臆改。风间书房1978年版，第186页。

可能是唐代所编撰的《文馆词林》了。杨忆参与编撰过《册府元龟》，博学天下，焉有不知唐时曾撰有《文馆词林》之理？此处他不过只是忠实地转录了裔然的笔谈资料，并未认为此《交观词林》就是《文馆词林》。吴文所谓的"博学如杨忆甚至还将之当作了日本国典籍"，无疑是未检核原书的又一个错误。

《文馆词林》有千卷之巨，成书于唐高宗显庆三年（658），至少在仪凤年间（676—679）就被抄入了日本，日本文人对此并不陌生。其在宋代未曾雕版，这是毋庸置疑的。因此，根据《经史卷数》之"以上唐摺本注之"的标识，我们只能理解其在唐末五代曾被予以了刊刻。在此还可举出一些史料予以佐证。平安中期的著名学者源顺（911—983）在为勤子内亲王所编撰的《倭名类聚抄》序文中提道："至于和名，弃而不屑。是故一百帙《文馆词林》、三十卷《白氏事类》，而徒备风月之兴，难决世俗之疑。"[1]《白氏事类》乃是白居易死后宫人奉唐宣宗之敕命编撰而成，《日本国见在书目录》中未有记载。源顺所云之"三十卷《白氏事类》"，正是指五代毋昭裔在成都所刻的《白氏六帖》。[2]由此可以推测，其所云"一百帙《文馆词林》"，或有可能就是指被分帙了的刻本《文馆词林》（《书史卷数》之正文则因体例上的限制只叙录卷

1　参见京都大学文学部国语研究室编：《諸本集成倭名類聚钞本文篇（增订版）》，临川书店1968年版。

2　《白氏六帖》乃白居易去世之后宫人奉唐宣宗所编，详考可参见拙稿《新校〈白居易传〉及〈白氏文集〉佚文汇考——以日本中世古文献为中心》，《文学遗产》2010年第6期，第9—19页；《白居易〈醉吟先生墓誌铭〉考—〈白氏文集〉所收的伪文について》，《福冈教育大学国语科研究论集》第53集，2012年，第37—46页。另外，从版本学来对拙观点进行更为细密考证的有大渊贵之：《伝世過程における白氏六帖の部立て增修—〈芸文類聚〉〈初学記〉による山部門目の增修を中心とて一》，《白居易研究年报》第十二号，勉诚出版2011年版，第213—234页；神鹰德治：《白氏六帖事類集解题》，《白氏六帖事類集三》，汲古书店2012年版，第385—404页。

数，而将部分书籍之具体分帙及内容附录于后）。此后，江户时期大觉寺僧人在刊刻《文馆词林》残卷之时，还试图雕印了阳文、阴文之两种刻本，将其命名为《摹刻文馆词林》，此一举动，当是大觉寺僧人试图还原出唐末五代刻本《文馆词林》之旧貌。[1]这些文献资料虽然只是一些蛛丝马迹，但依旧可以推测出《文馆词林》刻本虽然未能传世，但确实存在着被刊刻过的可能性。只是这种大型的书籍即使是刊刻之后，也不会大量印行于世，一旦被毁，即不为人所知。其实，无论是宋是元，甚至是明清，都存在着大批未被文献记录的书籍。如果在确定了新见之资料非为赝品的前提下，我们还不能去正视资料所提供的信息，这就未免有些牵强了。

吴文还谈到拙文根据《日本国见在书目录》、《经史历》、王国维所考北宋监本目录所编制的对照表不足以证明《经史历·书史卷数》所录书籍为唐末五代刻本。观吴文此处之论述，一是未能理解拙文制作对照表乃是旨在对"同一系统"书籍之比较，而非吴文所云之"同一"书籍。如果复检《书史卷数》即可知，表中书籍注语均是转录原文，并非笔者考证之文。二是吴文在反驳拙文之时并未对《经史历》原卷进行查证，不知道《书史卷数》之末还附有相当一部分重要书籍的具体卷次内容。下就以《书史卷数》所录《文选》之篇目为例，来做一些具体的说明。

前文也提到过，《书史卷数》在目录中，不录一条天皇之前大学寮所用六十卷本李善注《文选》，以及大江匡衡所编的一百二十二卷本《文选集注》，推其原因，盖是无论李善注还是集注，宽弘末年之前还未曾有过刻本问世，不符合《书史卷数》的选录原则。《书史卷数》只选

1　参见《影印弘仁本文館詞林》后附《文館詞林参考資料図録》，古典研究会1969年版，第507—510页。

入了一个三十卷本，而萧统三十卷本又没有被刊刻过。因此，我们可以基本推断出，这个本子，就是五代毋昭裔所刻本。

由于《文选》在日本古代学术体系中具有非常重要的地位，为了与大学寮所用之萧统编三十卷本《文选》旧钞本予以区别，《书史卷数》又在卷末隔开一页，又抄录了萧统本之具体篇目与五臣本篇目，并加以对照说明。其文如下：

赋诗离骚 歌诏令教 策表上书 启弹笺奏 书移檄难 对设辞序 颂赞符史 述论箴铭 诔哀碑志

上帙十卷赋自第一迄第十之中 诗始第十之终 中帙十卷诗自第十一迄第十六之初 离骚在第十六之中 歌自第十六之终迄第十七之中终 诏策令教第十八 表第十九 上书启弹事笺奏记第二十 下帙十卷书自第廿一迄廿二初 移文檄难第二十二之中 对问设论辞序第廿参 颂赞符命第廿四 史论述赞第廿五 论自第廿六迄第廿八之初 箴铭第二十八中 诔自第廿八之终迄第廿九之初 哀文第廿九之中 碑自第廿九之终迄第三十之初 墓志吊祭文第三十之终

今案教次有秀才策文，箴初有连珠文，墓志次有行状文，又启在歌之终，追可勘之

今私以本书检考时，自周至梁八代，撰集人一百三十人，撰者篇数七百三十八篇赋

五十六诗四百廿骚一等，其体有三十三：

赋诗骚七诏策令教表书启弹笺奏（属表）移檄难设论辞序颂赞符命史论连珠箴铭诔哀碑志行状吊祭

上文的第一部分是背诵《文选》篇目的口诀，第二部分是大学寮藏旧抄萧统编三十卷古白文本《文选》的具体构成。第三部分是三善为康

所见当时宋刻异本的记录。对于这些部分，笔者已在《萧统〈文选〉文体分类及其文体观论考》一文中予以了详细的考证，此处就不再赘言[1]。第四部分之"今私"之部分，笔者原以为是镰仓文人在转录时所加的按语，然最近对尊经阁所藏《二中历》全卷作进一步考证之时，发现镰仓转抄时所加注语并不以本文形式出现，而是均以行间小字注或眉批以标记。由此可界定这则注语还应该是三善为康的原文。也就是说，"今私以本书检考"之"本书"就是指《书史卷数》中所记的三十卷本《文选》，其下之文就是对《经史卷书》中所录五臣注三十卷本的具体描述。

在此我们还可以将大学寮旧传之萧统编三十卷古白文本、毋昭裔所刻三十卷五臣注本、三善为康所见北宋异本之文体编目整理于下：

萧统编三十卷古本：赋 诗 离骚 歌 诏 策 令 教 表 上书 启 弹事 笺 奏 记 书 移 檄 难 对问 设论 辞 序 颂 赞 符命 史论 述赞 论 箴 铭 诔 哀文 碑 墓志 吊 祭

毋昭裔所刻三十卷五臣注本：赋 诗 骚 七（按，此处当作"骚人"）[2] 诏 策 令 教 表 书 启 弹 笺 奏（属表）移 檄 难 设论 辞 序 颂 赞 符命 史论 连珠 箴 铭 诔 哀 碑 志 行状 吊 祭

三善为康所见北宋异本：赋 诗 离骚 歌 启 诏 策 令 教 秀才策 文 表 上书 弹事 笺 奏 记 书 移 檄 难 对问 设论 辞 序 颂 赞 符命 史论 述赞 论 箴 连珠 文 铭 诔 哀 碑 墓志 行状 吊 祭

由此不难看出，三十三体的五臣注本，既不同于萧统原编的三十卷

1 《中华文史论丛》2011年第1期，上海古籍出版社，第301—329页。本书第六章。
2 按，此处引文按尊经阁本，如参照庆应义塾大学附属图书馆所藏《集注文选》散佚部分的《上文选注表》（江户时期转钞本）可知，"骚、七"当写作五代刻五臣注本"骚人"，于此笔者将另撰他文予以详考。

本，又不同于三善为康所见到的宋刻异本。这份《文选篇目》，直接告诉了我们《经史卷数》本文所列三十卷《文选》为五代毋昭裔所刻本，也是说明《经史卷书》所录均为"唐末五代刻本"之最为具体的例证。而且，《经史卷书》还提到大学寮曾以刻本五臣注校合李善六十卷本进行了集注，这又恰好与我们现今所知大江匡衡所编的《文选集注》之体例是一致的。

吴文还花费了较大的篇章进行文献钩沉，否定《焦氏笔乘》中对于五代刊刻诸史的记载，由此再推断出《经史卷书》所录史籍不可能是五代刻本。文献之间的对比互证虽是古典文献研究的一个重要手法。然而，如果出现了能够说明问题的直接史料的时候，我们无疑还是必须以直接史料为准。要论证五代是否有过刊刻史书这个问题并不难，如刘知几《史通》就有南唐建业文房本，而且如对《经史卷书》后附的《史记篇目》进行一个确认的话，也就不难看出这就是一个既不同于唐钞本又不同于宋监本的五代刻本。只是由于关系到论证唐宋《史记》文本之变迁的问题，文如过简，不便展开考证。因此对于这一问题，笔者将另撰专文予以详考。

其实，将唐末五代刻书定位为"盛行"，这一观点早已见于叶德辉《书林清话》卷一，其条名即为《刻板盛于五代》，文中对于唐末五代刻书史料多有涵括，兹引其全文如下：

> 雕板肇祖于唐，而盛行于五代。薛《五代史·唐书明宗纪》："长兴三年二月辛未，中书奏请依《石经》文字刻《九经》印板，从之。"（宋王溥《五代会要》八经籍云："后唐长兴三年二月，中书门下奏请依《石经》文字刻《九经》印板。敕令国子监集博士儒徒，将西京《石经》本，各以所业本经句度抄写注出，子细看读。然后顾召能雕字匠人，各部随帙刻印板，广颁天下。如诸色人要写

经书，并须依所印敕本，不得更便杂本交错。其年四月，敕差太子宾客马缟、太常丞陈观、太常博士段颙、路舡、尚书屯田员外郎田敏，充详勘官。兼委国子监于诸色选人中召能书人，端楷写出，旋付匠人雕刻。每日五纸，与减一选。如无选，可减等第，据与改转官资。"）又《汉书·隐帝纪》："乾祐元年五月己酉朔，国子监奏《周礼》《仪礼》《公羊》《谷梁》四经未有印板，欲集学官考校雕造，从之。"（《五代会要》云："汉乾祐元年闰五月，国子监奏，见在雕印板《九经》内，有《周礼》《仪礼》《公羊》《谷梁》四经未有印本，今欲集学官校勘四经文字镂板，从之。"）宋王溥《五代会要》卷八（经籍）："周广顺六年六月，尚书左丞兼判国子监事田敏，进印板《九经书》《五经文字》《九经字样》各二部，一百三十册。"（按：《会要》所采多《薛史》，此亦《薛史·周本纪》文，今本《薛史》辑自《永乐大典》，原文本多残缺，故《会要》所引周汉事亦较《薛史》为详，或亦《薛史》原文也。王应麟《玉海》引《中兴书目》云："《字样》一卷，开成丁巳岁唐元度撰，大历十年司业张参纂成《五经文字》，以类相从。开成中，翰林待诏唐元度加《九经字样》，补所不载。晋开运末，祭酒田敏合二者为一编。后周广顺三年，田敏进印板《九经书》《五经文字样》各二部。"按：应麟所记与《会要》微有不同。《会要》言田敏所进为《五经文字》《九经字样》，而应麟谓田敏合二者为一编。据陈振孙《直斋书录解题》云："《九经字样》一卷，往宰南城，出谒。有持故纸鬻于道者，得此书。乃古京本，五代开运丙午所刻也，遂为家藏书籍之最古者。"是振孙所见旧刻《五经文字》《九经字样》，各自为书，未尝合编也。应麟称引，与《会要》《书录》皆不符，非《中兴书目》之误，即所见为流俗本也。）"显德二年二月，中书门下奏国子监祭酒尹拙状称：'准敕校勘《经典释文》三十卷，雕造印板，欲请兵部尚书张昭、太常卿田敏同校勘。'敕其《经典释文》已经本监官员校勘外，宜差张昭、田敏详校。"（按：显德二年，周世宗即位之二年也。疑亦《薛史》旧文。）当五代兵戈倥偬扰，禅代朝露之际，而其君若臣，犹能崇尚经典，刻板印行，不得谓非盛美事也。夫上有好者，下必有甚。其时士大夫之好事者，如《宋史·毋守素传》云："毋昭裔在成都，令门人勾中正、孙逢吉书《文选》《初学记》《白氏六帖》镂版，守素赍至中朝，行于世。"其嘉惠士林，固有足多者。至自刻己集，如《薛史·和凝传》云："平生为文章，长于短歌艳曲，尤好声誉。有集百卷，自篆于版，模印数百帙，分惠于人焉。"又贯休《禅月集》，有王衍乾德五年昙域后序，称"检寻稿草及暗记忆者，约一千首，乃雕刻成部"。可见其时刻板风行，举之甚易。故上自公卿，下至方外，皆得刻其私集，流播一时。今和凝仅传《宫词》、《宋朝类苑》"殿本薛史本传注引"：和鲁公凝有艳词一编，名《香奁集》，凝后贵，乃嫁其名为韩偓。今世传韩偓《香奁集》，乃凝所为也。凝生平著述，分为《演纶》《游艺》《孝悌》《疑狱》《香奁》《籯金》六集。自为《游艺集序》云："予有《香奁》《籯金》二集，不行于世。"凝在政府避议论，讳其名。又欲后人知，故于《游艺集序》实之。此凝之意也。《疑狱集》四卷《四库全书·法家类》著录云："五代和凝与其子山蒙同撰。陈振孙《书录解题》称：《疑狱》三卷，上一卷为凝书，中下二卷为山蒙所续。今本四卷，疑后人所分。"而贯休《禅月集》，乃哀然有二十卷传世，则固有幸有不幸也。若其时诸书刻本，自来未闻藏书家收藏。光绪庚子，甘肃敦煌县鸣沙山石室出《唐韵》《切韵》二种，为五代细书小板刊本（载罗振玉《鸣沙山石室秘录》）。惜为法人伯希和所收，今已入巴黎图书馆。吾国失此瑰宝，岂非守土者之过欤？[1]

从叶德辉的考证可以看出，晚唐五代的刻书确实已经达到了一个非常成熟的阶段。事实也正是如此，雕版印刷的技术本身在中唐时期就已经达到了一个相当高的水准了。如《中国版刻图录》（下简称《图录》）影印的成都唐墓出土的刻本梵文《陀罗尼经咒》，中心及四周刻小佛像。[2]根据《中国版刻图录目录》（下简称《目录》）的说明可知其匡外刻"成都府成都县龙池坊（下有五字已模糊）近卞（下有数字模糊）印卖咒本"一行，就《图录》影印件之完好部分看，其雕刻、印刷技艺已精。《目录》考云："唐肃宗至德二年（757）成都改称府，因推知经咒板行，当在是年之后。……现时国内所存古刻本，当以此咒为首。"由框外文字得知此"经咒"是市井作坊所刻印，足见中晚唐刻印佛像佛经已不只是佛寺，市井亦有作坊印卖牟利。[3]

在此还可以举出一则不为当今学者所知的文献记录。江户文人屋代弘贤（1758—1841）曾于大伴文晁见到由空海大师所带回国的十二块刻版之印本，欣喜若狂，经过一番考证之下认定其乃真品，写下了《题十二天画幅》一文。由于此文未被整理，因此罕为学界所知。现据早稻田大学附属图书馆所藏稿本《屋代弘贤汉文草稿集》，将其全文转录于下：

十二天刻板备中国浅口郡口林乡佛祖寺所藏，弘法大师唐土赍

1　参见李泳、长泽规矩也校补：《书林清话　书林杂话》，世界书局1970年版，第21—23页。

2　参见北京图书馆编：《中国版刻图录》第二册，文物出版社1960年版。以下所引同，不再赘注。

3　参见《中国版刻图录》第一册之《目录》，文物出版社1960年版，第7页。

第七章　再论唐末五代大规模刻书之可能性

来真言家传法灌顶道具数十事之一也。近寺僧摺以赠人，大伴文晁得之惊喜曰：此实唐人之手泽也。骨力内藏，道劲外露，雄媚有法，迟疾不乖，细密奇巧，真是画家规矩之准绳也。遂积之架上，临摹数回，且展且挂，每披玩，未尝不嗟叹也。予常好古，最慕李唐之风者久之。晁以旧交之故，以其副本见颁焉。予虽不学画及佛，至其古雅精妙，则不无所会心也。文房之荣，何幸加之。明胡元瑞《经籍会通》引《燕间录》云："隋文帝开皇十三年十二月八日，敕废像遗经悉令雕版。"然则雕像印板之设至唐当益盛矣。大师所赍，亦有由也。天福中，醍醐成贤僧正《遍智院所调置灌顶道具目录》云："十二天屏风，高四尺九寸，广二尺。"《根岳记》云："像上书各各种子，其纸圆截，径五寸。"据之可以征焉。彼徒相传，不失模仿，亦足以信也。今兹文晁粘药袋纸画幅端首，使余书其名号，按《根岳记》一帖自西而东；《梵日伊帝火焰》一帖自东而西，地月毘风水罗位次顺叙乃据之云。余之拙劣，虽墨猪可耻，得赐之报，岂不竭力哉？时宽政三年八月十三日，源弘贤记。三百九十七字。

屋代弘贤乃江户后期最著名的学者与藏书家，其所建之"不忍文库"藏各种珍本秘籍多达五万余册。精于古书画鉴定的屋代弘贤考证其非赝品，自当可信。且空海于贞元二十年（804）入唐，其归唐之际带回的这十二天雕版[1]，后被尊为密教灌顶之大法具，并将其印刷以颁发给

1　十二天为帝释天（东）、火天（东南）、焰摩天（南）、罗刹天（西南）、水天（西）、风天（西北）、毘沙门天（北）、伊舍那天（东北）、梵天（天）、地天（地）、日天（日）、月天（月），奈良国立博物馆现还藏有镰仓时代之《绢本著色十二天像》（原藏大宝院），这套十二天像或有可能就是空海所带回雕版之摹本。参见《奈良国立博物館の名宝——世紀の軌跡—》，奈良国立博物館1997年版，第312—313页。

188

受剃度者，这在天福时期（1233—1234）已经有文献明载。屋代弘贤的这篇文章，正好与《图录》影印的成都唐墓出土的刻本梵文《陀罗尼经咒》对证。是知中唐时期雕版技术，无论是书是画，均已达到了一个相当精湛的水准。

唐末五代印书水平之高，还可从《图录》影印的杭州西湖雷峰塔出土的北宋开宝八年吴越王钱俶所刻《一切如来心秘全身舍利宝箧印陁罗尼经》得以管窥。开宝八年虽已入宋，但吴越国尚存，故《目录》云"世亦称为五代刻本"。经卷首刻"天下兵马大元帅吴越王钱俶造此经八万四千卷，舍入西关砖塔，永充供养，乙亥（开宝八年）八月日记"。其书法圆润美观、刻印精美之至。此外，《图录》所附敦煌出土的五代刻本《文殊师利菩萨像》，亦是版式端正，美轮美奂。《目录》云其"刻工体势与五代刻本韵书相近"，是知其时的刻本已经形成了一定的章法，技术相当成熟了。

再附言一句，也正是因为有了从中唐到五代时期之较长刻书历史的积累，北宋时期两浙及西蜀的刻本技术仍是天下之翘楚。北宋初国子监校定书籍就多送杭州刻印，如《宋会要辑稿》崇儒四记淳化五年（994）诏校"三史"（《史记》《汉书》《后汉书》），校定即送杭州刻印，至道三年即印成上进（《天禄琳琅书目》宋版著录南宋国子监翻北宋监本《汉书》，其介绍谓载有淳化诏、至道三年进书诸人）。北宋国子监刻书，先指定专人校勘，校定后指定专人看详审定，然后书写板本（板本书成当以校定本对校改定），然后上板雕刻，刻板成又指定专人校板，校板改定后方付印。三史书写板本、校定板本、雕板、校定雕板（剜改校出错字）、印刷，诸多工序，不到三年即完成，足见宋初杭州书手、刻工之盛。《百衲本二十四史》影印的所谓景祐本《汉书》，实就淳化刻板经景德、景祐两次挖改错脱字重印者，其书法、雕刻、印刷甚精。由宋初杭州与成都皆为刻书中心，可推知五代吴越国刻书业之兴盛不逊于孟蜀。且唐五代时期，两浙由于山水之胜，佛寺众多，佛寺即不仅刻印佛像及小节佛经以招揽香客，亦刻印士人需要的非佛经书籍以为功德事。宋方崧卿《韩集举正》即载有大中祥符（1009）杭州明教寺刻《韩愈集》四十卷，此虽已是北宋初事，然可推知其为五代吴越佛寺之遗风。《经史历》所载正史刻本、《文馆词林》等大型书，极有可能就是与平安政权保持着密切关系的吴越国所刻而传入日本。[1]

现存《书史卷数》虽是镰仓时期文人的转钞本，但考虑到日本旧钞本的性质，学界依旧将其当成反映平安大学寮学术体系的一级史料。如果将现在学界已经确定为唐五代刻本的书目与《经史历·书史卷数》做一个对比的话，如唐刻本《玉篇》《唐韵》；五代监本《九经》（又有毋昭裔刻本）中的《孝经》《论语》《易经》《尚书》《诗经》《礼记》《左传》《公羊》《谷梁》《周礼》《仪礼》《尔雅》；后晋张荐明刻《道德经》；毋昭裔刻《初学记》《文选》《白氏六帖》；田敏刻《经典释文》，都可以在《书史卷数》中找到对证，由此亦可直接证明出《书史卷数》具有不容置疑的信用度。可以说，历代学者对于唐末五代大规模刻书之推论，在这份书目中得到了落实。而且遗憾的是，由于三善为康主张重振儒风，反对诗歌词章，因此他并没有将唐五代所出版的诗文别集以及佛教经典类书籍记录下来。可以断定，即使是这份数目多达百余种的"唐摺本"目录，依旧不可能是唐五代刻书之全貌。

行文到此，我们清楚地看出，唐末五代，一是已经完全不存在任何出版技术上的障碍；二是刻本类书籍已经开始进入市场，在民众中得到了一定的普及。要之，其大规模刻书风潮的出现，无论是在其社会历史

---

[1] 《参天台五臺山記》卷五延久四年十二月条引《杨文公谈苑》云："吴越钱氏多因海舶通信，《天台智者教》五百余卷有录而多缺，贾人言日本有之，钱俶置书于其国王，奉黄金五百两，求写其本，尽得之，迄今天台教大布江左。"由此可见，日本与吴越国文化交流密切之一斑。平林文雄：《参天台五臺山記校本並に研究》，第182页。

还是文化环境之下，可以说是已经不存在任何障碍了。而《书史卷数》的出现以及其性质的澄清，则恰好为我们提供了一个还原出唐末五代文化史真相的机会：在五代十国时期，特别是史料记载缺亏的南方的十国地域，的确极有可能曾经展开过大规模刻书，这种风潮，也就是促使了两宋时代完成从钞本到刻本之转型的直接源头。从今以后，我们无疑还有必要对唐末五代十国之各区域文化的发展，做一个全方位的重新的历史定位。

第八章
镰仓幕府时期刻本东传日本综考
——兼论金泽文库创建之经纬

　　日本所藏两宋刻本大致可分为两大类：一类是古来日本皇家公卿以及历代武家政权（包括一些来往于中日的僧人）通过各种途径所购入之物，这些书籍大致原藏于日本古代宫内图书寮、大学寮或各种级别的公私文库以及寺庙。另一类则多是二十世纪初日本新兴权贵从大陆购入，此中以静嘉堂文库最为著名。后一类书籍来历分明，反而被视为日本古传善本的前一类书籍中，其实不乏伪造之物。

　　明治初期著名书志学家、早稻田图书馆初代馆长市岛春城（1860—1944）就在其所著的《古书丛谈》中谈到，当时有一位叫西村兼文的天才作伪专家常用古旧纸墨作伪活字印书，即使是书志学名家也往往不辨真假。譬如其作伪的活字版《文选》残本以及活字本陶渊明《归去来赋》就把黎庶昌给骗了。市岛春城还谈到，当时被奉为日本史学之泰斗的重野安绎（1827—1910）曾苦心收集到了一批贵重古公文书，某日专门宴请自己与西村兼文等大批学者，出之大肆炫耀，不料宴后西村兼文向市岛春城坦言其中绝大部分为自己所伪造，甚至还调侃重野安绎眼高手低，名不副实。¹此外，市岛春城还提到由于日本历代作伪书伪画之人甚多且精，以至当时著名的图书馆学学者汤浅半月（1858—1943）还专门写了一部《书画贗物语》，提醒世人不要上当受骗。²西村兼文所制各类伪书断简，当时多卖给了当时财力丰厚的新兴资本巨头，现在散藏于各种公私图书机构，依旧被当作珍本倍受呵护。可见今藏于日本之学术机关的书籍，特别是两宋刻本残卷，并非全无贗作之嫌！

那么，现有的日本古书目是否就可全信呢？其实亦非如此。在此枚举二例，其一是中日两国学者研究两宋刻本时常利用的《通宪入道藏书目录》，此书被传为藤原通宪（1106？—1160）所著。然而，对于此书目之真伪其实早有学者怀疑，如吉田茂树就曾在《史学杂志》第三十九编第十号上发表过《就通宪入道藏书目录之疑问》一文对其进行了质疑，认为此书目根本就不可能是藤原通宪所作。³其二是更为大陆学者所熟悉且经常利用的岛田翰《古文旧书考》，2003年北京图书馆出版社除了将其收入《日本藏汉籍善本书志书目集成》之前，还在前一年将其易名为《汉籍善本考》单独出版，由见国内学者对此书之重视。其实，此

1　《市岛春城古书谈丛》所收《贗作家西村兼文》，《日本書誌学大系3》，青裳堂书店1978年版，第51—54页。按：西村兼文在幕府时期曾任京都西本愿寺侍臣，属于尊皇攘夷派，与新选组交往极为密切。明治政府成立之后供职于奈良县厅。同时，西村兼文本人也是一位非常著名的学者，据笔者统计，其还曾编著过《统群書一覽》《本朝画人伝補遺》《本邦古板目録》《古梓一覽》《開化の本》《新撰组始末記：維新史料》《鹿児岛征討記》《桂御別業名記録》《訓蒙国史集覽》等著作，其中大部分只有稿本存世。

2　市岛文中并没有指出此书之作者，考《書画贗物語》乃汤浅半月之作，1919年由东京二松堂书店出版。汤浅半月乃明治时期图书馆学权威，曾任第四代京都府立图书馆馆长，以首次于日本导入十进分类法而闻名。

3　此外，小野则秋《日本文库史研究》上卷第一编第八节亦对此书目进行了质疑，并补充了很多史料来证明此书目极有可能是后人之伪作。临川书店1980年版，第359—362页。又，本稿下文亦多有参考小野研究之处，如非直接引文，不再一一注明。

书所叙录的许多善本珍本都是岛田之捏造，如常为国内学者所引征的
"应安以上刻本"七十一卷覆宋本《白氏文集》就纯粹出自于岛田的想
象。[1]日本著名书志学者长泽规矩也在各种论文之中常常指出其中多有乌
有或有意误考之书，告诫后辈学者在引用岛田观点时切需慎重，万万不
可囫囵吞枣。[2]

其实即使在平安镰仓时期，两宋刻本乃至宋书转钞本也是极为贵重
之物，且在其时书籍还是一种权力象征。因此，大凡进入日本的书籍多
有迹可循，史料中没有叙录的书籍则大可怀疑。要之，我们在对考证书
籍实物以及查检古书目之时，最好对相关时代史料亦作一些爬梳，辨章
学术，考镜源流，以免受古作伪人之骗。笔者曾在前《三善为康撰〈经
史历〉之文献价值叙略——兼论唐末五代大规模刻书之可能性》一文中
谈到两宋时期，特别是北宋时期的宋刻本很少传入日本。由于该文旨在
论证唐末五代大规模刻书之可能性，因此对两宋书籍如何传入日本之考
证还不尽详细。在此拟补前文之所未发之处，尽可能网罗日本中世史料
中有关两宋刻本东传的记载，勾勒出两宋刻本传入日本之经纬，以资海
内外学者研究日藏两宋刻本时参考。

---

1 如金开诚、葛兆光著的《古诗文要籍叙录》中《白居易集》就曾对其设有专段予以
   引论，中华书局2005年版，第334页。
2 长泽规矩也对岛田的批判主要散见于《长沢规矩也著作集》第一卷《書誌学論考》
   第二篇《旧刻本考》，汲古书院1982年版。除覆刻本《白氏文集》以外，其文中提
   到岛田翰所叙录乌有的比较重要善本有：宝治刻本《论语集注》、元亨刻本《古文
   尚书孔氏传》、延文本刻本《范德机诗集》、永禄刻本《公羊传》、刻本《论语义
   疏》、刻本《礼记》等诸多书籍，此外还有许多值得怀疑的善本。

一

两宋时期刻本鲜传日本考

谈到两宋刻本大规模传入日本，首先就有必要提到平安末期入宋僧奝然所传入的开宝藏。据《宋史·日本传》以及《入宋求法巡礼行并瑞像造立记》所载，宋太宗于太平兴国八年（983）亲赐奝然初印本开宝藏一套，奝然于雍熙三年（986）归日之际将这套多达五千多卷的大藏经安放了京都法成寺。此后，据《参天台五台山记》所记，宋神宗又曾下赐给入宋僧成寻大藏经四百十三卷，成寻于熙宁六年（1073）托弟子赖源、快宗、惟观、心贤、善久将其带回日本。且据南禅寺所藏《佛本行集经》卷第十九刊记可知，成寻托弟子带回的宋版一切经为熙宁四年印刷的开宝藏再印本。[1]由知北宋时期传入日本的大藏经均为宋朝皇帝所赠，来历有绪。而从另一侧面来看，这也间接反映了北宋政府对书籍管理之严格，如果没有宋帝的敕命，即使财力再雄厚，也不可能从中国私自带出大批经典。

另一方面，笔者在《经史历》一文中已经略谈到北宋的经史书籍是鲜有传入日本的。藤原道长（966—1027）日记中曾提到自己两度获得北宋刻本，第一次是于1005年从宋商曾令文处得到刻本《白氏文集》和《五臣注文选》，道长不敢私自占有，随即将其献给了一条天皇；第二次是1013年天台山主持常智托入宋僧念救带来刻本《白氏文集》，以

---

1 南禅寺藏《佛本行集经》卷十九之刊记如下（「」为原刊记改行处）："大宋开宝七年甲戌岁奉敕雕造 孙清」熙宁辛亥岁仲秋初十日 中书劄子奉」圣旨赐大藏经板于显圣寺圣寿禅师院印造」提辖管勾印经院事智悟大师赐紫怀谨"。转引自小野则秋：《日本文库史研究》上卷第二编《中世に於ける文庫》，临川书店1980年版，第425页。又，对于日本藏古板佛教经典大屋德城《佛教古板经の研究》（大屋德城著作选集9）一书有非常详细的考证，国书刊行会1988年版。

便求得道长的经济支援。这次道长将其秘藏于自己的书架之上。两者相隔七年之久，以藤原道长之一人之下、万人之上的权势，尚不能随意得到北宋刻本，可见北宋伊始书籍确实极难传入平安。稍后的《通宪入道藏书目录》也只记录了六种宋刻本目录，即使不考虑这份书目的真伪，这个数字也只能说少得可怜！[1]

南宋之后，宋刻一切经传入情况则稍有好转。譬如，庆元元年（1195）重源于醍醐寺奉入宋版一切经；荣西于嘉定四年（1211）在镰仓永福寺奉入宋本一切经；净业于绍定元年（1228）归朝之际带回一套宋版一切经。但与之前的奝然、成寻不同，这一时代入宋僧带回的一切经多是私家版。小野则秋认为大致可以将其分为两大系统：其一为福州系统本，其中又分宋神宗元丰三年冲真于福州东禅寺所刻本与宋徽宗政和二年法超所刻本，散藏于国立公文图书馆（原内阁文库）、知恩院、高野山劝学院、醍醐寺、中尊寺、东福寺、泉涌寺、兴福寺、唐招提寺、真福寺、兴圣寺、东本愿寺、实相寺等处；又一为思溪系统本，现散存于增上寺、南禅寺、川喜多院等寺庙。[2]由知与北宋政权相比，南宋官府对佛教经典的海外流出之管理，确实已经有了比较大的缓解。

然而，与一切经的传入情况恰好相反，南宋政府对经史别集类书籍的管理依旧很严格。考此一时期的平安末期史料，有所叙录的宋版经史与文人别集还是极为罕见。这可以当时权倾天下的左大臣藤原赖长（1120—1156）为例。藤原赖长由于钦慕宋学，因此深爱宋刻本。公然利用自己权势从其他贵族处巧取豪夺，几经周折，好不容易才收集到了以下几种宋刻书籍：《周易正义》《礼记正义》《毛诗正义》《左传正义》

1　其中包括《宋韵》五帖、《史记列传》二十帖、《临川先生诗》五帖、《皇宋五家诗》三帖、《御览》十四帙、《会要》四帙。

2　参照小野则秋：《日本文库史研究》第二编第二节，临川书店1980年版，第426—427页。

《经典释文》《巾箱本九经》《五代史记》《太平御览》。日本仁平元年（1151），藤原赖长曾请宋商刘文冲入宋购书，开出了如下多达一百二十余部的书目[1]：

> 周易疏、群臣讲易疏、义大玄经、大仪、小畜集、异义、发挥、副象、新注本义、大衍、玄图、大行论、议决、外传、尚书疏、义疏、刘辉、讲义、令解、述义、新释、要略、注释、注释问、百问、洪范五行传、书纬、中候、释注毛诗、诗义、音辩、义疏、诗学物性门类草木鱼虫疏、草木鱼□（按：□为虫蛀）、问答、异同详、表隐、述义、会道、自得、释义、纂义、诗纬、礼记子本疏问答、外传名数、外传义例、问答礼俗、天礼论、大义、义略、正义、贾公彦、周义、同□、周官驳难、参礼义宗、参礼大义、江都集礼、五礼名义、古今沿革礼、唐礼、新礼、礼纬、类礼、注春秋序、左传疏、序论、同异略、例范、释滞、区别、义略、春秋□、立义、牒例、先儒传例、说要、释决、述义、左氏膏肓、不尽义、断狱事、辨疑、春秋凑仪、骏河氏凑仪、郭驳异义、违义、穀梁正义、穀梁废疾、春秋纂例、春秋异义、春秋微旨、春秋通例、义鉴、何氏春秋释例、尊王发攼、春秋文苑、春秋繁露、参传评、闱外春秋、社要义、春秋律、孝经疏、探神契、勾命决、越王孝经、内右年、雄□、应瑞□、指要副旨、孝经诚、孝经集义、孝经律、名贤论语会解、论语会、全解、正义、秀义、志明义、述义、论语律、乐纬、阿当、经典大义、五经异义、圣证论、

---

1 参见《宇槐記抄》中卷"仁平元年九月二十四日"条，《增補史料大成》第二十五卷，临川书店1974年版，第200—201页。按：此处引文及标点均从《增補史料大成》本之翻字，不能排除其翻字及标点时存有谬误。如"刘辉"即有可能就是"刘敞"之误。对于这份书目，还有待参考原写本作进一步的确认。

六艺论、八经床子、孝子旨蹄、瑜伽论疏、朴杨大师造

　　据日记所附的这封由尾张守亲隆代写的书信可知，藤原赖长之所以要托刘文冲购书，乃源于刘文冲先送给了藤原赖长三种宋刻本：东坡先生指掌图（二帖）、五代史记（十帖）、唐书（九帖）。以至于藤原赖长认为刘文冲不同于一般商客，具有购买宋书的渠道和越海带入日本的能力。其实，日中混血儿（其父为宋人，母为日本人）的刘文冲之所以要携来宋刻书籍，是因为想通过藤原赖长在日本得到正式的封爵，以便不用遵守日中贸易期限，垄断海上贸易。这三本书便是其用来贿赂藤原赖长之物，由此亦可知道宋刻书在平安京之宝贵。[1]

　　另外，据此信所言，藤原赖长的这份书目乃是其不久前召集到日本的宋人所拟定的。可以说，如实地反映了宋朝的学术动态与出版情况。除了书目之外，藤原赖长还送给了刘文冲三十两黄金的巨资作为购书资金，希望其回宋朝之后能够购入或抄写到书目所录的部分书籍，足见其意之诚。然而，考平安文献自此之后就再也没有刘文冲返回日本的记录了。由此可以推测出刘文冲最终还是没能购得其中书籍，无法向藤原赖长交差。不用说封爵贸易，就连母亲的故国日本都无法返回了。同时，据藤原赖长的日记可知，藤原赖长保存这份书目多年，最终还是没有能够得到其中书籍。[2]由此亦可看出，直到十二世纪中后期，不要说是宋刻本，就连唐宋经史文集的转钞本，仍是鲜有能传入一海之隔的平

――――――――――

1　参见《宇槐記抄》中卷"仁平元年九月二十四日"条。

2　藤原赖长所阅读过的书籍在其日记之中均有记录，于此可参见本书后附《公家日记所见汉籍书录史料编年集成稿》。又，小岛小五郎的《公家文化の研究》所列《赖长修学年表》对此有详细的排列，亦可参考，育芳社1942年版。

安京。[1]

二
"天下之图府"：金泽文库之创建经纬考

那么，此后出现于镰仓之后室町时代史料中的大批宋刻本又是从何而来的呢？东京大学史料编纂所藏古钞本《（文明明应年间）关东禅林诗文等抄录》中收入了一篇题为《贺长尾平五公捡金泽文库禅诗轴并序》的贵重文献，兹将其原文转录于下〔括号中文字为原文之按语，分段亦按原文〕：

藏书仑云：自周已往，充栋汗牛，太平之美观也。斯文之盛衰，不知其几变矣。然文未丧天，道未坠地，绵延至今日，尚无恙也。藏书之盛，莫盛于开元。至禄山之乱，寸牍不藏矣。后郑覃四库储书，至是复全，分藏于十二库之下。至黄巢之乱，存者已少矣。天开我宋，五星聚魁，典籍山积，签轴鳞集，万二千耳。太平年中，始建三馆，东廊为昭文馆书库，西廊为集贤馆书库。诏求书，得卷万五千七百余也。

昔金泽大夫君，遣使于中国，航万里鲸波，运载群书，以为我本朝之宝。大夫君乃称名寺大旦越也，故寺旁建文库藏之，天下图书之府也。

今兹秋八月，上阳总管长尾平五，谨承藤公副元帅命，欲捡文

---

1 另外，对于两宋时期刻本鲜传日本及个别汉籍东传之经纬，可参考拙著《日宋漢籍交流史の諸相—文選と史記、そして白氏文集—》中的论述，大樟树出版社合同会社2019年版。

库，相倡福、鹿之硕德竺云（讳显腾，建长寺第百六十二世）、诚仲（讳中谆，圆觉寺第百四十四世）二老，愚（英屿）亦备员。某日，约以入其寺。□桥左右，池畔败荷秋老，岭上古松风寒，殆感前朝于黄协。至方丈前，偏衫残僧若干，头颅如雪，茶话次相谓曰："文库已破，移之堂宇旁。关东几多骚乱哉，斯文虽免祖龙焚列之厄，猥被好史者夺去，卷帙荡然矣。"有余者，管窥则游目于群玉府，竺册鲁典，倭国之歌书，未见异书，新若手未触也。捡阅并日，又缄而题封者，二百四十筐也。

平公真俗不二之境，凤缘所熟，可谓风流名士，如魏之长子悦为长乐之太守也。二老亦如东壁二星主文籍，使星加则参皇（或为"星"字）在此，从而列者桀然，上以阐吾道不传□□，下以寿斯文几息之脉，猗欤盛哉。终日文字而未尝文字处，请参得看焉。文字□（或为"语"字）言，何尝与空为碍哉。虚空藏以虚空为库藏，雨诸宝而充足，书库亦然。二老各作禅诗贺之，使愚序。序以为后期之一端。

鹫岭金文敕此郎，太平美观岁华长。

石渠天禄扶桑国，一库虚空总不藏。

延德三年岁次辛亥秋之中

据太田晶二郎所考，此书为一本无题古抄书，藏入东京大学史料编纂所之后才被命名为《（文明明应年间）关东禅林诗文等抄录》（孤本），所收作品有七十余篇，均为建长寺第一百六十四世长老、镰仓时期著名儒僧玉隐英屿（？—1524）的诗文。[1]据文末跋语可知这篇《贺长尾平五公捡金泽文库禅诗轴并序》作于日本延德三年（1491）秋天，所记录的是长尾平五奉关东管领上杉氏带领当时圆觉寺长老诚仲、建长寺长老竺云以及玉隐英屿等几位当世最负有盛名的儒僧到称名寺去点检接收其所藏书籍之事。

玉隐英屿是关东禅林最负有盛名的学问僧之一，也是延德三年接收称名寺所藏鹜金泽文库藏书的主事者，其所记录的有关金泽文库之沿革当为可信。也许是《（文明明应年间）关东禅林诗文等抄录》未能流传于世，在过去的金泽文库研究中这篇文章一直没有受到应有的重视。[2]其在文中云："昔金泽大夫君，遣使于中国，航万里鲸波，运载群书，以为我本朝之宝。大夫君乃称名寺大旦越也，故寺旁建文库藏之，天下图书之府也。"也就是说"金泽大夫君"曾派船到大陆买进大批书籍，同时为了收藏这些书而于金泽别业的称名寺旁创建了闻名天下的金泽文库。如果玉隐英屿叙事正确的话，我们至少可以落实中日书籍传播史上的两个悬而未决的重要问题，一是日本金泽文库的创建时间以及其所存书籍之主要来源。二是宋书何时大量传入日本。

那么，这位"金泽大夫君"又是指执掌镰仓幕府大权的北条一族中

1　参见太田晶二郎：《金沢文库に関する一史料》，《太田晶二郎著作集》第二册，吉川弘文馆1991年版，第126—130页。太田晶二郎在文中虽然没有对此史料进行详细的考证，但已经指出了这篇文章乃解决金泽文库成立始末之重要文献。本文所引《贺长尾平五公捡金泽文库禅诗轴并序》则参校了太田翻字文以及《信浓史料》"延德三年八月"条所附翻字文，信浓史料刊行会1957年版，第511—512页。

2　近代学者有关金泽文库研究之专著大致有如下之几种：関靖：《金沢文库の研究》，讲谈社1951年版；结城睦郎：《金沢文库の教育史的研究》，吉川弘文馆1962年版；结城睦郎：《金沢文库と足利学校》，至文堂1966年版；関靖、熊原政男：《金沢文库之研究》，青裳堂书店1981年版。管见之内，関靖氏的考证中没有提到过这篇文章。结城睦郎氏的考证虽然对这篇文章有所叙录，但只是用来说明金泽文库藏书之巨，并没有用来考证金泽文库成立时期。

的哪一位呢？其"遣使于中国，航万里鲸波，运载群书"又是何时之事呢？日本学界一般认为金泽文库为北条一族的私家文库，古来创建者主要有三说，一为北条实时（1224—1276）创建说，此说源于近藤正斋《右文故事》；一为北条显时（一名金泽显时，1248—1330）创建说，此说源于《北条九代记》；一为北条贞显（一名金泽贞显，1278—1333）创建说，此说源于林罗山《本朝地理志略》。[1]由于这三种说法都是根据其所见旧金泽文库所藏书籍后附录的跋语推断，并没有直接的史料根据。近代学者诸如关靖则推测为北条实时于文永七年（1270）左右开始创立的私家文库，结城睦郎也认为这个说法比较可行。由于两先生于金泽文库研究贡献卓著，这个观点也就为大多数学者所接受，成了现今学界的主流观点。

根据上引玉隐英屿的序文可知，金泽文库藏书是建立在"金泽大夫君"派船从大陆购入的大批书籍的基础之上，也就是说，金泽文库创建之时东亚海域必须还存在着日本派船渡海到大陆进行大规模购书的先决条件。众所周知，南宋咸淳二年（1266），蒙古皇帝开始派使者到日本要求镰仓幕府臣服，首先向蒙古称臣的朝鲜兵船已经开始封锁海上。咸淳十年（1274），蒙古发动了第一次攻击日本的战役（日本史称之为"文永之役"）。元朝至元十八年（1281），也就是灭亡南宋的翌年，又发动了第二次战役（日本史称之为"弘安之役"），此后日元交恶，互为敌国。由此一东亚海域的大局势可以断定，北条显时与北条贞显登上政治舞台之时已经没有派船到大陆购书的可能性，亦由此可以断定，金泽文库的建立就是近藤正斋所考的北条实时时期。但关靖所主张的文永七年说从时间来看显然太后，还存在着进一步斟酌的余地。

1　此外还有金泽贞将说。另外，其成立时期更是有十种以上的说法。详细介绍可参见关靖：《金沢文库の研究》第三章《金沢文库に関する諸説》，讲谈社1951年版，第121—143页。

三

金泽文库大规模入藏宋刻本时期考

南宋末期，大陆已经人心惶惶，战火连绵，武家出身的北条一族为何要在此时派船到大陆购买大批书籍呢？《吾妻镜》卷三十八宽元五年（1247）正月十三日条云："右大将军法华堂前人家数十宇失火。陆奥扫部助亭在其中。"陆奥扫部助亭即为北条实时，其年二十四岁，任小侍所别当。宽元五年的大火将北条一家的住宅　烧而空，所藏书籍也必难以幸免。今存金泽文库书籍卷末跋语所记时期最早为《春秋经传集解》卷五、《群书治要》卷二与卷三之建长五年（1253）就是最好的证明。并且由这些跋语可以推知，宽元大火之后不久，北条一族中对学问最为热心的北条实时就开始全力重建一族的藏书了。

其实，还不只是北条一族的藏书，整个幕府的藏书也在不久前烧失一空。根据史料记载，镰仓幕府初期，整个幕府的图书管理机构并不设在将军府之中，而是设在问注所执事家中。其时承担幕府图书馆职能的是三善康信（又名善信）的名越文库。为防火灾，与之后的金泽文库一样，这座文库也是依山而建。然而，文库最终还是没有逃脱大火的魔掌，《吾妻镜》卷十九承元二年（1208）正月十六日条云："午剋，问注所入道名越家烧亡。而于彼家后面之山际构文库，将军家御文库。杂务文书、并散位伦兼日记以下、累代文书等纳置之处。悉以为灰烬。三善康信闻之，愁叹之余。落泪数行，心神悯然，仍人访之云云。"[1]而且祸不单行，就在三善康信派人四处寻书重建文库之后时，三善康信宅邸与刚刚有些起色规模的名越文库又再次被火烧毁。《吾妻镜》卷二十五承

1　本文所引《吾妻镜》为均以《新訂增補國史大系》第32、33卷所收本为准，吉川弘文馆1975—1979年版。以下不再一一注明。

元三年（1221）正月十六日条云："二十五日庚戌，丑刻，町大路东失火。大夫属入道善信宅灾。重书并问注记以下烧失云云。"两度失火使得八十二岁的三善康信心力交瘁，再也无法重建文库，终于此年八月九日含恨撒手人寰。而三善一家两次烧失幕府图书，也彻底失去了幕府的信任。从此之后，名越文库也就退出了历史的舞台。在金泽文库创建之前，幕府甚至没有一所像样的图书管理机构。

几度大火将镰仓幕府的公私文库一烧而光，正是在这种背景之下，镰仓幕府才有必要冒险到大陆买书，重建维持幕府政治文化运营的中枢藏书机构。而此时大陆的局势也恰好为幕府购书创造了客观条件。时值南宋最末期，官府已经无力管理各种港口通商，学者亦四处流亡，无心读书，这就为幕府通过走私收集购买到大批宋版书籍提供了可能（这一情况与清末大批善本的流失极为相似）。而另一方面，日本宽元四年（南宋淳祐六年·1246）兰溪道隆、文应元年（南宋景定元年·1260）兀庵普宁等许多南宋名僧的相继到日本，其开山时都受到了幕府的鼎力相助。这些因躲避蒙古入侵与南宋战乱来到日本的大批禅僧，不但为幕府开创了一个新的文化局面，也使一直依靠南宋商人来了解大陆的幕府开通了一个与南宋知识阶层沟通的新渠道。

通过上述分析，我们基本可以确认出金泽文库大致建立于北条实时时期，但传统的金泽文库为北条实时于日本文永七年（南宋咸淳六年·1270）开始修建的私家文库一说并不完全正确。首先，金泽文库也不可能晚至文永七年才开始创建。因为在上文也提到过，此时东亚海域已经进入了战争局势，幕府疲于对付朝鲜与蒙古的入侵。即使商船有可能通过蒙古海军的封锁，在此事关国家存亡的紧要关头，幕府也不可能有余暇策划入宋购书（下文还要提到，同时还从西湖移来了大批梅花树）一事。因此，购书必是1266年之前的事，而文库也应营造于同时或之前。现在虽然还没有明确的史料来确认文库建于何年，但内阁文库藏旧钞本《管见抄白氏文集》（下文简单称《管见抄》）为我们提供了一条推测这一问题的重要线索。《管见抄》是一部宋景祐四年（1037）版《白氏文集》的选钞本[1]，然更为珍贵的是，其文末转抄了宋刻《白氏文集》的刊记。

管见之内，日本不乏有转抄或使用宋刻本校正的旧抄卷。然而，录有底本之刊记的唯此一本。之所以转抄刊记，极有可能就是其人第一次摩玩到宋刻珍本，因此希以为贵，将原本之刊记也记录到了《管见抄》之卷末了。《管见抄》卷末跋语所记录的此书之抄写始末也暗示了这一点，其文云：

本云：管见抄内此文集处者，自康元之初年（1256）初冬中旬四日至正元之初历（1259）初冬上旬七日，都卢三年，其功既毕，或云公务之隙，目想而忘疲；或病患之中，心游而不怠。遂抄七十卷合为十卷。古今之间缃素之类抄，出此集虽多，其人为春秋事抄出之，为秋实事不抄。于今抄者，指归异之，先抽出治政之要，是依可补私务也；次采齐物之词，是依可养己志也；后拾风月之章，是依可悦我目也。每披见此集，以可助身上病；每握玩此抄，以可休世上愁。猗也此抄，其德惟多。抑此抄一部十卷，誂清直讲，终朱墨点。彼真人累代高才之儒胤也，当世绝伦之名士也，世之所知也，人之所许也。然则比掌内珠，为函中宝，莫出闺外而已。

---

1 关于这本书的详细考证，可参考太田次男：《旧钞本を中心とする白氏文集本文の研究》中卷所收《国立公文图书馆藏〈管见抄〉》，勉诚社1997年版，第93—172页。

阿部隆一曾认为，这部《管见抄》就是出自北条实时之手[1]，于此笔者有不同意见，认为其更有可能出自当时的将军宗尊亲王之手[2]。不过，此书无论是出自北条实时还是宗尊亲王之手，对于这部书出自镰仓幕府中最为重要的政治人物之事实并无多大影响。从文末转写跋语可知，其原抄写者于1256年至1259年之三年以七十卷旧钞本《白氏文集》（按：即慧萼所抄南禅院系统本，与原藏金泽文库旧本《白氏文集》属于同一系统本）抄出十卷白居易诗文。[3]其见到七十二卷景祐四年（1037）宋版《白氏文集》当是十卷本即将抄完不久之后。考同一时期日本史料中均无《白氏文集》带入日本的史料记载，此书极有可能就是属于幕府所购入的宋书。《白氏文集》在日本地位殊尊，在大批宋书带回日本之后，宋刻《白氏文集》无疑是宗尊亲王或北条实时检阅的最首选。由于其时鲜见宋刻本，又是第一次传入的七十二卷本《白氏文集》，因此在抄写七十卷本没有的诗文之后，又附上了原书之刊记，因此文末又云："然则比掌内珠，为函中宝，莫出阃外而已。"（按：慧萼旧抄系统本则在贵族之间已经有了一定范围的传播）这则跋语的时间刚好与本文所考幕府入宋购书时间相符，显然不是偶合。据此我们可以判断出宋书带入镰仓幕府应是1259年之后。也就是说，金泽文库建成与纳入大批宋书当在1259年到1266年之间。

1　阿部隆一：《北条実時の修学の精神》，《金沢文庫研究》14之6，古典研究会1968年，第1—7页。

2　参见拙稿《管見抄白氏文集の発見経緯とその奥書に関する考釈—宗尊亲王と石清水宫田中坊との関わり—》，《中国中世文学研究》第68号，2016年9月，第27—61页。

3　详考参见前引太田次男《国立公文図書館蔵〈管見抄〉》。

四

"幕府文库"：再谈金泽文库之公家属性

其实，金泽文库也不应该是北条金泽一族的私家文库。因为北条实时虽然身居要职，但他毕竟没有担任过掌握幕府大权的"执权"一职，而且其所开创的金泽一支又非北条家主流，直到其孙子金泽贞显任"执权"一职之后才成为北条中流。由此可知，北条实时其时还不具备私自派船入宋购书的财力与政治权限。最有可能的就是从小爱好文学的北条实时为购书时的具体策划者。这在玉隐英屿的序文中也可以找到佐证。玉隐英屿文称为"金泽大夫君"，乃源于北条实时为金泽流北条一族的开祖。而诗云"鹫岭金文敕此郎，太平美观岁华长"，则明确指出了北条实时乃是奉敕命（将军之命）创建文库的。也就是说，金泽文库其实就是承袭被烧失的三善家名越文库之职能的幕府文库。

另外，镰仓幕府此次大举入宋购书，不仅购入了大批宋版经史别集，还购入了当时隶属于幕府各大寺庙没有的宋版一切经。对于此事，泽庵宗彭《镰仓顺礼记》云："昔船つかはして、一切経をも異国よりとり渡し、其外俗書外典共、世に類すくなき本共。金澤文庫と書付あるは、當寺より紛失したるなりと語る。"（按：文意为"（老僧）云：'昔（武家）遣船渡海，至异国购入一切经，此外又有俗书外典，与世上罕见之珍本。大凡书有金泽文库四字之书，乃本寺散失之物也。'"）此语乃泽庵宗彭访问称名寺时听庙中老僧所言，自当可信。这条史料，一方面证明了镰仓时期派船入宋购书一事的确发生过；另一方面亦明确指出此事乃是武家幕府所为；与玉隐英屿序中诗文所言正好相符。

更有趣的是，镰仓幕府此次派船入宋，不但购入了大批佛典汉籍，还从南宋的都城西湖移来了一批梅花树。室町时代的著名禅僧万里集久（1428—?）所著《梅花无尽藏》卷二《梅花会古人江户城香亭下有西湖

207

梅盖分取金泽余根插之于时看花烂漫得鸿字》诗云："寒暖皆梅白杂红，裂西湖置数株中。春风话尽主人榻，一片归心逐去鸿。"又在卷六《贴西湖梅诗序》说道：

> （文明十八年十月）丙午小春余入相州（按：当为"武州"之误）金泽称名律寺，西湖梅以未开为遗恨。富士则本邦之山，而斯梅则中国之名产也。唯见蓓蕾，而虽未见其花，岂非东游之第一奇观乎哉。金泽盖先代好事之主，属南舶移杭州西湖之梅花于称名寺之庭背，以西湖呼之。余作诗云："前朝金泽古招堤，游十年迟虽噬脐。梅有西湖指枝拜，未开遗恨翠禽啼。"及今遗恨未尽。巨幅山有识面，丁未之春，摘其花数十片为一包惠焉。巳酉夏五，余归浓之旧庐，奉彼一包于春泽梅心翁。翁借余手描枝条贴其花，近而见之，则造化所设；远而见之，则赵昌所画，并以出于春翁之新意矣。挂高堂，一日招余令观焉，之次，要作赞语题轴上，漫从扬水之末章云：一横枝上贴西湖，名字斯花别不呼。意外春风真假合，傍人定道画成图。

此诗序中亦谈到了幕府派船入宋一事，又可与上述两条材料正可互证。文中又记幕府购书之余还移栽西湖梅花，且从万里集久"金泽古招堤"一语还可推测当时文库左右还曾仿照西湖构筑了一条堤岸，从西湖移来的梅花正种植于其上。此举近可解释为武家之幕府对宋代文人风雅之追崇，远则可解释为其借西湖梅而证明文库所藏书籍乃源自南宋都城之杭州，以确立其所藏典籍之权威。而此梅花树及其分支直到之后的江户时期还为人所崇拜，可证明当时幕府之策略极为奏效。

据关靖所考，至少在日本正嘉二年（南宋宝祐六年·1258）之前，北条实时于自己的封地金泽六浦庄就已经建立比较有规模的别墅了，这也刚好与本文所推测的金泽文库创建时期之下限一致。金泽六浦庄远离都城，风景幽僻，且环水而居，乃镰仓唯一的港口；北条实时又是北条一族中对学问最热心、造诣最高的儒将。凡此种种，都可视为北条实时担任策划入宋购买佛典汉籍、创建金泽文库之重任的理由。

另外，正如羊列荣所指出的一样，镰仓幕府的这次大规模购书之后，日本开始出现了宋风蔓延的转变。[1]这次大批宋代文献的传入，直接导致了平安时代的"唐风"向五山时代"宋风"的转移，这也是热爱宋学、企图实现政治革新的藤原赖长所未达成的悲愿。[2]但如果从另一个角度来分析金泽文库之创建背景的话，还可以看出此举乃源于幕府希望建立一个能与京都天皇政权分庭对抗，甚至超之于上的学术中心的野心之上。为了完成这一大业，掌握了幕府实权的北条一族一方面从天皇家迎来了将军宗尊亲王，以示镰仓幕府存在之正统。并且招募了大批旧平安大学寮博士的后裔（诸如三善、清原、中原等诸家）入幕，将维系京都天皇家权威的旧钞系统本汉籍带入镰仓；另一方面，积极派船入宋购入大批京都天皇家没有的、被旧平安贵族视为珍宝的新出宋刻书经史文集，试图将金泽文库建构为凌驾于京都旧藏书机构的最高学术机关（北条一族以金泽文库为主体并设了幕府教育机构之金泽学校）不单在政治上，同时也在文化上奠定了幕府的威权。这种文武并重，积极通过引进大陆新书籍新思想来对抗旧有文化势力的做法，此后亦被日本历代武家政权所借用，也正因为如此，金泽文库才在后世享有如此之盛名。

---

1 参见羊列荣《五山诗学主题初探——以宋代诗学的影响为视点》，《文学研究》第百七辑，九州大学大学院人文科学院2010年，第69—93页。

2 西村天囚在《日本宋学史》上编《（四）北条氏の文教》开篇即指出，宋学东渐日本之渊源为镰仓时代中叶北条氏全盛时期，并在题下用"武家と禅＝禅と宋学＝宋学と武家←金泽文库"之公式来阐明幕府、禅僧、宋学、金泽文库四者之间的关系。梁江堂书店1909年版，第39页。

可以说，无论是在藏书史和教育史，甚至在日本的政治史上，金泽文库都具有举足轻重的地位。因此，这些被视为"本朝之宝"的金泽文库旧藏书籍，在北条政权终结之后，大部分被足利学校所继承，其后又被纳入了江户的红叶山文库与昌平坂学问所。

那么，除宋版一切经以外，镰仓幕府究竟购入了多少宋刻书籍呢？《金泽文库旧文书（五四三三）》云："纳员箱数外二百八十八合，一方别十六合；内二百十六合，一方别三合；都合五百四合。"结城睦郎据此推测为外典11520册、内典8640册，并且强调这还只是金泽文库经过北条一族及历代试图复兴文库的诸武家所收集和汉书籍冰山之一角。据各种史料可知北条政权终结之后，历代政权均曾派人到金泽文库掠取其贵重书籍。但即便如此，继承了金泽文库之传统的称名寺文库还是藏有大批书籍。从玉隐英屿于日本延德三年（1491年）秋天访问其时还尚存二百四十筐之多这一记载，亦足可见其当初藏书规模之巨大。玉隐英屿称之为"天下图书之府"，显然并非阿谀之言。

而且，金泽文库藏书之盛也很早就为中国文人所知。明朝文人郑舜功著《日本一鉴》书籍一节云："中国书籍流彼颇多珍藏，山城、大和、下野文库及相模金泽文库，抑惟大和、金泽二文库以为聚书渊丛，他库虽藏遗书，未及二库也。"其库内书籍屡被权贵僧侣夺窃。本文开头所提到的书志学"鬼才"岛田翰，就是因为盗走称名寺所藏国宝《文选集注》一事而最终死于狱中。

也正因如此，江户明治之后，其原金泽文库藏书更是成为新兴收藏家之追寻猎求的第一对象，而由此又引发了一阵伪造旧金泽文库藏书的高潮。其中最为流行的就是伪造旧金泽文库的藏书印。今日日本公私之藏书机构不乏盖"金泽文库"印的抄卷与刻本书籍，但这并不能证明这些卷帙都是源于旧金泽文库的善本。关靖曾对各类金泽文库印有过非常详细的考证，此处就不再赘言。于此谨将关靖所考的文库旧藏汉籍（刻本）真伪目录附于其下，以供参考[1]（印记一览所记为印章之种类，如"三ノ六"为第三类之第六种，附有（◎）符号的书籍为笔者所加）：

书目	印记	卷·册	都县	所藏机构
《周易正易》	三ノ六	五卷五帖	茨城	彰考馆文库
《尚书正义》	三ノ二	二十卷十七册	东京	宫内厅书陵部
《毛诗正义》	二ノ二	三十三卷十七册	奈良	天理图书馆
《礼记正义》	三ノ一	八卷二册	山梨	身延山文库
《春秋经传集解》	三ノ八	三十卷十五册	东京	宫内厅书陵部
《春秋左氏音义》	三ノ八	五卷四册	东京	尊经阁文库
《春秋谷梁传》	三ノ二	十二卷二册	东京	蜂屋贺正氏
《春秋集传》		断简一页	神奈川	金泽文库
《论语》	非文库本（伪印）	十卷二册	广岛	光藤珠夫氏
《论语注疏》	三ノ二	十卷十册	东京	宫内厅书陵部
《赵注孟子》	非文库本（伪印）	十卷三册	福冈	大宰府神社
《大广益会玉篇》	无	断简六页	神奈川	金泽文库
《集韵》	三ノ二	九卷九册	东京	宫内厅书陵部
《汉书》	非文库本（伪印）	一卷一册	东京	蜂屋贺正氏
《汉书》	非文库本（伪印）	二卷一册	东京	东大图书馆
《汉书》	非文库本（伪印）	三卷一册	冈山	正宗敦夫氏
《汉书》	非文库本（伪印）	十四卷八册	东京	有田平藏氏
《南史》	一ノ一·二ノ二	五卷五册	北平	傅增湘氏
《南史》	无	断简三页	京都	内藤湖南氏
《南史》	一ノ一	一卷一册	神奈川	金泽文库
《唐书》	三ノ一	一卷一册	东京	梅泽彦太郎氏

---

1 本表乃据《金泽文库の研究》本论第二章第五节《金泽文库本一览》所附《漢籍》一览表抄出，其中还包括了部分宋以后的书籍。

书目	印记	卷·册	都县	所藏机构
《太平寰宇记》	二/二·三/四	三十余卷 二十五册	东京	宫内厅书陵部
《荀子》	不明	不明	不明	经籍访古志所载
《标题句解孔子家语》	三/八	三卷三册	东京	尊经阁文库
《新刊标题句解孔子家语》	非文库本（伪印）	六卷二册	东京	成簣堂文库
《宋季元明理学通录》	非文库本（伪印）	十一卷六册	福冈	九大图书馆
《诸病源候论》	三/二	五十一卷十四册	东京	宫内厅书陵部
《备急千金要方》	三/二	三十一卷 三十二册	东京	上杉宪章氏
《外台秘要方》	三/一·三/二	十一卷十一册	东京	宫内厅书陵部
《新编类要图注本草》	三/一·三/二	四十八卷三十二册	东京	宫内厅书陵部
《重修政和经史证类备用本草》	非文库本（伪印）	二卷二册	爱知	岩濑文库
《太平惠圣方》	三/一	百一卷五十一册	爱知	蓬左文库
《太平惠圣方》	三/一	五卷二册	东京	宫内厅书陵部
《杨氏家藏方》	三/二	二十一卷 二十一册	东京	宫内厅书陵部
《嘉定十一年具注历》	无	断简一页	神奈川	金泽文库
《初学记》	三/二	三十卷十册	东京	宫内厅书陵部
《白氏六帖事类集》	三/一·三/三	六卷六轴	京都	福井崇兰馆
《太平御览》	三/三·三/五	千十五卷 百十四册	东京	宫内厅书陵部

书目	印记	卷·册	都县	所藏机构
《锦绣万花谷》	三ノ七	五卷三册	静冈	万松山龙潭寺
《锦绣万花谷》	三ノ七	二卷二册	东京	静嘉堂文库
《类编秘府图书》（画一元龟）	三ノ二	六十九卷十八册	东京	宫内厅书陵部
《新刊训解书言故事》	非文库本（伪印）	十卷四册	神奈川	羽鸟香云氏
《世说新语》	三ノ五	五卷五册	东京	尊经阁文库
《世说新语》（别本）	三ノ一	三卷三册	东京	宫内厅书陵部
《南村辍耕录》	非文库本（伪印）	三十卷十册	东京	静嘉堂文库
《列子》	二ノ二	八卷三册	东京	尊经阁文库
《南华真经注疏》	二ノ二	五卷五册	东京	静嘉堂文库
《楚辞集注》	非文库本（伪印）	二卷一册	东京	东大图书馆
《昌黎先生文集并外集》	有	五十卷	京都	福井崇兰馆
《唐柳先生文集并外集	三ノ二	三卷三册	东京	静嘉堂文库
《元氏长庆集》	无	三卷一册	东京	静嘉堂文库
《元氏长庆集》	无	五卷一册	东京	东大图书馆
《元氏长庆集》	无	断简一页	神奈川	金泽文库
《白氏文集》（◎）	不明	七十二卷	不明	管见抄白氏文集跋语所载
《胡曾诗注》	非文库本（伪印）	三卷一册	东京	安田文库（烧失）
《景文宋公集》	三ノ二	十八卷六册	东京	宫内厅书陵部

书目	印记	卷·册	都县	所藏机构
《欧阳文忠公集》	三ノ一	百五十八卷三十九册	京都	伊藤孝彦氏（◎现藏天理图书馆）
《王文公文集》	三ノ二	百卷十四册	东京	宫内厅书陵部
《东坡集并后集》	三ノ一	六十卷十七册	东京	宫内厅书陵部
《东坡先生诗》	非文库本（伪印）	二十五卷十四册	东京	宫内厅书陵部
《东坡先生诗》（别本）	非文库本（伪印）	二十五卷二十五册	东京	安田文库（烧失）
《玉堂类稿并西垣类稿》	三ノ二	二十四卷七册	东京	宫内厅书陵部
《文选》	三ノ一·三ノ五	六十一卷二十一册	栃木	足利学校遗迹图书馆
《文苑英华》	无	断简一页	神奈川	金泽文库
书名未详	无	断简一页	神奈川	金泽文库

第九章
藏书与读书
——平安时期日本皇家及公卿汉籍读书史料汇编稿

众所周知，平安文人藤原佐世（847—898）所编的《日本国见在书目录》（室生寺本古钞本[1]，现存于日本宫内厅书陵部）中保存了大量隋唐时期的汉籍目录，现在已经成为学界研究宋代之前的典籍乃至东亚汉籍交流史之最为重要的文献之一，同时也被视为隋唐文化对日本平安文化深厚影响的一个重要实证。

不过，无论在汉籍交流史研究中，还是在文化交流史的研究中，均或多或少、或显或隐地存在着一个误区，即忽视了其乃一本藏书目录而非读书目录之差异，忽略了公家藏书与个人读书之间存在量与质的区别。换句话说，此书虽然如实反映了平安王朝汉籍藏书数量之巨大，但并不能反映平安皇家公卿真正的读书状态。其实，对这一问题，在本书

---

1 有关此书的具体研究，可参照孙猛：《日本国见在书目录详考》（全三册），上海古籍出版社2015年版。不过，对于室生寺本的抄写年代、格式及书名，笔者存有不同意见，于此则可参考拙《室生寺本〈日本国见在书目录〉之抄写时期考——以〈玉海〉东渐为线索》（刘玉才、潘建国主编：《日本古钞本与五山版汉籍研究论集》，北京大学出版社2015年版，第133—145页）及《室生寺本〈日本国见在书目录〉抄注体例及书名新证》（张伯伟主编：《域外汉籍研究集刊》第20辑，中华书局2020年版，第79—94页）两文中的相关考证。

的"导论"中已经指出，对于平安时期的皇家公卿来说，汉籍本是一种公权力的象征，因此其家所存汉籍之数量，往往与其家格之高低有着密切而直接的联系。而另一方面，被皇家贵族们真正用来阅读或学习的书籍其实往往非常有限，范围也极为狭窄。只是因为这些读书史料如散沙一般存在于各类古文献、古日记之中，一直没有得到系统的整理与囊括，这才使得不少研究产生出如上误解。

为了弥补这一空白，近十年来，笔者在阅读日本古文书、古日记等第一手史料时，有意识地将其中涉及到汉籍读写、传抄、校注的资料择出汇总，陆续编纂成《正仓院古文书所见汉籍书录史料编年集成稿》《历代天皇宸记所见汉籍书录史料编年集成稿》《平安时期公家日记所见汉籍书录史料编年集成稿》三稿，基本总括了从七世纪中叶到十二世纪的日本各类古文献中的读书史料，建构出一条比较明晰的日本中世汉籍读书史链，为今后学界研究日本古代汉籍读书史提供一个基础文献资料库。

一

正仓院古文书所见汉籍书录史料编年集成稿

本稿以东京大学文学部史料编纂所编《大日本古文书编年文书》（全二十五册）为底本，将其中文书有录汉籍书名（不含佛教经典）者系年录出，加以纲目，在抄录原文书时尽量按原文字转录，实在太长者则予以节略。另外，为了方便阅读，原文书中略字、手写字者改为正体字，标点略有改动。【】内文字为原文双行小字注，（）内文字为原文小字旁注。又，本稿重在整理当时所抄汉籍书目，因此原文标注有见消符处，本稿均以省略，汉籍书名下线为笔者所加。为了便于查校，各文书末用〔〕标出原书册数及页数，如〔大①381—383页〕，为《大日本古文书编年文书》第一册381—383页。另外，因《编年文书》数量繁多，文书残缺琐碎，文字转录时不免发生错误或脱落，恳请有条件的参考者尽可能按页数查对原书。亦可通过东京大学文学部史料编纂所网站予以核对。

神龟四年（开元十五年·727）文书，见录《烈女传》。

●寫經料紙帳（正倉院文書·小杉本繪佛師外三）大槃若分麻紙五千三百八十張【欠千廿張、定四千□百六十張】、端續分紙二百張、神龜四年三月廿三日、老人。同年十二月十四日受大槃若料一萬張【五年四月一日反納紙二千六百張、大槃若紙餘】。又廿九日受麻紙百六十張、法花經料。神龜五年正月十七日受大槃若之端繼紙三百六十張【直紙】。又二月十二日、唯識論二卷、辯仲論三卷、雜集論十六卷、合廿一卷料紙三百卅二張【直紙】。廿二日受上野紙七十張、廣方經料。三月六日受紙四百八十張【直紙】。端繼廿三張【唯識論十卷、烈女傳料】。又廿七日、自高屋赤萬呂手受紙五百八十張【直紙、論料】。同日受麻紙廿張【法花經、欠紙料】、又論表紙廿張【直紙】、四月廿四日受紙屋紙百張、五月廿二日受直紙二百張、又四日二百張【直紙】。麻紙卅張、表料。五年九月廿六日受大槃若分麻紙七百張之中【表紙百張】、又穀紙五百張、觀音紙分褾紙六十張。大槃若分紙一千一百六十張、神龜四年五月十六日、老人。理趣般若分受穀紙五百六十張、神龜四年七月廿二日、壬生子首。觀世音經·阿彌陀經合十卷分穀紙百張、八月四日、此經分之表紙、用大槃若分麻紙五張、少書吏（下缺）。〔大①381—383页〕

天平二年（开元十八年·730）文书、见录《白虎通》《离骚》《方言》《论语》《三礼仪宗》《汉书》《晋书》。

●寫書雜用帳（正倉院文書·續修十六裏書）第五帙【十卷】、（船花）第六帙【十卷】、（船花）第七帙【十卷、二卷花船以退】、第八帙【十卷】、第九帙【十卷、寫一卷。末九卷、小長谷人萬呂。三年正月廿四日、安子充】、第十帙【未寫、安志以退了、納安三】、第十一帙【十卷】、（吳原）第十二帙【寫四卷、吳原充一卷以退。末五卷、吳原充持退】、（未寫、新家）第十三帙（未寫人完十卷）。（二名）白虎通一帙【十五卷】、（二名）離騷三帙【帙別、十六卷】、（二名）方言五卷、（大屬）論語廿卷【本十一卷、九月十五日大屬宅進椋椅。寫十二卷、現十一卷、本九寫二】、（北）三禮儀宗三帙【文作。帙別、十卷。九月十五日大屬宅進椋椅】、新儀【一帙、十卷】。紙、軸、五十五、用。漢書表紙九十張【用】、晉書分麻紙三百九張【六十張充庠。現二百卌九張、用百八十九張、殘六十一張】。漢書枚替分紙百卅張【用百八十九張、殘六十一張】用盡。漢書分餘紙九十五張【既高屋乞取】。淨衣廿三領之中、後加衣四【袴四。橡衣十二領、新家充一領。納細麻七領、此中裝潢充一領。鑰取一領【高屋受衣一、袴一】。白麻四領。（衣）袴九【裝潢充一】後加袴四【裝潢充衣二、袴一。白髮五枚、人衣一。紙充直丁衣一。工二人充衣二、袴二】。（衣）冠布短十一枚【失殘寺、奴北理給衣一、袴一。十一月八日、又北理高屋之給衣一、於寺廢】。巾二枚。麻被三枚【一枚大屬殿進納、一枚裝潢受】。十一月十七日受經師被二枚【練】。湯帳一。香二袋。釜一口。小刀八。天平二年七月四日高屋連赤麿。鋪設物、長疊二枚、短疊五枚、立薦二枚、苫二帙、箐四枚、長席一枚、短機九枝【四寺送附、安宿熊取、見五足】、辛樻七合【又須利一合】、腕三口、由加六口、叩戶二口、缶一口、壺二口、長機

218

二枝、缶一口。記書外在袴十一、麻衣一領。更高屋受短疊五枚、長疊一枚、薦一枚。〔大①393—395页〕

天平三年（开元十九年·731）文书，见录《晋书》《文选》《文选音义》《汉书》。

●皇后宮職移（正倉院文書・續修十六）皇后宮職移。圖書寮。大初位上船花張善、上日壹佰拾玖、夕肆拾【九月上日十二、夕六。十月十、夕四。四月廿五日、夕十。五月廿、夕五。六月廿四、夕四。七月廿七、夕十】。寫紙肆佰叁拾張【涅槃經第三帙、紙一百九十張。瑜伽論抄三卷、紙二百卅張】。少初位上安子兒公、上日壹佰陸拾壹、夕伍拾【十月十二、夕五。十一月十、夕六。十二月廿八、夕八。正月十一、夕四。三月廿、夕三。四月十五、夕四。五月十九日、夕五。六月廿一、夕七。七月廿、夕八】。寫紙柒佰肆拾肆張【涅槃經第一帙、紙百九十二、第三帙、紙百九十張。瑜珈論抄二卷、紙百廿張。晉書第九帙、紙二百卅二】。少初位下辛金福、上日壹佰叁拾柒、夕肆拾伍【正月十一、夕二。二月廿七、夕十。三月廿六、夕七。四月十六、夕五。五月十九、夕六。六月十四、夕五。七月廿日、夕十】。寫紙陸佰壹張【涅槃經第四帙、紙百八十四張。實相槃若經五卷、卅張。瑜珈論抄二卷、紙百卅四張。晉書第四帙、紙二百卅三張】。少初位下秦雙竹、上日壹佰叁貳、夕叁拾柒【九月十、夕三。十一月十五、夕八。十二月十、夕三。正月十五、夕七。二月八日、夕二。六月廿日、夕四。七月廿七、夕十】。寫紙伍佰柒拾玖張【涅槃經第一帙、紙百九十二。法華經八卷、紙百六十張。實相槃若經五卷、紙卅張。唯識論十卷、紙百七十七張】。右起去年八月一日、盡今年七月卅日、上日夕並寫紙如件、注狀故移、天平三年八月十日、正八位下屬勳十二等内藏伊美吉。〔大①442—443页〕

●皇后宮職移（正倉院文書・續修十六）皇后宮職移。圖書寮。大初位上船花張善、上日一百九十八、夕九十一【八月十七、夕六。九月十、夕十。十月廿、夕十九。十一月廿七、夕廿六。十二月十一、夕十。正月廿三、夕廿。二月廿七、三月廿五、四月廿八、五月廿、六月一、七月廿】。寫紙三百九十二（五百八張）【涅槃經第一帙、紙百九十二張。正法華二卷、紙五十六。最勝王經三卷、紙卅二（六）張。賢聖義一卷，紙二百卅四。賢聖義一卷，紙四張。文選上帙九卷、紙□□】。少初位上安子兒公、上日百十八、夕九十七【八月十八、夕十七。十月廿一、夕廿。十一月廿二、夕廿。十二月十九、夕九。正月廿三、夕廿一。七月十五、夕十】。寫紙三百五十四【正法華二卷、紙卅二。最勝王經三卷、卅二。華嚴經五卷、紙七十九張。涅槃經第二帙、紙二百張】。少初位下辛金福、上日二百廿七、夕九十六【八月廿七、夕十六。九月廿八、夕廿八。十月廿九、夕廿六。十一月廿九、夕六。十二月廿七。正月廿三、夕□。二月廿八。三月廿七。四月七。六月六。七月廿六、夕十五】。寫紙陸佰伍拾陸【涅槃經十五卷、紙二百九十三。正華經二卷、紙卅二。最勝王經二卷、紙卅二。金剛般若經四卷，卅八。文選音義七卷，紙一百八十一張。花嚴經三卷，紙六十張】。少初位下秦雙竹、上日一百八十二、夕五十一【八月十、夕十七。十一月十、夕十。十二月廿、夕十五。正月十、夕九。二月廿五。三月廿五。四月廿三。五月六月廿。七月廿七】。寫紙伍拾陸（三百卅二）【正法華經三卷、紙五十六張。文選下帙五卷、紙一百廿。漢書二帙五卷、紙一百六十六】。〔大①443—444頁〕

●皇后宮職解（正倉院文書・續修十六）皇后宮職解　申書（或脱「生」）上日事　少初位上新家大魚　上日壹佰捌拾柒、夕貳拾【八月十六。九月十四。十月十五。十一月十九、夕三。十二月十八。正月十三。二月十二。三月十三。四月十二。五月十七、夕四。六月十八、夕六。七月廿日、夕七】寫紙玖佰叄拾玖張【勝幔經二卷、注金剛經般若經三卷、勝幔經疏一卷、金剛仙論二卷、合八卷、紙百七十二張。涅槃經第二帙、紙二百一張。瑜伽論略集十卷、紙百八十五張。瑜伽論抄三卷、紙二百十八張。<u>晉書</u>第十三帙、紙百六十三張】。右起去年八月一日、盡今年七月卅日、上日夕並寫紙等如件、注狀謹（以）解。（裏）天平三年八月十日、正八位下大屬勳十二等內藏伊美吉。〔大①444—445頁〕

天平四年（开元二十年·732）文书，见录《文选》《文选音义》《汉书》。

●皇后宮職移（正倉院文書·續修十六）皇后宮職移 圖書寮（注、此文書書寫年月日不詳、文書性質與上大同、姑收於此。）大初位上船花張善、上日一百九十八、夕九十一【八月十七、夕六。九月十、夕十。十月廿、夕十九。十一月廿七、夕廿六。十二月十一、夕十。正月廿三、夕廿。二月廿七。三月廿五。四月廿八。五月廿。六月一。七月廿】。寫紙三百九十二張（五百八張）【涅槃經第一帙、紙百九十二。正法華二卷、紙五十六。最勝王經三卷、紙卅二（六）張。賢聖義一卷、紙二百卅四。賢聖義一卷、紙四張。<u>文選</u>上帙九卷、紙□□】。少初位上安子兒公、上日百十八、夕九十七【八月十八、夕十七。十月廿一、夕廿。十一月廿二、夕廿。十二月十九、夕九。正月廿三、夕廿一。七月十五、夕十】。寫紙三百五十四張【正法華經二卷、紙卅二。最勝王經三卷、卅二。華嚴經五卷、紙七十九張。涅槃經第二帙、紙二百張】。少初位下辛金福、上日二百廿七、夕九十六【八月廿七、夕十六。九月廿八、夕廿八。十月廿七、夕廿六。十一月廿九、夕六。十二月廿七。正月廿三、夕□。二月廿八。三月卅一。四月七。六月六。七月廿六、夕十五】。寫紙陸佰伍拾陸【涅槃經十五卷、紙二百九十三。

第九章　藏书与读书

正華經二卷、紙卅二。最勝王經二卷、紙卅二。金剛般若經四卷、卅八。文選音義七卷、紙一百八十一張。花嚴經三卷、紙六十張】。少初位下秦雙竹、上日一百八十二、夕五十一【八月十、夕十七。十一月十、夕十。十二月廿、夕十五。正月十、夕九。二月廿五。三月廿五。四月廿三。五月六月廿。七月廿七】。寫紙伍拾陸（三百卅二）【正法華經三卷、紙五十六張。文選下帙五卷、紙一百廿。漢書二帙五卷、紙一百六十六】。〔大①443—444頁，陈按，此文书之断简又见大11—12頁，重定为天平三年八月〕）。

天平五年（开元二十一年·733）文书，见录《汉书》《文选音义》。

● 皇后宮職移（正倉院文書·續修十六）皇后宮職移　圖書寮大初位上船花張善、上日貳佰肆拾叁、夕一百五十。寫紙伍百九十一【最勝王經十卷、紙一百六十。悲華經十卷、紙一百九十五。入楞伽經十卷、紙一百七十。實錄十卷、紙六十六】。少初位上安子子君、上日貳佰拾、夕百五。寫紙七百卅【正法花經十卷、紙一百九十二。最勝王經十卷、紙百六十。花手經十卷、二百五十三。大灌頂經十二卷、紙一百廿五張】。少初位下秦雙竹、上日一百二、夕卅二。寫紙一百六十張【漢書六卷、一百卅張。法花經八卷】。少初位下辛金福、上日一百九十一、夕百十。寫紙五百八十九張【大集經十卷、紙二百廿九。大法炬陀羅尼經六卷、紙一百八張。阿彌陀經廿卷、紙一百。藥師經七卷、紙七十七。文選音義三卷、七十五】。無位安曇連廣濱、上日一百廿一、夕九十三。寫紙五百六十五張【大集經十卷、紙二百張。大法炬陀羅尼經六卷、紙九十張。菩薩藏經十卷、紙二百十八張。大威德經四卷、紙五十七】。無位酒豐足、上日一百廿四、夕八十五。寫紙五百七十六【大集經十卷、紙一百八十六。大威德經六卷、紙一百十五。菩薩藏經十卷、紙二百十五。大法炬陀羅尼四卷、六十】。右起去年八月一日、盡

七月卅日、上日並寫紙等如前、録状申送。五年八月十一日。〔大①476—477頁〕

天平十四年（天宝元年·742）文书，见录《文选音义》。

●優婆塞貢進解（正倉院文書·大橋本一）秦大藏連喜達【年廿七、右京四條四坊戶主】　從六位下秦大藏連彌智庶子、梵本陀羅尼、佛頂陀羅尼、千手陀羅尼、般若陀羅尼、如意陀羅尼。讀經、涅槃經一部、法花經一部、最勝王經一部、梵綱經一卷、疏二卷、理趣經一卷（暗誦）、瑜伽菩薩地、中論一部、肇論一卷（已上破文）、<u>文選上帙音</u>、脩行十二年。天平十四年十一月十五日大安寺僧菩提。〔大②315頁〕

天平十五年（天宝二年·743）文书，见录《千字文》。

●寫疏所充紙帳案（正倉院文書·續續集十一帙一裏）（天平十五年ヵ）十月八日初充。（樂書）黃蓮<u>千字文</u>。勅員外散散摩。音第一連連　卷卷天地玄（生性到還是月□□）。散音。音第第卷卷。<u>千字文</u>勅員外散騎騎（念外）并（并）論（還）。〔大㉔230頁〕

天平十六年（天宝三年·744）文书，见录《文选》。

●寫成唯識論掌中樞要校正注文（正倉院文書·續續修三十五帙三裏）茨田（久治麻呂）寫樞（樞）要。用卅張。三月七日（天平十六年ヵ）一校檜前（万呂）。三月廿日二校鳥取益万呂未正（正了）。（樂書）入、入、楞、入楞伽經疏卷第十五。<u>文選卷第一</u>。選、選、文、卷第一。難難波國攝津國三嶋上郡興福寺檢財帳一卷。〔大㉔259—260頁〕

●足万呂私書（正倉院文書·正集十七裏書）　始天平十六年十月八日充私書事【足万呂私書也】。<u>文選第四十五卷</u>【筆一、墨頭】、上了、寫鬼室乎人。第七、上了、寫角勝万呂。第四、上了、寫蜂田在人。第八、上了、寫弓消狹人。第五十、上了、寫雀部少万呂。第九、上了、又同人寫雀部。第六、上了、寫阿刀秋万呂。第一、上了、寫建部石万呂。第二、上了、寫弓消佐比止。第三、寫。〔大②358頁〕

天平十七年（天宝四年・745）文书，见录《文选音义》。

　●經師等調度充帳（正倉院文書・續續修四十四帙十）十七年十二月二日、新參入經師小長谷真弓文忌、寸公麻呂二人、各給浄衣一具【袷袴襟（橡下同）單衣袜衾裏及筆（墨）直錢、一人各百十文。一筆每六十文、一墨每五十文】。又古來小僧、呉原生人、忍坂成万呂、山部花、忍海新次、丈部小虫、忍海廣次、志紀昨万呂、錦部公万呂、錦部東人、已知荒石、合十一人、筆墨直錢一人各百十文給、充筆直六十文、墨直五十文也。又、文公万呂總一貫三百廿文。又、一日夜、專自阿刀秋万呂手而受麻衾二幅、襟浄衣七領、卽納秋万呂樻也、之中麻被二條、襟浄衣四領者、官返上訖也。又、同日依綱國方給浄衣一具【知川村物福】。又、六人餘帛袷袴返上已訖也。三日、以阿刀息人麻浄衣借於山背野中也。三日、尾張張人筆墨直錢百十文受、一筆直六十文、充一墨直五十文、充合百十文也。五日、返上麻被二條、襟浄衣四領。又、三日古乎麻呂陀羅尼經題一千二卷寫奉也。五日、參入舍人國足万呂、河内裏人、粟田船守合三人也、自外入來無垢浄光陀羅尼經一卷、卽寫人尾張張人也。四日、田邊史生藥師經寫奉、經師丸部嶋守、漢浄万呂、既母建万呂、合三人。又、阿彌陀經寫奉、忍海新次受也。五日、受疊三枚也。五日、達沙牛甘、錦部大名、漢浄万呂、難万呂、古乎万呂、既母白万呂、既母建万呂、高市老人、阿閉葦人、宍人三田万呂、櫟井馬甘、合十一人、筆墨直錢一貫二百廿（十）文給、人別各百十文也、一筆充六十文、一墨充五十文也。又二日、借充麻被三條、（中略）借充山代野中也（返上）。五日、南樣佛所充墨端一折、卽充調

224

大山也。一日官一切經内紙卌八枚、借充田邊史生。藥師經三卷、阿彌
陀一卷、合四卷、卽知能登、忍海、忍人也。四日、下道朝臣直言文選
音議（義）一卷、附下道朝臣福倍送遣也。（中略）（異筆）天平十八年
正月七日召大唐使已訖也。〔大⑧578—581頁〕

天平十八年（天宝五年・746）文书，见录《文字辨嫌》《通俗文》
《文选》。

●一切經間校帳（正倉院文書・續續修二十六帙五）十八年二月四
日、四分律鈔第二【用六十三一校、檜前万呂、十五年寫者】。三月八
日、十一面經疏一卷【用廿六張一校、原白万呂、二校丸部村君】。四
月、多心經七百六十八卷【一校粟田船守、二校石村能（熊）鷹】。十
八年三月給。尊勝琳林序一卷、用九十七（七十四）枚【一校、二
校】。仁王經義疏二卷、用九十七張。起信論疏四卷、用百四張。文選
上帙【九卷、欠第一】、用二百卅張。藥師經廿一卷、用二百七十九張
【一校荒田井鳥甘、二校原白万呂】、十八年七月給。〔大⑧205—
206頁〕

●校生手實（正倉院文書・小杉本雜一）　始天平十八年三月廿三
日校。起信論疏卷下【十九枚、一校、商長智万呂】、起信論疏卷下
【末廿四枚、一校、商長】、以上建部。廿八日、法化七【十九、祖】、
文字辨嫌、凡一千字、通俗文、伏虔。〔大②497—498頁〕

●經疏料紙受納帳（正倉院文書・續續修三十七帙二）（十八年）
五月八日從宮來白紙二百卅張【文選上帙料、（異筆）受、能登忍人。
判　田邊史、知志斐万呂】。〔大⑨66頁〕

●經師充本注文（正倉院文書・續續修二十三帙五裏書）　四分戒
本一卷【充餘馬養、十八年五月黃紙廿】。文選上帙、第二卷【充錦部
大名】、第三卷【充万昆多智】、第四卷【充茨田久治万呂】、第五卷

【充難万君】、第六卷【充高市老人】、第七卷【充大鳥祖足】、第八卷【充丸部嶋守】、第九卷【充志紀咋万呂】、第十【充□母建万呂】。〔大⑨209页〕

天平十九年（天宝六年·747）文书，见录《文选》。

●寫經疏充用注文（正倉院文書·正集四十一裏書）尊勝琳林序一卷、用七十四張。仁王經義疏二卷、用九十七張。起信論疏四卷、用百四張。文選上帙【九卷、欠第一】、用二百卅張。充能登忍人。藥師經廿一卷、用二百九十七張、充能登忍人。八敬六念卅卷、或本一卷、合用二百七十六（十八年七月給）張。充玉祖公万呂。高丘王所願之經十六卷、用二百七十（十九年正月給）張。充能登忍人。六卷鈔九部、用三千六百五十張【空六、破卅五張】、又一部用、充能登忍人。理趣經七卷、用百卅張、充能登忍人。觀世音經百卷、用六百五十八張【空十二、破四】、充能登忍人。説無垢稱經二部、用二百張【空二】、充能登忍人。理趣經一百卷、用一千八百九十張、充能登忍人（十八年十二月給）。法華經十部、用一千八百五十、充秦秋庭（十八年十二月給）。花嚴經八十卷、用。充玉祖公万呂（十八年十二月給）。十一面經十一卷、用百廿九。金剛般若經一卷、用十四張。阿彌陀經一卷、用六張。右三經、合用百卅九張、充能登忍人（十八年十二月給）。〔大⑨256页〕

●間紙檢定並便用帳（正倉院文書·續續修二十八帙七）從天平十七年十月十一日以來充裝潢紙檢定帳。（中略）文選上帙十卷【欠第一】料受二百卅張【既用】【從宮來】裝潢能登忍人。天平十九年五月廿九日阿刀酒主、志斐、伊福來。〔大⑨367—369页〕

天平二十年（天宝七年·748）文书，见录《经典释文》《新修本草》《太宗文皇帝集》《群英集》《许敬宗集》等四十余部汉籍外典。

●寫章疏目録（正倉院文書·續修三十九）更可請章疏等、雜集論一帙【十六卷】、世親攝論二部【二帙卅卷】、無性攝論二部【二帙廿卷、一卷者請留】、地持論一帙【八卷請留，已卜第四樻】。順正理論七帙【七十卷】、金剛般若論一帙【七卷】、起信論三卷【請留】、五門實相論五卷、二十唯識論一卷、法花論子注中卷、涅槃無名論表一卷【請留】、六門教授習定論一卷【已上第五樻】。花嚴孔目六卷、料簡一卷、傳之記一卷、入法界品抄一卷、涅槃經疏十六卷、音義同異二卷、抄二卷、綱目二卷、法花疏十卷、略述一卷、要略一卷、字釋記一卷、料簡一卷、玄義一卷、疏談一卷、疏義記一卷、上下生一卷、金剛般若經疏十三卷、密嚴經疏四卷、兩卷無量壽經宗旨一卷、疏五卷、綱目一卷、記二卷、隨願往生經記一卷、勝鬘經疏六卷【已上第六樻】。金皷經疏十五卷、梵綱經疏四卷、遺教經疏四卷、維摩經疏八卷、楞伽經宗要二卷【一卷疏】、疏十三卷、仁王經讚述二卷、如來藏經私記三卷、稱讚淨土經疏三卷、大品般若經料簡一卷、大惠度經宗要一卷、不增不減經疏一卷、理趣經疏一卷、般舟三昧經略記一卷、瓔珞經疏二卷、思益經疏二卷、大般若經對要一卷、大品般若經料文一卷、金皷經音義一卷、瑜伽論抄卅六卷、略纂三卷【已上第七樻】。起信論疏七卷【請】、新譯記【請】、一道章一卷【請】、二部章一卷【請】、私記一卷【請】、馬鳴生論疏一卷【請】、大因明論疏二帙【廿三卷章一卷、私記、請】、小因明論疏三卷【文軌師請】、抄一卷【請】、攝大乘論抄四卷【請】、弁中島論疏六卷、又疏四卷、地持論義記五卷【請】、初章觀文二卷、三論玄義一卷、六十二見義二卷、掌珍論料簡一卷【請】、門答二卷【請】、菩薩本持犯要記一卷【請】、大乘觀行問答一卷【請】、受菩薩戒法一卷

【請】、雜集論疏十卷【請】、又記六卷【請、已上第八橛】。十地論義記二卷【請留】、又疏四卷【請留】、佛地論述本記八卷【請留】、集願文九卷【請留】、答難顯宗論一卷、法花論疏五卷【請留】、大智度論章門六卷【請留】、中觀論宗要一卷、木叉疏一卷【請留】、四分羯摩疏一卷【請留】、大乘三藏義一卷【請留】、佛性論疏五卷【請留】、又義一卷【請留】、往生論私記□卷【請留】、大乘觀行門三卷【請留】、諸經教迹一卷、龍樹菩薩和香法一卷【請留】、造房記一卷【請留】、明大乘理一卷【請留】、實相觀一卷【請留】、四品玄章義一卷【請留】、内典序一卷【請留】、歷代三寶紀十四卷【請留】、異部宗論述紀一卷【請留】、一切經要述一卷【請留】、能斷金剛般若經合論一卷【請留】、安樂集二卷【請留】、廣百論撮要一卷【請留】、諸經論序並翻譯時節一卷、曇吉寫新章一卷、大智度論釋一卷【請留】、法苑林章一卷、三寶章一卷、三藏義一卷、顯揚論記一卷【請留】、唯識疏私記二卷【請留】、和浄論二卷【請留】、法界無差別論疏一卷【請留】、六現觀發菩提心義浄義合一卷【請留】、高僧傳要行抄一卷【請留】、無量壽經願生義一卷【請留】、三具足經翻譯記一卷、寶髻經翻譯記一卷、真言要訣六卷、葉婆國達摩菩提因緣一卷、序廻論翻譯記一卷【已上第九橛】。經典釋文廿一卷【一帙】、新修本草二帙【廿卷】、太宗文皇帝集卌卷、群英集廿一卷、許敬宗集十卷、天文要集十卷、職官要録卅卷、庾信集廿卷、政論六卷、明皇論一卷、帝暦並史記目録一卷、帝紀【日本書】、君臣機要抄七卷、瑞表録一卷、慶瑞表一卷、帝德録一卷、帝德頌一卷、讓官表一卷、聖賢六卷、鈞天之樂一卷、十二戒一卷、安國兵法一卷、軍論昇中記、文軌一卷、要覽一卷、玉暦二卷、上金海表一卷、治癰疽方一卷、石論三卷、古今冠冕圖一卷、冬林一卷、黄帝針經一卷、藥方三卷、天文要集歳星占一卷、慧孛占一卷、天官目録中外官簿分一卷、黄帝太一天目經二卷、内官上占一卷、石氏星官簿讚一卷、太一決口第一卷、傳讚星經一卷、薄讚一卷、九宮二卷【一推九宮法、一遁甲要】。
天平廿年六月十日、自平攝師手而轉撰寫取。十九年十月一日佐官僧臨
照、大僧都僧行信、此二柱僧綱共知檢定。〔大③84—91页〕

天平年间文书，见录《太一经》《遁甲经》《天文（石氏星经）》《六壬
式》《（九章）算术》《相地经》《（墨子）五行记》《占经》《周易经》
《楪筮经》。

●官人考試帳（正倉院文書・續續修十九帙十一裏）陰陽師　中
上　正上位下行陰陽師高金藏【年五十八、右京】、能【太一、遁甲、
天文、六壬式、算術、相地】、日參佰玖、恪勤匪懈善、占卜効驗多者
最。從七位下守陰陽師文忌寸廣麻呂【年五十、右京】、能【五行、
占、相地】、日貳佰玖拾肆、恪勤匪懈善、占卜効驗多者最。陰陽博
士、從六位下行陰陽博士緑兒麻呂【年卅三、右京】、（續修二十八）能
周易經及楪筮、太一、遁甲、六壬式、算術、相地】日參佰玖、恪勤匪
懈善、占卜効驗多者最。（中略）天文博士、從六位下行天文博士王中
文【年卅五、右京】、能【太一、遁甲、天文、六壬式、算術、相地】、
日貳佰柒拾、恪勤匪懈善、占卜効驗多者最。漏刻博士、正中位上行漏
刻博士池邊史大嶋【年五十七、右京】、能【匠】、日參佰拾壹、恪勤匪
懈善、訪察精審、庶事兼舉最。〔大㉔552–554页〕。

天平年间文书，见录《毛诗》《论语》《孝经》《骆宾王集》。

●讀誦考試歷名（正倉院文書・續續修二十六帙五裏）佐日惣能法
花經一部【音中、（異筆、下同）文上】。金姓大富法花經一部【中】。
弓削宿禰月女法花經一部【中】。布勢朝臣黑世比女法花經一部【音
中、文中】。飯盛少水法花經一部【中下】。平群加比女法花經一部【中
下】。巨勢斐多臣阿佐女法花經一部【中】。止美首夷女法花經一部

【中】。荒田井親女法花經一部【中】。物部連黑女法花經一部【音中】。久米（止止上）君五月唯識論一部。丹比真人氣都、讀毛詩上帙、論語十卷、誦毛詩三部、孝經、駱賓王集一卷、百法論。佐紀方名女最勝王經一部【音中】。〔大㉔554—556页〕

天平胜宝二年（天宝九年·750）文书，见录崔子玉《座右铭》、周兴嗣《千字文》、《经典释文》。

●造東大寺司牒案（正倉院文書·續續修十六帙三）（端裏書）千部用仁王疏反上。造大寺司牒岡本寺。奉請法花經壹佰玖拾部【千部之内者、橡表黃紙柒塗軸】、納櫃六合（無鏁）。帙壹佰玖拾枚【百卅二枚千部内、五十八枚以宮一切經料借用】。竹帙百卅二枚千部内【錦緣緋、裏八十六枚、拾組卅六枚、紫緒】。繡帙五十八枚一切經料借着【錦緣緋、裏紫緒】。牒、依紫微中臺今月二日牒旨、奉請如前、故牒。天平勝寶二年三月三日、主典從八位下美努連（奧麻呂）、判官正七位下田邊史（真人）。（紙背）建部廣足（筆）。充糸井市人（筆）。若倭部益國（筆）。茨兄田万呂（墨）。鬼室小東人（墨、筆）。村國益人（筆）。巨世万呂（筆）。阿刀宅足（筆）（以下異筆）無導人之短、無說己之長。施人慎勿念、受施慎勿忘。世譽不足慕、唯仁爲紀綱。〔●陈按：以上为崔子玉《座右铭》文。〕万裏三春重歲華、訪酒追琴入仙家。林間探影逢明月、谷裏尋香值落花。千字文勅。萬裏三春秋秋秋長。勅員外散騎侍郎周興嗣次韻。〔大⑪176—177页〕

●造東大寺司牒案（正倉院文書·續續修四十一帙五裏）答難顯宗論一卷。中觀論宗要一卷。大乘三藏義一卷。諸經教迹一卷。懲行路難一卷。諸經論序並翻譯時節一卷。曇吉寫新章一卷。三寶章一卷。三藏義一卷。三具足經翻譯記一卷。寶髻經翻譯記一卷。真言要決六卷。葉婆達摩菩提因緣一卷。序廻論翻譯記一卷。<u>經典釋文</u>廿一卷。以前疏、爲用本暫間奉請、乞察此趣、附使分借、今差舍人少初位上他田水主充使、以牒。〔大⑪429—430頁〕

天平胜宝三年（天宝十年·751）文书，见录《歌林》。

●寫私雜書帳（正倉院文書·續續修十一帙七）五月十八日、來葛井主（根道）典紙一百張【梵綱經疏二卷料】。梵綱經本二卷【白紙】。橡紙粲軸綺緒。第一卷【充間人道嶋】。第二卷【阿刀宅足、鬼室小鬼人、充春日虫万呂】。水主。六月三日、來歌林七卷【玄番（蕃）頭王（市原王）書者】、收水主。七月廿九日、進送書十四卷【七卷本、七卷寫今、用紙百廿八帳、見請紙二百張】。般若咒法一卷【始充山口豊川、後充大友廣國】、次充竹野廣成。七俱胝經一卷。神符□□一卷。右經、玄蕃頭王私經者。〔大⑪474—475頁〕

天平胜宝八年（至德元年·756）文书，见录《杂集》《孝经》《头陀寺碑文》《杜家立成》《乐毅论》《（揭王羲之）书法》《千字文》。

●東大寺獻物帳（正倉院文書）

奉爲　太上天皇捨國家珍寶等入東大寺願文　皇太后御製

妾聞、悠悠三界、猛火常流。杳杳五道、毒綱是壯。所以自在大雄、天人師佛。垂法鈎而利物、開智鏡而濟世。遂使擾擾群生、入寂滅之域。蠢蠢品類、趣常樂之庭。故有歸依則滅罪無量、供養則獲福無上。伏惟先帝陛下、德合乾坤、明並日月。崇三寶而遏惡、統四攝而揚休。聲籠天竺、菩提僧正、涉流沙而遠到。化及震旦、鑑真和尚、漾滄海而遙來。加以天惟薦福、神祇呈祥。地不惜珍、人民稱聖。恒謂千秋萬歲、合歡相保。誰期幽塗有阻、閱水悲涼。靈壽無增、穀林搖落。隙馴難駐、七七俄來。茶襟轉積、酷意彌深。披后土而無徵、訴皇天而不

弔。將欲爰託勝業、式資聖靈、故今奉爲先帝陛下、捨國家珍寶、種種
翫好。及御帶牙笏弓箭刀劔、兼書法樂器等入東大寺、供養盧舍那佛及
諸佛菩薩一切聖賢、伏願持茲妙福、奉翼仙儀、永馭法輪、速到花藏之
寶刹。恒受妙樂、終遇舍那之法筵。將普賢而宣遊、共文殊而展化。仁
霑百億、德被三千。又願今帝陛下、壽同法界、福類虛空。劫石盡而不
盡、海水竭而無竭。身心永泰、動息常安。復乃天成地平、時康俗阜。
萬姓奉無爲之化、百工遵有道之風。十方三界、六道四生。同霑此福、
咸登妙果。

　　獻盧舍那佛。（中略）納物、雜集一卷【白麻紙、紫檀軸、紫羅
褾、綺帶】、右、平城宮御宇、後太上天皇御書。孝經一卷【麻紙、瑪
瑙軸、滅紫紙褾、綺帶】、右、平城宮御宇、中太上天皇御書。頭陀寺
碑文（付箋）樂毅論並杜家立成一卷【麻紙、紫檀軸、紫羅褾、綺
帶】。樂毅論二卷【白麻紙、瑪瑙軸、紫紙褾、綺帶】右二卷、皇太后
書。以前四卷、裹衣香二袋【一重六両二分、一重十一両二分】、並白
葛箱。（付箋）除物平宮御宇、後太上皇禮聘藤原皇后之日相贈信幣之
物一箱（封）。書法廿卷。揭晉右將軍王羲之草書卷第一【廿五行、黃
紙、紫檀軸、紺綾褾、綺帶】。（中間有一段同羲之草書卷第2-4）同羲
之草書卷第五【卅行、黃紙、紫檀軸、紺綾褾、綺帶】。同羲之草書卷
第六【卅行、黃紙、紫檀軸、紺綾褾、綺帶】。同羲之草書卷第七【卅
六行、黃紙、紫檀軸、紺綾褾、綺帶】。同羲之草書卷第八【卅四行、
黃紙、紫檀軸、紺綾褾、綺帶】。同羲之草書卷第九【卅五行、黃紙、
紫檀軸、紺綾褾、綺帶】。同羲之草書卷第十【廿五行、黃紙、紫檀
軸、紺綾褾、綺帶】。同羲之草書卷第五十一【真草千字文二百三行、
淺黃紙、紺綾褾、綺帶、（付箋）紫檀軸】。同羲之書卷第五十二【卅七
行、黃紙、紫檀軸、紺綾褾、綺帶】。同羲之書卷第五十三【廿一行、
黃紙、紫檀軸、紺綾褾、綺帶】。同羲之書卷第五十四【廿一行、黃

纸、紫檀轴、绀绫褾、绮带）。同羲之书卷第五十五【廿五行、黄纸、紫檀轴、绀绫褾、绮带】。同羲之书卷第五十六【卅一行、黄纸、紫檀轴、绀绫褾、绮带】。同羲之书卷第五十八【卅五行、黄纸、紫檀轴、绀绫褾、绮带】。同羲之书卷第五十九【廿五行、黄纸、紫檀轴、绀绫褾、绮带】。同羲之书卷第六十【卅七行、黄纸、紫檀轴、绀绫褾、绮带】。同羲之扇书一卷【廿行、黄纸、紫檀花轴、碧地锦褾、绮带】。裛衣香三袋【一袋小一斤七两一分、一袋小一斤十三两、一袋八两二分】。右、并纳银平脱箱、箱亦纳高丽锦袋。（中略）右件、皆是先帝翫弄之珍、内司供拟之物。追感畴昔、触目崩摧。谨以奉献卢舍那佛、伏愿用此善因、奉资冥助、早游十圣、普济三途。然后鸣銮花藏之宫、住踔涅槃之岸。天平胜宝八岁六月廿一日。从二位行大纳言兼紫微令中卫大将近江守藤原朝臣仲麻吕。从三位行左京大夫兼侍从大倭守藤原朝臣永手。从四位上行正五位下兼中卫少将山背守巨万朝臣福信。紫微大忠正五位下兼行左兵卫率左右马监贺茂朝臣角足。从五位上行紫微少忠葛木连户主。〔大④121—171页〕

天平宝字二年（乾元元年·758）文书，见录《大小王真迹书》。

　●孝谦天皇施入敕（正仓院文书）

　敕、献东大寺。大小王真迹书一卷【黄半纸、面有大王书九行、七十七字。背有小王书十行、九十九字、两端黏青褐纸、又胡桃褐纸裹、着紫绮带、水精轴纳】。右书法、以弈世之传珍。先帝之翫好、遗在箧司、追感矍然、谨以奉献卢舍那佛。伏愿、以此妙善、奉翼冥途。高游方广之通衢、恒演圆伊之妙理。天平宝字二年六月一日。紫微内相从二位兼行中卫大将近江守藤原朝臣（自署）【仲麻吕】。〔大㉕229页〕

天平宝字八年（广德二年·764）文书，见录《欧阳询真迹屏风》。

●御物目録（雙倉北雜出用帳·東寺司）<u>歐陽詢真蹟屏風壹具拾貳</u>扇【並高四尺八寸半、廣一尺七寸半、納黃絁袋二口】右、依因八麻命婦今月十二日宣、借充道鏡禪師所【以天平寶字八年七月廿七日返上。收大僧都良弁。三綱少都維那聞崇。佐伯宿彌真守。造寺司判官美努連。大外記高丘連。左虎賁佐高麗朝臣廣山】天平寶字六年十二月十四日主典阿刀連酒主。造寺司判官上毛野公真人。使内匠頭正四位下高麗朝臣福信。左虎賁衛督從五位上藤原朝臣太滿侶。大僧都良弁。三綱上座法師安寬。都維那僧承天。可信法師法正。〔大④192—193頁〕

天平宝字中文书，见录《（李善）注文选》。

●秦家主啓（正倉院文書·續修四十八）謹啓、消息事。一、法花經者、以當月廿三日始可奉。一、先日宣<u>注文選</u>、殷勤欲書申人侍、紙食料筆墨等、備欲求請。一、經師闕所、尾張足人預欲仕奉申。一、若請暇退幸者、若奈良宮（京）可入坐事等、在道次可召。想心雖万端、不能書具載、伏乞部下消息、迤曲投一封、死罪頓首、謹言。四月廿日下愚秦家主上。道守執下。〔大㉕344頁〕

宝龟六年（大历十年·775）文书，见录《古文孝经》。

●（佐佐木信綱氏所藏）<u>古文孝經</u>序　孔安國　<u>孝經</u>者何也。孝者、人之高行。常、經也。自有天地人民以來、而孝道着矣。上有明王、則大化滂流、充塞六合。若其無也。斯道滅息、當吾先君。（大㉓317—318頁）

宝龟七年（大历十一年·776）文书，见录《周礼》。

●丸部人主手實　丸部人主解　寫（了）阿毗曇毗婆沙論七帙（十卷）。用紙佰肆拾壹枚。一（十九）。二（十二）。三（十二）。四（十二）。五（十四）。六（十四）。七（十二）。八（十二）。九（十七）。十（十七、破一）。受紙百卅一枚（依員盡用）。寶龜七年二月九日、勘卜氏成。（右裏）周禮曰、正月望雲氣、青爲蟲、白爲喪、赤爲兵、黑爲水、黃爲豐。〔大㉓63页〕

天应元年（建中二年·781）文书，见录光明皇太后所献书籍并《大小王真迹书》《书法》等。

●御物目録（雙倉北雜出用帳·東寺司）三綱、大都維那僧惠瑤。天應元年八月十二日出、<u>大小王真蹟書</u>一卷【黃紙半張、表裏書、兩端黏青褐紙、納白葛筥一合】。（別筆）八月十八日旦返納十二卷。<u>書法</u>廿卷【納平脫箱一合、其裝具及紙行數詳於獻入帳】。（別筆）八月十八日返納了。又時時御製書四卷【其裝具及紙行數詳於獻入帳、納白黑葛筥一合】。右、進於內裏。檢校使藤原朝臣家依、健部朝臣人上。造寺司次官栞原公足床。大判官佐伯宿彌福都理。少判官林忌寸稻麻呂。少判官大伴宿彌水通。主典多朝臣鷹養。三綱、上座大法師、大都那惠瑤、寺主善季。天應元年八月十八日返納物。<u>雜集</u>一卷【白麻紙、紫檀軸、右平城宮御宇】。<u>孝經</u>一卷【麻紙、瑪瑙軸、滅紫紙褾、綺帶。右平城宮御宇】。<u>頭陀寺碑文並樂毅論杜家立成</u>一卷【麻紙、紫檀軸、紫羅褾、綺帶】。<u>樂毅論</u>一卷【白麻紙、瑪瑙軸、紫紙褾、綺帶。二卷、皇太后御書】。裛衣香二袋【一重六兩二分、一重十一兩二分】、右並納白葛箱。書法廿卷。<u>搨晉右將軍王羲之草書卷第一</u>【廿五行、黃紙、紫檀軸、紺綾褾、綺帶】。同<u>羲之草書卷第二</u>【五十三行、蘇芳紙、紫檀軸、紺綾褾、綺帶】。同羲之草書卷第三【卅行、黃紙、紫檀軸、紺綾褾、綺帶】。同羲之草書卷第六【卅一行、黃紙、紫檀軸、紺綾褾、綺帶】。同羲之草書卷第九【卅五行、黃紙、紫檀軸、紺綾褾、綺帶】。同羲之草書卷第十【廿五行、黃紙、紫檀軸、紺綾褾、綺帶】。同羲之書卷第五十一【真草千字文二百三行、淺黃紙、紫檀軸、紺綾褾、綺帶】。同羲之書卷第五十二【卅七行、黃紙、紫檀軸、紺綾褾、綺帶】。同羲之書卷第五十四【廿一行、黃紙、紫檀軸、紺綾褾、綺帶】。同羲之書卷第五十□【□五行、黃紙、紫檀軸、紺綾褾、綺帶】。同羲之書卷第六十【卅七行、黃紙、紫檀軸、紺綾褾、綺帶】。同羲之扇書一卷【廿行、黃紙、紫檀花軸、碧地錦褾、綺帶】。裛衣香三袋【一袋小一斤七兩一分、一袋小十三兩、一袋八兩二分】。右、並納銀平脫箱、箱亦納高麗錦袋。同日出物、合雜藥柒種。桂心壹拾斤【小】、人參壹拾斤【小】、芒硝叁斤【小】、呵梨勒叁佰枚、檳榔子伍拾枚、畢撥壹拾兩【小】、紫雪壹拾兩。右、依左大臣（魚名）宣、出充造寺司。使藤原朝臣家依、健部朝臣人上。造寺司次官萊原公足床。大判官葛井連犬養。大判官佐伯宿禰福都理。少判官林忌寸稻麻呂。主典多朝臣鷹養。三綱、上座大法師善報、大都那惠瑤。〔大④199–203頁〕

天应二年（建中三年·782）文书，见录《大小王真迹书》。

●御物目錄（雙倉北雜出用帳·東寺司）天應二年二月廿二日返納。大小王真蹟書壹卷【黃半紙面有大王書九行七十七字、背有】小王書十行九十九字、兩端黏青褐紙。□水精軸。使藤原朝臣鷹取、健部朝臣人上。造寺司長官吉備朝臣泉。大判官槻本連茋麿。少判官大伴宿禰夫子。主典廣井連嶋人。主典多朝臣鷹養。三綱、寺主大法師善季、大都維那僧惠瑤。〔大④203—204頁〕

延历三年（兴元元年·784）文书，见录《（王羲之）书法》。

●延曆三年三月廿九日返納。義之書法捌卷。一卷【五十四行、黄紙、紫檀軸、紺綾褾、綺帶】。一卷【□□□、□紙、紫檀軸、紺綾褾、綺帶】。一卷【卅六行、白紙、紫檀軸、紺綾褾、綺帶】。一卷【卅四行、黄紙、紫檀軸、紺綾褾、綺帶】。　卷【廿　行、黄紙、紫檀軸、紺綾褾、綺帶】。一卷【□】。一卷【卅五行、黄紙、紫檀軸、紺綾褾、綺帶】。一卷【廿五行、黄紙、紫檀軸、紺綾褾、綺帶】。使藤原朝臣家依。〔大④204—205頁〕

●造東大寺王羲之書法返納注文案（正倉院御物出納文書・東大寺使解四）（表題）王羲之書法返納文書、壹卷。□（造）東大寺司、案、義之書法捌卷、一卷【五十四行、黄紙、紫檀軸、紺綾褾、綺帶】。一卷【卅行、黄紙、紫檀軸、紺綾褾、綺帶】。一卷【卅六行、白紙、紫檀軸、紺綾褾、綺帶】。一卷【卅四行、黄紙、紫檀軸、紺綾褾、綺帶】。一卷【廿一行、黄紙、紫檀軸、紺綾褾、綺帶】。一卷【卅一行、黄紙、紫檀軸、紺綾褾、綺帶】。一卷【卅五行、黄紙、紫檀軸、紺綾褾、綺帶】。一卷【廿五行、黄紙、紫檀軸、紺綾褾、綺帶】。右、返納本倉已訖。延曆三年三月廿九日、主典正六位上大野我孫、少判官正六位上下道臣。三綱、上座、可信。〔大㉕附录9—10頁〕

延历六年（贞元三年·787）文书，见录《欧阳询真迹屏风》《（王羲之）书法》《大小王书迹》等。

●東大寺使解（正倉院御物出納文書・東大寺使解五）（表題）延曆六年廿六日珍財帳、壹卷。（中略）銅鉢四口【元盛沙金、今空】。屏風二帖【歐陽詢真蹟書】、又二帖【王羲之諸牒書】。花氈六十七枚【天平寶字三年四月廿九日、裝束御齊堂料出】。繡線鞋八兩。紫糸結鞋一両。緋糸刺納鞋一兩。銀董（薫）爐一合。銀平脱梳箱一合【盛琴笙琵琶等絃】。瑇瑰箸二雙。青斑鎮石十廷。金薄彩繪木鞘大刀子一口。人勝二枚。大小王真蹟書一卷。書屏風二帖【蟲喫緣】。記書五卷【一珍寶記。一種種藥記。一書屏風並氈等記。一書屏風記。一大小王真蹟書記】。以前、依太政官今月十三日符、曝涼香藥並雜物亦簡擇之、卽以檢珍寶財帳爲本、時有疑似引獻物帳改正、亦依出帳定數、具件如前、謹解。延曆六年（異筆）廿六日。（下略）〔大㉕附录31—32页〕

延历十二年（贞元九年·793）文书，见录光明皇太后所献诸书及《欧阳询真迹屏风》《（王羲之）书法》《大小王书迹》等。

●東大寺使解（正倉院御物出納文書·東大寺使解七）（表題）曝涼目録。東大寺使解、申曝涼香藥等事。合壹佰肆拾伍種、納厨子貳口、韓櫃叁拾合【收納廳院西雙北端】。御書廿五卷。記書五卷。（中略）第一赤柒櫃厨子收納御書廿五卷【雜集一卷。孝經一卷。頭陀寺碑文並樂毅論、杜家一卷。樂毅論一卷。大小王書共半紙背面書一卷。王羲之書法廿卷】。（中略）右、被大政官今月一日符稱、被右大臣（藤原繼繩）去五月廿九日宣稱、奉勅爲曝涼在彼寺香藥、宜遣件人等者、仍依旨令向彼寺、宜知此狀、聽使處分、其少僧都玄憐及三綱、与使共加檢校者、謹奉符旨、曝涼如件、謹解。延曆十二年六月十一日。（下略）〔大㉕附录34—53页〕

弘仁十一年（元和十四年·819）文书，见录《大小王真迹》及《（王羲之）书法》。

●東大寺使解（正倉院御物出納文書·十雙倉雜物出入帳）弘仁十一年十月三日下、大小王真蹟小半紙【革納細筥】。真草書貳拾卷【納銀平薄平文筥、已上書本、直佰伍拾貫文、舊錢】。線鞋肆兩。男綿鞋壹両。紫絲鞋壹両。已上、直錢參貫陸佰文、【舊】。三綱、上座都維那孝崇。寺主（別當）。使、散位正四位下藤原朝臣真夏、少監物從七位上大春日朝臣春野。右近衛少將從五位下和氣朝臣真綱。〔大㉕附录64—65页〕

齐衡三年（大中十年·856）文书，见录光明皇太后所献诸书。

●東大寺使解（正倉院御物出納文書·東大寺使解十五）（表題）雜物物實錄【齊衡三年六月廿五日曝涼使解】完。雜集□□（一卷）【□□（白麻）紙、□□（紫檀）軸、紫羅縹、綺帶】。右平城宮御宇後太上天皇御書。孝經一卷【麻紙、瑪瑙軸、滅紫紙縹、綺帶】。右□（平）城宮御宇□□□□（中太上天皇）御書。頭□□〈●陈按：欠字当为"陀寺"。〉碑文並樂毅論、杜家立成一卷【□□□（麻紙、紫）檀軸、紫羅□（縹）、綺□（帶）】。樂毅□□（論一）卷【□（白）麻紙、瑪瑙軸、紫紙縹、綺帶】。右□（二）卷、皇太后御書。（中略）右、以天平寶字元年潤八月廿四日獻物。以前、雜財物等實錄、申上如件。齊衡三年六月廿五日正六位上行中監物紀朝臣（自署、下同）柄成。使從五位下雅樂頭兼行備前介藤原朝臣貞敏。左衛門佐從五位上兼行□。（下略）〔大㉕附录101—114页〕

二

历代天皇宸记所见汉籍书录史料编年集成稿

本稿以《宸记集本》（如通行之《续续群书类丛》或《史料纂集》有收者则以其通行本为准）为底本，特将其中文书有录汉籍书名（不含佛教经典）者系年录出，加以纲目，在抄录时尽量按原文转录，实在太长者则予以节略。另外，为了方便阅读，原文书中略字、手写字者改为正体字，标点亦略有改动。【】内文字为原文双行小字注，（）内文字为原文小字旁注。又，本稿重在整理其时所见汉籍书目，因此原文标注有见消符处，本稿均以省略，汉籍书名下线为笔者所加。为了便于查校，各文书末用〔〕标出原书册数及页数。另外，因文书数量繁多，本稿转录时或有错误或脱洛处，恳请诸位在参考时尽量按页数核对原书。

〔一〕宇多天皇《宇多天皇御记》〔续々群书类丛本〕

○仁和三年（唐光启三年·887）

六月朔日、左大臣侍簾前、召参議文章博士橘廣相朝臣、右少辨藤原佐世、助教中原月雄、有所對論。先是大政大臣上表有辭攝政、有勅不容、其中有以阿衡之任爲卿之任句、爰世論嗷々、太閤持疑、左大臣聞之、不私勘之、輒使道々博士等勘申之、爰申云、阿衡殷三公官名、准周代不典職、然則太閤者、不可聽政者也云云、夫周代三公不典職之謂者、彼周代有六典職、所謂天官、地官、春官、夏官、秋官、冬官也、彼三公之尊、與王同職、不以一職官、故與六典之分職理政相異之謂也、非惣三公不爲政之謂也。又旣云與王同職、然則王者不爲政者、從佐世議、若王者、謂可惣天下之事者、三公何因不惣天下之事哉、事具<u>周禮疏</u>。仍去五月廿九日、召左大臣、以爰成·佐世等勘文、及作勅人廣相朝臣勘文等、於左近陣頭、令辨定件兩疑、大臣言曰、彼此是非忽難理也。答曰、知書之大義者誠難、但聞彼是之辭論、相定是非、何。迫于今日、召件人於殿述兩人之義、聽其言各有道。是日暑熱、心中煩苦、仍不辨了、万機之事、无巨細皆擁滯、諸國諸司、愁恨万端。使左大臣就太政大臣之第曰、如前詔心、且行万事也。〔2—3页〕

六月五日、廣相朝臣奏五條愁文、其文云：一、爰成月雄勘文曰、<u>尚書正義</u>曰、阿衡保衡俱三公官名、非常人之官名、盖當時特以此官號

240

伊尹也者、卽引儀禮疏曰、三公論道不典職云云。是極不安也、何者、既稱非常人之官名、當時號伊尹也、然則殷國之世、只有伊尹一人、殊受此號、何更引他三公論道之義哉、仍以此事、難問諸儒。佐世申云：除伊尹之外、無他阿衡之狀申了。二、儀禮是周事也、以周事證殷事、亦所不安、仍以此事、難問諸儒。佐世勘申云：晉書職官志、伊尹曰、三公調陰陽、九卿通寒暑。以此論之、殷周　同云云。廣相伏思之、甚不安、何者、調陰陽通寒暑、非指三公无職、九卿无職之謂也、只引殷時有三公九卿之名之證也、而以此文證殷周同三公无職掌、未分明也。按、殷官二百、周官三百、大略惣有此異、何必一同、三公无職是周世也、至後代則三公之職无所不統、而今諸儒申三公无職、極不安。三、佐世申云、所申只阿衡之任也、未被問古今三公之職、故不指申後代之事、是亦不安、何者、欲稱无職、則引晉書志、至有職之文、則申非被問之事、極不安。四、佐世申、後代稱阿衡者不定、或謂爲丞相者、或謂爲大司馬者、或謂錄尚書事者、或謂攝政、然則後代之事不定、不足爲信、惣可據經家之義云云。是亦不安、何者、稱阿衡者、非謂爲丞相、大司馬等職也、指謂執朝政者耳、故其官不定。楊駿以大尉錄尚書事會稽王是、晉穆帝時以撫軍錄尚書事總萬機、哀帝時以司徒統內外務、海西帝時以大將軍錄尚書事執朝政、是晉詔所謂三世阿衡者也。成都王穎、以大將軍錄尚書事執朝政、齊王冏以大司馬輔政、件等諸公、以執朝政謂之阿衡、是一同也。何以其官異、而稱阿衡之名不定哉。至廿八將論〈●陈按：廿八将论指《后汉书》二十八将论。〉是文藝、欲論灌嬰非是人居其官、故推崇丞相、謂之阿衡耳、非嬰身生被稱阿衡也、嬰死後五百餘年、範曄所作之文也、不可爲此事之證。五、佐世申云：勑答若稱伊尹之任、則可謂有典職、今稱阿衡之任、則可謂无典職云云。是最不安、何者、史記曰、伊尹名阿衡、又除伊尹外無他阿衡之狀申畢、而以伊尹阿衡爲別、最以不安也、爲恐判書不省。〔3—5頁〕

○宽平二年（唐大顺元年·890）

十二月二十六日、丁未、大政大臣請天台座主圓珍令修法也、及今朝還向本寺、爰朕請引彼法師、奏曰、天台前阿闍梨所寫一切經未校正也、於是大比叡小比叡明神等、現可校之事、已及數度、又圓珍所給十禪師供養料甚多、所成之功尤少、須轉讀此經、奉祈聖主、復前大政大臣於彼山、令寫一切經、開元録所有四千餘卷、雖求書之、頗尚不足、昔日圓珍唐來之日、揚州人相隨來著此土、厥後往送筆、圓珍尋量其由、有所懷、今我國所書經二千卷也、開元貞元等目録所來四千餘卷也、爰爲求加其卷數、差從僧（三慧）令向彼天台山、即便書件經可送之狀、囑送揚州人所、彼人信其言、送五十卷、歡喜贈沙金、以答其意、頗有如是之類、可寫足其卷數、圓珍身病殊重、不便起居、下出山脚、問求醫家云云。朕聞歡喜信受、爰朕極頑鈍、不得萬人之心、而從昔日歸依佛陀婆梨、必清念願。〔13页〕

〔二〕醍醐天皇《醍醐天皇御记》〔续々群书类丛本〕

◎延长四年（五代后唐天成元年·926）

五月二十一日、召興福寺寬建法師、於修明門外奏請、就唐商人船入唐求法及巡禮五臺山、奏許之。又給黃金小百兩、以充旅資。法師又請此間文士文筆、菅大臣、紀中納言、橘贈中納言、都良香等詩九卷、菅氏紀氏各三卷、橘氏二卷、都氏一卷、但件四家集、仰進可給、道風行草書各一卷、付寬建令流布唐家、可相從入唐僧並雜人等、從僧三口、童子四人、通事二人、勅遣元方於左大臣宿所、寬建法師入唐之由、宜遣書大二扶幹朝臣許、可仰其旨。〔57页〕

〔三〕重明亲王《吏部王记》〔史料纂集本〕

○延长八年（五代后唐长兴元年·930）

二月十七日、太子（寬明親王）初講孝經、宮司裝束凝華舍、最屋東二間立斗帳【加帳臺】、前設太子座【南向】、座前鋪出雲筵、筵上立書机【黑漆】、机上置孝經・點袋、卷母屋東二・三間簾、南庇東面四間亦卷、當南廂第五柱施屏風隔之、當東廂南第二柱亦如之、南廂二間長押上設公卿座【西上北面】、東廂鋪參議座【已上疊】、西屏風前東向設學士座、南廂東第四柱下北向設尙復座【已上菅圓座】、午二刻皇太子就凝華舍云云、公卿書卷加笏著座、皇太子服赤色袍、躑躅花色下襲、結鬘、自初在座云云、了宮司・殿上大夫等執錄法（給口）公卿、卽列南庭拜舞退【祿法同大饗】。〔37頁〕

十一月十一日、云云、御穴內鋪地敷等事、勘先例侍臣所供奉也、其後復土事、臣等可奉仕之、導師呪願了、御輿長舁御棺安置陵中、先是陵中安御硯・書【樂毅論・蘭亭集序・嬴等三卷】、並色紙一笥・倭琴・笛等、內藏助義方（良岑）倭琴、允是毗調琴、樂所預良名（丹治）調琴、皆調平調、倭琴律調之、皆安袋上【唯笛入袋】、闔壙戶了、右衛門尉阿刀常基復土。（后略）〔44—45頁〕

○天历四年（五代后汉乾祐三年・950）

十月八日、【九日節停了後、屬文徒常愁寂然、今有新儀、以來月上旬可聞食殘菊宴、其期准玉燭寶典、本月五日宜由略定了、而彼日當凶會九坎、誠雖有本文可准、依曆道忌延五日、以八日可被遂行、但明年已後以五日可爲定由昨日被定下耳】式部少輔三統元夏執殿下文臺笥到東階下、左少將藤原伊尹空手進執殿下文臺笥、還東階加執殿下笥、經殿東廂入母屋東面第一間置大臣座西南、初伊尹私問置文臺笥儀、卽以延長例示誨之、少將〔之〕（又歟）云、內辨大臣仰可置臺盤上由、答云、是叙位日置位記笥之例也、讀詩之時就平座、何更安盤上、雖然大臣所仰必有所據、候氣色可進止、仍伊尹捧笥跪大臣座後候氣色、殊無處分、後置之、又內宴例次將加弓執笥、節會杖槍已立杖頭、仍拱手而進【秉燭如是】、又勅左大臣（藤原實賴）召博士等、大臣仰參議維時（大江）朝臣召朝綱（大江）朝臣・直幹（橘）・元夏等、江宰相下殿、令告知博士等後、進南欄召之、左大臣云、仰御酒勅使者、所以降殿、依不知夾名也、令指名仰之、須直進召之後、下殿令告之、左大臣展詩、右大臣擇之、講詩儀如延長例、左中辨大江朝綱有佳句、令獻杯、巡先及講師、殿上（上脱）總太守章明親王・參議維時並余也、參議就臺獻之、親王所上之詩及讀詩之次、左大臣乞求之、仍付與之、其御製當扶給、落置物御机下、左大臣就賜之令講之、朗詠未畢、左大臣奪御製懷之、右大臣云、先例當座第一人領之、今大臣強領、可怪之。〔159—160页〕

〔四〕村上天皇《村上天皇御记》〔续续群书类丛本〕

〔五〕一条天皇《一条天皇御记》〔宸记集本〕（无）

〔六〕后朱雀天皇《后朱雀天皇御记》〔宸记集本〕（无）

〔七〕后三条天皇《后三条天皇御记》〔宸记集本〕（无）

〔八〕后鸟羽天皇《后鸟羽院宸记》〔宸记集本〕（无）

〔九〕顺德天皇《顺德院御记》〔宸记集本〕（无）

〔十〕后深草天皇《后深草天皇御记》〔宸记集本〕

○永仁二年（元至元三十一年・1294）

六月二十五日、甲辰、天晴風静。此日皇太子御書始也。蓋仁安建治例也。早旦奉行宮司大進仲親參奉仕御裝束、其儀、書御座垂母屋御簾、（中略）、其前敷莚一枚、其上立黑漆文臺【件文臺課細工所令造之、高八寸、長二尺六寸、弘一尺一寸、無金物、先例也】、其上押檀紙二枚【面等押之切合也】、其上置御注孝經一卷【件書任建治例、可被渡天永御書之由、申禪林寺殿、被渡新院畢、定被撰進歟之由被仰、仍昨日、自内裏直被尋申新院之處、件書文永之比紛失畢之由申之云

244

云。建治之度被渡了、文永紛失之由被仰、參差如何、仍被渡內裏御書、件御書塗軸、香表紙、其體凡卑、仍改羅表紙螺鈿軸也。令傳大臣書外題、用金泥也。自叶仁安例、尤所喜悦也】、點圖、角筆等々【此兩物、學士資崇所調進也。點圖白色紙書之、料紙三帳也。一枚左方點圖三置之、草紙寸法、高弘各五寸。角筆長六寸】。〔上300—301頁〕

〔十一〕后宇多天皇《后宇多院御记》〔宸记集本〕（无）

〔十二〕伏见天皇《伏见院御记》〔宸记集本〕

　　〇弘安十年（元至元二十四年·1287）

　　十一月十二日、己亥。在嗣朝臣□（參カ）朝餉、侍御讀。上御簾敷簀子於圓座、御座前居文臺、置五帝本紀、在嗣朝臣進參圓座【束帶】、隨御目進御前披書、次歸本座披私書讀之、次入內了、退出。〔上322頁〕

　　十一月十四日、辛丑、天晴。在兼朝臣參御讀【後漢書第二】、其儀同在嗣參時。（上322頁）

　　十一月二十日、丁未、天霽。女院皇后宮入御、夕關白參、於常御所對面。入夜兼倫朝臣參御讀【後漢書帝紀二】、其儀同前云云。〔上323頁〕

〔十三〕后伏见天皇《后伏见院御记》〔宸记集本〕

　　〇延庆元年（元至大元年·1308）

　　十月九日、甲子、陰。今日可有改元之間、人々勘文等。尋申上皇之處、被遣左府許云云。今度進勘人々、前權中納言俊光、式部大輔在輔、文章博士淳範、敦繼等也。戌刻上皇還幸、自今日可爲御所、是自明日可被始御鹽湯之故也、以南面爲御所也。人々勘文事被仰下。慶長【毛詩注疏曰、文王德深厚、福慶延長】、延慶【後漢書曰、以功名延慶

245

于後】、康永【金樓子曰、魏明作康樂、永休諸堂】。式部大輔在輔卿勘文、正慶【同篇曰、利有攸徃、事正有慶】、慶長【引文同俊光卿】、曆長【後漢書曰、漢曆久長】。文章博士淳範朝臣勘文、弘建【晉書曰、陛下受命、弘建大業】、建文【唐書曰、建文武大臣一人、爲隴右之師】、延文【大宗實録曰、祥延文字之士、馳騁載籍之場】、延安【毛詩曰、王國之内、幸應安定】、正弘【周易注疏曰、安民在正、弘正在謙】。敦繼朝臣勘文、嘉慶【毛詩曰、有嘉慶禎、先來見也】、天明【孝經曰、明王事父孝、故事天明。事母孝、故事地察。長幼順、故上下治。天地明察、神明彰矣】、明長【禮記曰、令父子之親、明長幼之序、以敦四海之内、天子如此、則禮行矣】。此中延慶々長等之間可用歟之由、上皇被仰下。亥刻、攝政參於東面、上皇御對面、年號事等被仰談歟。攝政所存も、延慶可宜歟之由申云云。延字在上例、延曆・延喜・延長・延久・延應等也。慶字在下例、元慶・天慶等也、是二代不吉歟。上延字ハ延應之外皆以嘉例也。凡延字事、イノチナカシト云讀有之、爲吉之由或記ニ見歟。諸卿今夜定申之趣。仗議中間職事參申條、遼遠御所往反有其煩、延慶々長等之間ヲ定、諸卿モ擧申歟。然者攝政可相計之由、兼被仰攝政歟。深更爲藤朝臣參、申改德治三年可爲延慶元年之由、諸卿定申云云。凡此事、兼治定上者、雖勿論也、聊事（異カ）例歟。先々禁裏仙洞之間、如此遼遠時も、如此事ニ職事往反定事也。又此仙洞強禁裏不遠、改元時、先例も每度ニ（院御沙汰之時）諸卿所存を職事參申院、就是治定了。年號ヲ被仰下事也今夜議ハ、治定樣ヲ事了後參申也。雖聊如此事、違先例之條、可爲自由議歟。愚意所存、無左右記顯之條、尤有憚也。今夜仗議、參陣公卿、左大臣、按察大納言、西園寺大納言、春宮大夫（師信）、花山院大納言（家定）、春宮權大夫、權中納言、中御門宰相。仗議之間、人々所存之趣不審也、後日可尋記者。抑慶字事、又先々有難歟。件字庶心反作之、但天治師時卿記之（云カ）。件字、上作被庶、下作非反、雖先達之難、其理不可然云云。但件事師時卿記、予ハ不見也、注或者ニ之間爲才字所注也。〔上425—426页〕

〔十四〕后小松天皇《后小松院御记》〔宸记集本〕（无）

〔十五〕花园天皇《花园天皇宸记》〔史料纂集本〕

〇延庆三年（元至大三年·1310）

十月三日、丙午。今夜從三位具範（藤原）始侍讀、參朝餉緣、予在長押上、卷簾、讀孝文本紀、玄輝門院今日又令發給云云。〔①1页〕

〇延庆四年（元至大四年·1311）

二月二十七日、己巳、天晴、今夜御産五夜也、有御遊云云、式部大輔菅原（在輔）朝臣、被仰侍讀之後初參、於朝餉緣讀五帝本紀【書置文臺上】、在輔束帶。〔①14—15页〕

〇应长元年（元至大四年·1311）

五月六日、壬寅（丁丑）、今日種範（日野）被仰侍讀之後初參、讀孝文本紀。〔①22页〕

六月十一日、辛亥、天晴、月次神今食矣、以在兼（菅原）兼卿之説、讀始皇本紀。〔①24页〕

〇正和二年（元皇庆二年·1313）

二月十二日、壬申、今日又連句【三十韻】、俊光卿·在輔卿已下祇候、在輔卿候御讀【後漢書】、又讀帝範、俊光卿·在輔卿·俊範（藤原）朝臣·冬定朝臣·仲定（平）·公時等申儀（義）、戌剋權中納言源朝臣親房、令冬定朝臣奏日時文二通【一通忘却不記之、一通豊受大明神心柱■下条々事、自余忘】〔①64页〕

二月十五日、乙亥、晴、今日又連句【二十韻】、帝範談義、俊光卿·在輔卿已下祇候、終日文談、精進念誦也、梵綱經如恒。〔①64页〕

三月六日、丙申、天晴、及晚天陰暴雨、子剋地宸（震）有音、終日
帝範講義、連句【二十韻】。(裏書)帝範兩篇、<u>求賢</u>、<u>審官</u>。〔①67頁〕

三月三十日、庚申、天晴、連句三十韻、<u>帝範談義</u>、又和哥、每月
梵綱經如恒讀之。〔①70頁〕

四月二十二日、壬午、天晴、天陰雨降、今日<u>帝範談義</u>、資榮卿・
冬定朝臣已下也、其後有哥合會、内々中内々也。衆議判也、予哥方
也、詩未練也、仍如此、今日成隆（葉室）申曰、明後日伊勢一社奉弊
也、而御拜有無如何、仰雲、明後日猶沐浴不可叶、然者拜難叶也、是
雜烈大暑雖癒、沐浴可憚之由、醫者等申之故也。又今日丹波長直參、
令見雜烈、仰合蛭飼事、尤可然之由、同申于英成・全成、退下了。
〔①73—74頁〕

五月六日、乙未、天陰雨降、抑此間<u>帝範談義</u>等事、在兼（菅原）
卿・俊範朝臣等幼智（稚）、又可然之人も不候シテ有沙汰事、不可然
之由語之云云、仍申合仙洞（伏見上皇）之處、如此沙汰尤可有之事
也、如法内々神木之間、不及難云云、仍今日<u>孝經談義</u>也、又有連句、
談義人數左衛門督【公賢】・式部大輔在輔（菅原）・光繼・公時許
也、無人無極、公時述義談之、左衛門督本經讀之、可讀之人無之故
也、光繼未受説云云、仍不讀、序許沙汰也。(頭書)今日在輔所授之
<u>後漢書</u>九卷讀了。〔①76—77頁〕

○文保元年（元延祐四年・1317）

三月二日、戊辰、天晴、午剋小地震、大有聲、宗尚（清原）參、
<u>受尚書</u>第五二篇【盤庚上中】。〔①172頁〕

三月三日、己巳、晴、御燈如例、今日脚氣又更發之間、起居不合
期之間、拜時突笏立、其時頗見苦、民部卿菅原朝臣（在兼）授<u>貞觀政</u>
<u>要序</u>、内々詩會也、民部卿以下候之。〔①173頁〕

四月三日、己亥、晴、今日内々詩會、題新樹、垂帷帳、種範（日

野）朝臣兼日所出也、戌剋連句三十韻了、在兼（菅原）卿已下候之、先是讀貞觀政要第一卷了、在兼卿侍讀。〔①183頁〕

○文保三年·元应元年（元延祐六年·1319）

三月二日、戊午、字記今日讀了、又進韻鏡一帖。〔②16頁〕

三月二十五日、辛巳、天晴、今日讀貞觀政要、定資（坊城）卿以下五六輩候、家高（菅原）朝臣讀之、表與君道初一段談了、及昏黑退散。〔②19頁〕

四月十五日、庚子、晴、貞觀政要談義如例、談義了連句卅韻。（后略）〔②22頁〕

六月十三日、己（丁）酉、今日詩題、賦秦始皇本紀。〔②35頁〕

閏七月二十二日、甲辰、晴、雨降、及晚天晴雨休、永福門院（藤原璋子）御方或人獻栗鼠、其躰似畫圖、今日召修理權大夫中原章任、受令説、資朝々臣候前、令第一卷讀了退出、今夜資朝·公時等、於御堂殿上局談論語、僧等濟々交了、朕竊立聞之、玄惠僧都義誠達道哉、自余又皆談義勢、悉叶理致。〔②43頁〕

○元应三年·元亨元年（元至治元年·1321）

二月二十五日、己巳、陰雨降、今日傳見杖議定文、太政以下數輩面々振才學之間、申詞每人數枚、杖議自戌剋事始、翌日未一點事了云云、傳聞、公明（三條）有勅禄、文臺被置易摺本云云。〔②126頁〕

三月二十四日、戊戌、晴、亥剋地震、有音、此間見孟子、此書指無説歟、仍不及傳授、只所見也、其旨誠美、仲尼之道、委見于此書歟、盡人之心性、明道之精微、不可如此書、可畏後生、必可翫此文者歟。〔②133頁〕

四月二十日、癸亥、晴、今日讀孟子、至經（俊力）德不回、非以干禄、情感之至、不可説盡、是吾志也、愚意苟聖言、豈不悦乎。〔②138頁〕

五月五日、戊寅、晴、續哥三首、今日依無人無披講、連句廿韻、入夜又連哥三十韻【有心無心也】、公時（菅原）進孟子第一・第二、此間讀孟子、依所尋也。〔②141页〕

○元亨二年（元至治二年・1322）

二月二十三日、辛酉、陰但雨不降。此日召公時・經顯（勸修寺）等朝臣、師夏（中原）聊談尚書、經顯讀之、公時談正義。雖無人如法內々義〔儀〕也、且勸學於人也。仍自今日始之、次第五經可談之由所思也。近代儒風大癈、近日中興、然而未及廣、或有異議、爲解人之過殊所談也、於身者強無益者歟。〔②192页〕

二月二十七日、乙丑、陰雨時時降。今日內々談義、左兵衛督資朝々臣・公時朝臣・家高等朝臣・師夏等祇候。公時讀書〈●陈按：当指前条所云《尚书》。〉、資朝朝臣委細申義、終、頭國房（吉田）卿參之間召之、以俗難申義、雖不足言、世俗之常難也。仍聊記于裏、爲末生辨之耳。今夜爲方違幸土御門（藤原相子）准后第、曉更歸家。（裏書）「國房問云、稽古人未必悉賢、不學者或有正直之士云云。面々陳之旨、不學不知道之由緒等也。予偹案之、不學之士、或有正直者、是非正直、只愚人也、高柴爲學猶不離愚、況不學士乎。不足言、而俗人稱正直者皆誤也。不知所以正直、豈爲正直之士乎、不學者豈知正直之所在哉。世俗之所謂正直、比聖人之正直有所異、不學道皆不可知者也。稽古人不悉賢事至此者、先代已有君子儒小人儒、不足論事歟。假雖志于道、或又可有未至者、非論限而已。近日凡愚之輩、學道無益之由陳之、仍故記之耳。曲直者本性之所備、不待學、故不學而正直之者有之、但雖直不可離愚、非聖人者、真實正直不可有之者也。」〔②192页〕

二月二十九日、丁卯、晴。今日尚書談義如例、國房・具良（藤原）・公時・家高・師夏等候、堯典一篇讀了。〔②193—194页〕

三月二日、庚午、晴。今日豐仁親王行始也、中宮大夫（西園寺實衡）扈從寄車、從三位平子（藤原）抱親王、々子【封號御方】、持御衣筥盖、頃之退下。自永福門比巴一面爲贈物、兼日殿上人被相催、然而今日故障、仍被畧之。侍着下袴、帶劔不帶之步、中宮大夫直衣也。此日談尚書、國房（吉田）・公躬（三條）等卿、公時（藤原）朝臣・師夏（中原）候之。〔②194頁〕

三月五日、癸酉、晴、及晚俄天陰暴雨、片時卽息、雷鳴一兩聲。入夜談尚書、資朝々臣・公時朝臣・師夏等祗候、無別義〔儀〕、及半更分散。爲練習書曲水序、令見公時、是此間企之、今日書了。〔②195頁〕

三月九日、丁丑、晴。今日長講堂御八講初日、關白以下參云云。今日談尚書、如前々。〔②196頁〕

三月十二日、庚辰、陰雨降。今日講書〈●陈按：当指前条所云《尚书》。〉如例、前大納言藤原（日野）朝臣俊光・從三位藤原朝臣具良・公時朝臣・師夏等候前、參議藤原朝臣隆有追參加。公時讀書並正義、及暗事了。〔②196頁〕

三月十七日、乙酉、陰雨時々降。今日談尚書如先々、隆有・具良等卿、公時朝臣・師夏祗候。上皇有出御、但卽入御。晚頭於新女院（廣義門院）御方、有御勝負弁事、是依書付。先日於今小路殿有此事、今日被遂負態云云。其儀委細記而無益、仍默止了。盃酌數獻、朕先起座退下。〔②198頁〕

三月二十四日、壬辰、晴。俊實參、申定資卿所存、今日談尚書如先々、從三位藤原朝臣（具良）・參議資朝々臣・公時朝臣・家高・資明等朝臣、師夏・行親等祗候。晚頭分散、召資朝々臣仰合未久領事、召資明同事仰俊光卿。〔②200—201頁〕

三月二十七日、乙未、晴。今日談尚書如例。春宮大夫參會之間召

令候。慈嚴僧正參對面、傳聞、今夜仗議云云、是神宮可增作乎否事云云。〔②201頁〕

四月四日、辛丑、晴。入夜雨降、親王連句廿韻、談尚書如例、資朝（日野）々臣・公時（菅原）朝臣・家高（菅原）朝臣・行親（平）等候之、公時讀本書、行親談正義、院御方（後伏見上皇）有出御、今日始讀咎繇莫（皐陶謨力）也。二章談了及晚、仍分散、召資朝々臣、仰合末久領間事。〔②202頁〕

四月二十一日、戊午、晴。今日談尚書、如先々、具良（藤原）卿・公時朝臣・行親許也。雖無人行親讀本書、公時讀正義、終頭資朝々臣參、今日皐陶謨半許談之、及子剋分散。形器以上事有沙汰、及深更。資朝申歡喜苑修理間事、又聊文談、及深更。〔②206頁〕

五月十三日、庚辰、晴。今日供花結願還御云云、春宮（堀川具親）權大夫參、召前對面、暫退出。今日談尚書、公時（菅原）・家高（菅原）等朝臣、行親（平）祗候。〔②209頁〕

五月十九日、丙戌、晴。談尚書如例、具良（藤原）・公躬等卿、公時・家高・惟衡（平）等朝臣、行親祗候。〔②210頁〕

五月三十日、丁酉、晴。平大納言（經親）入道參、召前語。又前大納言（俊光）參、又召前談末久事等、泰世爲身固參之次、直尋變異事等、此變殊重變也、先例希有云云。正應三年例、先日不勘見之間不注進、而有所見云云。宋景之善言即此變也、史書〔●陈按：指后汉书卷五十七宠子忠传〕之所載誠爲重也。〔②211頁〕

閏五月七日、甲辰、晴。今日談尚書第二卷訖、俊光卿以下三四輩候。歡喜園予口入御留守事、被仰資朝々臣了、而良明種々競望、屬諸人申之、或誹謗朕之沙汰不叶理之由、就之或人承諾、同吐く悪言云云。以非分訴訟不許故、致誹謗之条難堪事歟、但於訴人愚癡之者常事也、不知本訴理非、聞之諸人猥加難、如何々々、末代諸人如此、可歎

252

息々々々。〔②213頁〕

閏五月十二日、己酉、晴。談尚書禹貢篇、俊光卿已下候。召俊光卿、談末久幷賀屋庄事、賀屋庄根本理不分明、可避進歟之由仰合、可然乎之由申之、依此事、物忩被下綸旨、仍又給院宣了、而以院宣不可叙用綸旨之由仰之条不可然、定資可有罪名之沙汰之由風聞、以外事歟、此条両方院宣連綿事也、限此事及此儀、不得其意者也。〔②214頁〕

閏五月十七日、甲寅、晴。今日談尚書、具親（堀川）卿已下殿上人三四輩、五子之哥談了、向夜分散。使資名卿於關白亭、仰賀屋庄事、任伏見院幷法皇（後宇多）院宣、爲安樂光院領之条無相違之處、被下綸旨尤爲物忩、仍申子細了、而於根本理者、誠以不分明歟、仍所避進也、向後不可爲安樂光院之由、可申入禁裏之由仰之、但向後如此物忩御沙汰出来者、不可及是理、先以院宣可仰之也、不可物忩沙汰之由、可申入歟之由仰之。〔②215頁〕

閏五月二十二日、己未、晴。談尚書如例、具親卿以下四五輩候、公時（菅原）讀之。於御持佛堂、被供養後鳥羽院宸筆名號三尊一幅、澄後僧都爲導師、弁説尤神妙、事了取女院御衣、自簾下上（後伏見）皇直給之、仰雲、楚忽啓白無所遣、殊隨喜々々、歡喜退出。〔②216頁〕

閏五月二十七日、甲子、晴。談尚書、國房（吉田）卿以下六七輩、今日第四始也、湯誓、又先之有續哥、談義中間下人走來、於中門邊喚國房云云、常盤井殿近邊有火云云、仍令申院御方、卽出御有御覽、以公躬（三條）被申常盤井殿、兩女院同之、春日朱雀邊、半時許消了。〔②217頁〕

六月二日、戊辰、晴。今日親王連句廿韻、此間見資治通鑑唐紀、太宗之德誠有足歟、末代之英主、唯在此帝歟。〔②218頁〕

六月五日、辛未、晴。頃日見寬平御記、聖明之遺訓足爲鑒誡、而猶權在臣下、雖聖聰不得抑之、此照〔昭、下同ジ〕宣公（藤原基經）

行伊霍之事、癈陽成院立光孝天皇、大功已立、執權年久、何況賢臣
也、而猶權盛不依人主、有足歎息事、雖聖人不抑之、是立光孝之大功
之故也。唐宣宗明主也、而依宦官得立、閉目聽於宦官、是其比也、惜
哉々々、照宣公賢佐也、兼立大功、寬平默從之、誠有謂哉。談尚書軍
令。〔②219頁〕

六月十二日、戊寅、天晴。此日談尚書如例、於女院御方有小勸
盃、於庭上翫月、扶醉分散。〔②221頁〕

六月十九日、乙酉、晴。談尚書、俊光・具親（堀川）等卿下候、
入夜暴雨降風吹、卽晴。〔②222頁〕

七月二日、戊戌、晴。談尚書如例日、公時（菅原）・行親（平）
外無人、然而爲不罷定日尚談之、雖有人數、此兩人外、強又無申義
者、仍如此。今日東中門立之、如本也、但今一間寄東也、隆有（四
條）卿令奉行、基仲法師爲御使下向關東、今日夕進發也。〔②224頁〕

七月八日、甲辰、晴。今日談尚書、雖無人爲不罷日也。〔②225頁〕

七月二十一日、丁巳、陰、小雨灑、談尚書、具良（藤原）卿・公
時・家高（菅原）等朝臣、行親候之、大甲上也、思庸二字終日談之、
奧義猶未盡、尤遺恨。先之親王有連句、隆有・公躬等卿候、但早出、
曉鐘剋限、至安樂院聽鐘、歸寢〔殿脫カ〕、家高朝臣・朝衡（三善）
等候。〔②226頁〕

七月二十七日、癸亥、晴。談尚書、人數同先々、其義等不具記、
行親義、其意涉佛教、其詞似禪家、近日禁裏之風也、卽是宋朝之義
也、或有不可取事、於大体非無其謂者也、凡近代儒風衰微、但以文華
風月爲先、不知其實、文之弊以質可救之、然者近日禁裏有此義歟、尤
可然事也、但涉佛教、猶不可然乎。〔②227頁〕

九月六日、辛丑、晴。親王（量仁）連句廿韻、此間見日本後記
（紀）、先代政道尤可率由者歟。凡内外和漢書反覆讀之、必知其義、於

義雖無疑、及再三乃至數囘、必有道義之染心、不知手舞足踏之心、自然而來者也。讀書人必以此心可稽古也、一兩反讀誦、或不留心者、更無稽古之益者也。〔②238页〕

九月七日、壬寅、晴。談尚書、具良（藤原）卿・公時（菅原）・家高（菅原）・國高（菅原）等朝臣、師夏（中原）候。師夏談本書、公時讀正義、咸有一德篇讀了。此間久不談、自然依差合也、咸有一德誠以肝要篇歟。論語一以貫之、是同義歟。若有一德者何物不攝之乎、乃至法花所謂有此一事實、餘二則非眞、亦何謂外物乎、讀書思義誠足忘肉味乎。〔②238页〕

九月十日、乙巳、晴。今日談尚書第五盤庚上初一兩章也。盤庚遷都之事、正義曰、耿地俗上下奢侈、居處壯麗也、仍遷都云云。如正義者、依地似立德、而上所好下必從之、豈在土地乎、驕儉在人主之化耳、而盤庚何必遷都乎、面々有議、是盤庚之德不及大德之間、只載奢侈之一事、故有不審、若是正義之所遺漏歟。（后略）（②238—239页〕

九月十七日、庚戌、晴。入夜雪降、積地寸餘、此夜雪月計會、尤多感興。此日談尚書盤庚上也。〔②254页〕

九月二十二日、乙卯、晴。談義尚書。〔②255页〕

九月二十六日、己未、晴。談尚書盤庚下、以一命民、爲道之一者、愚民豈知之乎、皆曰、非道之一、々々歸上也。予問云、湯去精歸於天如何、存時有湯、無湯之時謂歸天也、論其實者、天外何有湯乎、全是一也、豈謂歸乎、此可然歟。〔②255页〕

九月二十八日、辛酉、晴（二十八日記也、書違）。談尚書說命上、木從繩則正、后從諫則聖。難云、從諫後定謂聖乎、依一時諫不可謂聖也。予云、是聖故從諫也、是文可得心也。一篇了、慈嚴僧正參、召前令談大日經義尺、題目許也。〔②255页〕

十二月七日、庚午、晴。今日關白（一條内經）詣春日社、早旦蜜

（ママ）々御幸俊光卿六条東洞院棧敷、有御見物。午一點過一条大路、其行烈（ママ）在別、公卿四人、殿上前駈九人、地下前駈十人、舞人十人也。次第不能記之。卽還御、談尚書如先々。〔②257頁〕

十二月十二日、乙亥、晴。此日談尚書、公時（菅原）・行親（平）二人也。〔②257頁〕

十二月十八日、辛巳、晴。此口談尚書如例。〔②260頁〕

十二月二十二日、乙酉、雨降。盃酌數巡之間、及曉鐘、頃之牛馬引出、雨脚聊微之間、殿上人引出、不取笠、公卿馬各一疋、殿上人牛一頭、上北面同之、其後又一兩獻、後白扇等公卿殿上人賦之、又女房小袖等与之、東面硯文臺唐物等置之、及天明還本院。今日談尚書、公時・師夏（中原）只二人也。及晚俊光卿獻牛馬、又進岩石唐繪等、馬引給二條前關白（道平）、依所望也。〔②261頁〕

十二月二十三日、丙戌、晴。此日正月御月忌、被引上之也、御幸衣笠殿也、而腋下雜熱猶不快之間不參、尤以恐恨、召長直（丹波）令見雜熱、非別事之由申之。此日談尚書第六卷了、具良卿・公時朝臣・師夏等祇候、前大納言俊光卿參、申師夏侍讀所望事、可申合院御方之由仰之。〔②261頁〕

十二月二十四日、丁亥。今日咳氣興盛之間不出現。俊光曰、師夏侍讀事申入之處、所申非無謂、何事有哉者、可仰之由仰合了、明經道侍讀、凡希有事也、然而近代爲流例、中家雖少例、師者已爲例而已、不可有子細乎。前左大臣（洞院實泰）・春宮大夫（洞院公賢）等參、予對面、退出。〔②261頁〕

○元亨三年（元至治三年・1323）

五月二十三日、甲寅、晴。讀禮記月令、（中原師夏侍讀）。逢妙超上人、談話如先々、親王連句十韻、今日及晚降雨。〔②273頁〕

七月十九日、己酉、晴。入夜暴雨小鳴、請超侍者參禪、後夜日中初夜等行法如昨日、條々仰經顯（勸修寺）、傳仰定資事等也。雜談之次語云、定資卿訴申小林莊事、法皇（後宇多法皇）政務之間雖申入、無御沙汰、非分被付宣房卿了、然而乍含愁訴經年序、當時遇善政之宬中、申入之處、兩三个年延引不及御沙汰。或仁私云、時宜宣房卿不諧之間、有難澁之御氣色、以一義可被付宣房之由、内々評定歟。然而理非懸隔之間、難治之間、數度延引、而以非分之令文被成此事、欲有裁許之由風聞云云、此事如何、當時隨分儒教中興、誠以君臣皆被立中和之道、而如此有御引汲事、尤以不審、但非知之難、行之難也、知道之大躰之故、雖多善政、未至躰于道者、豈無非乎、堯舜之朝、非無乱政勢之徒也、近日朝議大躰可謂治世、莫加吹毛之難而已、凡近日朝臣多以儒教立身、尤可然、政道之中興又因茲歟。而上下合躰所被立之道、是近代中絶之故、都無知實儀、只依周易・論孟・大學・中庸立義、無口傳之間、面々立自己之風、依是或有難謗等歟。然而於大躰者豈有疑殆乎、但近日風躰以理學爲先、不拘禮義之間、頗有隱士放遊之風、於朝臣者不可然歟。此是則近日之弊也、君子可慎之、何至于道之玄微、有未盡耳、君子深可知之。〔②283—284頁〕

七月二十七日、丁巳、雨下。談尚書洛誥初一二枚、甚以無人、公時（菅原）以下兩三人耳。〔②285頁〕

八月二日、辛酉、晴。談尚書如先々、傳聞、左馬寮給左大臣（洞院實泰）云云。〔②285頁〕

八月七日、丙寅、晴。談義如例〈●陈按：指《尚书》谈义。下同。〉、具親（堀川）卿中間參、卽退出、内親王（光子カ）御受戒之故云云。〔②286頁〕

八月十二日、辛未、朝陰晚晴。談義如例。九卷訖。入夜聊設盃酌、談義之間、於院御方有管絃之興。〔②287頁〕

八月十七日、丙子、晴陰不定、微雨一時、卽休。談義如例。〔②

287页〕

八月二十三日、壬午、晴。此日加灸五个所、全成（和氣）指灸點、先之談義如例、鷹司禪尼（花山院長山卿後室）、進公世（藤原）卿相傳箏譜、是自故院（伏見天皇）所給也、讓藤原實子也。〔②288页〕

八月二十七日、丙戌、晴。談義如例。〔②289页〕

十月十九日、戊寅、朝間降雨、午後徐晴。讀禮記第七禮運、師夏（中原）侍讀。〔③12页〕

十月二十日、己卯、晴。禮器（記）受説訖。〔③12页〕

十一月七日、乙未、晴。談尚書第十多方篇、隆有（四條）卿已下三四輩。〔③16页〕

十一月十九日、丁未、晴。讀禮記第八卷了、師夏侍讀。〔③19页〕

十一月二十三日、辛亥、今朝雪在屋上、曉所降歟、但不及寸、朝間猶散乱。讀禮記玉藻、師夏侍讀。永福門院幸菊亭、右大臣第也。修理之間、暫可爲御所也。〔③20页〕

十二月十五日、癸酉、晴。讀禮記大傳少儀兩篇訖、師夏（中原）侍讀。〔③25页〕

十二月二十五日、癸未、晴。談尚書立政篇、終一篇、指無義勢、公時（菅原）・家高（菅原）等朝臣、師夏・行親・公時（ママ）談之。今夜佛名也、定親奉行也、其儀如例、侍從中納言爲藤（御子左）・土御門三位中將親賢、只二人也、仍無行香。〔③28页〕

十二月二十六日、甲申、晴。讀禮記第十一卷了。（后略）〔③28页〕

十二月二十九日、丁亥、晴。午剋許南方有火、長講堂近々云云。仍上皇有御幸、予依梳頭不行向、但無別事火消了、仍自途中還御云云。凡近日炎上連日事也、又今年寒氣過于例年矣。此間見文選与宇治左府記、夜々見和漢書、或到曉鐘、晝間一時許見内典書、是每日恒例

事也、〔此間讀大日經合義尺也〕。〔③29頁〕

　　○元亨四年（元至治四年・1324）

　　正月五日、壬辰、雪降、積地一寸許。（中略）讀注文選之次、首付見王命論、文云、高祖之興有五、一曰堯苗裔、二曰體貌多奇異、三曰神武有徵應、四曰寬明而仁恕、五曰知人善任使、此五德初二有疑、仍書此文、幷注愚意於一紙、欲令見知音、而當時誰人知之乎、博學者多以不通義理、所謂誦文暗義者也、談理者又不篤學、仍不知古事多矣、共不足談而已、嗚呼悲夫無人矣。余雖淺識寡聞、竊思義理、日月已久、亦雖淺才粗見經史、仍依此疑作一論而已、其故者、聖人後未必昇天位、〔其先從在別〕、何稱堯苗裔、爲高祖登極之基哉、雖有異相未必貴、〔其文證又在別〕、何以此稱之乎、若是一旦之論歟、不可垂法於万代乎、以淺才不可疑先賢、然而義理之疑何默止乎、仍記之、班叔皮豈無所思乎、粗所察也、然而後世人多愚頑、仍恃先祖、驕奢之心作、見異相濫尊貴之、是卽文之所弊歟、爲誠後人、一端論之、非以愚意謗先賢、是救人之弊、又是所以明古人之意也。〔③35—36頁〕

　　正月六日、癸巳、晴。披叙位聞書、正三位源（中院）光忠・藤原（洞院）公泰〔一院（後伏見上皇）當年御給〕・同俊範（藤原）、四位正下從上、五位正下從上等濟々焉、不具記、此内道教（九条）〔關白息〕、叙從下四位、院御方幷予給被叙之。今日見文選。〔③36頁〕

　　正月二十二日、己酉、終日風吹、朝雪。談尚書周官篇。〔③40頁〕

　　二月九日、乙丑、晴。談尚書君陳・康王之誥、顧命依忌諱不談之。入夜院御方有去比御勝負々態事、廣義門院（藤原寧子）以下方勝方人々幷負人予・親王等非衆、又乘船、一両廻後、清雅（鷹司）・隆有（四條）・俊兼（藤原）・々高（藤原）・維成（藤原）・季成等乘一船〔人皆假女姿也〕、唱哥廻棹船來、訖種々郢曲、又奏樂、獻破子、一両廻後下船、有盃酌事、清雅卿已下、猶爲女裝束候簾下、及比

259

明之間更御乘船、及日出下御、男共猶學遊女、乘小舟、種々郢曲乱舞等、濫吹之至不敢言、直入御廣義門院御方、有御引出物、又聊供酒、事及沈醉之間、予起座逃去。〔③43—44頁〕

二月十二日、戊辰。談尚書畢命・君牙兩篇訖。晚頭乘船、入夜又乘船、池月清明、尤有興。清雅・兼高卿、候舟中朗詠、兼高卿吹篳篥、過念誦堂前之間、賢助僧正獻一樽、及曉鐘下舟、及終頭賢助僧正參船中。〔③44頁〕

二月十三日、己巳、晴。宇治左府記見了返獻、此人近古才學優長之人也、就中義學爲宗、而一期行迹頗不足觀、擧兵是大事、不可輕用、保元大乱爲謀首不能成事、其智所以不足稱也、於博學強記人以稱之、不審之間、披見記錄之處、作僻見人歟、其證、官掌【某丸、名字不覺】練公務者也、爲使廳下部ム丸被害、仍件下部被禁獄、而無程會赦被免、大臣（藤原賴長）仰公春攻之、記云、是代天行罰、湯武誅桀紂之故也云云、天意豈然乎。又公春壽考事致祈禱、而遂以死去、後偏不信佛法之由記之、愚之甚不可敢言、是又不知天命也。論語云、不知天命非君子。其智不深足察之、不能立大事遇殃、誠宜乎々々々。俗云、不至五十學易、故遇殃。嗟呼凡俗之不知道甚哉、可歎息々々々、道之不正如此。而又行迹有可觀者、慕古跡、每事正理苛刻、或雖過法、多順古事、知理必屈、至此者、雖賢聖豈如之乎、依不知道之大躰、心雖不存私曲、皆逆道、是以遇殃、後世人能可慮乎。去年予見小野宮右記、此人中古有賢名。或云、通神道云云。見件記、君子也、識者也、世俗之稱賢宜哉。而至通于神道者、未必然乎。讀件記所粗知也、至識者無双歟、云當時云後世界、無不資準的、正直賢名又不可更言、悲哉生後世不遇此人、嗟呼々々。今日御幸中園第、余又親王同車、及晚還御。〔③45頁〕

二月十七日、癸酉、晴。今日有暖氣、談尚書冏命・呂刑了。〔③46頁〕

二月二十二日、戊寅、晴。彼岸初日也、仍齋食別行【渡院行法】、依後鳥羽院聖忌也。有慇懃御遺誡、仍近年如此、談尚書文侯之命、費誓、秦誓篇爲竟宴遺之。竟宴可賦詩、其人數今日定之、可然篇等各賦之。〔③47頁〕

二月二十六日、壬午、雨降。今日、周禮注疏不慮入手、自愛々々。〔③48頁〕

晦日、丙戌、晴。傳聞、今日甲子仗議云云。今日欲展詩席、計會仗議無人之上、天下重事評定之日、遊宴似有憚、仍延引、安樂光院講演又以同前、後聞、今年不當大變之由、多以議奏云云。是依清行（三善）説、以神武天皇元年爲部（部）首之故歟。又改元無沙汰云々。是又諸卿所定申歟、但皆伺時宜歟、仰變命變運古來所恐來也。而先度辛酉之時、緯候非聖人之著作、頗涉于汙誕之由有沙汰、余思之緯候之文言、聖人所不用也、以術數推天運、不先德也、而緯候之說、非偏爲虛說也、仍或用之、但壽殀無貳、脩身俟命、是君子之志也、是以不用天運之術數、只脩德、緯候之書、不可遑學之故也、然者雖當變革之年、朝議豈可煩乎。詩緯云、自新如始無窮云云、是卽緯候之說又如此、況他書乎、用日新之道、不可關變革之連之条文已分明、延喜元年雖有改元、四年無沙汰、有日新之道之故也、德若非日新者、緯候之說又不可有違歟、只在德之有無、更非變之當否者也、時宜之趣誠有謂歟。後代君子宜據用、若不量己德、謬謂不關變革、豈免天運乎、能可有思慮耳、仰又緯候之説、以非聖人之作、偏被處如無之段又如何、子細記右、尚可有思慮歟。（●陈按："纬候"泛指各类纬书。）〔③48頁〕

三月八日、甲午、晴。今日尚書談義竟宴也。春宮大夫以下十餘輩、公時（菅原）朝臣講尺之秦誓一篇。談義了披講詩、資明爲序者、御製幷予詩已下、皆分一篇各賦四韻。此内或有不參之輩、可獻詩之由別仰之、爲足篇數也。但五十八篇之内、忌諱之篇、又其議不廣、不足言詩之篇等少々除之。在成（菅原）爲講師、春宮大夫讀師、前藤中納言（日野資名）・公時・家高等朝臣爲講頌、近進披講。了分散、卽御幸六條殿、明日可始後白川院御八講之故也。今日維（惟）繼（平）卿遲參之間、更以一義問之、（樂善人其躰如何、行親（平）同題也）、所答尤可然、但事及晚景、御幸忩々、不及委細、凡此篇無指義、仍不記之。凡自去々年夏、始講此書、雖無人、毎月六个度、大暑不闕談之、今日無爲事了、尤所喜也、凡六經皆可談之由、心中發願也、毎一經竟宴可賦詩之由、又心中所企也。〔③49—50頁〕

　　三月二十五日、辛亥、晴。自今夜增基僧正行六字法、以寢殿西面五个間。（西二間、同北三間、放隔障子也）、爲道場、東鳴戶懸本尊（兩界曼荼羅、是本尊祕之故云云）、其前立大壇、々々南立護摩壇、大壇北向東北立高座、以御車寄爲御聽聞所、以厩爲壇所、此法三井流殊祕法也。又時久之間、初夜許行之、三時佛供一度備之。今日之安樂光院、開文車本書等取出之、此信西（藤原通憲）文書云云。其内南北史節要、鬼谷子、宋齊丘化書等取出之、爲一見也、史通又爲修復取出之。子時始修法、供養法了念誦之間登高座、上皇開鳴戶北扉、令引線給、阿闍梨引之時一結云云。及寅剋一時了、伴僧六口也、上皇・予仰定資令致沙汰也。余先日有夢想事、又近日有所思、仍殊令申沙汰也。今日讀禮記、師夏（中原）侍讀。〔③54頁〕

　　三月二十七日、癸丑、今日始講論語、師夏爲講師、隆有卿已下六七輩、序幷學而篇四五章談之、委細不能記之。〔③55頁〕

　　三月二十八日、甲寅、此間抄論語末書（皇侃疏已下數部類聚之）、之外無他、爲談義也、書本經、其下注各義也。〔③55頁〕

　　三月二十九日、乙卯、關白（九條房實）參、對面。師夏談禮記、第十五一卷已受説了。今日有哥合、入夜衆議判、於女院御方有此事、前右府・覺円僧正・内侍小兵衛督・兵衛督等祗候。其後又有一獻事、

及曉着寝。〔③55頁〕

四月二日、丁巳、晴。論語談義、光繼（堀川）・公時（菅原）・家高（菅原）只三人也。公時講尺之、雖無人爲不闕式日也、毎句有甚深重々之義、明珠蘊含六合之譬誠哉、只恨末代學者知其一、不弁妙理涉万端而已。余聊示學而一文之淺畧之義、諸人初開悟、此書爲聖人之言、仍毎章有無邊之深意、淺見者淺得之、深見者深識義理、不得躰道孰盡其義理哉。〔③56頁〕

四月七日、壬戌。此間論語抄出之外無他。今日第一學而、爲政兩篇終功了。疏・正義幷近代學者注等部類幷他書又抄入之、仍不可有盡期。然而先以疏・正義・集注等抄出之也。今日炎左右肩上各七十壯了。今日鬼谷子三卷見了。南史節要見了。是此七八日許所見也。閑讀鬼谷子、粗知義理、淺智不足測、而抑揚之間、頗涉於縱横、其意豈止於茲乎、而秦儀受業、纔知其一、以是遊説於諸侯、不能成覇王之業、宜哉。子貢爲孔門之高弟、遊説於吳越、未超縱横之術、況鬼谷之不逮仲尼、秦儀之不比子貢、能至於道乎。後世學此書者、不可不慎而已。縱横之説出自此書、故號此書爲縱横鬼谷子、爲説非縱横之術、後學可能思也。〔③57頁〕

四月十二日、丁卯、晴。談論語、雖無人、爲不闕式日也。今日學而一篇終功、寂閑之間、只事稽古。閑見文中子、尤有味。寔非諸子之比歟。而於諸子、荀楊又可宗敬歟。有宋齊丘化書、先日於信西（藤原通憲）遺書中得之、其辞約而義尤深、足珍敬者也。〔③58頁〕

四月十八日、壬（癸）酉、賀茂祭如例、兩日見物、貴賤舉首趣（赴）之、余獨閑寂、憑書案見古事。今度兩社行幸無制符、仍上下着綾羅錦繡、忘儉素事奢侈、見而何益。古人行迹皆仁義忠孝爲本、彼与此用捨如何、不如對書典逢古人而已。史通二帙廿卷、自昨日至今日夜分粗見了、至第十七疑古篇、多不知聖人心、付異説疑聖作、愚之甚不可言、廢書而歎息、此以下不足觀、仍於疑古篇等不見、所々引見了。

評古今之史官、責非直筆欲省煩文、此類數事誠足觀、疑堯舜放湯誣桀等事、何不知聖之遠乎。是博聞強識有餘、通聖極道不足故也、恃己才智、好出古賢之非、至出史漢之謬者有可采者、至疑仲尼之聖作者不亦甚乎。此書足迷後生、難傳來葉、其所以不達聖人之心、録一紙欲遣此乎來者、非是判古人、爲恐迷後生也。以魏晉之僞作、推虞夏之聖賢、暗惑之甚不可亦言、不敢望孔門之義、只慣乱世之俗、學雖涉百家、無益于知道、後世君子、以是可爲鑒誠。嗟呼悲夫、是以記一端於別紙。後聞、春宮使不立云云、是坊中觸穢故也（或云無穢、或云七日、而三十日穢之由有披露云云）。〔③58—59頁〕

四月二十二日、晴。談論語爲政篇過半。〔③59頁〕

四月二十六日、談爲政篇訖。賦詩、題云、山中夏景清、探韻也。公時所獻也、依無人不期中絶、□□少々除之、書可然字等、余取盃字。〔③59頁〕

十一月二日、乙酉、晴。讀禮記第十六、師夏（中原）侍讀。〔③79頁〕

○正中元年（元泰定元年・1324）

十一月十一日、癸亥、晴。今日永福門院自北山還御。今日禮記一部、受師夏（中原）説了。自去年春連々讀合、今日一部廿卷（忌諱卷等除之）受説訖。入夜於親王方哥合、清雅（鷹司）已下十餘輩、衆議判、但所決在女院時宜也、入道右府（花山院家定）以清雅卿有申旨。〔③84頁〕

十一月十三日、癸亥（乙丑）、晴。寫聖廟御影如昨日、入夜自六條殿有還御。（中略）今日讀毛詩第一〔師夏侍讀〕、師夏云、於御前讀書皆切音也、但至于詩者可有頌聲之故、聊伺御氣色、可引音之由口傳云云。尤有興、仍今日引音讀之也。禮記終不引音也、清家侍讀皆引音、御讀書在別之由口傳云云。良枝（清原）即如然、師夏一向不引音之由申之、兩家之相違歟、但別仰之時、引音之由申之也。(後略)〔③85页〕

十二月晦日、壬午、晴。今年所學目錄。

内典：圓覺經上、大日經義釋、理趣尺。

外書：論語（自一至二談義了）、論語皇侃・刑昺等疏并精義、朱氏竹隱注等、同自一至二抄出了。左傳一部、禮記一部【師夏侍讀】。注國語【三十卷、復五帖】、漢書一部。鬼谷子【三卷】、淮南子〔有欠卷〕。史通【廿卷】、華陽國志【十卷】、宋齊丘化書【三帖、復十卷】、南北史節要【廿帖、抄出】。

記錄：宇治左府記、今年瘤病、自夏至秋一向廢學、仍書典不幾、向後每年所學可記之。凡所讀經書目錄、内典：大日經七卷、金剛頂經三卷、蘇悉地經三卷、理趣經一卷、法華經八卷、寂勝王經十卷、仁王經二卷、維摩經二卷、楞伽經・（ママ）卷、地藏本願經三卷、如意輪經、般若心經、壽命經、阿彌陀經、無量義經、普賢經、無量壽經（記無量壽經）、稱讚淨土經、轉女成仏經、天地八陽經、金剛般若經、像法決疑經、造塔延命功德經、遺教經、円覺經、首楞嚴經、金光明經、菩提心論、三十頌、唯識論、大日經疏、理趣尺、即身成仏義、阿字義、三教指歸、二教論、聲字實相義、心經祕鍵、寶鑑（鑰）論、吽字義、大光明藏、碧嵒錄、普燈錄、悉曇字紀（記）、悉曇要集記、梵語集。外書：左傳、毛詩、尚書、禮記、孝經、論語、孟子【欠卷、古注】、史記、漢書、後漢書、南北史抄、通鑑、老子、莊子【欠】、荀子法言、鬼谷子、淮南子【欠】、文中子【欠】、國語、宋齊丘化書、史通、帝範、臣軌、貞觀政要、文選、帝王畧論〔三卷〕、孝經述義、禮記子本疏【欠】、尚書正義【欠】、周禮【欠】、次禮【欠】、大（ママ）。本朝書并記錄：日本紀、續日本紀、日本後記（紀）、續日本後記（紀）、文德實錄、三代實錄、本朝世記（紀）、令廿卷〔章任（中原）

侍讀）、律廿卷〔章任侍讀〕、古事記、古語拾遺、一条院御記、後三条院御記、後朱雀院御記、人左記、小一条左大臣記、小野宮右大臣記、宇治左大臣紀。

隨分雖研精、卷帙不幾、爲勵向後志所記置也、猶難入雀屏之室歟。可恥々々。〔③89—93頁〕

○正中二年（元泰定二年・1325）

閏正月二十二日、癸酉、晴。今日談論語、公冶長半篇談之。公時講釋之、春宮大夫（洞院公賢）・勘解由（平惟繼）宰相已下六七許輩。〔③104頁〕

閏正月二十九日、庚辰、晴。談論語。隆有已下兩三人、尤以無人。及晚親王有蹴鞠會、賀茂貞久交之、人數無人、及暗止了。入夜續哥卅首、又以無人、深更乘車引出四足門前、曉鐘後還來、是冊五日之方忌之故也。〔③105頁〕

四月十六日、己未、晴，詩會如例、菅家（菅原）高進三國志、爲一見也、摺本也。〔③115頁〕

六月十七日、乙未、晴。今日御簾花山院中納言（經定）、入夜有御幸、出御如例、三條前大納言（公秀）言爲御簾、御座五卷、予七卷如例、公秀卿候座。此間徒然之間、讀易疏、是知命之後、可見此書之由、有古人口傳。而寬平（宇多天皇）御讀之由見御記、是卅許御年歟、未勘之。又漢朝人多以幼年學之、予心中竊疑之、而去年有夢想事、旁以符合之間讀之也。（裏書）宇治左府記（藤原頼長）、讀易年齡事委記之、子細有理、但不吉之人也、仍後人不爲證歟、云王侃説、云和漢之例、強不可憚、何況踐天子之位、豈不知天命哉、是故後宇多院幷今上（後醍醐天皇）有御讀、予雖不肖、讀可讀之書等、已經天子之位、讀天命之書、豈背理哉。而任去年夢想、更不爲知天命、只爲道義也、更不可有苦歟。讀此書之時、洗手不散帶、又不放烏帽、聖人之作、天命之書、有恐之故也。是宇治左府所爲也。叶理之間用之、夢想事見去年記、仍不記之、夢涉於虛實、不可偏信、而事理相叶、仍用之也。〔③124—125頁〕

七月十九日、丁卯、晴。及晚陰雲滿天。今日談論語。入夜聞量仁親王所勞之由、尋申院御方、無殊事之由有御返事、可參之由有仰、仍參、及曉退出。〔③132頁〕

七月二十四日、壬申、晴、陰雨或滂沱或微。射弓、談論語。〔③133頁〕

八月十七日、甲午、晴。今日談論語一枚許、入夜加灸、全成（和氣）灸點。〔③136頁〕

九月六日、癸丑、晴。今日談論語雍也篇、具親（堀川）卿·公時（菅原）·行氏（日野）·資明（柳原）等朝臣也。公時講尺（ママ）之、親王（量仁）又在座聞之、夫子顔子勝劣之間、其位等委談之、不能記録而已。〔③140頁〕

九月十五日、壬戌、晴。月蝕、勘文時剋酉戌也。而雖裏御所遂不及蝕。今日親王有哥合、蝕間談論語、然而一篇未訖。〔③141頁〕

十月二十日、丁酉。自今日又服蒜、々酒又如元。徒然之間、見春秋後語。〔③148頁〕

十一月二十六日、壬申、晴。今日於親王在所、談論語。〔③153頁〕

十二月三十日、丙午、晴。無事。今年所學目録【賴長公記有此事、強雖不可因循、爲勵志記之也】：春秋後語【十卷】·漢書一部【帝紀去年見訖、傳許也】·三國志【有欠卷】·晉書【帝紀并傳卅卷許、今年中未終功也】·公羊傳·穀梁傳·懷舊志等、少々雖披見、未終功、是今年連々病悩、又多以懈怠、仍所學不幾、尤所恥也。記録：山槐記·顯時卿記·長兼卿記·經高經記·定家卿記等、皆少々所披見也。内典：止觀、自一至五所披見也。今年大暑廢學之間、書員數尤

267

少、可悲々々。〔③167頁〕

○元弘元年（元至順二年・1331）

十一月二十九日、庚子、晴。泉湧寺全信上人參、受戒如例月、持
參一紙法文、不可剎那無此君云云、是大唐義銛法師贈泉湧寺開山長老
（俊芿）之書也、天台宗門兩宗之肝心也。〔③221頁〕

○元弘二年（正庆元年・元至順三年・1332）

三月二十四日、癸巳、晴。今日爲基朝臣（藤原）申云、大納言入
道〔爲兼（京極）、法名静覺〕去廿一日薨之由傳聞云云。彼卿者、右
兵衛督爲教息也、自幼日昵近祖父爲家卿、和哥口傳等悉受之上、天性
得風骨、抜粹之堪能也。伏見院在坊之時、令好和哥給、仍寓直、龍興
之後爲藏人頭、至中納言、以和哥候之、粗至政道之口入、仍有傍輩之
讒、關東可被退之由申之【裏書】、仍解却見任、籠居之後、重有讒
口、頗涉陰謀事、仍武家配流佐渡國。經數年歸京、又昵近如元、愛君
之志帙等倫、是以有寵、正和朕加首服之時、爲上壽、任權大納言、無
幾舊院（伏見天皇）御出家之時、同遂素懷了。於上皇（後伏見）幷朕
爲乳父、姉大納言（爲子）二品又爲和哥之堪能、祇候永福（藤原鏱
子）門院、延慶襄帳典侍也、兄弟共頗有權威。而入道大相國〔實兼
（西園寺）公〕自幼年扶持之、大署如家僕、而近年以舊院之寵、与彼
相敵、互切齒、至正和□（六）年□遂依彼讒、關東重配土佐國。近年
聊有優免之儀、移和泉國□、又伺申上皇御意、而有讒臣塞之、仍無敕
許。凡以舊院之寵、有驕人之志、是以忤上皇之旨、於朕存忠節、而以
背上皇之叡慮。正和以來會不通之、配流之比、以和哥文書九十餘合附
屬於朕、忠兼（正親町）・教兼・爲基等、隨器量或免一見、或可預給
之由書進之。彼時朕猶若年、於和哥之道不深知之、頃年以來憶念彼口
傳等、又以内外典之深義思之、舊院幷爲卿所立之義、寔是正義也。世
人不知之、爲世卿（御子左）爲俊成（藤原）・定家（藤原）卿之嫡

268

流、不達此義、身已不堪也。仍嫉妬彼正義、自構非正義之由、天下之人大半歸彼、和哥之道自是頗廢、只入道太政大臣實兼公頗知此義之爲正、雖惡彼人、不棄其道、自外諸人公家武家之輩、或雖有門第之號、不能弁邪正、嗟呼惜哉。頃年以來遇宗峰（妙超）上人、知宗門之旨、謁心聰法印、聞天台之宗旨、披見<u>五經</u>、悟周孔之道、（中略）但以儒釋之義雖校之、於古人祕哥用心之處不分明者、又不可知此道之義者也。弘法大師<u>文筆眼心</u>并詩<u>人玉屑</u>、能述奧義、又俊成卿所抄古來風躰、尤得和司之意、見彼書等、白可察也。定家卿僻案抄、又可然之物也。（后略）〔③263—266頁〕

四月十六日、乙卯。今日<u>左傳</u>讀訖、去年八月以後頗怠不讀書、自今年三旬分爲三番、和漢内典等學之、<u>左傳</u>自去年讀之、今日終功、余此書未終一部之功、欲受説、而無其仁之間、先讀之、連々雖見之、自去年殊見之、重可合<u>正義</u>也。余此書未精研、仍殊學之、於史書者雖偏〔遍〕覽、全經猶有不學之書、尤爲慙。〔③269—270頁〕

四月十七日、丙辰。今日<u>讀漢書</u>。午剋地大震有音、文保以後如此大動無之、尤爲怖。天文輩等申占文不輕之由、龍神動云云。皆以傍通申之、範秀（安倍）申尾宿之由、若箏勘歟、同龍神動也。〔③270頁〕

五月九日、丁丑、晴。談<u>左氏傳第四関公元年</u>、行親（紀）朝臣爲講師、公躬（紀）・公時（菅原）等卿、邦雅（高階）朝臣等候之、每月三个日可講之由定。〔③275頁〕

六月十二日、庚戌、晴。談<u>春秋第四</u>〔閔二年〕、實任（三條）・行氏（日野）・公時（菅原）等卿、邦雅（高階）・行親（紀）等朝臣、國俊（吉田）在座、國俊讀之、一義講尺之。今夜有盜人、欲入女房局、仍門番衆等搜求御所中。今日東庭構竹簀子、爲納涼也。〔③282頁〕

六月十七日、乙卯、連句百韻、<u>後漢書上句</u>、公時卿一人申之、邦雅朝臣執筆、具親・實任・俊實・行氏・公時等卿、國高（菅原）・行親等朝臣、國俊候之、申剋始之、亥剋百韻了。今日炎暑甚、今日始有盛暑之氣。〔③282—283页〕

六月二十七日、乙丑、談春秋第五、具親・實任・公時等卿、邦雅・行親等朝臣、國俊候之、行親講之。〔③284页〕

三

平安时期公家日记所见汉籍书录史料编年集成稿

本篇主要以《大日本古记录》《史料大成》所收平安时期公家日记为底本，特将其中文书录有汉籍书名或读书仪式者按日记之成立先后排列系年录出，在抄录时尽量按原文转录，实在太长者则予以节略。另外，为了方便阅读，原文书中略字、手写字者一律改为正体字，标点亦略有改动处。【】内文字为原文双行小字注，（）内文字为原文小字旁注。又，与上篇一样，本篇旨在标示当时所抄汉籍书目，因此原文标注有见消符及训点符号处，本稿均予以省略。另外为了便于查校，仍依上篇凡例於各条末标出原书页数，以便大家核对原文。

〔一〕藤原忠平《贞信公记》〔大日本古记录本〕

〇延喜十年（五代后梁开平四年·910）

十月二十九日、乙酉、藏人所有漢書立【之】竟宴、予、左右大弁（藤原道明、同清貫）着、醉後有召參上、終夜奏管絃。〔24页〕

〇延喜十三年（五代后梁乾化三年·913）

十月二十五日、癸巳、東宮（保明親王）始讀御注孝經。宿貞朝臣宅。〔44页〕

○延長三年（五代后唐同光三年·925）

十二月二十三日、外記所納御覽（修文殿御覽）、可奉供六條院（河原院）（宇多天皇）之狀。仰久永（伴）宿禰、依淑光（紀）朝臣傳仰也。〔108頁〕

○承平二年（五代后唐长兴三年·932）

二月二十三日、中宮小親王（成明）初讀御注孝經、以維時（大江）朝臣爲轉〔博〕士、公卿文人等有饗祿。〔153頁〕

○天庆元年（五代后晋天福三年·938）

十一月五〔三〕日、丙午、藏人所始讀禮記、博士良廉。中宮（藤原穩子）遷御北殿（麗景殿）、地震度度。賀茂社有御幣、使公忠（源）朝臣也。戶部（平伊望）云、幣使不受宣命文參向、仍差小舍人召返給之。〔178頁〕

○天庆二年（五代後晋天福四年·939）

十一月十四日、辛巳、御書始、以在衡（藤原）朝臣爲博士、元夏（三統）爲尚複、史記。〔195頁〕

○天庆九年（五代后晋开运三年·946）

七月二十九日、頭云、懷素、任韑真跡侯内、故權中納言（藤原敦忠）後家貢也。〔232頁〕

〔二〕藤原师辅《九历》〔大日本古记录本〕

○天历二年（五代后汉乾祐元年·948）

八月十九日、（高光童殿上事、有殿上酒餚）午時隨身高光（藤原）參内、予依例自近衛御門末、小童自上東門令入、先參藤壺（藤原安子）、此間天皇（村上）御此舍、令伊（尹歟）（藤原）、兼通參上殿上、聊調酒食出殿上、依寂然也、高光依召候御前、隨仰誦文選三都賦序、帝感嘆云云。〔9—10頁〕

○天历三年（五代后汉乾祐二年·949）

三月三十日、藏人所尚書竟宴事。〔14页〕

○天历四年（五代后汉乾祐三年·950）

五月二十四日、寅尅男皇子（憲平親王）誕育。（中略）末尅調置件雜具於中取二脚、舁立於庭中、御宅政所進匏四口、御槽、瓮等之覆、供御湯槽下敷手作布打敷一條【件絹布等、置（量）其程女房等調備付政所】。戌尅供御浴、其次第者、南庇中間進安御槽等、童女二人、下仕二人着白裝束、女御政所知家事一人着絹當色、雜色長一人、雜色一人、着手作當色、御湯供備畢之後、以仁和寺寬忠師、先令奉仕護身、次令加持御湯。次式部大輔紀朝臣在昌取副古文孝經於筥、立於庭中【今日以後讀書人皆依天氣也】、打絃者五位、六位各十人、取弓立於讀書者之後、北面東上、異位重行、秉燭者六人在其後。女房等各着白裳唐衣、一人持虎頭、一人犀角、一人御劍・人形、列立於御前、相從御後之女房等有其數。僕雖有重服之忌、依事不得止、臨其所而行事。少將伊尹（藤原）之乳母大和奉仕御湯殿、依此女能知此道也。故平中納言（時望）室〔菅根（藤原）朝臣女（元姬）〕奉仕御對湯。在昌讀孝經天子章。〔185—187页〕

五月二十五日、（中略）巳二尅供朝御浴、文章博士三統宿禰元夏讀古文孝經、鳴弦者五位、六位各六人。申尅夕御湯殿、讀書、鳴弦如朝、以民部大輔橘好古朝臣息女（等子）爲副乳母、元是奉仕故殿者（藤原忠平）也。〔187页〕

五月二十七日、陰、朝暮御浴如例、大學頭橘朝臣敏通讀史記五帝本紀黃帝所。（后略）〔188页〕

五月二十九日、終日雨。（中略）。朝暮御浴、打弦如昨、但明經博士十市禰良讀禮記文王世子篇。〔188页〕

閏五月一日、丁卯、天陰、朝夕御浴如昨、良佐（十市）讀尚書堯

典、此日當是第七夜。（后略）〔189页〕

八月五日、壬辰、權中納言（源清蔭）参□□□□□□□□□□□□□□有今宮（成明親王）御書【文選】之竟宴。〔《九历》断简·126页〕

〔三〕平亲信《亲信卿记》（天延二年记）〔续群书类丛本〕（无）

〔四〕藤原实资《小右记》〔史料大成本〕

　　○宽弘二年（北宋景德二年·1005）

　　十一月十四日、戊午、昨御書始、於飛香舍被行。密々主上渡御件舍、此后宮御在所也。母庇有件儀、又庇敷公卿座、侍讀式部權大輔匡衡、尚複文章得業生藤原章輔、御書一文章博士弘道獻題、其詞云、冬日於飛香舍、聽第一皇子初讀御注孝經孝經（衍力）者。序者文章博士以言、只召策家者、其外屬文公卿侍臣等獻詩、又有管絃。地下文（人力）候東庇砌、大臣以下給祿有差【大臣女裝束、加御。納言女裝束、參議褂袴】、御博士並策家者賜祿、又絃管者同開（關力）祿。講詩間、主上密排御屏風、於其御簾前、以言講詩云云。或云、外帥可預朝議之宣旨下云云。〔①205—206页〕

　　○宽弘八年（北宋大中祥符四年·1011）

　　九月七日、丁丑、右中辨來、言主基事之次、持來元慶大嘗會記文、以采女正時原春風令書古文字樣、給内匠寮令雕木印者。彼時若書博士他行歟、今般書博士等城外、仍小臣思慮、以明經博士爲忠朝臣令書字樣、頗合先賢之高慮耳。〔①244页〕

　　○宽弘九年（北宋大中祥符五年·1012）

　　七月二十五日、辛卯、春宮大夫齊信卿使加賀守朝臣【兼隆】、注送唐曆一帙、第七卷。件事前日清談次事也。其文注裏、唐曆一帙七卷。景成有雄雉、飛集東宮顯德殿前、太宗問群臣曰、是何祥也。褚遂良對曰、昔秦文公時、有章（童力）子、化爲雉、雌者鳴於陳倉、雄者鳴於南陽。童子言曰、得雄者王、得雌者覇。文公遂以爲寶鷄祠。漢光武得雄、遂赴南陽而有四海。陛下舊秦王、故雄雉見於秦起（地力）、所以彰表明德也。太宗悦曰、立身之道不可無學、遂良博識、深可重也云云。引見唐暦既無相違。主上御瘧病不可發給之日、先日占申、甲乙日者。〔①288頁〕

○长和二年（北宋大中祥符六年・1013）

九月二十四日、癸丑、入唐僧念救來、終日談説唐事、歷唐【號宋】十一年者。志團扇一枚、笛竹一、老子道經【二帖】。去夜於帥宮有作文、左大臣及屬文卿相會合。後日四條大納言云、帥宮才智太朗、尤足感歎云云。（①358頁）

○长和三年（北宋大中祥符七年・1014）

十一月二十八日、庚戌、資平云、昨夜左宰相中將、三位中將、兩□（雲歟）上人被向左衛門督兒百箇所、有饗饌並籠物百枝、過差殊甚。其後歸參、御神樂丑剋事了。東宮屬厶來云、今日御書初之刻、可參入者。仍經營參入【午剋許者御門院】、（中略）置御注孝經並點黛等（中略）、次右（左力）大臣着御前座【持御注孝經、取副笏】、右大臣不随身書、經營起座、今求僅得其書、若非御注孝經之書歟。（中略）入西中門、度御前登自唐庇東面階、經南簀子各着座【博士西面、尚複北面、皆取副書於笏】畢。舉周・爲善置笏開書、諸卿已下、同置笏開書。次尚複揚聲云、文。次博士讀云、御注孝經序。預開御書御覽、尚複云、古々万天。次尚複讀云、御注孝經序。次舉周爲善等退下、經初道。次諸卿次第退下、着殿下饗。（后略）〔①407—408頁〕

○长和四年（北宋大中祥符八年・1015）

四月十三日、壬戌、藏人式部丞登任持來宣旨一枚。（中略）子刻許火見南方、以下人見遣、歸來云、左衛門督【教通】家燒亡者。大納言公任同宿、乍驚、資平令侍車後、馳向去燒亡處。兩卿在家業宅、乍

立相逢兩卿、大納言道綱已下卿相多會。左相府近邊留車、左金吾依命
參進。大納言云、一物不取出。又左金吾同談此由。件燒亡處左大臣家
【從東院東大路者西邊、從三條坊門南邊】、昨日、故殿御日記、季御讀
經卷、依大納言御消息奉送云（之カ）、問案內、不取出、太口惜々
々。又年中行事葉子二帖、韵抄二帖、同以燒亡、至葉子等不敢惜、只
故殿御記歎息歎息、余戒示不可觸火所之由右中辨定賴。々々不觸火處
者、依行禊祭事也。右（左カ）衛門督去月八日戊子移徙、不經幾日燒
亡、童女被燒煞、彼日滅門日、天岡河魁。曆訣云、移徙不可用、大凶
之者。世只忌避用三寶、可重避之日也。〔①423頁〕

　　十二月四日、庚申、今日先朝第三皇子書始日也、相扶所勞。申刻
許參皇太后宮【上東門】、今日母后自寢殿假移給東對、於此處依可有
御書初事【皇子御西對之故歟】。其儀、母屋南一間設皇子座、疊二
枚、土敷二枚、茵【西面】、前立黑漆案、敷紙置御注孝經並點袋。（中
略）左大臣來着此座云、只今申剋歟者【書初時剋云々】。卽起向皇子
裝束所【同對西庇、從南第三間歟】、近習卿相々從、依招呼、此間藏
人頭資平爲敕使參入、御注孝經【以銀作書形、以金爲軸、中納言行成
應召以墨書外題云々】、裏象眼【青色】、付五粒松枝、盛蒔繪笥蓋、小
舍人持之。（中略）博士廣業開書、次尚複定親開書。皇子不開給、仍
相府申案內、其後開給。以廣業讀云、御注孝經序。次定親同讀五字
【尚複不稱文、及古古萬天、天子皇太子外不稱云云、存前歟】。（后
略）〔②36—37頁〕

　　十二月八日、甲申、資平從內示送云、有御惱氣。左相國者（去
カ）夕破物忌參入祗候。申時歲星經天、十日上、二箇變異云々。但歲
星經天不聞之變云々。天文云、宋書志云、晉安帝隆安元年六月、歲星
在天、占曰、國受殃、其月有兵馬亂。晉書志云、晉惠帝永寧元年正
月、歲星經天、占曰、歲星晝見更王。其年更王。〔②38頁〕

○长和五年（北宋大中祥符九年・1016）

五月十一日、庚寅、頭中將云、昨日侍從中納言奏薨奏。（中略）資平云、今日使廳行栲許云云。左衛門權佐資業、右衛門權佐賴任共着行云云。昨日薨奏、三日内行栲許政如云云、資平後日問賴任朝臣、答云、此事諸人敖々心神不静、尋見<u>文法惣義</u>、云、三等親百官三位以上喪、皇帝皆不視事一日【謂、散位者非皇帝不視事日百官不倚理務、何者、太陽虧及國忌日、別立癈務之法、以外卽無此文故也】。件文大略資平傳談、引見本文記了不視事目、有外記政云云、可尋記。〔①432—436页〕

○寛仁二年（北宋天禧二年・1018）

六月二十日、辛亥、長星如去夜。土御門寝殿、以一間【始自南庇、至北庇之間也。簀子高欄相加】配諸受領【不論新舊、撰勘事者】令營云云、未聞之事也。造作過差、万倍往跡、又伊與守賴光家中雜具、皆悉獻之。厨子・屏風・唐櫛笥具・韓櫃・銀器鋪設・管絃具・釼、其外物不可記盡。厨子納種種物、辛櫃等納夏冬御裝束、件唐櫛笥等具皆有二具。又有枕笥等、屏風二十帖、几帳二十基云云、希有之希有事也。<u>文集雜興詩</u>云、小人知所好、懷寶四方來。奸邪得籍手、從此幸門開。古賢遺言、仰以可信。當時太閣德如帝王、世之興亡、只在我心、與吳王其志相同。賴光所獻雜物色目、人々寫書、宛如除書。彼日寫書注付而已、獻万石數千疋了者、多有其輩、未聞如此事、因希有所注付也。（后略）〔②196页〕

六月二十六日、丁巳、本命供清食如例。入夜宰相重來云、參大殿、被座上東門第、被行寝殿御裝束並立石引水等事。攝政以下被參入、主人昇降容易、甚以輕々。卿相追從、寸步不志、家子達令曳大石、夫或五百人、或三四百人、法間京中往還人不静、追執令曳、不示堪、男女亂入下人宅、放取戶並支木・屋壓木・敷板等、以敷板戶等敷石下爲轉料。日來東西南北曳石之愁、京内取煩、愁苦無極。又止養田之水、強壅入家中。嗟呼々々不念稻苗死歟。可詠<u>文集雜興詩</u>、尤爲鑒誡。〔②198頁〕

○治安三年（北宋天聖元年・1023）

八月二十八日、己未、左頭中將持來國々條々解、並上達部定文。（中略）今日資房疫後初來、造立八省東廊事、若當御遊年方歟。同案内權辨經賴云、問吉平、申云、當南方、但遊年有坤方、忌其方自余方不忌者、以此由申關白。命云、可從彼所申者。余云、<u>八卦文</u>云、遊年方不可觸犯者、此事如何、但前若可被問歟。先日依内々犯土事問吉平、文高如吉平申、然而未決是非、同所忌避遊年方。而々永輔朝臣、監物知通・左衛門尉式光爲小女家司。〔②371頁〕

九月一日、壬戌、早朝於河頭解除、資高乘車尻、石塔如例。權辨經賴持來八省豐樂院等損色文云、經奏覽畢。仰雲、可候。卽下。同又有吉平勘文二枚、御遊年在離方、不可忌犯土、造作在坤方之時可忌者、引<u>新撰陰陽書</u>勘申、至前例不能尋勘者、在坤方之時可忌事無所見。辨云、件勘文覽禪室並關白、命云、可依勘申者。余答云、<u>八卦第二</u>云、遊年在離【一名御年不可觸犯】、且次遊年忌。同又云、凡行年所在之處、候病之地不得觸犯者。案件等文猶可忌避歟。所承行事不尋搜難、必有謗難之人于（乎カ）、仍重所疑也。以此等趣今一度被問如何、爲至公所申也。但先達禪室宜歟。件文等聊注付授<u>尚書</u>、々々甘心、事依鬱々。注吉平勘文趣、問遣守道、勘申云、遊年方可被忌犯土事、<u>陰陽書</u>云、遊年方不可起土者。<u>八卦法</u>云、此方不可起功【犯土類也】。<u>三公地基經</u>曰、本命遊年之地犯土起功大凶云云【其說文甚惡也、重可避忌也】。以此言之、不指諸方皆重可避忌之、若在坤方時忌之、不忌他方者。天祿四年、御遊年在巽之時、被停止件犯土畢。且天延二年勘文云、宮御遊年在子、件方犯土造作被停止云々。餘方文一同

277

也、其文云、自内裏指宮庭當子方云云、近日欲參詣禪室、有隟日可告由、呼爲政朝臣示之。〔②372页〕

九月二日、癸亥、權左中辨經賴來堂云、御遊年方犯土事申兩殿。（中略）權辨朝臣來云、御遊年方犯土事、先申關白。々々云、可申禪室。卽申事由、件事又更不可覆推、吉平、忠行、保憲勘文分明不可云、八卦東廊今年木造令召構、明春可立之由有被命者。忠行等勘文注、天祿四年五月廿五日、保憲勘申云、東宮當御遊年方可被忌犯土事、右東宮者從内裏當巽方、巽者是今年御遊年方也。陰陽書云、遊年方不可起土者、可被忌犯土事、但至于修理不見可忌之由。天延二年八月十日、保憲勘申、宮廳今年當御忌方、不可被行犯土造作事者。右案八卦注云、遊年方不可興功云云。而今年御遊年在子、自内裏指宮廳當子方、仍不可被行犯土造作之狀、勘申如件。天曆六年六月十日、前近江權少椽賀茂忠行勘申、北方被造立新門可有忌事。尚書曆曰、夏三月土公治門不可觸犯。凶曆例云、大歲所在不可興功、動土舉造百事凶【今年大歲年在子】。三公地基經云、本命遊年也、地犯土起功皆凶【今年御遊年在子】。右據勘件等説、新立北門尤在忌、仍勘申。〔②372—373页〕

○治安四年（北宋天圣二年·1024）

九月十九日、（中略）今日加階、上下以目、越階尤奇々々。彼是云、明後日太后還給、亦可敘三品云云。言外之事許、可閇口哉。書〈●陈按：引处指《鬼谷子·权篇》。〉云、口可以食、不可以言。鑒戒也、鑒戒也。（后略）〔③27-29页〕

○长元二年（北宋天圣七年·1029）

七月十六日、癸酉、於神祇官西院、（中略）又狀中有壞山上陵之文、上陵有忌諱、亦非成文。史記云、壞山穿陵者、止上陵。可書例紙之由仰之返給。（后略）〔③207页〕

○长元四年（北宋天圣九年·1031）

七月二十五日、庚午、頭曰（辨力）持來信任申修造外記局覆勘之
文、令答云·（脱文歟）國々相撲人等參來、念誦間不召見、經時剋播
磨相撲人等參來、召見。藏人右少辨經長傅綸旨【實關白消息】、舉周
奉授文選·史記已了、可加一級者【正四位下】。（后略）〔③263頁〕

〔五〕藤原行成《权记》〔史料大成本〕

○长德四年（北宋咸平元年·998）

十月十八日、未剋、去年誕生男兒亡歿、在嬰孩容貌甚美、日者煩
熱瘡、今日瘡氣少伏、依見無力之氣、母氏雍樹【漢書注、師古曰、雍
樹猶抱也】、以居、愛愍之甚也、幼少之者氣力無賴、仍爲不觸穢、下
立東庭、暫之母氏悲泣、即知兒亡之剋、此夜宿爲文朝臣宅、又詣左
府。〔①50頁〕

○长保元年（北宋咸平二年·999）

十一月十一日、（前略）今日書了唱和集〈●陈按：唱和集指《刘
白唱和集》。〉屏風之紙形。〔①85頁〕

○长保二年（北宋咸平三年·1000）

七月十一日、丙戌、右大臣參陣被奏云（衍力）八幡宇佐宮遷御假
宮之日時文並太宰府申銅不堪召進狀文、仰雲、日時早可遣、解文暫留
御所、又奏、草昧難旨可勘申之由仰匡衡朝臣事、申云、先日申草昧
事、只見詔書之日、依忽覺侍之事、申其文許也、強不可勘難旨、但有
猶可勘申之仰者、返給先日所進（周易）正義並會釋〈●陈按："正
义"、史料纂集本傍注《周易》，今据史料纂集本补。〉等、書出可奏、仰
雲、返給正義等可令勘申、詣左府、入夜歸。〔①135頁〕

七月十七日、壬辰、早旦與權左中辨相（藤原説孝）共巡檢八省·
豐樂院門堂額、歸參、周易正義並會釋各一卷、今日返給式部（匡衡）

權大輔、仰草昧難旨可注奉之由、以去十一日申旨奏之、今亦依仰所傳
給也、右大臣於陣下給先日所下奉宣旨等、即下國（多米）平朝臣、
（子脱ヵ）細在目録、又下奉明法博士等勘申、打縛（大和）興福寺僧
並奪取雜物下手人等會赦否文、仰雲、如勘状可免罪、但奪取物者可辨
申乎、如何、重可令勘申。（下略）〔①138頁〕〈●陈按：此条原本甚
简，此处据史料纂集本文。〔②7頁〕〉

　　八月九日、癸巳、自御所給御本二十八卷、見之外題多誤、或以王
羲之書、注玄晤〈●陈按：玄晤或指吕玄晤。《旧唐书》卷一百四《高
力士传》："开元初、瀛州吕玄晤作吏京师、女有姿色、力士娶之为妇，
擢玄晤为少卿刺史、子弟皆为王傅。"〉之類也、一見返奉。〔①
144頁〕

　　九月六日、庚戌、參彈正宮、歸宅、左府於中宮有召、即參向、戌
剋也、前此藏人實房爲御使參、申　寶料總韉不足一具之由、即被奉之
給、令申依召參入之由、即被奏文三枚之中、一枚過　事可奏云云、亦
中宮明後日可入御、皇后暫坐人家、還宮之時賞家主有先例、隨天氣可
令申、亦先日匡衡朝臣所傳仰注文選諸所求得四十餘卷、非一同、隨仰
可令進上、申承雜事之間漸及深更、以去四日夜夢申丞相、命云、是吉
相也、努力亦莫語他人、其次被示入道相府將冠之時、處敘位給之夜、
夢參内。〔①157頁〕

　　九月七日、辛亥、依發遣伊勢　寶廢務。奏昨日左大臣令申旨、仰
雲、文選雖不具可進、后宮入内之事、可仰參上之上卿、家主賞可依先
例。又供御院預廣信讓與男官人代滿利文、先日覺誤下給之由、仍令申
其由、抑件事、廣信催申之日、仰下宣旨申了、而一日朝經下給近嗣申
文曰、令申下廣信申文之由也、今日件文見出之、未下給、隨仰可進
止、仰雲、暫可候。即以此由一一申送、報命云、明日可示左右者、候
内。〔①157頁〕

十二月二日、乙巳、且参東宮、歸宅、申剋亦参、第一王子讀書始
也。於時儲宮御左大臣東三條第也、東對母屋□□間東西行、立四尺屏
風、及西廂總三間鋪長筵、敷縹繝端疊一枚、其上鋪地鋪茵【爲王子
座】、前立【黑】□一脚、其上鋪紙一枚、置御註孝經一卷、點袋□□
等、西廂第一坤柱下鋪菅圓座一枚【侍讀座】、唐□□下鋪菅圓座一枚
【尚複坐】、同庇西第三四五間鋪□端疊地敷茵、爲公卿座、東南廊東西
對□□端疊爲殿上人座【預備□上】、東中門外北廊爲喚人諸大夫座。

　　儲君召余、於御前承令、書孝經外題、權亮□□理王子髮、訖賜女
裝一襲【宣耀殿所設也】。

　　時剋王子就座、式部大輔執書就侍讀座、文章生大江舉周自庭進着
尚複座【同執書】、尚複先可□□不稱、侍讀披書、尚複王子次第讀之。

　　侍讀尚複退、次羞公卿饌【用折敷高坏】、陳政朝臣羞□【王子讀
書後着唐庇座、與大臣相對（以菅圓座爲其座）】、一兩巡之後、王子
退入、此間雜役者□□殿上人侍者陣頭相遞爲之。頃之儲宮出御、先之
撤王子讀書座並膳□□卿高杯等、藤相公【懷平】、陪膳、次左大臣□
□□□（召式部大ヵ）（朝臣ヵ）輔令獻題、々云、聽始讀御註孝經、
序仰匡衡□□（朝臣ヵ）、盃酌頻巡、興味漸促、召堪事於砌下、令調
絲□□中辨道方朝臣、右近中將實成朝臣、令（亦ヵ）依召□、匡衡朝
臣獻序、大臣召權大進大江朝臣景理□□笞、匡衡朝臣依召參進讀詩、
左大臣爲讀師、□□陳政朝臣執女裝一襲給・（脫ヵ）讀、大臣以下大
褂、設□□召人同給疋絹、文人給黃染衾、事了退出。〔①177—178頁〕

　　○長保四年（北宋咸平五年・1002）

　　五月一日、丙申、左大史貴重來、傳右府命、明日可候奏、而御物
忌云云、然者出陣可行申文之事、可參者、然令申今明物忌之由。爲忠
朝臣來、授毛詩二卷三章。〔①258頁〕

　　○寬弘三年（北宋景德三年・1006）

正月九日、壬子、拂曉自寺參左府、行幸送物料六帖、道風□二卷
奉之、亦奉新樂府一卷。〔②49頁〕

二月三日、丙子、參內、裏書云、謹奏、今月二日乙亥、時辰、地
震（月行奎宿）、謹撿天文錄云、地動震者民擾也。京房妖占曰、地以春
動、歲不昌。天地瑞祥志云、內經曰、二月地動、三十日有兵起。又曰、
月行奎宿地動、刀兵大起、損害國土、客強主弱。又曰、月初旬動、害於
商人。內論曰、月行奎宿地動者、龍所動無雨、江河枯竭、〔年〕不宜麥、
天子凶、大臣受殃也。雜災異占曰、地動女宮有喪、天下民多飢糴貴。東
方朔占云、地以二月動者、其國不昌、殺長者、有大喪。右件地震變、謹
以申聞、謹奏。寬弘三年二月三日、奉平。〔②51頁〕

〇寬弘五年（北宋大中祥符元年・1008）

九月十六日、癸酉、夕致時周易第一乾卦。〔②103頁〕

〇寬弘七年（北宋大中祥符三年・1010）

六月十九日、丙寅、五君假可有、然而今日一宮御元服事可被仰之
由、自右大辨示送、先詣左府、次參內、奉仰、內御物忌、仍於弓塲殿
相逢、先日自內所給續色𥝱六卷所書、樂府二卷【先日獻二卷】、坤元
錄詩二卷、詩合一卷、其日記一卷、後撰集五卷【先日所進八卷】也、
村上御記天德四年元夏卷等書之、付惟規令奏。〔●陈按：乐府专指白
居易《新乐府》，下同。坤元录，《宋史・艺文志》作《魏王泰坤元录》
十卷，今佚。〕〔②141頁〕

十一月二十八日、癸卯、天皇自枇杷殿遷一條院。申剋、召左大臣
於御前、暫召諸卿令候南廂、大臣儲御膳、又給公卿以下酒食、大納言
公任供御膳、給御衣於大臣、大臣於南廊拜舞、更上自小板敷如例、大
臣獻御馬十疋、左右大將令分取、左引出東、右西引出、六衛府佐引
之、亦近衛將監取片口、藏人衛府尉□佐不足。又大臣獻御書、余並左
金吾取之、右大臣問何物、余申摺本文選、金吾稱摺本文集〔●陈按：

文集专指《白氏文集》，下同。）、退案、余稱唯可申歟〔②146页〕

　　○寬弘八年（北宋大中祥符四年·1011）

　　六月八日、庚戌、參內、去寬弘五年四月十四日所借賜宜陽殿御本六卷【一張芝草千字文、一同草香一天、一王羲之真書樂毅論、一同真書黃庭經、一同真書尚想〈●陈按："尚想"当为《尚书》之误。〉、一同真書河圖】、付頭中將令返上、中將依仰納之大床子御座御廚子云云、件廚子可被渡云云、件御本、定輔朝臣爲藏人主殿助之日、依勅所借下也。〔②159页〕

　　八月二十三日、甲子、宮犬元服也、雞鳴鴨院渡給、仰文岑令供御粥、朝夕饌、亦女房達料仰如忠。（中略）即令參內並東宮、差隆光以道元愷等大夫爲廿人、余勸盃於尊者、前但馬守朝臣（賴光）執酌、尊者祿予取之、劍並本筥左馬頭（相尹）、權中佐辨（經通）執之、實經取理髮祿、其尊者女裝一襲【加織物三重褂紅綾褂一重】、樋螺鈿長劍一腰【納黃綺袋】、書法二卷【一卷道風手跡、真草一卷、一卷唐千字文書法】以青羅爲表紙、唐組紐、紫檀軸、納沉木螺鈿筥、以黃朽葉薄物裏之、付女郎花枝【以銀作花枝也】。（中略）華山院兩親王加冠、右大將爲尊者、以女裝劍爲送物、權右中辨中務大輔周賴朝臣爲理髮、祿各綾褂一重、袴一具、藤中納言、彈正尹被詣向云云。〔②179—181页〕

　　〔六〕藤原道長《御堂关白记》〔大日本古记录本〕

　　○寬弘元年（北宋景德元年·1004）

　　八月二十日、壬申、內奉群書（群書治要）十帖五十卷、罷出。〔上103页〕

　　九月七日、戊子、天晴陰、不雨下、至辛崎解除、與源中納言（俊賢）同車、一兩上達部被座、從京隨身破子等、國司作假屋、賜隨身等物云云、是等非本意也。晚景還來、右大弁（行成）樂府上卷新書持

來。〔上106頁〕

九月十五日、丙申、天陰、有廳政云云。講夜部文、右大弁樂府下卷持來、覺運僧都四教義遺卷持來、被帥座（伊周）、入夜通夜雨下。〔上107頁〕

十月三日、癸未、此月修善、權僧（觀修）正初、勘解（有國）由長官五節料送絹少少、院源僧都絹綿少少、圓澄又送同、乘方（源）朝臣集注文選並元白集持來、感悅無極、是有聞書等也。（上113頁）

十一月三日、癸丑、奉仕羹次、乃酩酊間、渡御中宮（彰子）御方、上達部侍臣候、巡行數度、有歌笛聲、時御出、垂母屋御簾、上廂御簾、上達部候簀子敷、殿上人候渡殿、管絃侍臣五六人許候遣水邊、召御笛數曲後、宮御衣賜上卿等、主上御衣賜余、殿上人疋見、事了間集注文選內大臣（公季）取之、右大臣（顯光）問、內大臣申云、宮被奉集注文選云云。事了還御。〔上116頁〕

○寬弘二年（北宋景德二年・1005）

二月十四日、壬辰、水除、參內、候宿、明順（高階）朝臣所借玉篇持來。〔上133頁〕

○寬弘三年（北宋景德三年・1006）

十月二十日、己丑、參內、着左杖座、唐人令文（曾）所及蘇木、茶碗等持來、五臣注文選、文集等持來。冷泉院御方違御小南。〔上196頁〕

○寬弘六年（北宋大中祥符二年・1009）

十一月二十五日、（裏書）巳時、從內給御劍、使右近中將公信朝臣、頭、賜女裝束、小舍人二疋。午時、切御臍緒御、御乳付兩事、波波（倫子）奉仕、同時初造御湯殿具。酉時供御湯、鳴弦者五位十人、六位十人、讀書右少弁廣業朝臣、御注孝經天子章。供御湯宰相（豐子）宰相乳母（傅女子）、迎湯宰相（三位遠度女子）、侍長等奉仕、簾

外奉仕地下廳屬以下史生以上、夕御湯同朝臣、讀書大博士惟宗爲忠、禮記文王世子篇。〔中30頁〕

十月二十六日、丁丑、水除。御湯如昨日、讀書東宮學士菅原宣義、後漢書章帝紀。夕、廣業、史記五帝本紀黃帝篇。〔中30頁〕

十月二十七日、戊寅、土滿。讀書、朝、爲忠、尚書堯典篇。夕、宣義、漢書文帝紀。奉仕廳（中宮）御產養、御前物權大夫、皇子御衣大夫・左近中將教通、上達部饗左宰相（經房）中將、殿上人業遠朝臣、傳以下上達部悉參入、數盃後、就渡殿座、有盃酌、右大將（實資）勸盃有、令大夫執筆書之、上達部許詠、其後置紙打儺、事了人人出。〔中31頁〕

十月二十八日、己卯、土平、讀書、朝、廣業後漢書明帝紀。夕、爲忠毛詩大明詩。〔中31頁〕

十月二十九日、庚辰、金定、雨下、讀書。宣義漢書昭帝紀。夕、廣業千字文推位讓國篇。今夜事我奉仕、御前物・皇子御衣如一昨日、自余皆же。上達部大納言女裝束加褂、中納言女裝束、宰相袴、殿上人例祿、宮侍・廳官・男女啟所者、皆給祿、各有差、絹二〔四〕百疋許、渡殿着有儺事・他事等。（中31頁）

十二月一日、辛巳、金執、讀書、宣義漢書成帝紀。夕、爲忠論語大伯篇。大內女方二十人許參、各有給物、縫物加絹、各有差。〔中31頁〕

十二月二日、壬午、木破、雨下、讀書。廣業史記五帝本紀帝堯篇。夕、為忠〔大博士惟宗〕左傳莊公三十一年傳。從大內有御產養事、御使左近少將忠經、御前物、上達部・侍從養、大褂十七、白絹百二十疋、綿五百屯、濃信布五百端、紙六百帖、屯食二十具、右大臣（顯光）・內大臣（公季）以下悉參入、事儀如夜夜、渡殿座賜祿。〔中31頁〕

〇宽弘七年（北宋大中祥符三年・1010）

八月二十九日、乙亥、雨下、從相撲召合晴日少也。事愁甚多、依觸穢無指御祈、作棚廚子二雙、立傍、置文書、三史、八代史、文選、文集、御覽（修文殿御覽）、道道書、日本記具書等、令、率、式等具、並二千餘卷。〔中74页〕

十一月二十八日、癸卯、雨降、參內、行右大臣（顯光）行幸、諸陣所所有饗、屯食・垸飯等、供奉行幸諸司・諸衞・所所官人賜疋見、舍人以下賜布、采女・所所女官賜疋絹、下女賜手作布、無不賜者。女房大破子・絹二百疋、加垸飯、諸卿先着陣饗、次參上殿上、有召參御前、給衝重、家所儲也。次供御膳。次上達部・殿上人被物、皆大褂（上達部一重、殿上人一領）。次貢馬十疋、殿上諸佐近衞府以上率之。次御送物、摺本注文選・同文集、入蒔筥一雙、袋象眼包、五葉枝、事了御人。（后略）〔中82页〕

〇长和二年（北宋大中祥符六年・1013）

九月十四日、癸卯、入唐寂昭弟子念救入京後初來、志摺本文集並天台山圖等、召前問案內、有所申事。又令覽從天台（國清寺）送延曆寺物、天台（智顯）大師形、存生時袈裟、如意、舍利壺等牒等。又獻寂昭、元澄書。又天台僧二人、在大宰唐人等書。〔中243页〕

〇长和四年（北宋大中祥符八年・1015）

四月十日、己未、依物忌籠。藏規（藤原）朝臣所獻孔雀、未辨雌雄、酉時、東池邊生卵子、近邊食置草葉藏之、見付者云、至於此晝不侍、今間如雞拂土、其後又見之有之、作如巢物入卵子、置塢上、孔雀見之啄物、又爲如藏。見御覽【修文殿御覽】孔雀部云、爲鳥不必匹合、正以音影相交、便有孕云云。以此知自然孕也、文書有信。〔下8页〕

七月十五日、壬戌、唐僧念救歸朝、從唐天台山所求作料物送之、齋家朝臣母馬二十疋獻、參皇太后（彰子）宮、所勞足雖頗宜、行步難堪、乘車、宮北方女方乘車從戶口下、久依不奉見東宮（敦成親王）、相扶參入。付念救書樣、日本國左大臣家、施送、木槵子念珠陸連（四連琥珀裝束、二連水精裝束）、螺鈿蒔繪二盖厨子壹雙、蒔繪筥貳合、海圖蒔繪衣箱壹雙、屏風形軟障陸條、奧州貂裘參領（長二領、一領）、七尺鬘壹流、砂金佰兩（入蒔繪丸筥）、大真珠伍顆、橦華布拾端（在印）。右依大宋國天台山大慈寺傳疏、施送如件。長和四年七月日知家事右衞門府生從七位上秦忌寸貞澄。今從五位下行修理少進良峯朝臣行政　從大主鈴正六位上語公高世。別當、大書吏知家事。家司署名皆書、又送寂昭許金百兩、是一切經論、諸宗章疏等可送求料也。又所志槵子念珠一連。又唐僧常智送<u>文集</u>一部、其返物貂裘一領送之。件返事等廣業朝臣作、件施物文勘解由主典酒人光義書、我消息文侍從（行成）中納言書。人人加物有其數、領〔預〕念救、神埼御庄司豐嶋方人參上、件男下向、仍件念救付方人下向、件物等令領人知方人。〔下18—20頁〕

〇寬仁二年（北宋天禧二年・1018）

二月十六日、庚辰、金除、參內並中宮、退出、行土御門、此日中將（長家）讀<u>史記</u>一卷了、仍廣業朝臣向彼曹司、可然文人召七八人許、賦詩、通直（大江）朝臣作序、召公賴（弓削）給祿、依爲師也、臨時定幤（祈年穀）使云云、源大納言（俊賢）定之。〔下142頁〕

十月二十二日、（前略）次獻御送物、左大將（教通）取本御筥、入道風（小野）二卷、佐理書<u>唱和集</u>筥（皆裹村濃薄物、付銀枝）、中宮權大夫取御笛筥、入笙笛、高麗笛等、左大臣問之、一一稱物名、各退出、付藏人。次大后御送物、箏、御琴、侍從中納言書古今和哥二帙（后略）〔下182頁〕

〔七〕源経頼《左経记》〔史料大成本〕

○长和五年（北宋大中祥符九年・1016）

五月十六日、己未、早旦悠紀行事史津守致孝來向云、夜部式部史生爲以行事所來、申云、書博士賀陽爲政、安倍惟忠等、皆以城外、仍不堪召進者、爲之如何者。余云、先例如何。史答云、寬弘度依無書士【書下恐脱博】、以大博士爲忠令進印字樣云。余答云、只今申檢校上可左右、但且可遣召大博士貞清也者、卽參上卿御許、申書博士城外由、卽被仰云云。前日右大將被示云、寬弘度書博士等皆以城外、忽雖不尋舊例、大博士是明經惣儒也、於令進行難之有思、令爲忠進字樣了、以後日尋見先例、已有其例者、然者准寬弘例可被行者、卽參行事所、重遣召貞清、不經幾程、書印字樣、付使者奉之【卽令申云、依有所勞、親日不參者】、卽主基辨相共持字樣文、參檢校御許令覽、了歸着行事所下史、先是作物所預皇太后宮大屬丸部宿禰兼善率彫物工等候行事所、臨午二點有召着座【兼善着客座、工所着西廂、主基方作物所預內藏允宇治良明雖參、次申障不着座、但工等同候座、各彫作印等】（后略）〔21页〕

○万寿二年（北宋天圣三年・1025）

七月三日、癸未、晴、及午後參御堂東宮、以子剋遷御大內、仍有御送物用意【摺本文集一部、同文選一部、各裹村濃薄物、付銀枝、又作笇籠二合入絹、女房料云云】、自御堂可被奉云云。又供上達部、殿上人、侍者帶刀、主殿所女官等、向大宮賜饗禄有差云云。〔149—150页〕

○长元七年（北宋景祐元年・1034）

十月四日、庚申、天晴、（中略）今朝大外記賴隆真人來云、夜部依召參殿、被仰雲、祭主輔親朝臣參伊勢宮之間、得青玉在、令奏其由、若先例有如此事乎云（衍力）、令右大辨尋見國史等可申者。余答云、昨日勘見國史等、無可准之例者。賴隆云、夜間見之史不侍、但<u>孝經援神契</u>云、神靈滋液則碧出云云。<u>異苑</u>云、越嶲元馬汗畔有祠、河中有碧珠、不祭祀取之不祥【祭得之吉也】、毛詩云、生男弄以璋。<u>廣志</u>云、青玉出倭國。蔡雍云、寶玉不割不成圭璋【璋者以玉所作也】、今案此文是吉相也、定知御神感應御祈禱歟、以此由可申殿。〔372頁〕

〈●陈按：蔡雍当作"蔡邕"，此文乃引自其《劝学篇》文。〉

十月十一日、丁卯、天晴、（中略）今口酉刻東宮一御子·初被讀<u>御注孝經</u>、仍關白【直衣】、並内府以下上達部多參入【或宿衣、或束帶】、入夜於寢殿西渡殿有盃飯事、々了各退出、傳聞、刻限東宮學士藤原義忠朝臣、依召昇自南階候寢殿南簀子西第三間【菅圓座爲座】、奉教五箇字、了給白褂一重、袴一具、給之下自同階拜舞、了退出。御座者寢殿南廂西第一二三間敷滿長筵、第三間敷縹絅端一枚茵等、爲御座【南面】、其前立黑漆文机一脚、置御書一卷、御點圖等、垂母屋御簾、又西南廂等懸御簾、但讀御書之間不參會、仍以口傳注此了。（后略）。〔373頁〕

十二月九日、乙丑、天晴、依五體不具穢、奉六ケ日假文。頃之式部丞季通來向、語云、昨日着明經得業生課試所、相次有召參陣、及曉更給下名退出、先是大外記賴隆眞人奉右府仰問云、省試日儒者兩三臨向試場、教示<u>字樣</u>等於學生之由有披露、彼日爲檢士、定有所見歟。依實可申者、卽令申云、置床子正廳北廂東第三間、録床子同第四間也、事漸及晚景之間、東壁外有人聲、令省掌別（制力）止之後、依先例留録二人、白地立忽不經幾程歸着了、若此間所示達歟、但雖聞壁外聲、不知其人、被召問省掌定有指申其人以（歟力）、此外更無見聞、仰又學生等欲奉詩之間、省掌一人進寄學生許引直裝束、仰違例由觸大輔資業朝臣暫勘事、以此由令申了者、但如云云實範朝臣、明衡、並但馬前守能通朝臣等進寄廳東壁南妻【與學生座相隔一間許歟】、書字樣令見之、兼令教文字聲訓云云。雖然坐席相隔已不見、以不見之事何令申哉者。（后略）〔390—391页〕

〔八〕藤原资房《春记》〔增补史料大成本〕

○长历三年（北宋宝元二年·1039）

閏十二月二十八日、甲寅、天晴、（中略）予即參關白、今日奉爲故中宮依例被行諷誦也、上達部有其員、於南堂有此事也。事畢、關白出給客亭。予進、傳申御召息大略已畢、許否只在勅定事也者、可奏此旨者。關白命云、唐曆一日持來、新羅國以唐曆用之云云。仍去夏密々遣示帥許、今日所持來也、摺本也、而曆具相叶道平曆也、月大小一分無相違、希有之又希有也、件事只以諸道多同推被定仰也、然而難知真偽、于今鬱々、而件曆已以相叫、是太有興事也、古今無此類、可賞歎々々々、證昭至于今無益、可嘲々々々者、諸卿響應又尤可然也、明日可被奏此唐曆云云。後聞以經成被奏畢云云。予今夜退出、元正事等觸事多不叶也、無相訪人、尤道理也。〔92—93页〕

〔九〕平范国《范国记》〔阳明丛书本〕（无）
〔十〕平行亲《行亲记》（长历元年平行亲记）〔续々群书类丛本〕（无）
〔十一〕源师房《土右记》〔续史料大成本〕

○长元七年（北宋景祐元年·1034）

十九日、（御湯殿事）丙午、晴、依奉幣行事致潔齋之處、慮外他所産穢引來、仍令奏事由、申剋參一品官、此間有御湯殿、學士義忠朝臣讀五帝本紀、鳴弦二十人【五位十人、六位十人】、紀傳博士今一人者未召、今日遣召舉周朝臣云云、明經博士大外記賴隆眞人雖昨日參、今日有障不參之。〔1页〕

二十一日、戌申、雨、此日廿一社奉幣、上左衛門督之、卯上左中辨向久我家、申剋還家、參一品官、有御湯如前日、但舉周朝臣讀<u>史記</u><u>五帝本紀</u>、義忠朝臣讀<u>史記孝文本紀</u>、賴隆讀<u>御注孝經</u>。〔2页〕

〇治历元年〔康平八年八月二日か〕（北宋治平二年・1065）

七月、以勘文傳右相、一々見下自下僉議【不令申先例也】、實綱朝臣勘申延久、治曆、正家勘申承保等何事候乎、予先々三許申上時、被仰多由者也、此中除一可被申如何、相議除承保付頭辨奏聞、仰云、延久宜樣聞食、人々如何者、此時予私案、自年少携文書奉公經年、今有所見默止者不忠歟、仍慇申也、抑承因炎夏改元由、然者治曆何事候哉、其由者治字有三水點也、以水祈雨也、後漢武帝時依旱災改元天漢、是<u>毛詩</u><u>雲漢篇</u>之心也、以之謂之、兩ケ之中可被用有水點字歟、雖改非符合之文、可相（有脱カ）准之例歟、頃之頭辨來云、隨臣議可用曆。〔15页〕

〇治历五年（北宋熙宁二年・1069）

四月十三日、乙酉、巳時大外記爲長持來年號勘文三通、（中略）余取授右府、一々見下畢【實綱朝臣元德、延久、嘉德。實政朝臣治德。正家永保、承保、成德】、申云、延久、嘉德、成德等如何、以此由令奏。仰云、所申三合中可用何乎。皆申云、延久何事候乎。但右大辨申云、<u>説文</u>稱傳者若可用歟者。令奏此由、又仰云、右大辨所申如何。余申云、一端可然、但忽難引先例、倩思給何事候哉、先々所引書不必<u>全經三史</u>文歟、然則經家書注文何事候哉。仰雲、依所申可用延久者。聞此右大臣退出、其後余移外座、匡房來云、暫不可草詔、先以延久爲年號由遣仰左大臣、返報之後令作之者、但無人、行季召遣在裏第藏人時綱云云。（后略）。〔16页〕

〔十二〕平定家《康平记》（定家朝臣记）〔新校群书类丛本〕

　　〇康平五年（北宋嘉祐七年・1062）

　　九月十一日、乙卯、剋有（恐有誤脱）内大臣殿御産【男子、但馬守高房朝臣宅】。（中略）次讀書鳴弦参入、列立庭中【文章博士定義讀孝經。五位六人、六位六人】、御湯殿事了、讀書等退下。次有夕御湯殿、漸及昏黒。仍御隨身奉仕松明。從今日七ケ日間、贊殿供朝夕御前物【折櫃六合盛樣器、御飯盛筥】。〔604頁〕

〔十三〕源俊房《水左记》（1062—1108）〔史料大成本〕

　　〇康平五年（北宋嘉祐七年・1062）

　　二月十九日、天晴、以道風借予智家書混春水滿本也。〈●陈按："混春水满"当为"昆明春水满"之误。"昆明春水满"、白居易新乐府诗。〉〔1頁〕

　　五月六日、壬子、天晴、左衛門督所被借史記三卷、今日被返、又所借三四卷也。〔1頁〕

　　〇治历二年（北宋治平三年・1066）

　　六月十一日、甲午、天晴、今日初奉讀漢書於内大臣殿。〔14頁〕

　　〇承保二年（北宋熙宁八年・1075）

　　十月二十六日、霽、未刻許右大殿令参内給、予御供参入、今日陣定也【大宋國皇帝付成尋闍梨弟子等歸朝、被獻經論錦等、可納否事】、右大殿令奉行件事給、公卿着陣座、定申可被納之由、具旨在定文、了入夜各退出。〔27頁〕

　　〇承保三年（北宋熙宁九年・1076）

　　二月一日、丁亥、天霽、未終參釋奠、予爲上卿、今夜有宴座講詩、題云、比德於玉【禮記】、序者文章生藤親長也。〔29頁〕

八月四日、丁亥、今日釋奠也、有宴座云云、題云、四方來賀（毛詩）、序者文章生平祐俊云云。〔30页〕

○承历三年（北宋元丰二年·1079）

二月二日、釋奠也、題云、上下順【周易第一云云】、序者文章生平祐俊。〔74页〕

七月十日、丙子、今日有若宮（堀河院）御湯（マ无）殿事、昨日日次不宜之故也。今日被始雜事云云。御湯殿讀書左中辨正家朝臣【文章博士】、大學頭有綱【同、五帝本紀】、大内記定俊【助教、孝經】、鳴弦五位十人、六位十人、啜粥親房【雅樂以下五人】。〔77页〕

九月十六日、晴、此日右大辨通俊朝臣招請（諸マ）文士講晉書、詠史詩云々。孝言爲序者云云。〔77页〕

○承历四年（北宋元丰三年·1080）

八月七日、丁酉、晴、今日以後三箇日博陸御物忌也。今日釋奠祭也、上卿左衛門督、左大辨參入云云。又有宴座、題云、德洽民心【尚書】。序文章生基親云云。〔98页〕

十一月十一日、晴、未剋、許相具忠俊朝臣、有忠朝臣、向知足院見堂礎石、秉燭歸、卽參博陸、良久退出。此日權左中辨匡房朝臣來、借取卅國春秋一部退出了。〔128页〕

○永保二年（北宋元丰五年·1082）

十月十三日、早旦匡房朝臣來示予云、大宋國牒狀云、材非子路、何折片言之獄。件句定有議歟。匡房朝臣引論語疏書出證文。午時許參博陸、此間民部卿參入、頃之、匡房朝臣參入、民部卿云、片言之句、如論語疏文者雖有兩說、猶無由哉、被改直何事有乎者。匡房於其座書改也。〔168—169页〕

○永保三年（北宋元丰六年·1083）

八月六日、自内給文集一部、被仰可令點進之由。〔170页〕

第九章　藏书与读书

〔十四〕源经信《帅记》〔史料大成本〕

○承历四年（北宋元丰三年·1080）

八月二十日、庚戌、先日殿下宣云、自仁和寺宫御許、彼寺庫倉並圓堂經藏破壞年久、（中略）下自仁和寺東門【行禪僧都自西來會、殿禪師君並僧侶來閣】來會、僧都示云、僧正被坐此西僧房、先可起（赴カ）歟者。共向其房、僧正【勸修寺僧正也、爲此寺別當】、被坐、相共向倉下【豫令結繩柱、可加修理之故歟】、使恩紹先開南倉、取出鑰筥並寶倉目録等【件南倉納御八講物具等、仍只寺所司開闔歟、然者可被納件目録於北御倉歟、但取出吳樂面形十許、僧都云、此目録中有道風書、菅家被加御名字、已以紛失歟】、忽以板結北倉橋、以恩紹令開、自橋攀登見之、倉上圓座許穿漏濕有跡、又厨子等雖指鑠、被構開、尋問先々令開所司、申云、依鑰不候、先度所構開也者、少々取出、校合目録【每厨子有別目録】、或有、或無、然間暑氣難堪之上、塵埃尤甚、仍相議下倉、其前敷疊、取出厨子開見、日漸及昏、雨又頗灑、仍取入南倉、付僧正並予封。渡圓堂經藏、相尋鑰、已無相知之人、恩紹云、以御倉鑰被開之由、側承之者、試令開、已被開、只見法文一卷、俗書〈●陈按：俗书泛指汉籍外典。《今昔物语》卷十一："毛詩、論語、文選等ノ俗書ヲ読ムニ。"〉一卷、令闔、同令付封。向僧正房、有飲食事【僧都並禪師君被歸去了】、入夜歸來、僧正被約去、此倉修理之後、隨示可參會者。〔61頁〕

〔十五〕大江匡房《江记》〔续群书类丛本〕（无）

〔十六〕藤原为房《为房卿记》〔续群书类丛本〕

〔十七〕平时范《時范记》〔书陵部纪要翻字〕（无）

〔十八〕藤原师通《后二条师通记》〔大日本古记录本〕

○応徳二年（北宋元豊八年・1085）

三月一日、甲午、大禍、天晴、出河原如常、陪膳爲仲（橘）朝臣、陰陽〔師脱力〕時随者也、前駈八人、家歸後大炊殿参、後齋宮（媞子内親王）、六條敦家（藤原）朝臣家也、別事不侍、家二條家歸、退出了。【頭書、裏書、左傳讀始了】。〔上87頁〕

十一月二十五日、乙卯、天晴、文選了。孝言（惟宗）三十卷了。〔上107頁〕

十一月二十六日、丙辰、天晴、論語（削消）一卷初讀了。〔上107頁〕

十一月二十七日、丁巳、天晴、論語一卷初讀也。〔上107頁〕

○応徳三年（北宋元祐元年・1086）

九月十九日、甲戌、凶會、天晴、古詩集〈●陈按："古诗集"当指唐诗杂抄集。详考参见拙稿《日本古文献〈江谈抄〉所见全唐佚诗句辑考》（《中国典籍与文化》2013年第四号）。〉諸選出自〔内〕進所也、千裁〔載〕〔佳〕句口。〔上137頁〕

九月二十日、乙亥、天晴、除目尻付臨時、申刻十列、乘尻事間候、所陰陽師（賀茂）道言・（安倍）随國【國随】召、賀陽【院脱力】觸穢事御卜候、觸穢候、滿穢也。日吉御詣候也、（中原）師名霍光卷〈●陈按："霍光卷"指《汉书·霍光传》。〉讀了。〔上137頁〕

十月二十七日、辛亥、重、天晴、巳刻召左大弁匡房、仰文集江家本書點、家中移點被示也、承了。時範傳自殿下十二料（本）小屏風召云云。（大政大臣）師平返書了。〔上150頁〕

○寛治四年（北宋元祐五年・1090）

四月二十八日、癸亥、凶會日、天晴、左大弁到來、漢書受説云云。殿下令渡六條殿給歟。〔上311頁〕

四月二十九日、（朱）「金峯山詣内々定」甲子、天晴、金峯詣事々

内々大略被定、進案文殿下、令申案内、是御覧畢、可召人量而可進
上、人々可仰也、左大弁到來、受漢書説畢、叙傳下卷讀畢、有不審
事、借江家本書可讀合也。〔上311頁〕

　十月十一日、壬寅、復（頭書）「太禍」（朱）「表作者事」天晴、
殿下御使（源）盛長朝臣到來、仰雲、（道長）入道殿御時者、攝政上
表一度由被仰、又（頼通）宇治殿者二度候、表作者本（藤原）行家朝
臣可被仰、下向彼國（美作）、先年左大辨（大江）匡房何樣被申不審
思食也、左大弁申云、（朱）「此事等頭付無由歟」裏書、何樣可隨御氣
色候、件他被下仰也、不可申左右歟、令申其由云云。此之次久不出
仕、今月廿三日許、欲罷行給、先可參内歟、隨仰事云云。並吉書於左
仗可被行之、仰事如此云云。其後大史（小槻）祐俊來、又延日參之次
被仰、件日可參内、内々左大弁可告示、吉書事設之云云。五節間事、
幡〔播〕磨、丹波、尾張、於侍人可相訪者、如何。何則范蠡〔蠡〕收
責句踐、乘偏舟於五湖、咎犯謝罪文公、亦遙【逡】巡於河上、夫以二
子之賢、勒銘兩國、猶削迹歸愆、請命乞身、望々【之】無勞、蓋其宜
也、望聞馬【烏】氏有龍池山、今俊叉【又】並會、羽翮比肩、望無耆
耆之德、猥託於賓客上、誠自愧也、雖懷分介〔介然カ〕之節、欲潔吉
【去】就吉【衍】之分、然終不背其本貳其志也。（○コノ四行ハ後漢書
隗囂傳ノ文ニシテ、先ヅ和漢朗詠集述懷部所引ノ文ヲ記シ、一字空格
ヲ置キテ、コレニ續ク文ヲ記シ、改行シテコレニ先ダツ文ヲ記シタル
モノナリ）〔中16—17頁〕

　十二月九日、己亥、天晴、直衣了參殿、今日院御行也、他行不可
候云云、不能參於内裏々（云云）藏人所於障子上、於（見消點）民部
卿對面、言語之次、參役議（レ點）一遣（卷歟）如何、示美好由。又
云、弁記一卷被候、件書被示踈由歟、猶西宮本書十五卷爲善云云。先
日詔書事如何、被直之由承之云云。曆記事大切事也、秉燭之後左大弁

對面焉、後漢書傳讀云云。〔中40頁〕

○寛治五年（北宋元祐六年・1091）

七月十四日、辛未、晴、自殿下（師實）以（藤原）有信朝臣、御堂（道長）御書時務榮【策】三卷（注）、不見、抱朴子七卷、詞林十卷（詩）、所借給也。〔中139頁，又149頁〕

十一月四日、戊子、晴、春日使陪從下襲、且以可用意也、掃部頭孝言（惟宗）言朝臣來、予授毛詩第十六卷、件人召詩題、即進上、池水漸成氷（寒字）、講師（藤原）永實、季（秀）才也。

○寛治六年（北宋元祐七年・1092）

二月十二日、乙丑、九坎、復、寒氣難堪、雪時々灑、颶風密度、殿自内出御、令參院給之由傳聞云云。陳書自左大弁許令以書寫、而賦人々各令書也者、北山白花眺望無極、今夜青天鏡高掛、庭中曜輝也。〔中222頁〕

三月二十九日、壬子、復、往亡、晴、（朱八「請漢書於左大弁」）左大弁來、讀後漢書之、殿下賀陽殿違方ふ令渡二條云云、殿下不御渡云云。〔中237頁〕

八月二十七日、戊寅、九欠、代〔伐〕、晴、左大弁來臨、受讀後漢書四秩、年預事各辞申也、（高階）能遠朝臣、（藤原）有俊朝臣、各所申之旨奇恠無極、不可被仰也。〔中283頁〕

九月八日、戊子、（頭書）「堀川院」、晴、巳剋參内、祇候口【之カ】間、巳及未剋、參高陽院、頃之退出、琵琶譜十卷、系蒙二帖（上下、摺本）、暫之間所下給也。〔中287頁〕

十月十九日、戊辰、（朱）「馬御覽」、晴、厩馬見之、隨身騎馬驕、有興尤多、洛中集一卷、自左大弁許所得、殿下御物忌、二箇日閉御門、人々不能參仕。〔中298頁〕

十月二十日、己巳、晴、左大弁來臨、讀受（後）漢書傳、遣重

（見消點、書）於（伊勢守）（惟宗）孝言朝臣許、去夕從伊勢國歸、入直廬、早旦聽耳根耳【了力】、關城之東、連山路陰（見消點、險）、策駿馬蹄、且暮行々、不審之至、莫過於斯、何況年及八旬、動（見消點、勁）風當身、寒氣無極哉、每事不盡如件。〔中298頁〕

十一月三日、壬午、（朱）「史書等事」、晴、萍（本）事忌也、若狹守（藤原）行綱朝臣令申罷下之由、聞耳根畢、一昨日從孝言許、金樓子十卷・大唐六興（見消點、典）三十卷（本）等所得。注文選十三卷、雪賦云、豐年必積雪。見注云云。又見毛詩云云。〔中305頁〕

十一月九日、戊子、（朱）「史書等事」、晴、八卦物忌也、自友實許、召取世說第三、披見之處、點本如常、卽返給畢。寅剋拂曉夢想云、不明不覺云云。世說第三云、鼠穴乘車入、子細可引見。神農書云、湯池云云。〔中306頁〕

十二月二日、庚戌、晴、霜如雪、召直講孝貞、儀禮十四卷下給之、合點而可獻之、厩馬驕驤而與味無極。〔中314頁〕

十二月七日、乙卯、（朱）「陣定左大弁說」、晴、左大弁來臨、語次申云、所（見消點、一昨）定日治部（源俊明）卿遲參、申云、被定旨如何、右大弁（藤原通俊）申云、可被同心、人々含咲、每事不便也、至於實否不知云云、奇恠無極。後漢書第卅七讀畢、件卷班超傳也、武勇之人也、見傳。〔中315頁〕

十二月二十日、戊辰、晴、去夜除目被行之由、傳所聞也、民部卿消息見之、左大弁來臨、讀後漢書傳云云。經範小僧都來、申慶（補東寺長者）由。〔中320頁〕

十二月二十三日、辛未、（朱）「頭來可除服之由有仰」、陰、白雪紛飛、頭弁來、傳宣旨云、可以除服由所被仰下也、承畢、民部卿・左大弁來會言語、晉書傳第三・四卷不明也（頭書、民部卿申云、相伊記中、賀茂祭馬出舍下口取見之、可見之）、稽康之事也、可引見之、令

298

修不動法、阿闍梨頼基、伴（僧）四口、歳末修法也、未剋五壇眞言、以僧六口、令滿百萬遍。〔中320—321頁〕

十二月二十九日、丁丑、晴、荷前、参院、殿下荷前事畢令参給、侍御出、予歸宅、系蒙二帖付（平）時範奉（見消點、返）上於内。昨日琵琶譜十卷（朱「佛供養」）返上已畢、又儀禮注・時務策二卷所下給也。戌剋自殿書（畫）像佛可奉供養由、所被仰也、導師永基阿闍梨（朱「補職事」）也、補職司、兼遠朝臣、（朱「補家令」）家令有貞、宗季還補職司、仰有信朝臣此旨云云。年預中將來云、（朱「府年預事」）昨日令申之處爲之如何、父子相並令行府事、有先例由、敦未所令申也、聞畢、權僧正（隆明）來臨、（頭書）「藏人方文必不被下云云、民部卿説也、舊例歟」。〔中323頁〕

○寛治七年（北宋元祐八年・1093）

正月十三日、辛卯、〔凶會ハ〕晴、午剋飛雪蜜（密ハ）下、不積庭中、有夜召外記、（三善）雅仲参、七日會馬助清宗所遲参也、（朱「召外記仰下怠狀」）仰可令怠狀之由、外記承了、殿下（脱アルカ）法勝寺給之由、傳所承也。裏、雪頻降事、隨時變改、見文選第一、但二月以後有禁忌歟、左大弁返事云、有感難（歎歟）事云云。南殿御障子賢聖圖目録（卅二人）。〔下11頁〕

二月十三日、庚申、陰、盡日雪降、變改逢〔違ハ〕氣不決云云。大略見文選、庭上不積、召大内記、新司有賞事、（朱「奉幣定延引、大内犬死」）、被仰下加階事云云。於大内犬死穢云云。奉幣定延引。〔下19頁〕

二月十八日、乙丑、〔九坎復ハ〕晴、陣定延引、日次不宜、殿下仰事也、明日可被行之由、外記來云、告旨〔此ハ〕云云、参飛羽、黃昏退出、已及秉燭、依御氣色居高壞物之、食了所退出也、御物詣御馬無之由所被仰也、自民部卿許被送後漢書第五帙（十一卷）、明衡點

也、能々被點云云。〔下20頁〕

二月二十七日、甲戌、天晴、參院參六條殿、送范史帝記十二卷於民部卿許、令爲教授權弁（源）基綱、暫間被送之云云、送消息民部卿許、相尋調度之處、示無益由、更不得心、公事不云大少可被尋之者也。〔下22頁〕

三月七日、甲申、〔凶會ハ〕、晴、黃昏左大辨（大江匡房）來臨、受後漢書讀了。於高陽院伊勢太神宮事令沙汰給了、治部卿・左大弁・右大辨・民部卿不參之、余不參云云。〔下26頁〕

三月二十九日、丙午、拂曉雨降、終日微雨、伊勢奉幣立之、上卿民部卿也、左大弁來云、祭主親定朝臣被免未得之由所云也、前宮司（大中臣）國房可被勘各【名ハ】罪【罪名ハ】了【之ハ】由、仰法家了、被啓其由奉幣也、（朱「擬階奏事」）、殿下因【固ハ】御物忌也、擬階奏取判於次第。後漢書傳第卅三受左大辨了、帝紀第四可引見云云。依爵慣尋申於民部卿許之處、子細見宣命云云。〔下34頁〕

六月九日、乙卯、（頭書ハ「狼籍」）、雨降、午剋雨止、參高〔陽ハ〕院、頃之歸宅、申時左大弁來臨、後漢書傳第卅六受讀了。大臣入自花德門歟、（朱「大臣道事」）、次大臣被退之時用花德門、參入之時入自敷政門歟。〔下81頁〕

九月十七日、辛卯、凶會、天晴、雨降、左大弁來臨、後漢書傳第五十一、一日之内讀了、陸奧守（藤原）基家卒去了、（藤原）顯仲逗留罷登之條、如只今者、無爲術由、自母許所申也、殿下申下御教書、相副舍人二人可遣者也。〔下103—104頁〕

十月十日、甲寅、（大禍、物忌、八卦、維摩會始）、（前略）秋除目、密々曰來、七日許日次宜候由、頭弁所申也。文集第六十八、千年鼠化曰【白】蝙蝠、黑洞深藏避網羅、遠客【害】全身誠得計、一生幽闇又如何。〔下111頁〕

十一月二十七日、辛丑、天晴、左大辨來、讀後漢書傳第六十五云云。〔下129页〕

十二月二十八日、辛未、陰、雪霏霏積庭、荷前所被行也。後漢書帝紀十二卷、讀受孝言（惟宗）畢、自一帙至於八帙九十卷、受讀左大辨了。今日八十卷、今朝讀受了、送馬一疋左府許、戌剋大雪。中納言中將荷前使、法印任法成寺座主云云、阿闍梨解文被下云云。〔下137页〕

〇永長元年（北宋绍圣三年・1096）

七月十一日、戊戌、（七月節）、晴、内御風坐之由、人之所令中也、馳參、別事不御、頃之退出、又參京極殿、東三條（藤原詮子）御書所給也、毛詩【（藤原伊周）儀同三司點也】、眞＊（若直歟）書裏書家々説、數年之間令尋之處、不求得也、遺恨不少、今年新寫得之、鳥跡正本慮外出來、自宮内（本無大小字）輔仲實進上殿了、前々年相交雜文所給也、令申案内所賜、以之謂之、書籍披閲、案頭不絕、心中悦意、事々無疆矣。〔下209页〕

〔十九〕藤原宗忠《中右记》〔史料大成本〕

〇宽治元年（北宋元祐二年・1087）

十一月二十二日、庚午、天晴、（中略）兩國所進之御屏風各十帖【四帖五尺（本文所各三所）、六帖四尺（和歌各三首）】、治部卿乍左右書之【左眞右草】、若口傳歟、又悠紀所進之二階厨子一雙、是別進也。一【古文孝經・御注孝經（一帖）、帝範二卷（一帙）、群書治要（三帙）】、一【群書治要殘（二帙）、内裏式三帖（一帙）、藏人式二卷（一帙、七月以後相分爲兩卷）、貞觀政要一帖（十卷）】、已上色々色紙銀金泥計引水精軸、金泥外題、帙主如例、美麗無雙也、當時名手等書之。（后略）〔①8页〕

〇宽治四年（北宋元祐五年・1090）

六月九日、今日召左大弁匡房於書御座、有讀書【孝文本紀也】。
〔②36頁〕

○寬治五年（北宋元祐六年・1091）

十一月二日、丙午、女御入内之後、有三度餅事、件餅民部卿所被
調進也、是高年之人所役者、紫檀筥有螺鈿立鸞形、紺地唐錦折立、有
蓋銀坏三盃、餅、洲濱以鶴形置銀御箸【件玄鳥之事、見月令並史記殷
本紀云云、大略成繼次之吉祥歟】、主上入御帳之後、關白取之令進給
者。〔①57頁〕

○寬治六年（北宋元祐七年・1092）

二月十四日、大學寮釋奠、上卿民部卿【經】、參議左大辨【匡】、
左少辨爲房、少納言【成宗】被參、而皆屬文之人也、不被獻詩如何、
前々皆雖上卿所被獻也、題云、天地養萬物【周易者】。〔①72頁〕

○寬治七年（北宋元祐八年・1093）

正月十一日、己丑、左大弁被候御讀書【攻年之始也】、於書御座
終日先孝文本紀其後令習名序御、先聖作萬年春序、艷陽之初尤然歟。
〔⑦245頁〕

二月二十一日、夜一院女院自鳥羽殿還御【女院頗不例御也】。近
曾尾張國解狀云、去秋有大櫨木、爲大風僵死、而此正月自然俄立又更
生云云。倩思此事、頗無由之徵也、具見班固漢書傳卅五、公家尤有御
卜、能可被祈禱歟。〔⑦253頁〕

○寬治八年・嘉保元年（北宋紹聖元年・1094）

六月十日、早旦殿下自内令參院給、（中略）今夜有省試、判官省
官兩文章博士之外、是綱朝臣、有信預判【件有信超上蔿三人、信綱、
友房、公仲參判、有憂兼日沙汰云云】、學生詩十八枚判上也【本闕十
五人、餘進士三人】、題云、宣德以詩【以謠爲韻、八十字成篇】、貫韻
謳謠也。或人談云、是題文選之詩也、於貫韻者注文者、以注文爲貫韻

302

事、頗不心得（行カ）事歟、但先例一兩度、以注文爲貫韻、又何事在哉。今夜宣旨下、除目近々之由風聞、世間仍省試被忩行、衆口嗷々。〔①156页〕

八月八日、丁丑、釋奠也、（中略）堂、上卿相公入從東北（小カ）門、辨以下入從西小門於堂邊着靴各着座、此間左少辨有信參加直講師遠【弟子二人】、音博士某【已上四人、着禮服】、各登高座、學生等着座【坤角壇上、北面火東上】、座主博士師遠講書【尚書】、寮官取如意、授於問者學生、學生登西高座論義了、置如意於高座、還着本座、各退下。（后略）〔①169—171页〕

九月六日、申時許新中納言通俊卿、參杖座被行陣覽内文、（中略）又問云、史記之中有亂脱之由、雖承未知何卷、如何。被答云、五帝本紀三所、韓世家二所者、委ハ向本書可傳者。又問云、史記之中大史公、若大史談歟、將又司馬遷歟、如何。被答云、極祕事也、往年從師匠佐國、口傳所聞也、大史公已非談並遷二人、是云東方朔也、司馬遷作史記時、多以東方朔爲筆者也、仍以東方朔説、稱大史公也者。予答云、尤有興、更未知事也、不可外聞、但此事若見何書哉、將又只口傳歟。返報云、百詠之中、史詩注文已顯然也、此間更萬人不見付者。件倭漢事爲備後覽、以藤中納言説所記付也、今夜宿仕。〔①178—179页〕

九月十二日、早朝上御簾、並有音奏、依避日次引今日歟【十、十一日共復日也、今日言雖凶會強不被忌也】、未時許參院、次參關白殿、次參大殿、新中納言通俊卿被參會、數剋言談、被命云、文集古調詩ハ格詩也、新詩ハ律詩也者。晩頭參内、依當番供朝夕膳宿仕。〔①181页〕

○嘉保二年（北宋绍圣二年・1095）

八月十四日、午時許參行事所、雜事相沙汰之間、辨侍來云、今日釋奠無參仕辨、慥可勤之由、依殿下仰、新少史惟兼相催也。晩頭參大學寮、（中略）先有講論事、明經博士、音博士、登高座講經【周易、音博士發題】、次寮官取如意授問者、學生論議事畢退出、人々起座。
〔①280頁〕

十一月二十六日、白雪高積已及七八寸、（中略）今日可有軒廊卜
由被仰下處、江中納言被奏云、仲冬午日不可龜卜之由見文書【史記龜
筮傳云云】、仍止之、今夕宿仕、又供膳。今朝上皇歷覽白雪、御幸鳥
羽殿【從白河經北野云云】。〔①307—308頁〕

○永长元年（北宋绍圣三年・1096）

十二月十七日、癸酉、寒風甚早、早旦參結政、（中略）頃而秉燭
之程左大辨被參入、以藏人辨時範下年號勘文【兩文章博士、至江中納
言勘文者、今朝付藏人宗仲被奏、從御所下左大臣】、永長被撰上也
【是江中納言被勘申、後漢書文云云】、則敕許、是依天延例可行者、彼
時有天變地震也。（后略）〔①400頁〕

○承德二年（北宋元符元年・1098）

二月八日、申時許從内退出。釋奠、右大將、左大辨、左少辨
【有】、少納言【家俊】勤之、題平秩東作【尚書文】、序者秀才永實、
講師實義云云。〔②77頁〕

八月二日、釋奠、別當左大辨、權守、源少納言被着行云云、序者
秀才行盛、講師兼衡、題、論語云以道事君、讀史（師カ）外記舉孝。
今夕行向六條、言談之後歸、今日大殿並北政所始渡關白殿新造九條殿
云。〔②98頁〕

○长治元年（北宋崇宁三年・1104）

二月三日、丁未、春日祭使右近少將師時朝臣【代官】、（中略）今
日釋奠也、天陰雨下、除封道路、依分配、申時許參大學寮、（中略）
諸卿講師前床子一々講之【令講書禮記、是候違以仕】、或有述懷句、
或有興詞、亥時許事了人々退出、今日予不獻詩、題遲尋聞之了、忩々
間致懈怠也。〔②330頁〕

○嘉承二年（北宋大观元年・1107）

七月十九日、癸卯、卯剋許御惱危急也、召陰陽師被問之處、家榮
占云、御運極事也、不可有助歟。（中略）今年朔旦冬至相當日蝕也、
被尋先例之處、未有此事云云。或人云、周易緯云、朔旦之時相當日蝕
者天君命者、此事已然、尤可恐、但未及其期前有此徵如何。或人談
云、去六月中天變天下哀哭者、此事已相叶、又相恐。冷泉院口仲口
崩、神前有大石、近曾俄興立、是大恠異也。去五六月間、東對泉被埋
間、頗有犯土造作、是金神方者、件丈尺不被沙汰、是一之恠也。去六
月有行幸內裏之夜、路頭置死人、前陣檢非違使等不棄、太奇恠者。民
部卿被談云、去六月中太神宮有大恠云云、大有光曜出彼宮中、大如
鏡、件事不言上、大奇恠也。又齋宮井中狐落入死云云。又聞去年齋宮
中俄以騷動、是稱天下變改由、走騷之後、無實之旨風聞、大奇恠也。
〔③232—235頁〕

閏十月二十四日、朝間慶尊來講第六卷、午時許參院。（裏書）廿
四日大外記師遠來談云、冬至之日蝕、主上御愼之由、見易緯第四。又
朔旦冬至之日蝕、人主出奔之文、見金海廿三。凡又十一月朔日蝕甚不
快事云云。又密語云、去七月大事之後、天變不止、已及廿度許、度々
進密奏、此事爲世間甚無由。又語云、天文博士宗明近日老人星見之由
申云云、此事不心得、件星、常在南方而登天高見、以此祥瑞、近日只
在本南極、仍不可爲瑞也、凡繼體守文之君、不如無祥瑞、此本書文
也、尤可然、末代之君有祥瑞、遂無由事也。〔③278頁〕

○天永二年（北宋政和二年・1111）

十二月十四日、壬寅、天晴、今日御讀書始也。（中略）次依殿下
目給、入從御座間進御案邊、披御書又持笏復本座、御注孝經序、件五
字讀上歟、尚復又讀之、次殿下令氣色給、侍讀尚復如初退下、次攝政
殿加着殿上、頭中將通季勸盃、藏人有業取瓶子、頭中將續杓、內大臣

傳盃之處、有業如本取瓶子巡流、次居汁物、立箸、召菓子、人々退
出。皇居賀陽院以西寢殿爲御所、但間數如清涼殿也、然者南面也、御
裝束垂南御簾、畫御座立案、其上敷紙、置御注孝經一卷並點圖、件點
圖在良朝臣進上、件小造紙有點圖、如寬治元年記也。其東間御障子西
邊敷兩面端【東西行】、爲攝政座、第三五間廣庇敷圓座二枚爲侍讀尚
復座、一二間敷兩面端（疊力）爲公卿座、出居侍臣座如常、如西宮記
者侍臣可持書卷歟、今日上達部殿上人不持書也、内大臣被參、依御氣
色於鬼間方被書御注孝經外題、金泥云云。或人云、天子御書始、近代
一條院堀川院當今也、於後一條者東宮之時被始云云。殿下被仰雲、先
尚復申云、文、次持讀云、御注孝經序、次尚復云云卷、次天子令讀
給、次又尚復御注孝經序可讀上也。今日尚復微音不聞如何者、實光議
人人云、衛府人尚復例不見也、可帶劒哉如何、新宰相爲房（云力）可
帶劒、是必可取副書於笏故也。宇佐使雖外衛佐召御前奉敕語時皆帶劒
之故也、但又公卿勤陪膳之時、解劒持笏可准彼儀歟、然而有人々議、
右少辨帶劒也。〔④104頁〕

　　　〇元永元年（北宋重和元年・1118）

　　二月一日、癸丑伐日、朝間天陰、去夜小雨間下也。（中略）近日
從唐所持來之醫書從院借給、誠有興書也、摺本卅帖忽不能書留依怠返
召、今明可返出之由殿下所被仰也、尤可謂祕藏書歟。〔⑤25—26頁〕

　　　〇元永二年（北宋宣和元年・1119）

　　八月三日、從曉雨脚殊甚、終日無晴、今日釋奠分配也、仍以申時
參大學寮、先欲着廊門座之處、件門去年顚倒已了、仍假立幄也、雨脚
不留、又早欲拜廟處、宰相、辨、少納言未參之上、廟堂又破損、雨不
留、仍先聖先師不能奉懸竝、只入物奉置者、就中必每度不拜廟事也。
仍直着廳座【入自北面東戸北座】、上官纔五六人許參來、且令着座、
凡雨脚不止、萬事懈怠、（中略）凡雜人等依雨入亂堂中、於事喧嘩

306

也、且加制止且催懈怠、明經博士音博士等登高座講論語、問者生論義了退下。（后略）〔⑤157頁〕

○保安元年（北宋宣和二年・1120）

八月九日、晚頭雨降、塔佛二體奉入日野、暫安置宿所屋也。今夕釋奠、侍從中納言、左大辨着行云云、左傳題云、養民如子者。〔⑤247頁〕

○大治二年（南宋建炎元年・1127）

十二月二十五日、庚辰、今日内御書始也。（中略）次尚復大學頭式部少輔從五位資光出從殿上戶、經賣子參上着座【西面】、依殿下御氣色、實光朝臣置笏、進寄御文案邊披御書【敷紙二枚、本置御書也。置點圖小草子】、復本座執笏、又依御氣色置笏披書。尚復云、文。侍讀云、御注孝經ノ序。此五字讀上。尚復云、こ々まて。主上令讀五字給。尚復又云、御注孝經ノ序。次尚復退下、次侍讀退下、大臣歸殿上、主上入御、殿下着殿上座給。（中略）今日行事藏人式丞知通、御書盛經書之、有星點、但奧章不點也。青羅表紙、紫檀八角軸【上下螺鈿、中入瑠璃也】。（后略）〔⑤355—356頁〕

○大治四年（南宋建炎三年・1129）

正月五日、甲申、助教信俊來談云、我朝清和帝初御元服時、大江音人卿引唐禮元服儀作出式也、其後用件式也。召使來云、今日依日次不宜、敘位儀明日可候、但早可候者、申承之由、是御元服始被忌日次歟、天永四年御元服年叙位モ、依日次延引也。〔⑥7頁〕

閏七月二十六日、壬申、天晴、女院御産七夜也。（中略）讀書式部大輔敦光朝臣【御注孝經】、助教信俊【周易、禮記】、藏人大學頭資光【五帝本紀】、南庭一列【入從西中門】、鳴弦五位十人一列【白重】、六位一列【同】、暫而歸入。（后略）〔⑥99頁〕

○大治五年（南宋建炎四年・1130）

八月七日、丁丑、釋奠、講書周易、題照明德。上卿左衛門督宰

相、右兵衛督伊通、權辨顯賴、右少辨宗成、少納言忠成【皆進詩】、序者進士舒廣、講師茂明。（后略）〔⑥218页〕

○长承元年（南宋绍兴二年・1132）

二月十五日、丁丑坎日、天晴。（中略）今□（日カ）釋奠也、（中略）都堂之間、右少辨有業、少納言知信參仕、序者遠明、文庭參講書、禮記、文章博士時登出題、敷學和例云云。（后略）〔⑥285页〕

九月六日、天晴、右金吾小児歸了、一昨日迎寄也。伊勢遷宮上卿源大納言賴經服替、新大納言實行卿奉行之由、所傳聞也。入夜助教師安入來云、去月廿五日壬子夜曉寅刻、彗星見于北方、長三尺、光色白、尾指西、在此角度、近入敷星、同廿六日□□天陰不見、二十七日夜亥刻見寅方、與婁第三星相近、長三丈餘、光色殊盛、尾指戌亥、廿八日夜南行、其光衰微、長一丈餘、色氣相及奎宿、廿九日夜在同座、猶南行、與下司空星相並、色用（同歟ノ）減少、長二三尺所、卅日夜、今月一日夜、共天陰不見、二日夜以後消不見。延喜以後彗星見年々、延喜五年四月十五日見【十餘日】、同七年二月廿三日、同十二年六月三日、同十八年十月一日、康保三年十一月廿五日、天禄三年正月十四日、天延三年六月廿二日、永延三年七月十二日、長德四年正月廿六日、長和三年正月廿七日、寬仁二年六月十九日、長元二年二月二日、同年二月五日、天喜四年二月廿八日、康平三年十一月廿七日、治曆二年三月六日、永保二年十月九日、永長二年九月一日、長治三年正月四日及次年、天仁三年五月十二日、大治元年七月一日。公羊傳曰、慧者邪亂之氣、掃故置新之象也、彗星者、君臣失政濁亂、三光去無道逮有德、彗星見大災深大、其短淺爲災小。漢書志曰、彗星其出久者、爲其事大也。晉書志曰、彗星其芒或長或短、光芒所及則爲災。又云、孛慧所當之國、是受其殃云云。〔⑥328—329页〕

十二月五日、辛卯、未明出宇治、巳時許來着中御門亭、風吹雪

飛、□□積道路。申時許着直衣相具宰相中將右□□（中辨歟ノ）可
【束帶】、參入□□殿御處所近衞殿、三位中將讀書始也、（中略）其上
卷紙置書一卷（五帝本紀、古書云云）、（中略）、以新少納言知信召式部
大輔敦光朝臣、朝臣參上【束帶】、着圓座【幡】、中將披書始、敦光披
我書讀上云、史記【乃】集解【乃】序、中將受讓給。（后略）〔⑥354—
355頁〕

　　〇長承二年（南宋紹興三年・1133）

　　二月朔日、丁亥、釋奠也、上卿源大納言賴卿、宰相中將宗能、成
通、右少辨俊雅、少納言不參、講書尚書、題云、五典克從、序者進士
清雅、講師永範、兩文章博士不參、仍召上臈博士惟順朝臣令獻題云
云。又先例之由、源大納言後日所被談也、今夜雖可被行除目下名、依
上卿故障延引、入夜雨下。〔⑦20頁〕

　　八月五日、丁亥、時々小雨、今日釋奠也、上卿源大納言賴卿、右
宰相中將成通、右少辨俊雅、少納言知信參仕。論語、文題、遠者來、
講師範兼、序者【〇闕名】。〔⑦60頁〕

　　〇長承三年（南宋紹興四年・1134）

　　二月七日、丁亥、午後小雨、（中略）今日釋奠、講書、周易、題
云、上下應之。源大納言賴卿、左宰相中將宗能、右少辨俊雅、少納言
政（忠イ）成參仕云々。皆獻詩。〔⑦76頁〕

〔二十〕源師時《長秋記》〔增補史料大成本〕

　　〇天永二年（北宋政和元年・1111）

　　十二月十四日、御書始、侍讀文章博士在良、尚複右少辨實光、午
時參內、參殿上方、頭辨實行云、御書外題料金泥不儲、仍只今東西相
誂也、御裝束、當南廂大床子間引遣、書御座御劔、硯筥同在此所、御
帳間御簾際敷繧繝疊一枚、其前立御書案（黑漆也）、其上敷紙二枚

【引連敷之】、左右妻二寸許不足故歟、其右方置點圖草子【其躰如第二帖紙田舎色紙也、無表紙、以大豆手帖之ナリ、點並人名其次常圖書也、投書點圖三、其一テニヲハ點、其次タリ、於一枚者又爲表紙代、前例有於點以朱付之、自餘墨之、奧有空紙、香表紙置之、又無指圖云云】、草子左置角筆【以紫白黄色絲組爲緒】、其左置御注孝經【白筆、寬治紙墨堺八角軸、加八螺鈿薔薇花形、入光瑠璃小文、唐綾組組也、指朱點、度花林木云云、今度紫檀也、唐羅青表紙薄青、以檀紙二枚裏其粉也、上橫裏也】。（下略）〔①65–66頁〕

○元永二年（北宋宣和元年・1119）

五月二十九日、末刻參院。（中略）（讀書之事）次讀書人【紀傳大學頭敦光朝臣、右〔○左イ〕少辨實光、明經助教大外記師遠】取副書〈●陈按：指《御注孝经》之抄本。〉卷於〔笏〕入自東中門（鳴弦之事）、列立南庭【當階間】、次鳴弦五位十人【盛家、盛雅、雅職、宗國、盛季、有成、泰兼、爲忠、朝隆、清泰】、列立【博士後一許丈西上立】、六位十人【高階範章、源高基、藤原憲方、平時信、所雜色六人、藤原光佐、季仲子源光行、橘季綱、子光綱、子爲章、子俊兼〔○光俊イ〕、云云】、立其後、次宮渡御々湯殿、御音高聲宛如成人、敦光朝臣指笏、開書欲讀、上皇於簾中、被仰頗進出列可讀由、仍敦光五尺許進出讀之、【後漢書〔○今按、敦光記云、讀御注孝經、本書誤之〕】。〔①138頁〕

○天承元年（南宋紹興元年・1131）

正月二十九日、改元定也、(中略)開勘文等令付和名、敦光朝臣勘申、天壽、【後聞、朝綱所撰也】、尚書曰、天壽平格（イノチナカシニ）、保又有殷（タモチヤスモス）、孔安國自言、天壽有平主之君、故安治有殷。天承、漢書曰、聖王之自為動靜、周旋奉天承親(ツカムツリ　ニウクチニ)、臨朝享臣(ニスヲ)、物有部文、以章人倫(アキラカニス）。泰和、楊子法言曰、或問(アルヒト)恭和(ヲ)、曰某在唐虞成周呼、宋盛曰、問大平和樂之道也。有元朝臣、天祐(後聞正家所撰也)、春秋繁露曰、德侔天地、皇帝天祐(サイハイシテ)而示（ス）之、號曰天子。安寧、史記曰、成康之際(ヒ)、天下安寧(ナリ)。保寧、後魏孝文帝登(祭)嵩高文曰、納茲(コノ)多福(ヲ)、萬國保寧、行盛朝臣。永受、儀禮曰、眉壽萬年（二）受故福、【故猶巡、々遠也】。天受、（行盛内）、孟子曰、薦舜(ヲ)於天、而天受之、民受之、舜天人所（ノナリ）受、故得天下（ヲ）、口祭百神（ヲ）享之、是天受也、治百姓（ヲ）安（ス）之、民受也。【太郎按、是萬章之文也、而頗異】。慶成、文選曰、上帝垂恩儲祐（サイハイヲ）以慶成（ムト）。（中略）後日尋申中納言、答云、唐書（ハ）依已才歳字通用裁字也者、雖不面作相具、尚可有憚云云、是強難也。〔②84頁〕

○保延元年（南宋紹興五年・1135）

四月二十七日、庚午、晴（前略）、勘申年號事。貞久、周易曰、恒享無咎、利貞久於其道、々得所久則常道無咎、（而利正也）、天地之道恒久而不已也。天明、孝經曰、明王事父孝、故天明、事母孝、故地察、長幼順、故上下治、天地明察、神明章矣。養壽、後漢書曰、今多養壽、無有怵迫之憂。右依宣旨勘申如件、式部大輔藤原朝臣敦光。勘申年號事、嘉應、漢書曰、休徵嘉應、頌聲並作。安貞、周易曰、安貞之吉、應地無疆。承安、論衡曰、舜禹承安、繼志使能、共己無為、而天下治。右依宣旨勘申如件、長承四年四月廿六日。（從四位下行大學頭兼文章博士越中介菅原朝臣時登。勘申年號事、承安、尚書曰、王命我來承安、如文德之祖。正義曰、承安者、承文王之意、安定此民也。延祚、後漢書曰、孝文皇帝、賢明臨國、子孫賴福延祚。保延、文選曰、永安寧、以祉福長、與大漢而久存、實至尊之所御、保延壽而宜子孫。右依宣旨勘申如件。（后略）

裏書云、喪服傳、子孫謂天子父也云云、承安音書父者、舜禹事也、舜非禹子、頗可有用意歟。内大臣云、保延反邊也、吉也云云。（反、諸本作人具鷹本改。）予案、篇也、非邊歟、但篇字無失歟。〔②274页〕

〔二十一〕藤原忠实《殿历》〔大日本古记录本〕

○康和三年（北宋建中靖国元年・1101）

十一月二十日、丁丑、天晴、午剋許爲隆來、爲内覽云云。申剋許少納言實明來、頃之退出。今夜五節参也、文集一部暫送中宮（源師忠）大夫許、彼大夫此間被住山階。酉剋許加賀守季房申慶賀、職事朝輔（藤原）朝臣申之、依夜前殿上也、件季房故六條（源顯房）右府子也。〔①82页〕

○嘉承元年（北宋崇宁五年・1106）

正月十一日、甲辰、天晴、自夜雨甚降。午剋許参御前、申時許退出。戌時参御堂、亥時許事了退出、無別事。酉時許天晴雨止、星猶成變、去夜女叙位極夜深、不便事也。今日威德密々ニ讀始文、又手を摸始、時範教文、件文大殿（師實）讀始給文也、史記一卷。戌時仰頭中將、裝束重資ニ召退（怠）狀、去七日節會ニ依宣命位事也。〔②120—121页〕

正月十九日、壬子、天晴、今日勸學院步也。午剋大納言【經實】・別當【能實】卿來、數剋未時許退出。午時許自正家（藤原）朝臣許印字樣勘申、仍仰時範朝臣、以公經（藤原）朝臣男令書之、召道言朝臣、イルヘき時を令勘、勘文云、來十五日云云。酉剋許人々被來。戌時許院自鳥羽殿令（大炊殿）出給、依主上不例也。（后略）〔②122页〕

○天仁二年（北宋大观三年・1109）

十二月二十一日、辛卯、天晴、今間陰雨時々降。卯時参院、同時自院中將書給（衍カ）始料文机持來【件机蒔繪、美麗也】、（中略）人々着座後（先）問剋限、中將着座【文机上敷廣紙二枚、左右端付机、其上以檀唇二枚、裏五帝本紀置之】、其右【カクヒアリ】召師敦宗朝臣、取副同文持開書讀云【史記ノ集解ノ序】、次中將微音同讀、師起座、此間大納言【經實】取之【女裝束】、師取之、依雨儀於中門再拜、次中將起座入了、余西庇南向障子ヲ開【天】屏風【をしひらいて】出【天】着座【南面】、次驥事盛家（源）・雅驥（源）參上撤文机【書如元在机上】並円座、次居饌。（后略）〔③65页〕

〔二十二〕藤原為隆《永昌記》〔增補史料大成本〕

○嘉承元年（北宋崇宁五年・1106）

四月十八日、己卯、（中略）上卿又令頭辨奏諸道勘文、明經道勘云、春秋成公三年經云、二月甲子新宮災、三日哭。公羊傳云、廟災三日哭禮也。禮記云、有焚其先人之室、即三日哭。孔穎達正議曰、大廟有火、廢朝。漢書曰、遼東高廟災、帝素服五日。說苑曰、魏文侯御廩災、素服避正殿五日、群臣素服哭。唐令云、五岳四【衍カ】頹四瀆渴、皇帝不視事三日。據勘文件等文、宗廟御廩之災、粗雖載經史、天祠靈社之火、詳以无所見、但別雷社者、一天鎮主之祠、四海尊嚴之砌也、今爲灰燼、何不驚感哉、五岳頹四瀆渴之時、猶設不見政事之文、宜准宗廟例、可有廢朝哉【廣宗、定康、師匡、定政、信俊、連署也】。紀傳勘文云、成公新宮並漢孝武皇帝高廟等災同明經道、後漢書孝順皇帝秋丁酉、茂陵原災、帝縞素避正殿、勘件文、依宗廟之火、成哭痛之禮、而賀茂皇太神有宗社之儀、可有廢朝事歟【實儀朝臣獨進勘文、在良朝臣依在任國也】。明法博士範政勘文云、儀制令云、大陽虧有司預奏、皇帝不視事、二等以上親、外祖外母、大臣以上、散一位喪、不視事三日、國忌日、三等親、百官、三位以上喪、皆不視事、一

日廢朝之旨、立制如此、皆是人倫之法則、不預靈社之禮制、准行之
條、案據未詳、但國家之敬崇、除大祖廟社之外、欽仰無雙、如式者、
預案上官幣亦爲中祀、或置齋内親王、或立公卿之使、祭禮之日廢務、
我則雖無所指之文、謂嚴重之謹慎、何輕目自同臣下之喪乎、須有三日
之廢朝、資清勘云、同範政、但不可輕自散一位之喪、猶可有三日之廢
朝歟者【儒宗帥卿云納言以上不獻如此之勘文、仍不進者、但獻改元勘
文、未得其心】。又依諸卿定申、可有三日廢朝之由被宣下、停止音奏
警蹕、但依爲御物忌、本垂御簾。〔31頁〕

　　○天永元年（北宋大观四年・1110）

　　三月十八日、丙辰。（前略）（寮試）今日可由寮試、申事由可退
出、子細在裏、學生廣兼受、了歸畢。已及五更、爲忠氏生徒數剋佇立
了。相具朝隆向大學寮、明日可有省試也【去十四日依奉幣延引】、右
衛門權佐、因幡守、並儒士、故人朝士大夫二十餘輩門下勤之、近代試
眾之中兼聞其告設之、今度不然、日已暮難成事、仍仰所司卒爾令勤
之、其儀、母屋庇敷滿指筵、中央間東西行敷頭座【南面高麗】、其東
南北行敷並兩文章博士座【北上西面、紫】、對頭座北面敷之、爲試眾
座、其前立案置書【兩文章博士試博士前同置之】、東間敷寮官座、廳
東西引幔、學生等迴廊邊引幔敷疊爲宿所、只砌下徘徊、秉燭大學頭敦
宗朝臣參看【學生寮官引向、制鳴高、自後戶着之】。兩文章博士在
良、敦光、試博士藏人秀才有業、同參看【有業着青色】。此間令補文
人擬生、南曹生徒三人今日請試寮試、並三人觸文人事【入分學生一
枚、本院學生一枚、頗有法構事歟、各別載交名】、稱入分學生十三
人、先請寮事、有宣旨學生者、然而先催朝隆爲令見作法、練習生徒一
人、先以令請、次朝隆請之、令置讀書【史記四部、調軸表紙改帙簀、
以紙卷之、書其銘、以革結之、每部積衣筥蓋、寮官昇之、兩主人試博
士等前置之、須每人置之、然而以一人書、每人不改置之】、次寮官置

冊櫃【學生前、讀書西方置之】、先是預以下座定、先令居饗饌、盃酌
數巡之後撤之、召學生、堂監季成出幔外告之、今日依爲雨儀、自西砌
入幔、經壇上東行、跪膝突筵下、脫沓膝行着座、先取冊五枚【不見
之、先以手試搜櫃中讀】、博士寮官取之進頭、與奪請畢、寮官學生各
退出、所持讀書三卷【兼定讀書觸寮頭、博士等三卷之紙撚結之、左方
懷之】、置史書上開之、更取一卷披席上、寮頭仰雲、令讀之、<u>五帝本
紀</u>、引音讀之、依博士命讀留之、次卷又隨仰讀之、三卷讀了、如本結
之、取之逆行、乍背着沓、左迴退出、十三人受了、南曹生徒請云云。
〔113—114页〕

〔二十三〕藤原忠通《法性寺关白记》〔图书寮丛刊·九条家历世记录
本〕（无）
〔二十四〕平知信《知信朝臣记》〔续群书类丛本〕（无）
〔二十五〕平时信《时信记》〔阳明丛书本〕（无）
〔二十六〕平信范《兵范记》〔史料大成本〕

　　〇仁平四年·久寿元年（南宋绍兴二十四年·1154）
　　三月二十五日、戊寅、依日次宜、本堂々監學生重政沙汰、厨女一
人、依文章博士命、持來入學以下次第用途注文【在別紙】、堂監厨女等
召昇堂上、請取注文門答子細、次於持所勸盃酌【肴物、堂監用高坏、厨
女料、居折敷】、謝遣了。（中略）今日依入學吉日、冠者信政同車、向文
章博士亭、受寮試讀書三卷端々、<u>高祖本紀</u>、<u>蕭相國世家</u>、<u>張儀傳</u>、以上
各十行許讀始之。（裏書）今日御八講結願云云。〔①245—246页〕
　　四月十八日、庚子、天晴、今日息男信義【字平幸】可入學受寮
試、午後令着束帶【位袍、二藍半臂、下襲、濃打引信支、同色張單、
表袴、裏同用濃色、濃大口、丸鞜帶、淺沓】、隨身讀書三卷、（中略）
秉燭頭維持順朝臣參門外、寮官以下迎向、頭下車參入之間、史生教

正、下部舉松明、此間試衆等迎謁、但平幸依少年者、不出向是又例也。頭兩儒【茂明朝臣、長光朝臣】、試博士兼光等着座了、成貢舉歟。次盃饌事畢、頭以下引卒着試廳幄、寮官前行舉松明、教正堂監等在主人後、同行事、頭以下入自幄後方各着床子、先是置書五部【三部平幸隨身、各史記一部、積衣筥二部、令置他學生書、是相互通用、近例云云】、此間堂監率試衆學生等、列立幔外未申角。次寮史生兼元立幄南庭東邊、隨頭與奪、仰堂監召學生名【貢舉次第、信義第三云云、然而依殿下御分、無左右被召第一了】、先信義於幔門外、下裾抱書【三卷、々籠美紙結中】、副南幔東行、當幔中央、更北行、史生仰雲版、信義進立版石下、史生教正又仰云、進。信義緩步進直着幄南頭床子【北面】、置讀書於置書上。次頭仰云、冊（七ク）。信義以左手取冊、三授試博士、試博士申上書名目、頭仰云、令讀ヨ。信義隨博士目披書讀之【高祖本紀、蕭相國世家、張儀傳、各端端、兼日能々謹誦之】、各三四行讀之間、頭叩笏、隨其響、讀止之。三卷讀了、如初卷裏昒結中、此間試博士申得文、又史生於庭中捧簡【兼立庭中】、申云、試給才呆イムツノクラキカムツシナ平信義、文義共得タリト申ス。次隨博士目、登科抱書、自壇上經幄砌、直西行入幔中之間、堂監示云、登科酒肴。信義答揖、扶持。役人等相從退出、次參廟藏前庭、禮拜廿一度。次歸畢之間、文章博士長光朝臣、以堂監示補文人了由、喜悦之旨返答了。（后略）〔①252—253页〕

○久寿二年（南宋绍兴二十五年・1155）

十二月一日、甲戌、天晴、句節會也。（中略）可有春宮御書始行啓等之故也。（中略）其上敷紙一枚、安御注孝經並點圖角筆等【點圖在左、角筆在右、件御書以下物等、從院令調獻給、今朝大進惟方爲御使、内々持參也】。（中略）次關白以下參進着座【被副書卷於笏、但殿下不令取給歟】。（中略）次殿上人着座【亮親　朝臣、權亮定房朝臣許參着、各持書卷、依爲宮司副笏之】。次侍讀置書於座前、取笏起座、膝行進御書案下、置笏取御書。開紒卷表紙、返御置案上。次披御點圖、取笏兩三度逆行、左迴復座。次置笏繙私書卷、尚複同繙之、公卿以下從之。次尚複揚聲云、文【呉音】。次侍讀々云、<u>御注孝經</u>【漢音】。次儲君令讀五字給。次尚複云【古々萬天】。次侍讀目尚複、次尚複又讀五字。次侍讀・尚複卷書、取笏起座、經本路退歸。次公卿起座、次入御、次大臣以下着殿上座【兼居饗、亮學士等加着座末、亮奧座、學士着端座】。（中略）（裏書）御書始例、陽成院、貞觀十七年閏四月廿三日始讀【春秋八歲】、學士從五位上右少辨橘廣相、尚複【不見】。朱雀院、延長八年二月十七日辛亥、於凝華舍始讀<u>御注孝經</u>【八歲】、學士從四位下中宮亮藤原元方、尚複本宮藏人民部丞大江維明。冷泉院、天曆十年四月十九日辛巳、於凝華舍始讀<u>御注孝經</u>【八歲】、學士從四位上式部大輔紀在昌、尚複本宮非藏人式部丞橘爲政。天德四年八月廿二日、於飛香舍讀後漢書・（衍力）於學士敏通。華山院、貞元二年四月廿八日戊申、於閑院東對讀<u>御注孝經</u>【十歲】、學士從四位下權左中辨菅原輔正、尚複本宮非藏人文章生藤原爲時。後一條院、長和三年十一月廿八日庚戌、於京極亭西對讀<u>御注孝經</u>【七歲】、學士從五位上大江舉周、尚複本宮藏人玄蕃助源爲善。實仁太弟、承曆二年八月九日庚戌、於閑院東對讀<u>御注孝經</u>、學士正四位下美作守大江匡房、尚複本宮非藏人勘解由判官高階業仲。（后略）〔②50—52頁〕

　　〇久寿三年（南宋绍兴二十六年・1156）

　　四月二十七日、戊戌、向梅小路謁豫州、執申此間事。近衛使出立、産所間沙汰毎事被喜悦也。（中略）今夕有改元定。勘文云、天明、<u>孝經</u>曰、明王事父孝、故事天明。事母孝、故事地察。長幼順、故上下治。承寶、<u>齊書</u>曰、作寶鼎、其銘云、齊帝萬年、子孫承寶。保元、顔氏曰、以保元吉也。已上、式部大輔永範撰申。天明、<u>尚書</u>曰、

堯享天心、受天明命。久承、東觀記曰、漢祚之久、承堯之運。承祿、
魏志曰、禹乃承祿於有虞之臣、以蒙其德。已上、文章博士長光撰申。
（后略）〔②101—102頁〕

　　○仁安二年（南宋乾道三年・1167）

　　十二月九日、壬寅、春宮御書始也。依催隨身書卷【御注孝經一
卷】。（中略）其上置御注孝經並點圖角筆等【圖在左、件點圖五枚、先
例或三枚。角筆在右、付紫組緒、先例或紫白糸組交。御書新書寫、大
理沙汰、御書以下物等自院被調進之、大進光雅爲御使持參點圖角筆
等、今日師匠永範朝臣、依院宣調進院方、書以紙二枚卷之】。（中略）
次永範朝臣置書於座前、持笏起座、昇長押、膝行進御書案下、置笏取
御書、開組卷表紙、返置御書案上。次披御點圖、取笏兩三度逆行、復
座。次置笏繙私書卷、尚複同繙之、大臣以下從之。次尚複唱云【文、
吳音】。次侍讀云、御注孝經序【讀書】。次儲君令讀件五字給。次尚複
云【古々萬天】。次侍讀目尚複、次尚複又讀五字。次兩師卷書卷取笏
退去、經本路出中門了。（后略）〔③323—324頁〕

　　○仁安三年（南宋乾道四年・1168）

　　五月二十一日、壬午、早旦向知足院、（中略）奏文書樣。大政官
謹奏、無品道惠親王。右親王去月廿五日薨、廿七日葬。儀制令云、二
等以上親薨。皇帝不視事三日者、仍錄事狀以申聞。謹奏、仁安三年五
月廿一日。（后略）〔④77頁〕

　　六月二十二日、壬午、參殿下、內覽條々事。（中略）金神七殺
方、往古代々用捨隨時、就中在憲・泰親朝臣等申云、白河院御在位
間、清原定俊眞人勘金神決曆趣、經上奏之後、被用其忌之間、（中
略）陣定文云、執筆光賴卿。紀傳明經等勘申陰陽道申金神方禁忌事。
左大臣【伊】・左大辨藤原朝臣【雅隆】等定申云、金神之忌子細難
辨、但唐家新撰陰陽書捨而不載之、本朝保憲曆林嫌而不採之。（后

略）。〔④93—94页〕

〇仁安四年（南宋乾道五年·1169）

四月三日、己丑、天晴、早旦左大臣給年號勘文二通、式部大輔範卿、文章博士俊經朝臣等也。勘申年號事。大承、尚書曰、肆司子王丕承基緒。傳云、言先祖勤德致有天下、故子孫得大承基業。平康、史記曰、畯民用章、家用平康。孔安國口、賢臣顯用、國家平寧。天寧、文選曰、受命天、寧濟四方。右依宣旨勘申如件。式部大輔藤原朝臣永範。件勘文無裏紙、有懸紙【不封】。勘申年號事、大喜、白虎通曰、民人大喜。弘保、晉書曰、弘保訓之道。壽永、毛詩曰、以介眉壽、永言保之、思皇多祐。右依、宣旨、勘申如件。修理左宮城使左中辨兼文章博士藤原朝臣俊經。藤中納言資長卿、直被付下官。年號事、養元、後漢書曰、愛養元々、綏以中和。嘉應、漢書曰、天下殷富み、數有嘉應。權中納言藤原資長。（后略）〔⑤2—3页〕

四月十二日、戊戌、天晴。（中略）左大臣藤原朝臣云、院號事、其濫觴以御在所爲號、東三條院·上東門院·陽明門院等是也。又待賢門院以後不依御所、偏被用門號。而當時京華之中無其所歟、然者不可定其所、就度々吉例、可被用門號者、東南兩方已以盡了、仍可被用殷富門歟。是西北門之中強依無事憚也。此外安嘉門頗雖似宜、此門猶可有禁忌歟、旨趣見毛詩篇。建春門依爲中重之門、不入十二辰之數。又不就御所、仍雖不申專一、准唐室東京之門號被用、又無巨難歟、兩ケ之間可在敕定。（后略）〔⑤9—10页〕

〔二十七〕中臣祐房《中臣祐房记》〔增补续史料大成本〕

〔二十八〕中臣祐重《春日社司祐重记》〔续群书类丛本〕（无）

〔二十九〕藤原赖长《台记》〔增补史料大成本〕

〇康治元年（南宋绍兴十二年·1142）

二月七日、辛未、深更借着下人狩衣、向或羽林、門外語、具遊放、尤輕々。左傳上帙、今旦見了、合摺本正改字點之間、□早見□終日音樂。〔①62頁〕

三月二十三日、丙辰、孝經述義一部五卷、見了。又孝經其或一卷、見了。〔①64頁〕

三月二十八日、辛酉、子刻、左傳第三十見了、凡雖性拙、於春秋隨力及所學也。〔①64頁〕

三月三十日、癸亥、公羊抄、讀合本書了、十經（除易、論、孝）皆抄出讀合了。〔①64頁〕

四月一日、甲子、初見公羊解徽（今日二卷）。〔①65頁〕

四月五日、戊辰、解徽見了、勾案文、爲令生等裏書也。又首付料、料知不見公羊解徽者、無通春秋大義也。〔①65頁〕

四月六日、初見毛詩正義、依委見不終一卷、首付勾等、如解徽例。〔①65頁〕

四月二十八日、辛卯、今日有改元云云。康治案之、康治、反飢、若治勞音反忌。又穀梁傳昭廿一年云、大饑。傳云、一穀不升謂之嗛、二穀不升謂之饑、三穀不升謂之饉、四穀不升謂之康【康、虛】、五穀不升謂之大侵。今案、康治二字皆從水、然則以水災可飢饉之象也。後日、以此事問新大納言公能、答云、參入卿相更不申此事、在官宜使能。今卿士皆不學經史、國家滅亡、豈不宜哉。（后略）〔①65頁〕

五月一日、癸巳、毛詩正義卅【○卅小本作卅】卷見了。便首付勾、案文以生徒令書本經裏也。〔①65頁〕

五月二日、甲午、春日精進、本院幸宇治云云。見尚書正義【第二卷第一七年見了】。〔①66頁〕

五月九日、辛丑、侍宗弘進士、上五代史記摺本、感悦有餘。〔①66頁〕

六月十九日、庚辰、青侍初參、請名、于時<u>尚書</u>第七卷在前、因之名以寬、【<u>微子之命篇也篇也</u>】、追遙集跡也、昏黑束帶、先參院、次參皇太后、行啓、參高陽院。〔①69頁〕

七月七日、戊戌、參法勝寺、兩院幸。歸亭之後、見<u>尚書正義</u>了、一部廿卷、去五月二日見始之【但卷第一去年見了】。〔①70頁〕

七月八日、己亥、見始<u>論語皇侃疏</u>。〔①70頁〕

七月二十九日、庚申、<u>論語皇侃疏</u>【十卷】見了。〔①70頁〕

八月十六日、丙子、<u>五行大義</u>見了、所勞療治間、不能早速終功。〔①72頁〕

八月二十三日、癸未、<u>經典釋文</u>卷第一、【序錄】、於宇治宿見了。〔①72頁〕

九月二十八日、丁巳、<u>左氏卷第十五</u>見了。□□□□□□□左頸【友光聞着所也】已愈、癜瘍削跡失了。又無瘡、知光已末代藥師佛也、後聞、可候知光。〔①74頁〕

九月二十九日、戊午、早旦、<u>尚書裏書</u>【<u>正義</u>】、略見合了【不委見、只大都見合也】。自今日大嘗會並御禊等、日記沙汰始之、仍卷<u>左傳</u>、披北山抄。〔①74頁〕

十二月二十日、戊子、（前略）<u>春秋</u>不雲乎、定十五年夏五月【秋九月力】、丁巳、葬我君定公、雨、不克葬。（后略）〔①74頁〕

十二月三十日、戊子、去年固關讓位、並今年御禊・大嘗會等事、引勘舊記並諸家日記・代々記文等、管窺所及、聊以類聚、拔要省繁、尚成卷軸、一抄不再治。享帚【○帚、小本作帝】緎石【○寬曰、四字疑膏育緎石】、耻有後嘲、但可禁披閱於閫外、將遺誡訓於家中焉。子孫之中、若有奉公之者、見此愚抄可加琢磨。雖無荊璞之明、欲待越砥之力。予聊遊心於漢家之經史、不停於我朝之書記、仍所抄出殊不委屈、子孫又好金經舊史者非此限、仍習倭國舊事、可慕葵藿忠節。至于絲竹和歌者、雖非所勸、不可強禁。於鷹犬牛馬酒色等之類者、深以禁之。予在少年、不隨禪閤教命、臂鷹鞭馬、驅馳山野。騏驥電逸、殆及失命、依佛神之加被、纔雖存身。顧疵猶在引鏡見之、彌增貽子孫誡忌。羲和沈緬于酒、其職長廢。阮籍放曠于世、其宗早亡。（后略）〔①79页〕

〇康治二年（南宋绍兴十三年・1143）

一月一日、己丑、（前略）今日食事、自本算到、立道相論、立道折名、但春秋之世猶多曆失、何況末世乎。（中略）、昭十七年左傳正義曰、日食、王或取至社、親伐皷之時云云（后略）。〔①81页〕

一月二十九日、丁巳、今年、初見左傳第十六。去年、大嘗會文書開見之間、左傳暫奉【〇奉、前本同之、八本・小本作卷】留。〔①85页〕

二月十二日、辛未、見春秋經傳了【左氏也】、今度三遍也。〔①85页〕

二月十八日、丙子、白請打懸簡不許、見左氏釋文了【六卷】。午時、成佐作四季賦、早於淮南、於御前不去座作之。無失錯、首尾神妙。〔①85页〕

閏二月一日、戊子、藥師法供願了。法眼供願、依日次惡、今日有之。初見春秋左氏正義。〔①85页〕

閏二月四日、辛卯、正義卷第一見了。文々案見聞、不能早見、及四个日。〔①85页〕

三月四日、辛酉、春秋正義卷第十、今日見了。文々案見聞不速矣。兩院自熊野還幸。鳥羽、卽上皇幸三條、予詣鳥羽西院、一條殿【予祖母、入道殿母、生年八十四】參御熊野。〔①86页〕

三月八日、乙丑、詣鳥羽。次詣新院、御談合。次勅曰、熊野那智有一僧、自稱宋朝人、生年二十九、十一歲渡日本國、所習論語・孝經而已【在宋國時習也】、唐聲誦之、在宋國時在橘詔【○詔、小本作洲】。勅令注進自在宋國時至于今之事【一紙即書之】。余請見之、上皇許之、書寫退出、其文甚鄙陋云云。〔①86頁〕

三月十六日、亥酉、終日降雨。（中略）余候休所、大將同白河院令造立給在寶塔、今日被供養。又新迦三等【○新迦三等、諸本同之。小本作釋迦三尊】被供養、佛身中被入白河院御髮云云。余寫涌出品並捧物、五个日間。仁和寺法親王被候簾中。隆光車美、昔齊慶封車華以惡終【委見左傳】、今隆光又車華、必不反【○反、一本作及】南都。〔①87頁〕

三月三十日、丁亥、春秋正義卷第十八了。酉刻此間、終日見正義【案義之間、不過一卷半分】、飲食時、以生徒使語南史、豫仰生徒令抄進之。專學經不暇學史、飲食時徒移光晏【○晏、小本作景、可從之】、仍其間使語南史、生徒·吾語三遍。〔①87頁〕

四月二十八日、乙卯、及雞鳴見春秋正義二十七了。〔①88頁〕

五月十四日、庚午、不他行、依疱瘡並公家御愼、有非常赦云云。亂逆之源爲【○爲、八本作故】也。於【○小本於字無】大納言伊通送練【○練、小本作使】、爲借古今集注孝經【爲書寫】、付便被送之。佐世【吾朝博士】所選也【九卷】、其七卷佐世草本也、了皆有點也、世之寶物如之。第九卷奧以朱書云、寬平六年二月二日、一勘了。于時謫在陸奧多賀國府。余即以毛詩正義卅卷送彼卿、將令寫之。件卿所持正義、依見卷多被借之故也。件正義、去年余加一見首付了。〔①88頁〕

六月二十一日、丙午、疾後初見書籍【左氏正義】。新中納言【季成】來、使人傳云、疾後不能相逢。遺恨。孝能、學者也、可有文談、其【其、小本作者、八本無】言小違【○違、小本作連】句云云、有情卿也。孝能才秀當世、故使相逢也。〔①91頁〕

七月一日、丙辰、酉刻、春秋左氏正義卷第三十六見了【一部功、今日終〕。且多案義、且有障事等。早速不能終功、首付勾要文。
〔①92頁〕

　　七月十一日、丙寅、自去八日、讀左傳序十反【高聲】了。讀正義
卷第二一反【高聲】。〔①92頁〕

　　七月十三日、戊辰、自去十一日、自經題盡先年傳三反【高聲】
了。讀正義初兩卷、依殊勝重見之。學左氏事、釋例一反、初左傳一反
【首付、並可抄出之所懸勾】了。以生徒令抄出了、其抄出【十卷】讀
合本書、即首付、次一反。口委首付、先以成君【〇君、恐佐誤】令披
【〇披、小本作重】校摺本。予又不審之所、重校摺本。又本成君【〇
君、小本作佐】所作之圖、予重書入、安【〇安、小本作案】一反、高
聲讀之。次見正義、引合本書文、文案義理、其正義首付、又抄書【〇
書、小本作出】之所懸勾、其中勾、以生徒可令書本書裏。次早一二卷
讀之。公羊一反見之、畧首付、可抄所懸勾、以生徒令抄寫、其抄出
【三卷】讀合本書、即首付、解徽一部【十二卷】見了、首付勾要文、
以生徒書本書裏。穀梁【同公羊、但抄出二卷】疏一部【十二卷】了
見、略首付勾要文、以生徒令書本書裏。春秋三傳、隨分入功、仍記之
了。〔①92—93頁〕

　　七月二十一日、丙子、皇太后大進故業【〇故業、八本作以業、小
本作顯遠】借送禮記正義摺本一部【七十卷】、勝得萬戶侯。〔①93頁〕

　　七月二十二日、丁丑、陰晴不定、雨時々降。今日於文宣王影前講
論春秋左氏傳【密々儀也】兼日、使曆博士憲榮勘日時、自是後、每度
子日【孔子生日也、隨亦當余本命日】可有此禮。依初度用吉日【祀用
丁日、丁寧儀】、其儀、寢殿西北廊母屋南間東一間北障子、懸文宣王
影【南面、依大學儀】、其前辯備膳【有魚】、南邊敷圓座爲講經座、其
南敷高麗一帖爲余座、東第三間二行敷疊爲文人及問者座。余今日不逢
服者及月水女、身不女犯、但不憚魚薤蒜等、不憚僧尼。但今日先有賀

茂拜【毎月恒例事】、仍不逢僧尼、日昏浴【無沐】。戌刻束帯【不帯劍】、先賀茂拜【雖無賀茂拜、可有浴】、次於座上先拜先聖【二度】了、東傍行一兩歩、拜先師【二度】了、依余命文人八人【講師・問者在此内】就座【皆布衣烏帽、東上對座】、次文章得業生藤原成佐【通全論大義】持左傳卷第一進就座講經、其辭義絶妙、不可得言、衆人側耳歎美。講經一時餘了。前山城守源實長朝臣請問【請問二事、釋奠並同、内經義皆問一事、仍是又問一事】、莊公廿二年經夏五月之疑也、三重【二重了、依余命重難之】了。前能登權守藤孝能朝臣、請問如先、但二重、襄卅年傳、亥字無六身之疑也。孝能重少難殘、依余命、蹔與講師相論。此兩問者、依位次在文人之座、不列座。事了、講師退復座。次置文臺【硯書蓋、文人・下蔵書詩了】。散位藤遠明朝臣就圓座【始講經人座也】、講之如常、下官爲講師、以文宣王爲主之故也。講了、各復座、講師・問者給禄。講師扇六・筆十・墨八【各以檀紙裹之、置扇上、其扇六枚之内】、問者各扇二・筆五・墨三。事了、講師・問者書問答【其書異裁（○裁、小本作載）】納厨子備後鑒。詩書樣、孟春陪文宣王影前聽講、左傳一首【此行、與始行同長書之、江家説也。余故春宮大夫弟子也、仍用江家説。自余不然】、内大臣正二位藤原朝臣賴長。已下准可知次第、左傳・公羊・穀梁・禮記・周禮・儀禮・詩・書・周易・論語・孝經【除老莊】、毎度子日可講之。〔①93頁〕

七月二十五日、庚辰、見禮記、文々高讀、今日初見也。去々年一部見之、抄了。重又一部可見也。〔①94頁〕

八月三日、丁亥、都□【實行】、使友業云、今年正旦日食之議奏、禮記曾子問、魏志等所引也。其□設會禮隨食否可行者、尤叶魏志之旨、此輩實堪卿相之任矣。霍光重經術之士宜矣、分舍人以三人、舍人憂之、實長進曰、分二人、休憂也。實長不念己利、而使君不取民

憂、可謂忠也。〔①94頁〕

八月十六日、庚子、講公羊、儀式見去年廿二日、但今度懸影於中間、余座北面敷之、拜了、移予座於東間【西面】、講師【蔭子】正六位上藤友業、説經尤妙。始成佐不讀祝、今度友業讀大祝之文。問者余及成佐也、各三重。余問、經文春王、傳謂之文王、何文乎。成佐問、爲賢者諱、然則爲齊桓諱惡哉否。講師答、兩不明、人不爲優。余依爲問者、修諷誦、又仰覺仁、滿文殊真言。今夜、大外記兼助教師安朝臣、應召參上、其座在前、少納言俊通上第一座也、是爲余師、又爲助教之故也。論義了、布施如前。余不預之、余召師安、賜半臂。師安下庭拜出、依高陽院御風氣無詩。〔①95頁〕

八月二十八日、壬子、參鳥羽並新院、使前少納言俊通弔令明、重師仍使此人。余書始時、敦光朝臣爲師意于令明者、幼少時、私習孝經、又長習文選一部、仍貴之、今夜葬云云。〔①95頁〕

九月八日、辛酉、（前略）今日如此、有幸事也、日向前吏通憲與入疏尚書、余不堪感、提絶句一首報之。〔①96頁〕

九月十日、癸亥、見禮記【廿卷】了、參新院【乘船】、新院乘船渡御馬殿御北殿、見皇后及内親王。入夜月明、院乘舟渡御馬殿、余及別當候御舟、依勅、宰相中將教長、少將師仲朝臣競馬、教長勝。次還御南殿、伴女房、歸路月明。〔①96頁〕

九月十二日、乙丑、又見檀弓上。是檀弓上下、學記、中庸、重可見也、爲殊勝之卷【○之卷、八本作卷之】故也。安樂寺小別當在爵【○爵、小本作舜】可通【○通小本作返、可從】預庄事、仰別當俊源、是依申可進摺本書之由也、俊源不許。〔①97頁〕

九月十五日、戊辰、中庸見了。始見三禮圖【新定三禮圖也】。〈●陈按：新定三礼图、北宋初聶宗义撰、今存宋淳熙刻本、蒙古定宗二年刻本等。〉〔①97頁〕

九月二十八日、辛巳、参院、子刻、見<u>三禮圖</u>了、一部廿卷。〔①98页〕

九月二十九日、癸未、拂曉、人告云、待賢門院室町三條燒亡【件御所、今年七月十一日御渡】。即馳參、先是渡御三條西洞院新院御所、本院幸之、右大將以下以人々、豫候此御所。辰始、本院還御、余退出、歸家之後、見<u>御覽</u>〈●陈按：御览指《太平御览》，下同。〉第一百卅八了、日以來此書入車中見之。將見之、問成佐、答云、可又問友業。答云、<u>御覽</u>者、臨時見之可也。雖見首尾、難覺也。余從成佐議見之、一無覺、百卅八卷之中不過十、不愼其前、悔其後、此之謂乎。友業之言是也。因今癈<u>御覽</u>學。今日所見、及一千三十卷、因所見之書目六（錄）載左、自今而後、十二月晦日、錄一年所學、可續載曆奧。

經家【三百六十二卷】

<u>尚書</u>十三卷【抄】、保延六年。

<u>同音釋</u>二卷【首付】、永治元年。

<u>同正義</u>廿卷【首付、書本書裏】、康治元年。

<u>毛詩</u>廿卷【抄】、保延六年【受夫子説、十二月九日始之、同月廿九日終之】。

<u>同正義</u>卅卷【首付、書本書裏】、康治元年。

<u>周禮</u>十二卷【抄】、永治元年【九月、手自引勘疏、散不審、件疏文、令人書本書裏】。

<u>儀禮</u>十四卷【抄】、永治元年【六月、手自引勘疏、散不審、件疏文、令人書本書裏】。

<u>禮記</u>廿卷【抄、首付】、永治元年【<u>曲禮月令</u>受夫子説、四月始之、同月十二日終之】。

<u>新定三禮圖</u>廿卷、康治二年。

<u>左傳</u>三十卷【抄、首付】、永治元年。

同釋例十六卷【首付】、永治元年。

謚法一卷、永治元年。

同正義卅六卷【雖爲抄、句末抄寫也、首付】、康治二年。

公羊十二卷【抄、首付】、永治元年。

同解徽十二卷【首付、書本書裏】、康治元年。

穀梁十二卷【首付、書本書裏】、永治元年。

同疏十二卷【首付、書本書裏】、永治元年。

古文孝經、保延五年【受子師外史說、十月七日習之】。

御注孝經一卷、保延六年【受子師外史說、同五月九日習之】。

同述儀五卷【首付、書本書裏】、康治元年。

同去惑【○同去惑、小本作間者式】、康治元年。

論語十卷、保延三年【受子師外史說、十一月十六日始之、同五年九月十日終之】。

同皇侃疏【首付、書本書裏】、康治元年。

老子二卷【抄】、保延六年【受夫子說、十二月十二日始之、同十二月六日終之】。

莊子卅三【○三、小本作二】卷【抄】、保延六年。

經典釋文七卷、康治二年【序錄一卷首付、左傳六卷、勘付本書】。

史家【三百廿六卷】

史記五十一卷、保延三年【本紀一至六、世家一至十七、列傳一至廿八】。

漢書九十二卷、保延四年【本紀、霍光傳、馮奉世傳、敘傳下、受先師御說、自餘受夫子說、同三年十月三日始之、四年十二月二日終之】。

同敘例一卷、保延四年。

後漢書百卷【抄】、保延四年。

三國志帝紀十卷【抄、首付】、永治元年。

晉書帝紀十卷【抄、首付】、永治元年。

同載紀卅卷【首付】、永治元年。

南史帝紀十卷【抄、首付】、永治元年。

北史帝紀十二卷【抄、首付】、永治元年。

新唐書帝紀十卷、永治元年。

雜家【三百四十二卷】

蒙求三卷、保延二年。

燕丹子三卷、保延三年。

西京雜紀二卷、保延五年。

崔豹古今註三卷、保延五年。

立身誡【〇誠、小本作議】一卷、保延五年。

洞冥記四卷、保延五年。

荊楚歲時記一卷、保延五年。

金谷園記一卷、保延五年。

列仙傳二卷、保延五年。

臣軌二卷、保延五年。

帝範二卷、保延五年。

六軍鏡三卷、保延五年。

續齊諧記三卷【首付】、保延五年。

李氏註文選六十卷【自筆抄】、保延六年【受子金柱下説、同五年八月廿一日始之、六年五月十五日終之】。

新樂府二卷、保延六年【受夫子説】。

鬼谷子三卷【抄】、保延六年。

高才不遇傳四卷【抄】、保延六年。

漢武故事二卷【首付】、保延六年。

王子年拾遺記十卷、保延六年。

顔氏七卷【首付】、保延六年。

太公家教一卷【首付】、保延六年。

素書一卷、保延六年。

註千字文一卷、保延六年。

註百詠一卷、保延六年。

貞觀政要十卷【首付】、保延六年。

孔子家語廿卷、保延六年。

居易別傳一卷【首付】、保延六年。

劉子十卷【首付】、永治元年。

爾雅三卷【首付】、永治元年。

兼明書五卷【首付】、永治元年。

孟子十四卷【首付】、永治元年。

同音義二卷【首付】、永治元年。

東齊記十二卷【首付】、永治元年。

五行大義五卷、康治元年。

御覽百卅八卷、康治元年【一至百卅八】。

都合一千三十卷。〔①98—99頁〕

十月三日、丙戌、參院、又見穀梁、書出論義、來十七日庚子余可為講師之故也、可行考定之由召仰右少弁光賴、日次仰右大弁問陰陽頭。〔①100頁〕

十月八日、辛卯、齋戒、【今月分】、使侍所司親賴弔大外記師安之母喪之次、返送禮記正義曰、喪間此書尤可為簡要、仍忩返也、昨夜齋戒、仍一昨仰置親賴。〔①100頁〕

十月十二日、乙未、成佐來。余云、明年甲子、革命也。將有仗儀、豫可學其事。成佐對云、革命、其事出自易、不學易、難議其事。

爰仰成佐、令點周易、又可校摺本之由仰之。次參院。〔①100頁〕

十月十四日、丁酉、（前略）予案春秋穀梁説、一事無二貶、因之此二失、共一獻時問之罰之、罰酒之間、問左大弁顯業卿云、漢朝禮、罰酒盃用何物乎、對云、兕角也、予稱善【予本知之、試問之果對哉】（中略）十日、十一日兩日地震、因之音樂可止否、勘例不愷、余案春秋之義、以地震為異不為災、仍不止之。（后略）〔①100頁〕

十月十六日、己亥、昨日物忌、見穀梁了、【取目六了】、時也申刻。〔①101頁〕

十月十七日、庚子、講穀梁、余爲講師、拜后【○后、小本作訖】、文人就座了、余以穀梁卷第一、取副笏、進就圓座、講經訖【○訖、小本作説】申、此時勝余傳事幷願意趣【甚畧】、不説孔子之事、論義、先俊通問云、隱八年、鄭伯使宛歸祊、名宛如何。余雖愷不覺釋、其答當傳。及難義三重了、誓言義。友舊・成佐等交語。次友舊問云、齊桓之盟、或日、或不日、以何可爲美哉。余覺釋答之、三重了。友舊稱善、不言義。余復本座之後、講詩【五首】如先、講師成佐、講師俊通、題得眾、則壹賢。問者被如例【冬春以料紙代扇、扇一枚代料紙一枚】、余無詩、解脱之後、友舊・俊通・余三人書問答、余書題【禮記】。〔①101頁〕

十一月三日、乙卯、申剋、初見禮記正義摺本也。大宮大進有成進之、余借之可替書本正義也。〔①103頁〕

十一月四日、丙辰、午剋、見正義第一了。戌刻見第二了。〔①103頁〕

十一月九日、辛酉、終日見禮記正義卷五了、摺本九張。〔①103頁〕

十一月十三日、乙丑、自亥見禮記正義十張【六生（○生、小本作末）五張半、七端四張半】。未刻寬救【大威儀師】來、申云、先日、令筮、事甚吉、書一紙進之、日入被見馬、以爲實爲使、舞姬裝束、遣宰相中將教長許、右大將五節參云云。〔①104頁〕

331

十一月十六日、戊辰、内辨右大将、節會了。皇后退出、□□□□□、又昔、晉文公從子犯之諫拜受土後、遂覇周室、今用土器、亦無不可乎。禪閣不許而曰、女不見詩葛屨乎。文公受土者、古也。〔①104頁〕

十一月十七日、己巳、余近年學經、不暇學史、因之、自今春、命生徒五人、食物、及沐浴之時、令語南史要書【三反】、昨終其功、今日又更、生徒等問其始、若【〇若、八本作爲】覺事者、余對其末、若不覺者【〇者、八本作在】、生徒尚、語其末【〇若覺以下十八字、諸本有異同、今據小本改】、是以覺否、知余敏鈍、南史傳七十卷之内、生徒所語凡五百九十一事、其中所覺二百八十五、不覺三百六、不及半分、深爲恥、翌日語了之。〔①104頁〕

十一月十八日、庚午、南史語了、入夜、密々有番論義。一番少納言俊通・山城前司實長、二番紀伊權守遠明・修理大夫敦任【遠明、敦任兄弟也】各雖有小失、可謂優美。學道之盛、可悦可樂、此中俊通無失。〔①104頁〕

十一月二十四日、丙子、卯刻、大地震。申刻奉幣、了參院。次參新院【昨日幸攝政近衞亭】。次參内、見參主上云云【〇、云云、一本作之】。後着陣、有去永治元年、當年不堪申文、了召外記仰之【〇之、八本作云】、今月卅日、來月四日、可有不堪定、可催諸卿者、即參殿御直廬、申云、官奏間、卿相候御前否。仰曰、先例不候歟。仍予退出立隱、見辨作法。永治元年、當年不堪荒奏也、左少辨光賴候【今日始候】、作法不優美、又可讀【〇讀、小本作結】申去【〇去、小本作者】某辨【〇辨、小本作年】而習平常荒奏、申當年、大失也。又々有小失、了參高陽院、退出。今日奏有副文、先日、借信俊周易正義摺本、以美紙、能書之人、令寫之了、今日、以前少納言俊通爲使、遣信俊之許曰、請以書本替摺本、若不許所請者、此正義之外、信俊所欲得之全經末文五十卷、新書寫之、是余深愛摺本之故也。在若冠好學、今知道之不行、不好之、是以不好書籍、雖不給替、密可借乎、況有替哉、又可末【○末、八本作安】五十卷乎。俊通持摺本還、余心悦、甚於千金。〔①104—105頁〕

十一月三十日、壬申、晴、（前略）殿語曰、攝政吉書及荒奏束帶、和奏布袴、故實也、參高陽院、退出。今月所見禮記正義十六卷。〔①105頁〕

十二月一日、癸未、雖晴日不食、司曆失之、見禮記正義卷第十七。〔①105頁〕

十二月六日、戊子、未四點、見禮記正義卷第二十了、自朔日至今日、四ヶ卷。〔①105頁〕

十二月七日、己丑、雪降、成通卿許送馬、依下向伊勢也。吾欲學周易、即是所以可與明年甲子革命之議也。而依【○依、小本作俗】人傳云、學此書有凶云云。又云、五十後可學云云。余案之、此事更無所見、如論語皇侃疏者、少年可學之由所見也、然而猶恐俗語、因之。使泰親代山府君、去三日欲祭、依雨延引。今日又天陰雪、秉燭後、束帶、向川原【乗人車參之（○之、一本作祭）儀】、于時雪頻降、乍車蹔立川原、請府君曰、學易極天地之理者、是正道也。鬼始也者、邪心也、邪勝正者、非天之心、豈雖【○雖、八本・小本作難】鬼始之

學易者可被【○被、一本作致】其凶乎、雖不祈請天可降災、何況祈請哉。頃之、天快晴、月星見、天與善謂哉。此言善、謂學易一邊非謂我是善人也。雪猶少下、然而余下車就座、泰親祭之、不經程雪止、祭了歸宅、召泰親賜衣、依天晴也、改着净衣、拜畢、依恒例也。都狀成佐作之、載左。

謹上　泰山府君都狀

南瞻部州、日本國、内大臣正二位藤原朝臣
某年、

本命

行年

獻上冥道諸神一十二座

　右【某】謹啓泰山府君、冥道諸神等、府君者、十二冥道之尊長
也、司命司録、耀光於上天、白籍黒籍、記事於東岳、禍福唯依信不
信、壽夭又在祈與不祈、若被【○被、小本作致】精誠立垂感應者歟。
【某】謬在弱冠之齡、早忝輔宸之緘。器量疎兮、備台鼎、鹽梅之味無
調。才幹短兮、居星階、柱石之用難協。縱受餘慶於累祖之蹤、争銷積
毀於衆人之口。夫忠孝之道、披典籍以乃見焉。禮讓之儀、待文章以後
顯矣。古典〈●陈按：古典指《礼记》学记编》。〉云、君子若欲化民成
俗、其必由學乎。玉不琢不成器、人不學不知道。蓋此【○此下一本有
之字、可從】謂也。是以爲収曠官之責、爲勵奉公之誠。專志於九經、
竭力於六藝。性縱愚魯、學古思齊而已。俗諺云、易多忌諱、學者之仁
可畏也。又云、五十後可學此書。而明年甲子當革命否、雖爲瑣才之
身、可開【○開、小本作關、似可從】群議之序【○序、小本作席、似
可從】、革命之起、出自周易、若不窺此書者、何以陳其起、若又披此
書者、恐不免其微、然而俗人之諺、未識所由、始學【○學下一本有道
字】以事君父、則天須與善、嗜道以辨禮對、亦神蓋【○蓋、八本作
盡】幸謙、從【○從、小本作徒】幼學之齒、縱讀此書、到知天命之
年、將究其理、何必待五旬之算、徒立枕【○枕、一本作抛】一經之
勤、新【○新、一本作斯】知人凶、誠非書凶、但唯云【○唯云、一本
作難知者三字、可從】隱陽之方【○方、八本作云】也、易、迷者顯微

【○顯微、八本・前本作然微、小本作咎微、一本作寂然】之境也、不知蒙【○知蒙、一本作如索】冥道之加披、破厲階於未然、加之明年之曆、相當重厄、彌致謹慎、將拂禍患、是故敬專【○專、八本作尊】如在之禮、聊設惟馨之奠、易【○易、一本作苟】有明信、神其捨諸、縱有妖恠之可來、飜爲福祐、縱有運命之可被【○一本作致、可從】氣使【○氣使、八本・前本・小本共作氜便】壽算、伏乞玄鑒、必答丹祈、謹啓。

日本國康治二年十二月七日、內大臣止二位藤原朝臣

【某】謹啓。（①106—107頁）

十二月八日、庚寅、晴、午剋、始見周易、至九五爻而止之、依吉爻也。今日依入學吉、始見也、置卷第一於書案、再拜後見之、盥漱、着烏帽、直衣見之、後々可如此。此書、殊可被敬之故、在後後不【○不、八本作尤、可從】可拜也。女犯、魚食、不可憚、只盥漱可見也。（后略）〔①107頁〕

十二月十二日、甲午、入夜成佐來、周易談間移時、馳參新院、依御佛名也、已事了云云、依召參御前、頃之退出。（①108頁）

十二月十四日、丙申、自夕雨下、申剋見周易卷第六了【自一至六謂之本經】。昏墨參院、持參高陽院御堂供養式、近臣皆隱不逢、是則、依諸事不可奏之由有仰也、即以式遣通憲許。次參皇太后。次參內、爲定荷前使也、依無宰相延引。次參高陽院、有御佛名、今日、勅使參着伊勢云云。〔①108頁〕

十二月十五日、丁酉、周易點紕謬、問成佐正改、秉燭了。今日可被行季御讀經【先日、余定之】、而被停之。〔①108頁〕

十二月十八日、庚子、南京高陽院御堂供養云云。無賞、准御齋會云云。余作式。午剋歸洛、依例講禮記、今度有儀禮一部、置文宣王御前、後可効之、講師成佐、問者俊通。先例、問一部内事、人別問一事、今度、凡議定二卷【今度第五、六】、豫被仰講師、問者。又人別

335

問二事【問答不異僧、但不引聲】、後可効之。先例、問者二人、今夜所在、俊通、實長、余也。實長及余、成佐弟子也、仍俊通一人問之、不可爲例。事了、講師、問者出論義、依有遲怠、今度有議、以實長爲注記、論義之間書之、後可効之。今夜論義、一月令誰作哉、一<u>文王世子篇</u>稱文王如何、詩三首【俊通不進四首、有憚（○憚、小本作煩）故也】、獻如例、無新【○新、小本作料、似可從】紙、以美紙廿五枚爲料紙一卷代。豫所定仰之講師、直講中原師長也。豫定仰卷第一、二、三、四。問者二人、成佐、實長也。今夕、師長參申云、助教祐隆師也、又【下官舅也】受重病、欲出家者。仍改成佐。翌日、祐隆卒云云。〔①108—109頁〕

十二月十九日、辛丑、入夜、始見<u>周易正義孔穎達</u>。〔①109頁〕

十二月二十日、壬寅、見<u>周易正義</u>卷第一了。又見第二端少。皇太后宮、南京御供養、准御齋會云云。無賞、長者【○者下八本有不字】下給、未曾有。〔①109頁〕

十二月二十四日、丙午、一昨至今日三ケ日、奉拜春日。酉刻、見<u>易正義</u>第二了。戌始、參皇后宮、依佛名也、法皇御坐、余示大夫云、近例常有行香、右例式無樣覺持、大夫云、古者多無之、仍今夕行香、今日荷前。〔①109—110頁〕

十二月二十五日、丁未、見<u>易正義</u>卷第三、論見<u>坤卦正義</u>了、正之。（●陈按：论·正之两处原文注有见消圆点。）仍<u>日</u>【○月、小本作周】<u>易</u>門戶、先是<u>乾坤二卦</u>、正氣也、爲知大意也【雖卷第三内不見<u>屯卦</u>以下<u>正義</u>】、次見<u>易</u>卷第七【<u>上辭</u>】了、即參院、改裝束、向或所、及曉歸宅。〔①110頁〕

十二月二十七日、己酉、終日見<u>易</u>卷第八、九了。一代一度仁王會、今日可被行【先日余勘日時】而被停云云。〔①110頁〕

十二月二十九日、辛亥、未刻、見<u>易</u>卷第十【<u>畧例</u>】了。大宮權大

夫忠基許、遣馬副裝束【新調四具遣之】、依先日乞也、依清貧被乞歟。〔①110頁〕

十二月三十日、壬子、早旦小念珠。午以後至于戌、與成佐對、正改易點、大炊烏丸火、及二條東洞院。出羽守知信朝臣、依重病可出家之由、夜前、以其子信範申之、予許之、今日使盛憲問之、彼朝臣事、禪閤四十年無苛政、又於余自元服至大臣着座、奉行之故也。盛憲師來云、出家延引。

康治二年所學【自十月至十二月】

穀梁十二卷【自筆抄出論義目六、加今度、二反】

禮記正義廿卷【一至廿、勾要文、爲令生徒書本書裏、又首付】

周易十卷【高讀】

同正義二卷【一、二】

尚書二卷【一、二、加今度二反】

已上四十六卷之內、新見三十二卷。〔①110頁〕

○康治三年（南宋紹興十四年・1144）

正月九日、辛酉、終日、與成佐、正改周易畧例點紕【○紕、八本作訛】謬、新院幸最勝寺云云。〔①114頁〕

正月十二日、甲子、酉刻、參高陽院、與菖蒲同車、參攝政殿、令菖蒲□□參之後、相具皈宅、即參尊勝寺、次參法勝寺、先是、新院幸、依召候簾中、次幸成勝寺、余自閑道參會、又候簾中、頃之皈宅、具菖蒲留是高陽院、即參法成寺、鳴鐘後皈宅。未刻、車宿火、人消之【去年冬午刻、又同前、火又消】、右將軍示送雲、放火及度度、可固衛。對雲、災祥者不德之所致也、守而難消、但試可行禳火之祭祀、又隨火星之出入可用□□【見左傳】。〔①114頁〕

正月十三日、乙丑、自十日至今日、正改周易卷第一點、入夜、成佐依母疾退出。〔①114頁〕

正月十九日、辛未、成佐來、改周易卷第一點了、他卷々先【○先、見誤】了。〔①115—116頁〕

二月一日、壬午、少納言通憲、方入、來言談、依慶申也、余請習易筮成卦之法、對云諾。〔①117頁〕

二月六日、丁亥、自一昨日、引勘春秋緯、然而、古人勘文、所引之文外、革命等事不見、先日、列侍詩文、同至易傳者、古人所引之文不見、爲奇々々。〔①117頁〕

二月七日、戊子、晨興、引孝經鈎命【○命下恐脱決字】革命、革命等事不見、但諸春秋緯並鈎命決有可叶革命、革命等之疑文等、夾算問友業。新任少納言二人【通憲、俊長】初參、晴政云、上土御門大納言。〔①117頁〕

二月十一日、壬辰、今日依日次宜、招少納言通憲、習易筮成卦作法、今日伐日、有憚否問之。通憲曰、無憚。因習之、寢殿西北廊設座、通憲西面、余東面、是武王受丹書於太公之禮也、注學記正義云【卅（○卅、八本作冊）六】、王庭之位、若尋常師從之教、則師東【○東下恐脱面字】弟子西面、與此異也。今案、成卦者重事也、可異尋事教學之儀、因准丹書之儀也【通憲並余座、皆高麗】。自一作日精進【但魚食不忌、服忌、月水、亦不女犯、又淨衣許也】、戌刻通憲來、布衣、余相逢【烏帽子、直衣】、習之、通憲先成卦、次余成卦【不問吉凶】、及子刻欲飯、命予云、勿多言、勿多言。余對曰、唯。通憲與帖子錢蓍、余以列見考定鈔二帖【次第一帖、與（○前本無與字）雜例帖】。通憲云、勿他見、書寫可返與。此書先年大臣著座時、百日之間、忘寢食所抄書也。〔①117—118頁〕

二月十九日、庚子、祈年穀奉幣。巳刻參內、宣命清書、不可覽之由、有攝政殿命、仍予見了、返給內記。則參八省、次第如常、賀茂使修理大夫忠能【散三位】依參議等不參、申殿下催之、松尾・平野使・

参議經定朝臣・八幡使中將源師仲朝臣、依地下四位不參、申殿下催之。歸宅、講周禮、講師前少納言定俊、問者山城前司實長、二重疑之、五六卷論義也、本所定講師、新直講師元、俄稱障、仍改之、依甲子年無詩。今夜詣吉田賀茂。〔①118页〕

二月二十一日、壬寅、晴、千僧御讀經、予供奉新院御幸、有惣禮、予貫首練步。亥刻、講周禮、講師新直講中原師元、問者雅樂助藤原成佐、一二卷論義也。一稱天官何故平、二醫不三代不嘗其樂、三重疑之、答問皆無難【就中、二論儀委競釋】、說經又優美、本道人、奉仕此役、自今夜、始而講論、皆以優美、道之光華、家之名譽、身之面目、何事如之、仍感悅之旨仰了。豫所定仰一二三四卷也。藤友業、可疑三四、然而初度之上、一二無難、仍停之。去十九日、講師可勤之、而有所勞辭退、仍今日、臨時講之、懸孔子、置經如常、但不備祭奠、又無拜儀、無詩、仍予烏帽、直衣、不潔齋、但盥洗、師元衣冠取笏、今日無禄。〔①118页〕

二月二十四日、乙巳、講禮記【臨時】、其儀如去廿二日、講師直講中原師長【衣冠取笏】、問者山城前吏實長、一二卷論義也、一曲禮、上大夫七十致仕云云、然者、致仕後全不出歟。二檀弓上、伯仲等字、以何年稱之哉、三重疑之、其二重、或覺釋、或引他所釋答申、至三重、全不答申、追可勘申之由、極奇事也、但問答神妙之由仰、其父師安、依爲師也。師長、去年十二月可勤之、而有障停之、今日臨時講之、本所仰一二三四卷、而依爲初度、停三四也。〔①119页〕

三月十二日、癸亥、招宰相中將教長朝臣、令書周易外題及卦名。今日々中時、護摩結願。〔①119页〕

三月二十二日、癸酉、見周易【卷第一】。一代仁王會云云、不參、始如意輪供【覺仁】、依去夜或人夢惡也。〔①119页〕

四月七日、戊子、革命集類了【十二卷】、余並成佐、立成【（〇

339

成不詳、或籤字歟）依善家説候也】、相分、仍各加封、納置樓底、友
業追可參院高陽院、入夜泊或【〇以下恐闕文】〔①120頁〕

　　四月十九日、庚子、奉幣如常、依例講儀禮、講師實長、問者俊
通、孝能【一二三四】、論義等見記録、依甲子年無詩。〔①120頁〕

　　四月二十日、辛丑、式部大輔敦光朝臣【子二】、依重惱出家、雖
非鳴才、雜筆冠絶當世矣、天無斯文歟。敦光申請、以其子大内記長
光、被聽新院昇殿、依爲御師讀也。遣山城前吏實長、問敦光朝臣病、
依爲書始時師也。其外不習書、周易見了。〔①120—121頁〕

　　四月二十七日、戊申、易點失錯、重改正了【自去廿一日有此
事】。〔①121頁〕

　　四月二十八日、己酉、見易正義。〔①121頁〕

　　四月二十九日、庚戌、召友業習六壬占。葬皇太后于石陰、入夜、
乘女車向中御門大宮、見太后葬禮、卿已下、會葬之數百。〔①121頁〕

　　五月五日、乙卯、夜敦任玉燭寶典之意、殺蟾齡、以血著方尺之
布、令蒙侍宗廣、首頭、居庭前【東面】、無動矣。是見百鬼之術也、
而無其驗。〔①121頁〕

　　五月二十一日、辛未、大威儀師寬救、憂瘡云云、即使問之、對
曰、及獲麟、見其反札、寬救手書也、思之、當時未危急歟、遣乞筮形
見之、遇臨䷒之復䷗【臨九二動】、余占曰、據九二爻辭、並正義會釋等
推之、病難愈、依會釋、陽將消也、正義、但宜有從有否、乃無不利、
以之推之、吉見疾意、加療治者可得驗、近代醫、能難知病意、然則生
少□□□矣。又案臨卦辭曰、至八月凶云云、案正義、八月有三説【建
未、建申、建酉】正義案注、以建申爲最、會釋説、建未爲最、然者、
六月、七月、八月、似【〇似、八本作以】可有凶、就中、據正義者七
月、據會釋者六月、書筮不審十一簡條【又曰、此外有秘事、可注申、
又弟子之中、誰吉（〇吉、前本作善）習】、使前少納言俊通問寬

340

救、歸來曰、瘡上邪氣加、只今不覺、得常之時、可注申者。又曰、寬救申云、此筮甚重、但非無聊扶歟、已與余占相同。〔①122頁〕

六月十三日、癸巳、臨時講<u>左傳</u>、定一二三四卷、講師助教定安、問者成佐【一、二】、友業【三、四】、成佐三重、友業二重、定安答旨、甚以不覺、成佐問一條、全答、滿座含咲、説法一口、又不足言、委旨見記録。〔①123頁〕

六月十八日、戊戌、終夜、見<u>易正義</u>、丑刻許聞鵯聲、天明就寢。翌日召泰親、令占鵯事、曰、可慎火事口舌。問曰、可避所否。泰親曰、今不可避者。傳聞、今年、所々此鳥鳴云云。泰親曰、今日問此鳥怪七人。〔①123頁〕

六月二十日、庚子、依例講<u>毛詩</u>、講師散位孝能、問者成佐【三重】、菅登宣【二重】、講師皆覺釋、説經文優美、其論議在記録。〔①123頁〕

六月二十二日、壬寅、<u>周易正義</u>一部十四卷、今日見畢【安見】、本經引合、不落一字【○字、八本作文】、見畢、<u>正義</u>首付點本、與<u>正義</u>讀、説相違之所用<u>正義</u>、追可裏書也。〔①123頁〕

六月二十七日、丁未、昨日、今日、向成佐改<u>易</u>點畢。〔①125頁〕

六月二十九日、己酉、以<u>畧例</u>合【○合八本作令】<u>注畧例</u>見之、其儀、一如<u>正義</u>、但不洗手、不著鷹衣、唯著烏帽、許依非文王、周公、夫子之作也。成佐進兼方記、文章巧妙、續載別記。〔①125頁〕

○天养元年（南宋绍兴十四年·1144）

七月一日、庚戌、往日木工權頭能忠申之、<u>獻沓筮書</u>等、但借覺忠僧都了。余乞僧都今日與之、喜悦不知所爲。上日職事散位藤孝能【才士】許仕、依滿五十也。其替、以蔭子源有忠補裏【○裏、八本作裏】衆、所以貴謹慎、必石【○石、恐在誤】奮也、無他藝。〔①125頁〕

七月五日、甲寅、今朝物忌、對成佐、直<u>畧例</u>點了。〔①125頁〕

七月九日、戊午、去七日寅刻夢、吉凶問占夢者【下（〇下、八本作了）女人也、呼鳴夢説】俗曰大吉也。始見禮記正義廿一【廿己上、去年見了】、皇后入内云云。通憲來、終夜談筮鴒事。〔①125頁〕

七月十五日、甲子、終日見禮記正義、摺本八張半、今明物忌。〔①125頁〕

七月二十五日、辛戌、今明物忌、自今日見周易釋文【一卷、摺本】、叩瀆記之文【但違本點、反正義説之所也】懸黃勾、追可使人書付本經也、其聲有不審者、令【〇令、八本作命】生徒引勘東宮切韻、知之。〔①126頁〕

八月四日、癸未、依西京雜記意、遣侍尾張兼忠、惟宗盛言、合手於實長家北戸竹下令圍碁、【二秤】、兼忠共勝予、平常兼忠□負云云、今日有興事歟、可有福之象也。〔①126頁〕

八月五日、甲申、周易釋文、委見之間、每日不過一枚、終夜、不合目四五夜、況手書乎。今日子刻、終其功。〔①126頁〕

八月二十一日、庚子參院、依御物忌不參内、上疾少宜云云、今日、依例講尚書、講師藤友業、問者孝能【二重】、卯刻儀始、本所定問者直講師元遲參、仍問者一人。

八月廿一日【豎義、春秋義課、春秋大義、制義、三傳優劣】

講論了、引布施之後、各起座退、次探題雅樂助藤成佐引問者四人【一問友業、二問余、三問孝能、四問實長、五問登宣、但余不在此列】。

著座、探題在上、問者依問、次第就之、本以師元爲注記、依遲參。五問登宣、持硯續【〇續、一本作懷】紙著之、依勤注記也。今日問者、豫有議定、依才優劣、定次第、不依年齒官位。探題、問者、豎者、皆布衣也。問者著座了、豎者前少納言源俊通、進就圓座【不改講尚書時講師座】、次探題以竿【〇竿、八本作竽】給豎者令讀上了、返奉探題、令各給問者了、竪者表白。次一問五重【春秋、以一字褒貶、其義如何。三傳作者、誰人云云（○八本無）乎）、探題調之【三重】。其後、以只詞調之、後判得略【乍二得】、次余取副竿（○竿、八本作笒）於笏、進就問者座【友業下】。二問三重【刻（○刻、書一本作新云）書。○變例、如詩變風變雅、其心如何。四狩獲麟、其心如何。】余歸座、次探題調之、自二問以後、探題自始、以只詞調之、次判得略【一得一略、令獲麟竿（○竿、八本作笒）】。次三問二重【春王正月、其心如何。恒公無王、其心如何】、次探題調之、判得略【春王竿（○竿、八本作笒）得、公竿（○竿、八本作笒）未判】。四問二重、已下注也。春秋制作時節、幾乎左氏能禮、公羊能識、穀經其心如何、已上注也、探題調之、判得略【乍二得】。五問一重【左氏傳第十七奧、在第十八端、其心如何、齊人來歸衛（○衛、前本作例、似是）變、其心如何】、不調之、推注得由、此後無禄。明年、探題友業、竪者孝能由、定仰了、各分散、于時午刻。

先例、祭翌日、撤孔子膳、只奉御前、而自今度、有議定、分給、今日、參入之人宅、可爲流例。

竪義事、以八月建酉【廿一日】不謂支干、爲式日、是孔子生日也。公羊傳曰、十一月庚子生。穀梁傳曰、十月庚子、孔子生。

案之、周十月、即夏八月也。兩傳曰日同月異、公羊解徵、穀梁疏不釋之。案三經皆云、各十月庚朔、日有食。計之、十月廿一日、當庚子、十一月不得庚子、但十月有閏者、十一月得有庚子矣。案、杜預長曆、八月有閏、十月無閏。然則穀梁説可爲是乎。據此説以八月廿一日爲式日矣。

今日始有此事、隨又當庚子、寔難逢之日也、先聖聊有感應歟。

去年、定仰探題、竪者、又探題以義課【春秋大義、制義、三傳優劣】給竪者。去月、定仰問者及註記。今月上旬、問者向探題宅爰算、

343

又竪者追隨探題、々々聞算。僧前一兩日聞之、而儒道竪義、今度、始有此事、道之大事、何事如之乎。仍上旬令聞之。問答、委細在注記、不能具記。〔①126—127頁〕

九月一日、己酉、依御燈、欲出河原、無可奉仕陪膳之四位、以使申此由執政、報云、用五位、何事之有乎、但群行年、無御燈、如何。仍留了。余不學我朝政事之所致也、可恥云云。永【○永、八本前本作被】知見禮記正義卷第卅五了。〔①128頁〕

九月八日、丙辰、齋宮群行事、具別記。今日午二點、見禮記正義第四十了。親隆又云、火光如電者、起自南圓堂、至西金堂云云。多武峯御墓、大鳴云云。〔①128頁〕

九月十七日、乙丑、參院、高陽院、除太后服之後、今日、初幸歡喜光院、依吉日也。或人云、廿日、於鳥羽可有競馬云云。亥刻見禮記正義卷第四十六【學記】。〔①128頁〕

九月二十日、戊辰、依城南寺祭、可有競馬七番、而日夜甚雨、祭並競馬皆以延引。午始、余自宿所參上、依召望龍顏、申終退下宿所、少將公親來、暗誦論語卷第五以上、近代未聞事也。公親年十四。〔①129頁〕

十月十五日、壬辰、尼御前、自御前【○前、八本作所】渡御々堂、行彌陀講、有樂。入夜、乘月歸洛、便參高陽院、法皇坐。今且見尚書卷第十三了。去保延六年、一反見之、抄了、加今度、二反見了。〔①130頁〕

十月十六日、癸巳、讀周易第一、抄出論義、敦綱執筆。上皇賜手書、詔曰、足疾不堪行步、而法皇有可彌來之命、仍慼、明日可參仁和寺、乘降于車、若及倒者、可扶者。頓首承詔。〔①130頁〕

十月十九日、丙申、周易卷第三見之、論義抄出了。來廿三日庚子、當周易、僕可爲講師、自一至三可有論義、仍抄出三卷了。又見會

釋卷第一。亥刻、參高陽院、法皇御坐、即向仁和寺。〔①130页〕

十月二十一日、戊戌、終日見周易會釋。入夜、或人來言談、入道殿、自宇治參高陽院給云云、爲見法皇也。〔①130页〕

十月二十三日、庚子、自曉雨下、風興、使孝能成卦【八卦筮】、先遇離、又使成之遇坎、即既濟也。案、混林云、占雨有雨、占晴不晴。據此說者、難晴也。小時、雲南行、乾雲漸盡、人以爲欲晴。余曰、若晴者、筮告不以實乎。頃之、雲又回【○回、八本無】展、雨大降。人以筮爲有信。依雨、仁和寺一切經會延引、自卯至于亥、易會釋四ヶ卷【自十七至二十】見了、便首附一、二、三、四、並十六、合五ヶ卷、昨日已往見了、依爲今夕講師也。丑刻、依例講周易、定卷第一二三、論義【三各一】、講師余、問者助教清原真人定安【三重】、藤原友業【二重】。說經、以周易當如來三身【以虛無道受用身、以宓犧、文王、孔子等、當變化身】。定安問、以乾爲易如何【覺釋答之】。易有三義、一證易、其意如何【雖不覺、釋答旨不違正義意】。友業問、噬嗑卦以　食譬刑人、如何。大畜卦象云、天在山中、如何【共不覺釋、然答旨不違釋意】。友業三重、可疑之由、雖仰之、二重答之、上申【○申、一本作中】無殊難之由、不疑。定安論義、雖非定、可爲卷第二之事、易之大意、雖爲何卷事、可無難、仍所疑也。但安定第二三重問狀、可謂不知論義作法、衆人傾耳、如來三身功德、兼日、仰權少僧都覺晴【法相】、令抄出見之【抄唯識論第十】。鷄鳴之後、事了分散、兩問者祿如例、余無之。周易、今日始講之。成佐去城外難候。安定、友業等各依不知易道、固辭。再三雖加催、敢不受命、恒例事、非可默止、仍余慭講之、偏是爲不關事也。忘當事向後之嘲、爲冥加諷誦七所【賀茂下上、吉田、六角堂、祇園、清水寺（○清水寺、八本在行願寺之次）、法成寺、行願寺】、仰覺仁闍梨、自今朝修文殊念珠、今夕、尼御前、渡御攝政殿、依爲講師、不能參仕。〔①130—131页〕

十一月一日、戊申、朝召伶人舉樂、人傳云、式部大輔入道敦光、以去月廿八日入滅。余驚、罷伶人、依爲師也。件人、書始時師也、其外無所習、然而非可無尊敬。仍召明法博士有隣問云、師死、在心喪之内、欲奉遙拜春日、如何。勘申云、假寧令云、師經受業者喪、給假三日。義解云、謂師博士也、依律已成業者是也。私學亦同者。依件文爲師出假者、本條有限、於服者、無其制歟。又有隣申云、過三日了、非假限、不可忌神事、仍今日七ヶ日、遙拜御社、雖非服、依爲假後、先有祓、又内々付僧、奉幣於御社七日。此等、皆依今曉吉夢也、雖非假限、七日之内、止絃歌、喪於哀之故也。去年、大内記令明卒、四十九日不宴樂、今七日止之者、雖有師禮、無所習之故也。自今日見禮記正義【四十七】、念珠【百万念佛】及周易講師之間、暫中絶矣。後日傳聞、春日祭辨、各稱障不下向、恐衆徒云云。依殿下仰、少納言藤原成隆、俄下向云云。是辨之代也。又衆徒逐還皇太后使大進泰兼朝臣、仍空上洛云云。自余使、皆參社頭云云。是衆徒大怒撿注事歟。〔①132頁〕

十一月十五日、壬戌、見禮記正義十張。〔①134頁〕

十一月二十日、丁卯、童御覽、依咳病、不能參仕之由、令申殿下。見禮記正義十張。〔①134頁〕

十一月二十九日、丙子、今日見禮記正義十六卷【四十七至六十二】。（后略）〔①134頁〕

十二月十日、丙戌、申四刻、見禮記正義卷第七十了。去年十一月三日始見之、一部七十卷、今日終功、首付懸勾、又抄出論義、此論義、爲教隆修理大夫藤敦任【儒】五經正義百八十卷、皆見了、皆首付懸勾。〔①135頁〕

十二月十一日、丁亥、參宇治便、參一條殿、道間復老子【上卷】、又吹笙、師國朝臣在車和之。〔①135頁〕

十二月十三日、己丑、朝間、復老子上卷了。午刻、歸洛便、參一條殿、復老子下卷【始自小松殿門、至九條口、終一卷】。入夜伴宰相中將教長朝臣參内、依荷前定也、令教長書之、每事如常、但辨不參、因仰左大史忠行【六位】、令進日時、依北山抄意也、依御物忌不參殿上、參新院有佛名、事了退出。〔①136頁〕

十二月十九日、乙未、入夜、少納言入道通憲來、談易事、出家後始來。〔①136頁〕

十二月二十日、丙申、自去十五日、至今日午刻、周易所勘、付之正義【裏】、釋文【面】、與成佐、敦任等、讀合了。未刻參院、御懺法了、參高陽院御方、退出。依爲申日、奉拜賀茂、了使山城前吏源實長、弔故式部大輔入道敦光朝臣後家。〔①136頁〕

十二月二十四日、庚子、晴、此兩三日、寒氣殊甚、先使定安參大學、所請披覽之書【五經正義、公羊解徹、穀梁疏、論語皇侃疏、孝經述義等也。】皆見之首付勾要文了、因之、今日又使安定參聖廟告申慶由。自一昨始精進、忌服者月水、不忌僧尼、不祓除。今日、辰刻浴、束帶【帶劍】自書告文【檀紙、無禮紙】、取副笏下庭【敷高麗一帖】、向大學方、先再拜先聖、次再拜先師了。召助教清原真人安定【束帶】、先之、使安定申請聖廟之事、皆成就、仍今度又用此人、給告文、安定閱之後、歸昇解劍、參孔子影前【依當庚子、懸聖影、備祭奠】、讀易上繫辭了、讀下繫辭端之間、安定歸來。次依例講論語、講師雅樂助成佐、問者中原朝臣師元【三重】、修理大夫藤原朝臣敦任【二重、紀傳儒】、注記菅原登宣。師元、敦任所疑皆得理、給祿如常。申初事了、依五經正義見了、自今度祭奠之儀、有所增加先師奠、九哲飯、讀【大小】祝等也。又問者、注記在別【敷疊一帖、問者二人、注記一人、合三人（○人下八本有令字）居之】、件式前少納言朝臣俊通、作獻之【名庚子講式】、依予命也。禮儀具見式、不能委記【前々無式。今度始用】。今度、行事職事賴佐【阿波守】依爲屬文人、召著

347

文人座。（后略）〔①136—137頁〕

天養元年所學、

周易卷第一、【高讀、隨讀正改點、加今度二反】

周易一部十卷、【抄、加今度二反、卷第一、加今度三反】

周易一部十卷、【合正義、加今度三反、卷第一、加今度四反、加見注略例】

周易正義一部十四卷、【首付、講句、卷第一二、加今度二反】

混林雜占一卷、【第一自筆抄出、不懸勾】

周易釋文一卷、

周易三卷、【一二三、加今度四反、卷第一、加今度五反】

易會釋九卷、【首付】

禮記正義五十卷、【首付、懸勾、自筆、抄出論義】

周易一卷、【第七、加今度四反】

老子經二反四卷、【加今度三反】

尚書【〇一八本無】十一卷【第三已下、加今度二反】

已上百十九卷之內、新見七十三卷。（①139頁）

〇天养二年・久安元年（南宋紹興十五年・1145）

正月九日、乙卯、見三注老子。〔①143頁〕

正月十四日、庚申、守三尸、懸老子影、讀老子經、講師友業、問者實長【三重、上卷】、孝能【二重、下卷】據庚申、經夜半已後、余及客皆向正南、再拜呪曰、影【〇影、前本八本作彭、可從】候子、黃帝子、命児子、悉入窈冥之中、去離我身【三度唱之】。鷄鳴後就寢、丑刻許、大風雨雪。〔①143頁〕

正月二十一日、丙寅、（前略）菖蒲丸初習孝經、以藏人雅樂助成佐爲師、於高陽院有此事、密々之儀也、非書始。〔①143—144頁〕

正月二十七日、癸酉、（前略）入夜見三注老子了。〔①144頁〕

正月二十九日、乙亥、始見<u>孝經述儀</u>。〔①144頁〕

二月十日、丙戌、參土御門殿、法皇及高陽院、渡御宇治、依御方違也。余依仰乘車自閑道參、至鳥羽御船、余候別船。申刻渡御宇治小松第。及暗、余歸洛、依明日列見也。依<u>尚書</u>復了、於車外舟中復<u>毛詩</u>、不復注、今日始之。〔①145頁〕

三月十一日、丙辰、（中略）。路間復<u>毛詩</u>一卷、但不復注。先年詣此御社、祈所勞平愈之時、終日甚雨、拜間幣紙切落、件病愈了。今日又雨、幣紙切落、吉事歟。〔①147—148頁〕

三月十二日、丁巳、歸洛、參宇治、昏黑入洛、車內<u>毛詩</u>十六卷、不復注、申時以前雨。〔①148頁〕

三月十五日、庚申、守三尸、講<u>老子</u>、講師成佐、問者俊通【二重】、友業【三重】、夜半後有再拜呪等。〔①148頁〕

三月二十五日、庚午、酉刻見<u>老子述義</u>了【一部十卷】、首付勾要文、抄論義皆了、其論義抄用闕官帳裏。傳聞、一院、高陽院幸鳥羽、夜分宇治御消息云、明日御幸可參、被觸院穢、何事之有哉。〔①148頁〕

三月二十九日、甲戌、召敦任教<u>禮記</u>論義【今日始】、以余口筆、令敦任書其論義、本所抄置也【自筆】、今委令書也、或二重、或三重。〔①149頁〕

四月二日、丁丑、自正月、所造之文倉、造了。今日置文書、依吉時用午刻【憲榮勘申日時】、余着冠直衣、取<u>春秋</u>緯櫃、先入置陽棚【東棚五重謂之陽】、藏人式部丞藤成佐束帶、取<u>易詩等</u>緯及<u>河渠書</u>櫃、復入置陰棚【西棚六重謂之陰】、泰親申云、作文倉、始入<u>河洛書</u>之由、先達所傳也。余從用之、文倉制、高一丈一尺【此外、礎高一尺】、東西二丈三尺、南北一丈二尺【一間】、南北有戶、四方皆拵之以板、其上塗石灰、其戶塗螭【○螭、八本作蠣】柄、爲不令剝落也、葺以瓦、去倉六尺築芝垣、廣七尺、高一丈三尺、坤角有出入之道、乾角決地【○地、八本作池】令通水、芝垣外堀溝三尺、廣二尺、其外栽廻竹、其外有尋常築垣【西北家外廓、東南別爲倉廓】、巽角【南面】有戶。〔①149頁〕

四月十四日、乙丑、依吉時、午刻始書文倉書、實長、盛憲、向之、去二日雖始置書、未盡書、自去十一日、會文士、調文書、書目錄、納倉、其筥皆有録【一二三之類也】、書筥銘於紙押【假令、可置三筥之所書三字押之】爲標、爲不違其所也。申刻許、余向又見之、其書有四部、全經史書雜説、本朝其半分、余新書迄之。〔①149頁〕

四月十六日、辛卯、又見禮記正義第一、云今【○云今、八本作云云】年恩之抄論義猶少、仍抄加也。此次非論義之所同、見之畧加首付、如此可至卷第二十。今日供養壽命經七卷、加北斗供。覺仁、入夜私向仁和寺法印房【覺曉】相逢。裏書云、曉彗星、甲【○甲、八本作申】重、其光指西二許丈。〔①150頁〕

四月二十五日、庚子、天晴、午以後陰不雨、依奉幣【廿二社】參内、奏宣命草清書、先之、光房來、使【○使、八本作杖】頭仰雲、東方彗星没、復自二十三日又見西方、而天文道未擧奏、雖然件由可載宣命者、召少内記守光仰之、依大内記長光重服也、有巧文章之聞、故令作宣命也。光房又來、下使王致重解狀【訴寮頭師教朝責馬】、余故申宣云、停師教朝臣責。又問同朝臣、余尋辨欲下、辨不參行事、辨朝隆朝臣候八省云云。致重王之外、皆有障、仍不可下【○下、八本作卜】之由。先日外記申上之、又藏人木工頭範家來、仰雲、依懼彗星之變、欲行善政、可任【○任、八本作令】申其事者。余頓首對云、以弱冠居三吏之任、夙興夜寝、莫不危懼、至朝夕趨拜之勤者、暫無所怠矣。如此之朝議者、不能計申、所以者何勘古今之例、皆訪於古老賢才、臣一無之、爲朝爲身可耻者歟、不受詔罪無避、願陛下宥之。余又問云、此事被問誰々乎。對云、左大臣【有仁】、權大納言顯頼、參議顯業【左大辨式部大輔】等也、宣命草云、童蒙云云。余難云、童蒙者、暗昧之義也【見易第一並正義】、非幼少之義。又問、師安所申與余同、即仰守光、云可改乎、但先例幼主宣命作此事哉。對云、先例作樣覺、但不憛、因令改幼齡。朝臣奏之。參八省、就北廊問幣物具否之次、下致重解狀、辨結申、仰光房所宣之旨、以後事存例。事了歸亭。申刻、今朝奉幣吉田、依祭也。依例講左傳、講師俊通、問者孝能、登宣、皆二重、依彗星並待賢押院御惱無詩。孔雀經法、今日可被結願歟、依彗星又見延引云云。件法於院御所、仁和寺法親王【覺法】、自去十日被行。〔①150—151頁〕

五月十五日、庚申、今曉月蝕、雨下不現。守庚申、講老子、予爲講師【烏帽直衣】、俊通、顯業爲問者、皆二重、依待賢門院御惱並彗星、月蝕等之事、不宴遊。〔①153頁〕

六月三日、丁丑、今日宜、與成佐談禮記事。〔①154頁〕

六月四日、戊寅、孝能來、談禮記事、其才日新。自酉刻心神惱似疾。〔①154頁〕

六月七日、辛巳、先日命通憲入道云、筮吾疾。對云、疇昔有夢告、其後盟不成卦、令他人成卦、可復推者、今日命僧正也。令成卦、無憚。令通憲復推同心也、但可經旬日。兩人皆云、午子日可平復。卜與筮何前何後、與通憲入道相論【通憲云先卜、余云先筮】。乍臥病席有此論、余以禮記正義第五示通憲、對云、如此文者先筮、但可先卜之由、見左傳杜預注意。余又左傳本經【第五】、正義【第十】示通憲云、杜注不言卜筮前後、如正義者、正法可先筮之由所見也。通憲對云、小僧之誤也、罪不知所謝。又曰、閣下才不恥千古、訪于漢朝、又少比類、既超我朝中古先達、其才過于我國、深所危懼也。自今後莫學經典矣。余不對、心爲榮。師安來云、去夜彗星不見、去月廿六日夜、天晴彗星見、其後每夜陰不知有無、去夜屬晴不見、此間大僧都定信、

351

於禁中修仁王經法、可謂有驗者乎。先日大法等、全無其驗、至仁王經時始乎、孔雀經無驗而有賞、仁王經有驗而無賞、猶丁公見雍齒得封矣。〔①154—155頁〕

六月二十六日、丙子、依例講公羊、講師成佐、問者賴業、友業。賴業僻論義、委見注記、有詩。〔①155頁〕

七月四日、戊申、日來、依念珠不見書籍。今日始見禮記正義十一。〔①155頁〕

七月十六日、庚申、守庚申、講老子、講師賴業、問者成佐、友業。〔①156頁〕

八月六日、己卯、重見禮記正義、委【○委、八本無】抄論義了【自四月始之、五六日、依念珠中絕】、但自第廿一至五十九未重見抄論義、後日可逐之、見二禮疏之後、可遂之。〔①156頁〕

八月七日、庚辰、重見儀禮【先年見之了、故曰重】。〔156頁〕

八月九日、壬午、尼御前入御宇治云云。見儀禮卷第一了。始見疏卷第一。自今以後、亦可如此【假令、見本經題一了。見當其卷之疏了、後見本經卷第二也】。待賢門院御逆修、今日結願云云、法皇幸之。〔①156頁〕

八月二十一日、甲午、依式日有豎義、探題余、問者一問賴業【四重、雖多才、今夜所作不優美】、二俊通【三】、三登宣【二】、四敦任【二、今夜所作、甚以優美】、五實長【問題許歟、無答】、注記成佐、義果【○果、八本小本作杲】。禮記正義、業義月令【廿一卷】、副義卜筮【五卷】、其管並重々委細在記錄、如僧訓讀管【音訓交如例】。先拜先聖先師、次例講【講師成佐、問者實長、注記敦任】禮記【七、八】、次豎義也、余衣冠、豎者多失、優免、六得三略、一未判、本所定之探題、友業也、俄不參、仍去十九日、余作管、今朝諷誦七箇寺、又仰覺仁令滿文殊眞言。〔①156頁〕

八月二十七日、庚子、依世間穢、恒例孔子講停止。傳聞、法皇着御服【其色黑】。〔①157頁〕

九月十七日、庚申、守庚申、講老子如常【講師孝能、問者賴業、登宣】〔①157頁〕

十月九日、辛巳、念珠之後初見儀禮【卷第三】。〔①159頁〕

十月二十八日、庚子、依例講禮記。去八月依世間穢止此講、仍先講穀梁、共無詩、其儀先拜先聖先師、後講穀梁【一、二、三、四】。講師登宣、其答優美。問者俊通二重、成佐三重【成佐引音如僧】、注記賴業。講了布施、文人等退下、余歸入撤膳、奉大盤、所賦文人如例。次改供膳、後又拜先聖先師、後講禮記、余講師【九、十、十一、十二】、問者賴業【二重】、登宣【三重】、注記實長、事了布施、深更北斗拜。〔①160頁〕

潤十月十九日、庚申、講老子、講師登宣、問者余、【三重】、敦任【二重】余度度絶音、不足言、登宣又如泥。〔①162頁〕

十一月二十九日、庚子、依例講周禮、講師賴業【其答如泥】、問者孝能【其疑優美】、成佐各二重、注記敦任。未刻參殿、參詣御堂、朝座了。殿起入簾中、余以下行香、夕座了。參御所、仰雲、自是可參內、汝早可歸宅。即退出、沐浴、始登山精進。人傳、法皇疾、自昨夕大漸云云。仍登山延引。〔①165頁〕

十二月六日、丙午、午刻參御所及禪閣退出、法眼靜經祈法皇云云、或人語【八本語字無】云、通憲法師筮法皇安不、遇同人之遯、初九爻動、占云、不速愈、但莫懼云云、余復私占之、如正義釋、雖似無懼、會釋說既有其危、其政非正道之故也、若行正道者可無危、至于占家書、未委學、是故不具占。〔①166頁〕

十二月二十九日、己巳、夜半、見儀禮疏三十二了。〔①168頁〕

十二月三十日、庚午、齋前、着鈦政、院宮御佛名、同荷前、道饗

祭、鎮火祭、內侍所御神藥、圓宗寺法花會【五ヶ日】。久安元年所學、

老子經二遍四卷【加今度五反、其一反見三深、老子首付、其反合述義見之、本註何註】

老子述義十卷【首付懸勾、自筆抄出論義、詳見也】

編年通載一卷【第一】〈●陈按：此当为宋人章衡撰本，今存四卷，收于四部丛刊。〉

禮記正義三十一卷【一至二十六、十至七、十、自筆委抄論義、加今度二反】

儀禮八卷【一至八、首付高讀、加今度二反】

同疏三十卷【一至三十。二、二十、四反。首付懸勾、自筆委抄出論義】

毛詩十七卷、各三反、並五十一卷【一至十七不讀註、加今度四反】

已上、百卅五卷之內、新見卅【○卅、八本作四十】三卷。〔①168页〕

○久安二年（南宋紹興十六年・1146）

正月一日、辛未、晴、鷄鳴拜天地四方。（中略）今朝讀孝經【依吉日也】、今日前駈八人【藏人五位四人、六位四人（藏人五位子）】。今日、殿下及左府不出仕。〔①169页〕

正月四日、甲戌、見周易會釋第五【四以上先季見了】。入夜、參無量壽院、事了、參高陽近衛殿等、依戴餅也。次向或所畢。〔①169页〕

正月二十五日、乙未、見周易會釋卷第十五【十六以下先年見了】。未刻參轉輪院【先見右大將堂、未造畢】、依贈后忌日也【贈后法皇母】、上卿右大將依疾不參、余行事、兩相公【忠雅、公隆】參入、自餘卿不參、殿上人纔四五許人參入、陵夷之甚也。酉刻事了歸宅。〔①172页〕

正月二十九日、己亥、作禮記論義【今年始】、敦任執筆。〔①

354

二月一日、庚子、自昨夕雨、今旦晴。（中略）今日予着唐綾櫻下重表袴、歸亭後、依例講<u>儀禮</u>、講師登宣、問者敦任、成佐、注記頼業。〔①172—173页〕

二月六日、乙巳、亥刻作<u>禮記</u>論義【卷第二十】了、但自五至十五未具進、可作加。〔①174页〕

二月八日、丁未、今年始見<u>儀禮</u>疏三十三。今日須奉幣春日、而夢不浄、因不奉幣。〔①174页〕

二月十七日、丙辰、皇女着袴。（中略）使顯遠奏法皇云、明日依厄季暫不可出仕【實爲終<u>儀禮</u>論義抄出功也】（后略）。〔①174—175页〕

二月二十二日、庚申、守庚申、講<u>老子</u>、講師成佐、問者頼業、登宣、注記孝善。成佐甚拙、登宣獨步、後生可恐々々。〔①175页〕

三月四日、癸酉、晴、巳刻出京。（中略）今日道間讀<u>毛詩</u>十二卷【但不讀注】。〔①175页〕

三月十一日、庚辰、頼業申云直講信憲許有<u>周禮</u>疏摺本、使雅樂頭泰親占可得否。申云可得。又使占一二吉否【一定安、二頼業】、申云二吉。即遣頼業請信憲曰、與手本及他書得摺本。頼業持來摺本疏、賜手本於信憲、追可賜書本於解徵之由仰之、感占賜手本一卷於泰親。〔①175—176页〕

四月一日、庚子、依例講<u>毛詩</u>、講師廣季、問者孝能、成佐、各二重、問答皆無失、可謂優、注記頼業、有詩題云、我有嘉賓。依祭禮、今日不入鹿於家中、又當日食之者不入家中、昨食者無妨相逢。往古釋奠供肉【見式】、中古以來止之、或者云、人夢云、文宣王云、大神宮常來臨莫供肉。因止之。〔①176页〕

四月二十一、庚申、守庚申、講<u>老子</u>如常、講師廣季、問孝善、遠

明、注記成佐。〔①177頁〕

四月二十五日、甲子、寅刻見儀禮疏了。抄論義了【昨日重複、仍彼書奧書、昨日義取復見也】。爲終此功、自二月中旬、申暇不朝參、忘他營以夜續日、遂以終功。〔①177頁〕

六月二日、庚子、依例講尚書、講帥、直講師師元、問者余及敦任【皆二重】、引音如僧、始有疑詞、余二重難後、表白其詞云、講匠答爲累代之儒、既究習九經之説。問者早居三吏之任、未暇見一篇之文。唯出淺疑欲承深旨、非敢閉疑閉塞講匠之路。講師多失、依上皇御惱無詩。〔①180頁〕

六月二十二日、庚申、參御前、依仰讀相大經。入夜講老子、依庚申也。但講了就寢。講師俊通、問者孝善、成佐【皆二重】、註記師元、成佐、有失。〔①181頁〕

六月二十三日、辛酉、晚陰、講孝經六座【其論義皆用孝子】、先講師師元、問成佐。次講師廣季、問孝善。次講師孝善、問余。次講師成佐、問師元。次講師孝善、問廣季。次講師余、問登宣。人人多矣、夜半事了。今夜無註記、但明日記置問題並進文許耳。〔①181頁〕

六月二十七日、乙丑、作儀禮論義二重難答【念珠後、今日始見此事】。於論義者、四月作了。而第十八上【十一以下作難】作初重問答、未作難、因之追作耳。入夜向華山逢讚、兩度行濫吹、及天明歸。〔①181頁〕

八月三日、講周易、講師孝善、問者廣季、登宣、註記敦綱。依一條殿御惱無詩。學晴僧都來、聞問答云、不異于僧作法。〔①182頁〕

八月二十一日、有家竪義事式日、竪者清原眞人賴業【明經人】、所立新舊例義【左傳正義卷第一】制【○制、或云副歟】西狩義【穀梁傳卷第十二】、探題藏人式部成佐、問者、一余、二前少納言俊通、三菅原登宣、四修理大夫敦任、五能登權守孝善。裏書、次竪者退立小拜、候圓座後、註記云、竪義者從五位下行肥前介清原眞人賴業、所立新舊例義、所左傳正義第一卷制西狩義所、依穀梁傳前第十二卷、管十條、九得一罶。次豎者退出【于時寅初】、今夜豎者探題皆無失、可謂有勤【但豎者音聲頗不練、習僧歟】、因之給紅單於豎者【俊通傳給之】。明日使宗廣送牛於探題、不堪感也。註記經通。豎義間、覺勝來聞之、後曰、一問其妙由示送之。同日【○日、八本作註、可從】記散位貞宗【侍】今日家中齋如庚子日【依爲一日行諷誦、又仰僧滿令（萬令恐倒）文殊眞言】、但探題有弟喪、假内也、依殊仰除服乎。乂法條所指旨、假其忌相同也、因之參入。又有服日數之内參釋奠之例、又有服日數内奉行神事之例【探題問者不可准神事奉行、可准神齋日參入。豎者可准神事奉行】。戌刻着衣冠【先路】、取笏拜先聖先師、各二度【今日不供養】。講左傳【卷五】、講師廣季、問者孝善、註記登宣。論義後講師退下。次問者註記等座定【註記前有紙筆】、探題參上着座、文章生宗廣【侍】取筆置机上了、註記云、豎義者從五位下行肥前前介賴業登尊【○尊、八本作高】座。豎者進【衣冠取笏】聖影前、先拜先聖先師各三度、則乍立讀管了、着圓座讀表白【豫書一紙在懷中、令取書開讀之】。此間宗廣取管奉探題、探題取一管、二返給宗廣。宗廣授余、取之、待表白訖問之、其題唐聲讀自余、事不異僧、尋了置管、故實也。一問之間、探題以人給宗廣、宗廣班二問以下一向四重、依近例豈重其第四重。余之豎者有炙輠之才、探【○探、八本作深】義猶存問者爲鉛刀之用、淺疑已盡、願止五重欲免衆嘲。四重了、探題命註記申上、註記讀上初重問答了、云得否【先之、初重問答書一紙】、探題取疊之。豎者自此重切聲、二重後不取疊、又指聲【依題命探也】、精了、探題云並得、註記記之。次二問三重【自三重答切聲】了、註記申得否、如探題取疊、精。一重後不取疊、又指聲【依題命探也】、精了、探題云並得、記之。次二問三重【自三重答切聲】了、註記申得否如先、探題取疊、精之。一重後不取疊、又指聲【依題命也】、精了、探題云並得、註記記之。次三問三重如先【但自二重答切聲、又管一略】。如先、次五【初重答不切聲】不得【○得、八本作待】二重答、探題云並得、因之無答。〔①183—184頁〕

八月二十三日、因例講老子、但不待天明就寝。講師直講師元、問者敦綱。〔①184頁〕

九月十日、儀禮論義二重答、今日亥刻皆悉作了。〔①184頁〕

十月十五日、始自今日切【○切、八本作功】續儀禮論義文集。〔①188頁〕

十月二十四日、依例講老子、講師賴業、問者敦任、註記成佐。但講了就寝。〔①189頁〕

十一月二日、始見周禮【先年見了、言初者謂初於此度見也、非謂初於此申矣】、每字高讀、增加首付。〔①189頁〕

十二月二十五日、依庚申講老子、講師孝善、問俊通、登宣、註記賴業。〔①195頁〕

十二月二十八日、曉參皮堂、亥刻見周禮秋官下了。〔①195頁〕

十二月二十九日、依疾、正月三節會、御齋會、不能參仕之。（中略）久安二年所學、

周易會釋十一卷【五至十首付】

儀禮六卷【九至十四首付高讀、加今度二反】

周【○周、恐同誤】疏廿卷【廿二、廿四、卅三至五十首付懸勾、自筆委抄出論義】

太上老君説常清净經一卷

周禮十卷【二至十、首付高讀、加今度二反】

毛詩十三卷、各三反、並三十九卷【十八至二十、一至十、五讀註、十八至二十、加今度四反、一至十、加今度七反】

已上八十七卷【之内新見三十二卷】〔①195頁〕

○久安三年（南宋绍兴十七年・1147）

正月一日、乙丑、天晴、鷄鳴四方拜、依病乍居拜、禪閣仰曰、老人布袴【○袴下小本有乍字】居拜、今日准彼、乍居拜、但束帶、亦年來、至于漢宣帝者舞踏、今年再拜、案周禮大祝職九拜拜君。無舞踏之故也【九拜無舞踏】。（后略）（①196頁）

正月四日、戊辰、見周禮十一【考工記】。〔①196頁〕

正月十二日、丙子、寅刻、使家臣令見彗星在申方、其光三許丈、差庚方。申刻、土納言來、問賭弓奏事、答之。丑刻、見周禮卷第十二了、首付太委、見出論義之時、書其趣於小紙、押囊【○囊、小本作壺】。〔①197頁〕

正月十三日、丁丑、師元、賴業、成佐來、言禮經之事、始儀禮論義切續、登宣在前。〔①197頁〕

正月十七日、辛巳、外記政始。次召菖蒲、令讀孝經序、暗誦之、不堪感、賜水晶玉一果、依君子比德也。使雅樂頭泰親、祭泰山府君。〔①197頁〕

正月二十九日、癸巳、夜前、藏人勸解由次官光房任右少辨、其兄右衛門權佐憲方【兼皇后宮大進】爲上藤【憲方正五位上、光房正五位下】、而超以拜任、人不爲可、殿下推舉云云。卯刻、始作周禮名目【登宣執筆】、似天台四教鉤名目録。〔①198頁〕

二月六日、庚子、依例講左傳、講師俊通、問者賴業、成佐、自今度止註記、依左相府出家無詩、聞尼御前疾、即馳參、頃之出。今日開前二條關白及京極大殿御記、見一上禮法及橘氏是定事、二條記、殿上別當事、無所見。〔①198頁〕

二月十日、甲辰、巳刻、法務寬信來、先日依招也、示女御代祈可勤修之狀、對曰、諾。問本尊、對曰、不空羂索也。亥刻作周禮名目了。即參宇治、今日尼御前入御。〔①199頁〕

二月十一日、乙巳、始湯治【毎日二度】、禦風。戌刻、初見周禮疏、首付、又勾要文【爲裏書】及論義之文、自筆抄論義、本經合疏見之、不漏一文【但不高讀】。禪閣被賜御堂御記、京極殿御記之由、喜悦尤甚、貞信公、九條殿御記。先年了、始自今日、命當講證禪、毎日、令滿義殊眞言五万反、祈論義智慧開發、及早終功。〔①199頁〕

二月十三日、丁未、使法務寬信、供不空羂索觀自在菩薩、祈女子一七日、自今以後、以每月十三日爲始、可修一七日。今日、入道左大臣薨、年四十五【明日、源有忠來赴之】、命之矣。此人而不長壽、故常念延命、誦壽命經、然猶不至五十而薨、命有定、今不得增減之旨、見尚書、禮記正義、古人之言實矣。〔①199頁〕

二月二十六日、庚申、浴潮湯畢、講老子、講師賴業、問者孝善。〔①199頁〕

三月十三日、丙子、（中略）七十以上不參、可入見參之由、見禮記、貞信公、命自七十至七十九謂之七十也、八九十、准之可知、(見禮記正義第二)。(后略)〔①202頁〕

四月七日、庚子、供養等身千手【給像】、導師忠春已講【八三祈】、依例講公羊、講師登宣、問者孝善、成佐。々々、登宣、論談移刻、成佐雖巧難、登宣得理、有詩、余依有服日數、講師祝了、出座【束帶】、無拜、依釋奠例也【師案勘中】。（后略）〔①206頁〕

四月二十七日、庚申、今明物忌、依例講老子、講師廣季、問者賴業、昨日右將軍痊、因行向問之【同宿、在東面】〔①209頁〕

五月二十五日、丁亥、禪閣賜文書九合【陰陽書二合、醫書二合、日本書五合】、差置二帖【一帖御即位、一帖大内】、御語次、被仰曰、腰疾、自一昨日大漸。入夜、見寬平遺誡。〔①212頁〕

五月二十六日、戊子、禪閣復賜日本書二合、賜十合之書【實十一合也、言十合者、舉全數以封（○封、八本小本作對千斤）】、勝千斤

之金。今日、内匠頭實康、灸御腰。〔①212頁〕

六月八日、庚子、講穀梁、講師登宣、問者余、有詩、公能卿在座招藏人勘解由次官範家、令奏曰、源賴憲【余勾當】被聽昇殿乎【非藏人】、是申一院攝政也。〔①213頁〕

六月二十八日、庚申、延曆寺衆徒、動神輿下向、請流忠盛、清盛等朝臣【依祇園事也】、法皇詔檢非違使禦之。臨晚、詔衆徒曰、三日之内、許所請者。衆即歸。今夜、依例講老子、講師孝善、問者賴業、登宣、深更向或所【八三】。〔①218頁〕

六月三十日、壬戌、酉刻、殿下及余以下【直衣】、依召會法皇宮、議感神院鬪亂、忠盛、清盛等朝臣罪過有無之狀、群卿所議、皆不詳。余議曰、感神院解狀、申清盛朝臣親臨由、件事、愷可被決眞僞、但雖清盛朝臣不親臨、不親諶、爭無刑乎、春秋【宣二年】趙有弑君是也、臣未學法律、因之不能定輕重、至於輕重者、可被問法家、又有無之條、據春秋之義、申有罪之由、未知法律之意、我朝專用律令、猶同可問法家歟。又忠盛朝臣從蒙瘡云云。感神院下手人、同可被禁歟。今夜、余承攝政命遣史二人於彼社、令實檢【余仰左中辨】。亥刻、群卿罷退。上皇【新院】手詔曰、今日、諸卿議忠盛朝臣罪云云、非重科者、無事之樣定申、大切事也。對曰、私事者、何事不可背仰、如此公家大事、難理候也、更非恐神慮、唯欲守正法、心不愛身命、志偏在社稷也。〔①218—219頁〕

八月七日、壬戌、依爲無憚之日、成佐、獻女子名字勘文【依疾不來、以書獻之】即問名於禪閣、攝政殿下、侍從中納言成通卿、大外記師安、駿河守雅教、前少納言俊通、前能登守孝能、前肥前介賴業、陰孫菅原登宣、又泰親問擇信西【間嘉事於法師、專可忌之、是以如余告其名於泰親、問信西、不受余命、故不稱使也】。各所對、續載狀左。又權中納言公能卿、所對不詳。

勘申、御名字事。

　荃　唐韻曰、此緣反、香草也。王逸楚辭注曰、荃、君也。李善文
選注曰、香草也、以諭君也、人君被芬香、故以香草爲諭。

　多　玉篇曰、且何反、衆也、重也、大有也。説文曰、重夕爲多。
子夏詩序曰、螽斯后妃、子孫衆多也。鄭玄詩箋曰、君其子孫衆多、將
日々以盛。尚書曰、成周既成、周公作多士。

　頌　玉篇曰、似用反、形容也、頌其盛德。公羊傳曰、什一行爲頌
聲作矣、何休頌聲者、大平歌頌、聲帝王之高致也。文選序曰、頌者、
所以游揚德業、褒讚成功。毛詩正義曰、王功既成、德流兆庶、下民歌
德澤、即是頌聲作矣。又曰、頌之言容、天子之德。光被四表、格于上
下。無不覆燾、無不持載。此謂之容、於是和樂興焉、頌聲乃作。右勘
申如件。

　久安四年八月七日、式部權少輔藤原朝臣成佐。

　如此事計申條、尤見苦侍、仍不申侍也、女子名字、床【○床或度
誤】上之可被計仰候、自其殿可被仰候、付御使、令申候也、以此旨可
被申、謹言。八月七日。

　日記賜預了、大治之比抄出、件日□失之條、日記本見歟、重爲引
檢遣召了、未持來之間、自以遲引、名字勘之【○之婚記作文似是】、
一見了、返奉之、字作並所引之文、皆以神妙、不具謹言。

　荃、多、頌、三字之中、於多字者、雖無指釋、連多子之時、頗可
宜歟、名實賓之故也。

　適蒙仰、不參仕候之條、極恐思給候、所勞之條、境節申限不候者
也。昨日、所下給候之御名字勘文一通、謹以返上之、先度如此沙汰候
之條、且面目無極、且怖畏不少候者也、幼少之昔、雖志鑽仰、強仕之
今、都以癡忘、疾逐年侵、經日慵候之故也。就中、於如此事者、不知
子細候、難計申候者、但廻愚案、荃字、東三條院御名同音、雖可爲吉

例。本文屈原詞、頗不快候歟。多字、宜候歟、字作重夕、孝武本紀、天子如郡【○郡、婚記作郊、可從】。拜泰壹、朝々日、夕々月云云。頌字作夏公也、然則、公子之義、不叶皇胤之心候歟。偏不申候者、又依有其恐、如形所令言上也、且所勞之間、委不能引勘候也、以此旨可然之樣、可令言上給候也。雅教、誠恐謹言。

八月八日、民部權大輔雅教上。

荃字　訓不分明、委可被尋問

頌字【○字、仁本作子、下二箇字亦同之】　似無其難

多字　女以多子可爲勝、何覽【○覽、婚記作況、可從】。又説文、重夕爲多云云。付之、重夕者、專夜之儀也、彌可爲最吉。

右三字之中、隨管見所及注申之狀如件、

久安四年八月七日、前備前權守源俊通。

御名字勘文、拜見返上、愚案之所及、多字優候歟。名字多可用平聲云云。又親王並婦人名訓、未慍之字不用云云、是出□□□□□□□

□□□□公御前、不可讀聲、可讀訓之故云云。而近代間、訓之慍字等見候、如何。就中、多字、万佐留云訓候歟、彌神妙覺候、子細、只今參入、可令上候之狀、如件。

八月七日、大外記中原師安、請文。

荃　蘭荃一物也。左傳、鄭文公有賤妾曰燕嬉【嬉名燕姓】、夢天使與己蘭【蘭、香草】、曰、余爲伯儵、余而祖【伯儵、南燕祖也】、以是爲而子【以蘭爲汝子名】、以蘭有國香、人服媚之如是【媚、愛也。欲令人愛之、如蘭也】、既而、文公見之、與之蘭而御之。

久安四年八月七日、散位孝善。

多　玉篇曰、且何反【且字、日下有一、何字人（人、婚記作入、非也）可也、日下一人也、反音既（既、松岡本作説）佳歟】。説文曰、重夕爲多【后妃有王寵、歟御重夕、尤可優美】。毛詩序曰、螽斯

363

后妃、子孫衆多也。螽斯之篇、述后妃子孫衆多也。大姒爲文王之正后、生聖子武王、子孫衆多、而周祚長久也。

多　夫婦之儀、以愛爲先。文既重夕、情同專夜。加以子孫衆多、后妃至德也。又反音且何、且日一何人可、我朝日本爲號、既日下有一人可也、尤叶其宜矣。

頌　聖主在上、人頌其德。以其文字爲其義【〇義、婚記作儀、非歟】名者、定爲天子之裏者歟。

荃【信西】文選曰、荃不察余之中情兮、反信讒濟怒。是屈原之詞也。此文不吉歟、若是以爲東三條院御名同音之字、擇申歟。抑後宮、以從草合字、爲名之人、贈后茂子、茨子等。於皇胤吉例也、至其御身者、平生不備后位、吉否之間、可在御定。

多　訓釋雖無吉、多子之義、可謂宜歟。

頌　破字云、貞公子。則公子之義、不可【〇可、婚記作叶、可從】、帝子之心歟。〔別記、②232—235頁〕

八月十五日、丙午、依服薙、自川原奉幣於八幡、但不忌佛事、據長和二年御記也。戌刻、參一院小御堂、依彌陀講也。其次逢通憲法師、余問曰、周公攝政、以成王幼故乎。對曰、非此故、爲治周室故也。所對合吾案、深知經義之人也。〔①225—226頁〕

八月二十一日、壬子、自今日七ヶ日、講儀禮、懸文宣王影、但不備奠、余衣冠取笏、拜先聖先師之後、著圓座講說【依無祭奠、不讀祝】、前机置今日所講之卷【第一、第二】。朝座問、俊通朝臣【有表白】、孝善、廣季朝臣、夕座問、賴業朝臣、成佐朝臣、登宣【朝座了退起、更著始也】。事了、記問題間、給衣於成佐、給扇權頭賴業、菅原登宣【各一枚】、依論義之優美也。俊通、孝善、廣季爲問者、自余以敦任【重服】代廣季【但廣季雖在座、不問之】、今日問者布衣、俊通【令經文五】、孝善【令經文二十】、廣季【令經文二】。〔①226頁〕

八月二十二日、癸丑、早朝講儀禮【第三、第四】、朝夕二座了【今日以後、余烏帽直衣、無拜影及潔齋之事、俊通經文、孝善二十】。未刻詣金剛院、依故待賢門院忌日也。先之、上皇及前齋院渡御【法皇不渡御】、右大將參入後、被始事、法眼俊智爲導師、上皇自筆涅槃經十卷、相加被供養及暗事了、詣木寺、依尼上御坐也、改裝束、向鳥羽宿所【今夜不參御座】。〔①226頁〕

八月二十三日、甲寅、申刻參御堂。先之一院渡御、黃昏歸宿所讚又來、遂例事了。歸京、講儀禮五、六【朝夕座】、登宣祿扇一、孝能刑【○刑、小本作判似是】經文二十。〔①226頁—227頁〕

八月二十四日、以卯、講儀禮七八【朝夕座、今日、敦任忌日、仍廣季爲問者】、廣季、成佐、扇各一、成佐經文四、【賞罰共有】〔①226頁〕

八月二十五日、丙辰、早旦、講儀禮九、十【朝夕座】、登宣扇紙二枚、成佐扇紙一枚【須賜二枚、依有失停祿、一枚本之中經文】。午刻、向鳥羽宿所。申刻參御堂、及暗、一院渡御、良久退下宿所。此後、上皇渡御北殿云云。〔①227頁〕

八月二十六日、丁巳、申刻、參御堂。先之、法皇御坐、頃之、上皇渡御、臨昏下宿所、更歸洛、講儀禮十一、十二【朝夕座】、孝能經文十、賴業二、成佐四十。〔①227頁〕

八月二十七日、戊午、早旦、講儀禮十三、四【朝夕座】、敦任依疑三重、給錦衣、依失申經文二。登宣依疑三重、給直衣、依論義豎重以筆五管、成佐給扇一、俊通經文二【凡經文者、謂本經及末文】。未刻、向鳥羽宿所。申刻、參北殿【上皇】、即渡御堂、予不供奉、即參御堂。先之、法皇御坐、及暗退下宿所、傳聞、今夜、右衛門督家成卿、具饗饌、參新院於御若【○若、小本作前、似可從】宴、群臣及歌舞云云。御忌月奏歌舞、未曾有事也、唯非失禮之戒、又有不孝之譏、嗚呼哀哉。〔①227頁〕

八月二十九日、庚申、巳四刻参御堂【烏帽直衣】、欲参上之時、破烏帽以待爲時、遣取烏帽於大炊御門、未及半時持來、可謂希有矣。結願後退下宿所、更歸京。今夜、行儀禮竟宴。先日、仰左大辨令獻題之【○之、小本作也】、禮儀有序【廿七日欲行此宴、依權中納言不來延引】、大炊御門第寢殿西北廊身屋、分障子南三間、爲其所【日來講經所】、副東一間北障子【身屋分障子也】、懸先聖影【南面、是日來奉懸之影、十弟子圖一鋪之内】、副同間東障子、敷高麗一枚【南北行】爲余座、副中間南柱、敷高麗一枚、爲上達部座、副西間南柱、敷紫一枚、爲殿上人座、南弘廂擧燭【副中間南檻】、影机南、置硯筥盖、爲文臺、其南敷菅圓座一枚、爲講師座。亥刻、權中納言【公能】以下文人來集【上達部直衣、自余衣冠、但孝善、菅原登宣布衣、登宣依無官也。孝善依無時服也、登宣進（○進、小本作自）置詩、依有不著冠之理也。孝善付成佐令置詩、依不著衣冠之理也】、余出座【西面、冠直衣】、序者先獻序、次文人自下獻詩、余同獻了、召式部權少輔在長、爲講師、取笏參上、著圓座【北面】、命權中納言爲讀師、講了分散。

余詩書樣、仲秋陪　文宣王影前、講儀禮畢、同賦禮儀有序一首
内大臣正二位藤原朝臣頼長

上賤下尊今禮篇、威儀有序本三千。少牢筮日既終後、大射張酬未行先。主客昇降全不失、君臣面位敢無愆。庸才講匠迷攸答、執卷欻陪聖影前【有注】。

自余詩書樣、仲秋陪　文宣王影前、聽講儀禮、同賦禮儀有序詩
從二位權中納言藤原朝臣公能

余問、諸儒曰、余親講經、猶可諸聰字乎。文章博士永範朝臣進言曰、往年、當時攝政閣下、讀史記詠史詩、閣下書讀史記、文人書聽講史記、准彼例、殿下可書儀禮畢【彼未讀史記畢、故畢字無、此已講儀禮畢、故有畢字】。余稱善從之、文人、卿【公能卿】、大夫【公通朝

臣、永範朝臣、師能、光賴、茂明朝臣、長光〔序者〕、孝善〔問者〕、在長、廣季〔同〕、成佐〔同〕】、士【藤俊憲、菅登宣〔講問者〕】、廣季明經道人也、然而、爲講問者之上、好文章、仍應召矣。依例、深更講老子、講師余、問遠明【重服】。〔①227—228頁〕

九月六日、丁卯、入夜、向外祖母尼公家、問疾之病、余大哭、祖母亦哭、淚不落【俗人以之爲死相、未知所出】。頃之、歸宅。子刻、記儀禮講論義了、分爲七卷、八百爲一卷【問者六人、論義十二】。〔①228頁〕

十月五日、己未、出納來、曰弓場始延引由、念珠【謂百万】後初見周禮疏。〔①231頁〕

十月十日、庚子、晴、未明送學館院、申請當院庄領造營之文。(中略) 戌刻、皈宅、依例講周禮、講師成佐、問俊通、依服日數、講師讀祝了、卷影出座【束带、依無拜带劔】、依無拜不浴、但家中齋如常、祖母事無詩。〔①232頁〕

十月三十日、庚申、講老子、講師成佐、問俊通、敦綱、講了。文人相共、作老子論義十條。明日辰刻就寢、傳聞、今日延曆寺僧綱等承法皇詔登天台山、宣可免座主之狀於衆徒云云、々々。承詔免之。〔①233頁〕

十一月二十八日、戊子、法皇借給鸚鵡於禪閣、余見之、舌如人、能言是故歟。但聞其鳴、無言語、疑是依漢語、日域人不聞知歟。申刻、歸京之次、詣一條殿。〔①236頁〕

十二月十日、庚子、依例講儀禮、余欲爲講師、依服日數不爲之、又讀祝了、卷影出居。講師登宣、問廣季。登宣乍二條覺、見足感歟、有詩。今日、召左大史師經宿禰、仰曰、十三日、可有當年不堪申文及荒奏、以此旨示左大辨、又催直辨者。今夜、參皮堂、六角堂【臨時】、清水。〔①237頁〕

十二月二十日、庚戌、戌刻、範家來、著直衣冠出賓座、使家司有成朝臣【束带】、召之、即來仰曰、明日可有除目議、仰所司者、又使有成朝臣召外記有時【豫在侍所】、仰之了、依北山説【年中下】、不仰辨、召太郎、令復讀孝經、論語。去十一月一日以後、習孝經、論語一部了【孝經師賴業、論語師師光】、生年十歲、不堪感、賜手本、是當時攝政殿下手跡也。〔①238—239頁〕

十二月二十九日、己未、入夜參高陽院、是高陽院及姬宮、渡御一院之故也、渡御自一院退出。今夜、權大僧都覺豪、補法性寺座主云云。久安三年所學、

周禮二卷【十一、十二】、首付、高讀、加今度二反。

周禮三卷【一、二、三】、合疏、加今度三反。

周禮疏十三卷【一至十三】、首付、懸勾【自筆、要抄出論義】

毛詩六卷、三反並十八卷【十一至十六、加今度七反】、不讀注。

已上三十六卷之内、新見十三卷。〔①239頁〕

○久安四年（南宋紹興十八年・1148）

正月一日、庚申、午四刻、伴兩相公【經定、教長】參院。（中略）歸家講老子、依當庚申也。余爲講師、孝善、登宣爲問者【登宣三重】、勘年々吏部記、九記【部類】正月三節、元日、十六日、署其【○前本八本作某、小本作樂】所見、七日女樂、以夜深署之由。見年々吏部記、然而示記、經奏聞之由。延木十三年、十七年、十九年七日御記、依入夜、減舞數、不記奏由。〔①240頁〕

正月六日、乙丑、入夜、範家持來權大僧覺遍爲東寺長者之宣旨、下權辨了。延喜式五十卷、亥刻見了、首付、自去々年冬之比、初見之、漢家學隤及在間所之時見之、仍今日【今夜表書（○表書、前本、八本、小本作韋表）】。〔①241—242頁〕

正月十四日、癸酉、自今夜使法眼賢覺修聖觀音供、爲成所望成就也【式部權少輔】。今夜會學徒、作老子論義、元日庚申、不作之故也。皇太后退出三條云云。〔①243頁〕

二月十日、己亥、今麻呂始讀孝經於成佐【密々】、及昏、余滿百萬了。〔①246頁〕

二月十一日、庚子、晴、未剋雨降、頃之晴。早旦、依例講毛詩、講師成佐、賴業、登宣。問答皆以優美、感興之餘、宗輔卿、參議忠雅卿在座。（后略）〔①246頁〕

三月二日、庚申、講老子、講師俊通、問廣季。〔①248頁〕

四月十六日、癸卯、雨降、寅刻菖蒲來、同車【余衣冠】至鳥羽南、乘舟解纜。亥刻許、至和泉木津、着衣冠乘車【菖蒲着尻長、在車後。件車、借用尋範僧都車】、直詣春日、着禪定院【尋範僧都坊（○坊、八本、小本作房）】。今日、於舟中見類聚三代格、書要文目【○目下、小本有六字】於別紙【小狀自書也】。今日始見也、如延喜式、漢家學隙、及在旅所之時可見之。〔①251頁〕

五月二日、己未、使範家奏云、今年爲重尼、加之怪異頻示、病患間侵、請兩三月停、趨拜全身命、但一上所行之事、參入可行、又別召之時、可參者。範家下僧隆晴與吉野國栖相論文書。依例講老子、講師敦任、問俊通、賴兼、又賴業、作彼論義十帖。〔①252頁〕

六月十四日、庚子、依例講周易、講師登宣、問余。〔①253頁〕

閏六月四日、庚申、浴袯。（中略）今日、着布衣參院、依例講老子、講師賴業、俊通。〔①256頁〕

七月十五日、庚子、女院疾、因之禪閣今夜半出御女院御所云云。仍參入、仰雲、堂供養以前、不披露御惱、早可出。依例講論語、講師登宣、問賴業、依七月十五日無詩。〔①258頁〕

八月五日、庚申、參大原野梅宮【梅宮初參、皆入内祈】、夫人敍從三、己上具別記。依例講老子、講師賴業、問遠明、敦綱。自今夜七ヶ日、奉拜春日【身祈】。〔①261頁〕

八月十一日、丙寅、卯刻奉拜春日【自五日至今日七ヶ日】了解

齋。入夜憲孝【爲經子】、初參、召簾前令論義【老子】、其音曲不異僧、不堪感、扇一枚。〔①261頁〕

八月二十一日、丙子、依文宣王生日講孝經【一座】、講師成佐、問者余【有表白】、俊通、敦任、孝能、賴業、菅登宣、藤憲孝【今日初爲問者】、每一人終、滿座論談義理記之【賴業執筆】。已刻儀始、丑刻禮畢、僧證禪、覺仁、覺敏來聽之。次依例定明年庚子庚申講、講師問者及詩題、庚申無詩題、了分散。〔①261頁〕

九月六日、辛卯、刻見周禮第六、同前第三十二了【作論義了】、今年可有主上御元服學問、女子入内經營、仍爲置巾箱九經、學冠婚二禮。殿下賜書云、羽林事、御氣色宜、依其悦申侍報恐悦由。重以可任右之狀、重賜書云、羽林事、御任右之由奉了、件除目、今月歟、來月歟、内々可承、報今月不可憚、但長凶會過後、可被行之由。〔①262頁〕

九月十五日、庚子、去夜大雨、今朝晴。依例於京家講孝經、講師賴業、問者善廣、季有、有詩。余着束帶、遙拜先聖先師、齋如恒。（后略）〔①263頁〕

九月二十二日、丁未、（中略）上曰、朕在天位、學帝範於師、在良朝臣又雖不好學、師來必親過之。（后略）〔①264頁〕

十二月六日、庚申、（中略）是夜依例講老子、講師登宣、問登任、賴佐。〔①272頁〕

十二月二十九日、癸未、依居喪無儺、具在別記。

久安四年所學

周禮三【四、五、六合疏】、加今度三反

周禮疏十九卷【十四至三十二】

毛詩四卷、各三反、並十二卷【十七至二十、加今度七反】

〇久安六年（南宋紹興二十年・1150）

三月二十三日、庚子、午刻、參賀陽宮。（中略）今夕、依例講穀梁【有詩】、須臨其席、而欲女院還御間、行其事、依歸忌日、俄以逗留、是以不得臨之、講師菅登宣、問師元、成佐。別記皇后宮奉幣八社事、返給御椅子掃部寮事。〔②19頁〕

三月二十五日、壬寅、早朝、禪閤入御宇治。深更、於文宣王影前、講穀梁、講師登宣、問憲孝、不備饗、不講詩、不賜祿、奉拜如常【依一昨不臨講筵、今日有此事】。〔②19頁〕

四月十四日、庚申、依日吉祭奉幣。（中略）依例講老子、講師憲孝【所答招嘲】、問敦任。〔②21頁〕

五月二十四日、己亥、依明日孔子講、今夜向右大將德大寺邊堂、二位、於家中食肉、仍有憚祭祀、故移此處。〔②27頁〕

五月二十五日、庚子、依例講禮、講師賴業、問敦任、成佐、有詩。今日、召因幡、入寺言談、今月二日、所始孔雀明王供、今日結願、同日所始之尊勝供、自今日、日別一時。〔②27頁〕

六月十五日、庚申、（中略）入夜講老子、講師登宣、問敦任、憲孝。〔②29頁〕

七月十三日、丁亥、成佐、覺敏、賴業等來、論禪月事、余立鄭氏義、成佐立王肅義。余開吏部王記、破鄭氏之文【承平二年十月一日】、更救鄭義。〔②32頁〕

七月二十六日、庚子、依例講周禮、講師登宣、問孝善、憲孝、依假無詩、卷影後出。〔②33頁〕

八月十七日、庚申、今日、春日神還御本社。因之、棹舡歸洛、着五條宅。禪閤仰曰、春日神、過宇治之間、奉幣馬如何。申可然之由。御勸學院之間、余須奉幣、而依經服不奉之。後聞、春日還御延引。今麻呂、今朝自內退出、其後、自內裏使龍口賜昨日駒牽之駒。依例於五條家講老子、講師孝善、問敦繼。〔②36頁〕

八月二十一日、甲子、晴、依例自今日講穀梁、限以六ヶ日、依經

371

服日數内卷影、講師登宣、問余、俊通、敦任、孝善【朝座】、賴業、成佐、憲孝【夕座】。（后略）〔②36页〕

八月二十六日、己巳、講穀梁畢、六ヶ日、講師登宣、所答分明、聽者歎美、以爲範寶再生。傳聞、禪閤參鳥羽院、謁見法皇、談良久、天明還御宇治。〔②37页〕

九月二十八日、（中略）依例講儀禮、於大炊第行之、余不臨之、講師成佐、問俊通、須有詩、依敦任謬說止之云矣也。〔②41—42页〕

十月十八日、庚申、依例講老子、於大炊第行之、依禪閤仰也、余不臨其筵、講師憲孝、問者敦佐、親佐。〔②44页〕

十二月二十八日、庚午、滿百萬了。今朝大雷、孝善言、春秋陰公九年雷、何休、以爲隱公久居位不反於桓、故有此異、今關白久居其職、不讓於公、故有此異矣。（中略）先年、成佐抄毛詩正義論義、其功未終、送草案草子十六帖、披見之處、自堪悲嘆。（后略）〔②50—51页〕

〇仁平元年（南宋紹興二十一年・1151）

九月二十四日、去年、宋國商客劉文冲、與史書等、副名籍、勘先例、萬壽三年六月廿四日資房記云、今日關白殿、遣唐人返事、先是、大内記孝信、承仰作之件之、件唐人、獻名籍於相府、申請當朝之爵、而被納彼籍、不被敘爵、只作此仰書、副砂金卅兩遣之、件唐人、父大宋人、母當朝之女也、云云。

被關白左丞相尊閤嚴旨云、商客周良史、如上狀者、父是大宋人、母則當朝之女也。或從父往復、雖似隨陽之鳥、或思母稽詣、可謂懷土之人、令通其籍、知志之至、沙金卅兩、附便信、還雖顧經勘、古人駿骨之意也者、嚴旨如此。悉之。

万壽三年六月、權辨章信奉

周良史　旅館

任彼例、令文章博士茂明朝臣作返禮、令前宮内大輔定信清書【載親隆朝臣名、其名同定信書之】、以沙金卅兩報之、書要書目録、賜文冲、此書之中、若有所得、必可付李便進送之旨、仰含了、件目録、先年爲召他宋人成佐書之。

撿領　大宋國客劉文冲進送書籍事

東坡先生指掌圖【二帖】

五代史記【十帖】

唐書【九帖】

右被左左丞相尊閣教命曰、商客劉文冲、凌万裏之蒼海、送數ヶ之素書、新披篇章、足備管見、抑文冲拘禮典、而雖無入華之儀、通名籍、而遠附便李之信、依此厚意、謂其旅懇、經涉歲、縱馳思於西遡之秋風邪、來之幼期、可寄望於東閣之夜月、永以爲好也、豈又無答哉、仍沙金卅兩、納之一函、不顧經尠、到宜依領、乞察單志之至、句構四知之畏、教命如斯、悉之。

仁平元年九月廿四日　　尾張守親隆奉

劉文冲　旅館

周易疏、群臣講易疏、義大玄經、大儀、小畜集、異義、發揮、副象、新注本義、大衍、玄圖、大行論、議決、外傳、尚書疏、義疏【劉輝】、講義、令解、述義、新釋、要略、注釋、注釋問、百問、洪範五行傳、書緯、中候、釋注毛詩、詩義、音辯、義疏、詩學物性門類草木魚虫疏、草木魚□、問答、異同詳、表隱、述義、會道、自得、釋義、纂義、詩緯、禮記子本疏問答、外傳名數、外傳義例、問答禮俗、天禮論、大義、義略、正義、賈公彥、周義、同□、周官駁難、三禮義宗、三禮大義、江都集禮、五禮名義、古今沿革禮、唐禮、新禮、禮緯、類禮、注春秋序、左傳疏、序論、同異略、例範、釋滯、區別、義略、春秋□、立義、牒例、先儒傳例、説要、釋決、述義、左氏膏肓、不盡義、斷獄事、辨疑、春秋湊儀、駿河氏湊儀、郭駁異義、違義、穀梁正義、穀梁癈疾、春秋纂例、春秋異義、春秋微旨、春秋通例、義鑒、何氏春秋釋例、尊王發攸、春秋文苑、春秋繁露、三傳評、闡外春秋、社要義、春秋律、孝經疏、探神契、勾命決、越王孝經、内右年、雄□、應瑞□、指要副旨、孝經誡、孝經集義、孝經律、名賢論語會解、論語會、全解、正義、秀義、志明義、述義、論語律、樂緯、阿當、經典大義、五經異義、聖證論、六藝論、八經床子、孝子旨蹄、瑜伽論疏【樸楊大師造】〔宇槐記抄中200—201頁〕

○久寿元年（南宋紹興二十四年・1154）

四月十一日、癸巳、終日甚雨。中納言中將參外記、依政也。政迄、向東三條、讀左傳【依吉日也】、以式部大輔永範朝臣爲師。亥刻許、余伴女房、隆長等、向東三條。傳聞、今日、德法師學問始【南京】、尋範僧都教三十頌、以藏俊爲小師云云。〔②118頁〕

六月六日、戊子、早旦、禪閤仰雲、院仰曰、今朝無温氣、足腫、其色赤有熱氣者、一昨日御温氣、若此熱氣之所致歟。（中略）或曰、左兵衛督忠雅【家成聟】居家成卿喪云云。件依家成卿恩昇納言、今居其喪、可謂其恩、就中、儀禮昬禮記注曰、聟有子道。又二東、長久二年正月三日癸丑記云、故入道【公任】入棺、依忌日【衰日也】、不向彼場。又依三位事【去年十二月八日、三位侍從通基薨、是其子也】、不觸穢、歎中彌恨也云云。據是等文者、縱無殊恩、居妻父喪、可無其難、況飽蒙恩哉。〔②123頁〕

八月十九日、庚子、午後甚雨。入夜講尚書、講師賴業、問者敦任、憲孝、有詩。〔②131頁〕

○久寿二年（南宋紹興二十五年・1155）

九月十六日、庚申、□□□□春日、（中略）入夜講老子、講師登宣、問者師尚、憲孝。（后略）〔②170頁〕

十月二十六日、庚子、拂曉令勘堂棟上礎日時。（中略）今夜於大將居處【五條】先講穀梁、講師賴業、問者憲孝、無詩【依室家心喪、並先朝期年之內也】、是補八月廿五日闕也【依先朝穢中不講之】。次講禮記、講師憲孝、問者賴業、去六月廿四日、依室家中陰、停講經、然而不補其闕。〔②173頁〕

〔三十〕藤原忠親《山槐记》〔史料大成本〕

○治承三年（南宋淳熙六年・1179）

二月九日、丁酉、天陰、巳剋許小雨須臾灑。（中略）今日釋奠也、上卿左大將【實定】、參議不參、辨權右中親宗朝臣、藏人左少辨兼光、少納言仲家、大外記賴業、師尚【輕服】、大夫史隆職等參上、題者文章博士敦周、題云、以學文【論語】、序者能登掾中原俊言、讀師左大史中原成舉、講師越前權守光章、文人廿六人、亥剋事始、子剋事了、上卿遲參之故云云。座主博士助教清原信弘、竪義明經直講中原師綱、算博士三善行衡、明法博士章貞、後日召使兼信助貞等來云、上卿着參議座行事失也者。〔②221—222頁〕

二月十三日、辛丑、天陰、算博士行衡來云、入道大相國【六波羅】可被獻唐書於內云云。其名太平御覽云、二百六十帖也、入道書留之、可被獻摺本於內裏云云。此書未被渡本朝也。〔②225頁〕

十二月十四日、丁酉、朝間陰、午後晴。（中略）裏書云、秉燭以前還御六條大宮、參會（○有脫字歟）實定、定房、實房、時忠、知成、參會、凡去夜人不參、成範、稚長、其外參入、修範、爲成仰替車、於中宮殿上北議定。送物、太平御覽、蘇芳村濃浮線綾打着【以玉作之】、付銀松枝、被裏三憚衣【三百之內也】、知盛取之、於東戶給大進、大進給出納。（后略）〔②325—326頁〕

十二月十六日、己亥、天晴。（中略）有御送物、摺本太平御覽【此書總數三百卷也、卷三帖裏之、不入筥、自大宋國送禪門、未渡本朝書也、後朱雀院儲君之時、萬壽之比自御堂有御送物、摺本<u>文選</u>・<u>文集</u>云云、具見經賴卿記、蓋被追彼例也】、裏蘇芳村濃浮綾線【裏濃蘇芳打】、以玉付銀松枝、權大夫取之【置弓、猶可取加歟】、自寢殿西方經南簣子跪御前、更に起東行、於東面戸前授大進光長。々々賜出納、御送物之間、無公卿着御前座之儀、還御甚早速之間、人々多以遅參。

（后略）〔②327—329頁〕

〇元历二年・文治元年（南宋淳熙十二年・1185）

七月九日、庚寅、陰晴不定、午剋地震。（中略）天文奏後日尋取主税助晴光續之。謹奏、案、今月九日庚寅、午時大地震、京洛地或坼、或陷。及同十日辛卯、連々震動【有音】。謹檢<u>天文録</u>曰、地震衆唐咸。又曰、佞者執政、君子在野、小人在位、朝庭多賊、國受其咎。<u>春秋緯潛潭巴</u>曰、地動搖、臣下謀上。夏氏曰、地動民安搖流移。又曰、地次（以カ）秋動有音、此起兵。<u>京房易傳</u>曰、地裂者、臣下分離、不肯相從也。又曰、賢者退不進。又曰、有兵起天下分離。<u>京房妖占</u>曰、地下君王失權、以七月下兵大行。<u>天地瑞祥志</u>曰、<u>内經</u>曰、七月地動、百日有兵。月在尾宿地震者、二足四足有山穴者皆衰、其年荒檢。乳者枯乾、山石崩。在箕宿動者水、諸獸・豪姓・大富・有智慧者皆衰。<u>内論</u>云、月行尾在箕宿、地動者、龍所動也、無雨江河枯渴、年不宜麥、天子凶、大臣受誅。京房易傳曰、地中鳴、聖人出也。地裂在城門、驕臣從中起、有謀兵在市黑君。不出三年、大兵有憂。又曰、不出四年、王道絶、漢武帝後元元年七月地震、往々涌出、明年帝悪之。天地交紀曰、地震不出一年國有喪失國政、近臣去宮室、有驚天。<u>鏡經</u>曰、地動有聲、國有陰謀、皇君當之。秋地裂、民流亡。地裂有聲者、天下不安、國分、兵火急起。右件變異、謹以申聞謹奏、元暦二年七月十日、正五位下行主税助兼土佐介安倍朝臣晴光。或者曰、攝政被惱腫物、一昨日於法勝寺被搜出云云。〔③227—229頁〕

后　记

　　在九州大学获得博士学位之后，我有幸在广岛大学文学部中国文学语学研究室获得了一份稳定的教职。白驹过隙，弹指一挥，到如今已经度过了将近十年的光阴。在这十年间，因教学或科研的需要，也因自己能力与精力之有限，我主要将学研的重点集中在旧米泽藩校兴让馆藏南宋黄善夫刻《史记》（现藏日本国立历史民俗博物馆）、平安中期大学寮大江家编《集注文选》（金泽称名寺文库旧藏）、镰仓时期丰原奉重传钞慧萼本《白氏文集》（白居易自编南禅院系统本，金泽文库旧藏）这三部古籍及其相关文献的整理与考证之上。希望通过对这三部书之传承史的梳理，一方面从日本古文献发掘出一批新资料来澄清中日古代书籍传播史上的一些尚未明了的细节问题，另一方面也试图对此三书之原始文本形态与后世文本递变等做出一些独自的思考。

　　身为中国人，任职于日本，就"被迫"需要使用中、日双语来撰写学术论文或进行学术发表。考虑到中日语言写作时的思考模式及阅读群体兴趣之不同，我有意识地将其分为不同系列——具体到两宋时期东亚书籍传播史这一领域，日语方面的论文主要相对集中在对单本古籍的实物调查与文本考证上。这一部分的论文已经结集为《日宋汉籍交流史之诸相——文选与史记、白氏文集》，并垂蒙主编王勇教授的厚爱，有幸归入了本丛书，也就是"新·日中文化交流史丛书" 第一期（全十卷，大樟树出版社合同会社2019年）的日语书系里。现将该书目录简译于下，以供参考。

第一章　平安时期《集注文选》相关史料之诠释——对于日本汉籍注释史的一个考证

第二章　平清盛的开国与《太平御览》的渡来——对于东亚汉籍交流史的一个考证

第三章　上杉本《史记》的原本形态与渡来时期新证——兼谈其为严岛神社旧藏本之可能性

第四章　洪迈《夷坚志》之成书经纬及"伪书"之出版——对于南宋出版史的一个考证

第五章　作为中世汉籍书写史料的"奥书"——旧钞本《白氏文集》卷末识语之解读

第六章　景祐四年刊《白氏文集》的抄出与传抄——《管见抄》之发现经纬与奥书考证

第七章　尊円亲王书白氏诗卷文献价值考略——论其书写之底本及逸诗《看棋赠人》

第八章　乌有的宋本——竹添井井《左氏会笺》序文中的"剽窃"

附论Ⅰ　唐诗新释（上）——试论杜甫诗对文选李善注的受容

附论Ⅱ　唐诗新释（下）——试论王之涣诗对初唐类书的受容

本书则是在国内学术期刊上所发表的论文基础上修订而成的，均用中文撰成。在这些论文中，我试图以《文选》与《白氏文集》为切入点，通过整理奈良平安时期各类史料中的汉籍书录记载，勾勒出一条比较接近史实的日本中世汉籍受容史链，还原出日本古代文人汉籍受容之真实形态。现将各章原载刊物列之于下：

导论，原题《王朝公权的威严象征：略谈日本汉籍的一个重要特性》，载《中文学术前沿》编辑委员会编《中文学术前沿》第1

辑，杭州：浙江大学出版社，2010年12月。

第一章，原题《〈文选〉与〈白氏文集〉》，与静永健师共著，载教育部人文社会科学重点研究基地、复旦大学中国古代文学研究中心主办《中国文学研究》第19辑，上海：复旦大学出版社，2012年4月。

第二章，原题《日藏旧抄本鉴定方法略说——以〈文选〉与〈白氏文集〉为例》，载查屏球主编《抄本、印本与小集、大集：抄印转换与文学演变工作坊论集》，上海：复旦大学出版社，2021年1月。

第三章，原题《试论抄刊转换时期及文集形态递变等诸问题——以〈白氏文集〉卷十五、卷六十二等为例》，载查屏球主编《抄本、印本与小集、大集：抄印转换与文学演变工作坊论集》，上海：复旦大学出版社，2021年1月。

第四章，原题《〈文选集注〉李善表卷之复原及作者问题再考——以庆应义塾大学图书馆藏旧抄本〈文选表注〉为中心》，载中国社会科学院文学研究所主办《文学遗产》2013年第4期，北京：社会科学文献出版社，2013年7月。

第五章，原题《三善为康撰〈经史历〉之文献价值叙略——兼论唐末五代大规模刻书之可能性》，载张伯伟主编《域外汉籍研究集刊》第6辑，北京：中华书局，2010年5月。后载与静永健师共著《汉籍东渐及日藏古文献论考稿》（域外汉籍研究所丛刊第二辑），北京：中华书局，2011年9月。

第六章，原题《萧统〈文选〉文体分类及其文体观考论——以"离骚"与"歌"体为中心》，载《中华文史论丛》编辑部主编《中华文史论丛》2012年第1期（总105期），上海：上海古籍出版社，2012年3月。

第七章，原题《再论唐末五代大规模刻书之可能性——以〈二中历〉所存〈文选篇目〉为例》，载张伯伟主编《域外汉籍研究集刊》第8辑，北京：中华书局，2012年5月。

第八章，原题《两宋时期刻本东传日本考——兼论金泽文库之创建经纬》，载《西华大学学报哲学社会科学版》2010年第3期（总103期），成都：西华大学学术期刊部，2010年6月。

第九章则是我从日本奈良平安时期各类文书、公家日记所整理出来的汉籍书目资料汇编稿，属于日本中世皇家及贵族、文人究读汉籍的第一手资料。由于这些书录散见于卷帙繁浩的非文学类古文献之中，迄今没有得到一个相对完整的整理，因此即使是在日本也少有学者予以涉及。此次通过十年来对这些史籍日记的翻阅、摘抄并汇编成稿，勉强也可算得上是勾画出了一条接近历史本来面目的日本中世汉籍读书简史。虽然不免有所遗漏，但敝帚自珍，附为本书之末章，希望能对学人有所裨益。

最后，感谢本书系的主编王勇教授之厚爱，破例允许我在本书系之日语、中文版中分别编入了两本内容完全不同的书籍。也想借此机会感谢中国社会科学院文学研究所刘跃进教授、孙少华教授、陈才智教授，北京大学傅刚教授、杜晓勤教授、刘玉才教授、张剑教授，清华大学谢思炜教授、孙明君教授、刘石教授，复旦大学陈尚君教授、陈引驰教授、查屏球教授、朱刚教授、羊列荣教授，南京大学张伯伟教授、程章灿教授、金程宇教授、卞东波教授、童岭教授，西北大学李浩教授、任雅芳教授，中山大学戚世隽教授、钟东教授，浙江大学胡可先教授，扬州大学顾农教授，四川师范大学常思春教授，四川大学孙尚勇教授，西南交通大学罗宁教授，中国矿业大学文艳蓉教授等诸多前辈、师友对我十年如一日的指导与提携。

本人蜗居东瀛一隅，半路出家，才疏学浅，书中疏误之处定有不少，乞请海内外学者不吝指正。

2021年9月28日
于日本东广岛西条镜山一王二陈三书斋

图书在版编目（CIP）数据

两宋时期汉籍东传日本论述稿 / 陈翀著. —杭州：
浙江人民出版社，2021.11
（新中日文化交流史大系）
ISBN 978-7-213-09991-5

Ⅰ. ①两… Ⅱ. ①陈… Ⅲ. ①汉语—古籍研究—
日本—平安时代（794—1192） Ⅳ. ①G256.2

中国版本图书馆CIP数据核字（2021）第007315号

两宋时期汉籍东传日本论述稿

陈翀 著

出版发行	浙江人民出版社（杭州市体育场路347号 邮编 310006）
	市场部电话：(0571)85061682 85176516
责任编辑	方　程
责任校对	杨　帆
责任印务	刘彭年
封面设计	敬人工作室
电脑制版	杭州兴邦电子印务有限公司
印　　刷	浙江新华数码印务有限公司
开　　本	880毫米×1230毫米　1/32
印　　张	12.25
字　　数	305千字
插　　页	6
版　　次	2021年11月第1版
印　　次	2021年11月第1次印刷
书　　号	ISBN 978-7-213-09991-5
定　　价	108.00元

如发现印装质量问题，影响阅读，请与市场部联系调换。